사회통합을 위한 북한주민지원제도

사회통합을 위한
북한주민지원제도

정 구 진

경인문화사

머리말

통일법을 전공하면서 가장 자주 들어온 질문은 "언제 통일이 될 것 같으세요?"이다. 난 그 질문을 들을 때마다 "언제 통일이 될지는 모르지만 통일은 30년 안에는 되면 안된다고 생각해요."라고 대답한다.

왜 하필 30년일까? 이는 독일 사례를 참조한 내 나름의 결론이다. 동서독의 경우 동서독 간의 전쟁도 경험한 적이 없을 뿐 아니라 분단된 이후 단 한 번도 교류가 끊어진 적이 없었고, 1972년에 기본조약을 체결한 이후 1980년부터는 굉장히 활발하게 인적, 물적 교류가 이뤄졌음에도 불구하고 통일 이후 20년이 넘게 동서독 주민 간에 상당한 수준의 갈등이 있었다. 서독 출신 독일인들은 동독 사람들을 게으르다고 폄하했고, 동독 출신 독일인들은 서독 출신 사람들이 이기적이라고 손가락질 해왔다.

이에 반해 남북한은 6.25전쟁을 경험했고, 분단되어 있었던 기간도 동서독보다 무려 30년 이상 길다. 그리고 남북한은 간헐적으로 교류·협력 사업을 진행했을 뿐이다. 남북한의 인적교류는 이산가족 상봉행사를 통해 몇 일만 진행되었고, 서신은 오가지도 못했을 뿐 아니라 남북한 내부에는 상대를 여전히 적으로 여기는 사람들이 적지 않다. 이와 같은 상황에서 남북한 간에 최소한 30년 간 교류·협력 사업을 진행하지 않고 통일이 된다면, 통일된 국가는 남북한 출신 주민들 간의 갈등으로 인해 예멘과 같은 길을 걷게 될지도 모른다.

남북한 통일은 단순히 법제도적으로, 형식적인 측면에서의 통합적인 차원에서 접근할 문제가 아니다. 이는 남북한의 통일은 완전히 다른 사회적 규범, 법제도와 관습 속에서 태어나고 자라온 사람들을 한 국가공동체의 구성원으로 통합시키는 것을 의미하기 때문이다. 따라서 통일에서 핵심은 '사람'이어야 한다. 그런데 남북한 주민들 중 대부분은 분단된 상황에서 휴전선 이북에서는 북한정권의 통치 하에, 이남에서는 남한정부의 공권력 작용 하에서 살아왔고, 그와 같은 환경적 차이는 남북한에 완전히 다른 사회문화를 형성해왔다. 그러한 두 사회를 통합하는데는 상당한 시간이 소요될 수밖에 없다.

통일은 빨리 하는 것이 능사가 아니다. 우리가 목표로 하는 통일은 남북한이 분단되어 있는 것보다 더 살기 좋은 국가를 만드는 과정이어야 한다. 그렇다면 그 과정에서 남북한 주민들을 어떻게 통합시키고 한 사회의 구성원으로써의 소속감을 갖게 할 수 있을지, 그렇게 통합시키는 과정에서는 어떤 법제도가 필요할 지에 대한 고민은 지속적으로 이뤄져야 한다. 그리고 그 중심에는 '남북한 주민'이라는 '사람'이 있다. 따라서 통일에 대한 고민과 논의는 항상 '사람'에서 시작되어야 한다.

그런 고민, 논의와 연구가 이뤄지기 위해서는 그 시작점이 사람 또는 사회가 되어야 하고, 그 결론에는 법제도가 도출되어야 한다. 그런데 지금까지 통일에 대한 연구는 각 전공들 별로 이뤄져 왔고, 특히 통일법에 대한 연구는 남북한 법제도를 비교 및 분석하는데 초점이 맞춰져 왔다. 그런데 북한의 법현실을 고려했을 때 북한법의 내용을 분석하고 연구하는 것이 현실에 유의미한 결론을 도출할 수 있을지에 대해서는 의문이 드는 것이 사실이다.

이 연구는 그러한 문제의식에서 시작되었고, 그에 따라 이 연구는 사회통합에 대한 사회학 이론에서 시작해서 규범적 연구를 통해 법제도적 결론을 도출한다. 그리고 여러 법제도 중에 '북한주민지원제도'를 선택한 것은 북한주민에 대한 지원의 중심에는 '사람'이 있고, 북한주민에 대한 지원은 사회적으로는 여러 차원에서 쟁점화 됐음에도 불구하고 그에 대한 규범적 해석과 규명이 명확하게 이뤄지

vi

지 못해왔기 때문이다.

　3년간 지도교수님이신 이효원 교수님의 연구조교를 하면서 다양한 주제에 대한 연구를 했던 경험이 없었다면 이러한 문제의식을 가질 수 없었을 것이다. 항상 다양한 주제에 대해 고민하고, 공부하고, 연구하도록 자극해 주신 이효원 교수님, 그리고 사회학 논문과 법학 논문 사이를 오가는 과정에서 길을 만들고 잡아주신 전종익 교수님, 송석윤 교수님, 박정원 교수님과 김병기 교수님께 진심으로 감사드린다.

　마지막으로 이 책을 준비하는 동안 나보다 더 힘들어 하며 인고의 시간을 보내신 부모님과 동생에게도 진심어린 고마움을 전한다. 그리고 이 책이 내가 우리 사회에 필요하다고 생각하는 연구와 이야기를 풀어내는 마지막 걸음이 아니라, 수많은 걸음의 첫 걸음이 되기를 기도한다.

2020년 08월
정구진

〈목 차〉

머리말

제1장 서 론

제2장 사회통합과 북한주민지원제도

〈표 목차〉

제1장
서 론

제1절 연구의 의의와 목적

대한민국 헌법은 1948년 7월 12일에 제정됐고, 대한민국 정부는 같은 해 8월 15일에 한반도에 대한민국을 국호로 하는 국가가 수립 됐음을 선포했다. 그 이후 남한정부는 남북한이 분단되어 있다는 사실을 인정하지 않고 북한정권은 북한지역을 불법적으로 점유하고 있는 반국가단체라는 입장에 서 있었다.[1] 그리고 남한정부는 1972년에 '7·4 남북 공동성명'을 발표하면서야 비로소 남북한은 분단된 상황이며 남북한이 통일이라는 공동의 목표를 공유하고 있다는 사실을 인정했다. 1987년 헌법 개정에서 평화통일조항인 제4조가 삽입된 것은 그러한 남북관계의 변화가 반영된 것이다. 또한 대한민국 헌법 제3조와 제4조의 해석상 남북통일은 여전히 남한 정부가 반드시 추구해야 하는 헌법적 목표다.[2]

그럼에도 불구하고 남한사회에는 통일에 반대하는 여론이 여전히 존재한다.[3] 그러한 여론이 생기게 된 배경에는 남한정부와 북한정권이 실효적으로 지배하는 각 지역에서 완전히 다른 이념에 기초

[1] 대한민국과 조선민주주의인민공화국이라는 표현을 사용하는 것이 가장 정확할 것이나, 본 연구는 현재의 군사분계선 이북과 이남을 기준으로 하는 두 국가와 주민을 대상으로 하는 것이기에 공식 국호보다는 '남한'과 '북한'이라는 명칭을 사용하는 것이 적합할 것으로 판단하였다. 따라서 이하에서는 이와 같이 표기하기로 한다.
[2] 이효원, "통일헌법의 제정 방법과 국가조직", 서울대학교 법학 제55권 제3호, 서울대학교 법학연구소, 2014.09, 32면 참조.
[3] 정근식 외 10인, 「2017 통일의식 조사」, 서울대학교 통일평화연구원, 2018, 34-37면 참조.

한 법체계를 만들었고,[4] 그에 따라 남북한 지역에 이질적인 사회체
제와 질서가 들어선 영향이 크게 작용했다.[5] 이러한 영향으로 인해
남북한 주민들은 약 70년 이상을 완선히 다른 환경에서 살아왔고, 언
어, 문화, 사고방식 등 많은 면에서 달라졌으며, 이에 따라 상호 간에
동질성 보다는 이질성이 강해졌다. 남북한 간의 교류가 현격하게 증
가하지 않는 이상 남북한 주민 간의 이질성은 계속해서 심화될 수밖
에 없다.[6]

그럼에도 불구하고 헌법 개정을 통해 제3조와 제4조를 삭제하지
않는 이상 남북통일에 필요한 법제도를 마련하고 관련된 정책을 시
행하는 것은 남한정부의 헌법적 의무에 해당한다. 그리고 남북한 법
제도의 차이와 남북한 주민 간 이질성의 수준을 고려했을 때 통일과
정에서는 남북한 주민을 사회적으로 통합하고, 남북한 주민 간의 관
계에서 발생하는 사회문제를 최소화하는 것을 목표로 하는 법제도
가 반드시 마련되어야 한다.[7]

---

4) 이효원, 「남북교류협력의 규범체계」, 경인문화사, 2006, 13-46면; 이효원, "북
   한법률의 국내법적 효력-개성공단에서의 적용 가능성과 범위, 한계를 중심
   으로", 법조 제54권 제4호, 법조협회, 2005, 52-60면 등 참조.
5) 한나 외 2인, "북한이탈 청년의 문화적응에 따른 군집유형별 문화적응 스
   트레스, 일상적 차별감, 남/북 공동체 지지 간 차이", 한국심리학회지: 사회
   및 성격 제31권 제2호, 한국심리학회, 2017.05, 89-94면; 안권순, "북한이탈 청
   소년의 남한사회 적응을 위한 지원방안 연구", 청소년학연구 제17권 제4호,
   한국청소년학회, 2010.04, 28-36면 등 참조.
6) 채정민 외 1인, "심리학적 관점에서의 남북한 문화이질성 : 북한이탈주민
   의 심리적 적응을 중심으로", 한국심리학회지: 문화 및 사회문제 제10권 제
   2호, 한국심리학회, 2004.08, 83면; 김병로 외 5인, 「북한주민 통일의식 2016」,
   서울대학교 통일평화연구원, 2017, 44면 등 참조.
7) 홍기준, "통일 후 남북한 사회통합: 새로운 이론구성을 위한 시론", 국제정
   치논총 제39집 제3호, 한국국제정치학회, 2000.02, 80-387면; 윤철기, "남북한
   사회통합의 현안과 통일교육의 새로운 방향 모색—남북한 상호이해교육의
   필요성을 중심으로", 정치정보연구 제19권 제1호, 한국정치정보학회, 2016.
   02, 424-437면 등 참조.

그럼에도 불구하고 남북통일과 관련하여 사회통합을 주제로 하
는 기존 연구들은 대부분 사회통합의 개념을 명확히 하지 않고 그
실질에 있어서는 사회통합이 아닌 체제 및 체계통합에 대한 내용을
다루고 있거나, 사회통합과 관련된 현행 법제를 소개 및 분석하는데
그치고 있다는 한계를 갖는다. 이는 사회통합을 위한 법정책적 과제
를 주제로 한 정용상의 연구에서는 사회통합에 대한 연구의 당위성
은 설명하고 있지만 남북한 법제도를 비교 및 분석하는데 초점을 맞
추면서 그 실질에 있어서 사회통합이 아닌 체계통합에 대한 연구를
진행하고 있고,[8] 통일헌법과 사회통합을 주제로 한 전학선의 연구에
서는 남한의 남북관계 관련 법제를 설명하고 있을 뿐 북한체제와 북
한주민에 대한 내용은 다루고 있지 않은데서 드러난다.[9] 남북한 사
회통합의 법적 과제를 주제로 한 안택식의 연구의 경우 그 논의가
현행 제도의 개선에 대한 내용에 초점을 맞추고 있고 남북통일 과정
과 통일국가에서 필요한 사회통합을 위한 법제도에 대한 논의는 생
략하고 있으며,[10] 북한이탈주민의 사회통합에 대한 정용상의 연구는
북한주민 중 일부에 불과한 북한이탈주민에만 초점을 맞추고 있다
는 한계를 갖는다.[11]

남북한 주민의 사회통합에 대한 연구는 법학보다는 정치학, 사회
학, 교육학, 정신의학, 정책학, 행정학에서 더 많이 이뤄져 왔다. 하
지만 각 분야의 연구내용은 남한에 입국하여 거주하는 북한이탈주

---

8) 정용상, "남북한 사회통합을 위한 법정책적 과제", 법과 정책연구 제13권
   제4호, 한국법정책학회, 2013.12, 1811-1843면 참조.
9) 전학선, "통일헌법과 사회·경제통합", 유럽헌법연구 제16호, 유럽헌법학회,
   2014, 116-127면 참조.
10) 안택식, "남북한 사회통합과 법적 과제", 한양법학 제21권 제1호, 한양법학
    회, 2012.02, 13-39면 참조.
11) 정용상, "북한이탈주민의 사회통합을 위한 법정책적 방향", 동아법학 제61
    호, 동아대학교 법학연구소, 2013.11, 29-52면 참조.

민들이 남한사회에 적응하는 과정에서 발생하는 문제와 그에 대한 해결방안에만 초점을 맞추고 있거나, 통일국가에서 예상되는 문제들과 그 해결방안을 시행하는데 발생하는 규범적, 현실적 문제는 포함하지 않고 있다는 점에서 한계를 갖는다.[12] 그리고 통일 이후 남북한 주민의 사회통합에 대한 연구들은 그와 같은 조치가 현실적으로 필요할 것으로 전제하고 해결방안을 제시하지만 그 해결방안은 남북통일이 어느 시점에 어떻게 되는지에 따라 유효하지 않을 수 있다는 한계를 갖는다.[13]

통일국가가 형성되는 과정에서 남북한 사회통합에 대한 기존 연구들은 이처럼 사회통합에 대한 개념을 명확히 하지 않고 사회통합이 아닌 체제 및 체계통합에 대한 연구를 진행했거나 통일 이전 또는 이후에 대한 연구만을 진행하고 있다는 한계를 갖는다. 그런데 '사회통합'은 다양한 개념으로 사용되고 있고, 상당한 수준의 차이와 이질감을 갖고 있는 두 집단이 사회적으로 통합되기까지는 상당한 시간이 소요되며,[14] 그 집단들이 물리적으로 통합되는 시점에 집단

---

12) 엄태완, "남북주민 통합을 위한 정신건강전략", 통일정책연구 제14권 제1호, 통일연구원, 2005.06, 297-324면; 윤철기, 앞의 글, 417-453면; 길은배, "남북한 청소년의 이질성과 동질성 비교를 통한 남북 사회통합적 대안 모색", 청소년학연구 제13권 제6호, 한국청소년학회, 2006.12, 276-304면; 이우영, "대북 인도적 지원과 남북한 마음의 통합", 현대북한연구 제17권 제2호, 북한대학원대학교, 2014.08, 44-84면 등 참조.
13) 정하윤, "남북한 통일 이후 사회통합과 민주시민교육의 방향", 한국민주시민교육학회보 제13-2호, 한국민주시민교육학회, 2012.12, 51-70면; 홍기준, "통일 후 남북한 사회통합", 국제정치논총 제39집 제3호, 한국국제정치학회, 2002.02, 369-390면; 권형진, "통일 후 사회통합 기반 구축을 위한 연구 및 경제정책의 방향 : 통일독일의 경험을 통한 비교사적 관점에서", 통일인문학 제66집, 건국대학교 인문학연구원, 2016.06, 85-129면; 이현주, "북한의 집단정체성과 한반도 미래세대 사회통합정체성", 아태연구 제23권 제2호, 경희대학교 국제지역연구원, 2016.06, 277-310면 등 참조.
14) Nevin T. Aiken, 「Identity, Reconciliation and Transitional Justice-Overcoming Intract-

간의 차이가 작을수록 하나의 집단으로 통합되는데 소요되는 시간
이 줄어들게 된다. 그리고 그 차이가 작을수록 두 집단이 통합될 가
능성도 높아지는 바, 남북한 주민들 간의 이질성을 최소화하기 위한
조치들은 통일이 되기 전부터 준비 및 시행되어야 한다.15) 따라서
남북통일 과정에서 사회통합에 대한 연구는 통일이 되기 전부터 통
일국가가 형성된 이후까지를 모두 연구범위에 포함시켜야 하며, 그
와 관련 법제도에 대한 연구 역시 법제도를 하나의 체계와 흐름 안
에서 해석하면서 진행해야 한다.

  체제 및 체계통합에 대한 연구가 아닌 남북한 주민의 사회통합에
대한 연구들은 북한이탈주민 또는 북한주민에 대한 지원내용과 그
법제도를 연구대상으로 하는데, 법학영역에서 북한주민지원에 대한
연구는 현실에 대한 고려 없이 현행 법률의 내용을 중심으로 이뤄져
왔다.16) 반면에 해당 법률의 내용, 지원방법과 내용에 대한 규범적
평가는 이뤄지지 못했다. 그런데 지금까지 북한이탈주민들이 남한
에 입국하는 규모와 그들에게 제공되는 지원에 사용된 금액과 북한
에 거주하는 북한주민에 대해 이뤄진 지원 규모는 그 지원의 목적과
규범적 성격에 대한 연구가 이뤄질 필요가 있음을 보여준다.17)

ability in Divided Societies」, Routledge, 2013, pp.4-5 참조.
15) *Ibid.*
16) 길준규, "북한이탈주민 정착지원제도의 법적 검토", 공법학연구 제10권 제4
    호, 한국비교공법학회, 2009.11, 249-275면; 손윤석, "북한이탈주민의 보호 및
    정착지원에 관한 법률에 대한 고찰", 법학논고 제55집, 경북대학교 법학연
    구원, 2016.08, 95-122면; 박현식, "사회보장기본권 확립을 위한 북한이탈주
    민보호 및 정착지원법 개선 방안", 법학연구 제52집, 한국법학회, 2013.12,
    401-420면; 홍성민, "사회보장법으로서 북한이탈주민지원법의 일고찰", 사
    회보장법학 제6권 제2호, 한국사회보장법학회, 2017.12, 103-141면; 양정윤,
    "남북관계 발전을 위한 남부기본합의서의 법적 지위의 승격", 통일법연구
    제2권, 헌법이론실무학회, 2016.10, 127-150면 등 참조.
17) 남한 지역으로 입국하는 북한이탈주민의 숫자가 처음으로 2001년에 1,000
    명을 넘어선 이후 남한에 입국한 북한이탈주민이 1,000명 이하로 감소한

북한이탈주민 또는 북한주민 지원에 대한 정치학, 사회학, 교육
학, 정신의학, 정책학, 행정학에서 이뤄진 연구들의 경우 북한이탈주
민들이 남한사회에 적응하는데 경험하고 있는 어려움과 북한지역에
서 북한주민들의 인권침해와 관련된 문제, 그리고 그러한 상황을 해
결하는데 필요한 지원내용에 초점을 맞추고 있다.[18] 그런데 법치주

적은 없었고 그들에게 이뤄진 지원에 사용된 중앙정부의 비용은 2015년에
는 약 2,003억 원, 2016년에는 약 2,023억 원에 이르렀다. 그리고 북한지역에
거주하고 있는 북한주민에 대한 지원으로는 남북 간의 교류·협력이 가장
활발했던 시기였던 2007년에는 중앙정부 차원에서의 지원만 한 해에 3,488
억 원에 달했는데 남북관계가 개선될수록 그 규모는 지속적으로 증가할
가능성이 매우 높다. 따라서 북한주민에 대한 지원의 규범적 성격은 명확
히 해야 한다. 이는 그래야만 북한주민에 대한 지원이 어느 정도 규모, 그
리고 어떤 방법으로 하는 것이 정당화 될 수 있는지를 판단할 수 있기 때
문이다.

18) 최명애 외 3인, "북한이탈주민의 건강지식, 건강증진행위 및 건강증진행위
에 영향을 주는 요인", 대한간호학회지 제42권 제5호, 한국간호과학회, 2012.10,
622-631면; 염유식 외 1인, "북한이탈주민의 사회연결망 형성과 유형에 대한
근거 이론 연구", 한국사회학 제45집 제2호, 한국사회학회, 2011.04, 91-129면;
엄태완, "이주민으로서의 북한이탈주민 경험 연구", 한국사회복지행정학
제18권 제1호, 한국사회복지행정학회, 2016.02, 165-198면; 김희경, "북한이탈
주민의 외상 유형에 따른 복합 PTSD와 PTSD증상의 차이", 한국심리학회지:
일반 제31권 제4호, 한국심리학회, 2012.12, 1003-1022; 이선미, "북한이탈주민의
삶의 질에 영향을 미치는 변인", 디아스포라연구 제9권 제1호, 전남대학교
세계한상문화연구단, 2015.06, 155-187면; 김희경, "북한이탈주민과 남한주민
의 교류 경험에 관한 질적 연구", 한국심리학회지: 상담 및 심리치료 제28권
제2호, 한국심리학회, 2016.05, 529-562면, 임정빈, "북한이탈주민 정착을 위한
지역사회 지원체계 및 이해관계자 분석", 한국정책연구 제12권 제2호, 경인
행정학회, 2012.06, 249-272면; 강동완, "정책네트워크분석을 통한 대북지원
정책 거버넌스 연구", 국제정치논고 제48집 1호, 한국국제정치학회, 2008.03,
293-323면; 김성한 외 2인, "한반도 통일기반 조성을 위한 대북지원 방향",
국제관계연구 제23권 제1호, 고려대학교 일민국제관계연구원, 2018.06, 5-43
면; 류홍채, "남북합의서의 연혁적 분석과 한반도평화체제", 한국정치외교
사논총 제38집 제2호, 한국정치외교사학회, 2017.02, 175-202면 등 참조.

의 국가에서 그러한 지원이 제공되기 위해서는 그 내용이 법제화 되고 그 정당성이 인정되어야 함에도 불구하고 위 분야의 연구들은 그에 대한 내용은 포함하지 않고 있다는 한계를 갖는다. 북한주민이라는 사실만을 근거로 일정 수준의 지원을 제공하는 것은 그 지원방법, 내용과 수준에 따라 다른 사회 구성원들의 평등권을 침해할 가능성이 있고, 지원에 사용되는 예산의 상당부분을 남한주민이 납부한 세금으로 마련하는 것은 남한주민의 재산권을 침해할 가능성이 있는바, 북한주민에 대한 지원에 대한 규범적 연구는 반드시 이뤄져야 한다.

따라서 본 연구는 첫 번째로 '사회통합'의 규범적 의미와 사회통합을 목적으로 하는 법제도의 특징을 검토하고 북한주민지원제도를 사회통합적인 차원에서 연구하는 것을 목적으로 한다. 사회통합에 대한 법학적 연구가 필요한 것은, 법치주의 원리를 기초로 하고 있는 국가와 사회에서는 법률체계 안에서 사회통합을 목적으로 하는 조치가 시행되기 위한 근거가 법률에 마련되어야만 하기 때문이다. 따라서 여기서는 사회통합적인 성격을 갖는 법제도의 기본적인 원리를 검토하고 이를 바탕으로 북한주민에 대한 지원과 관련된 법제도를 사회통합적인 측면에서 연구한다.

두 번째로 본 연구는 통일 이전에 대한민국 헌법체제 하에서, 그리고 통일국가의 헌법체제 하에서 북한주민에 대한 지원을 제공하는 것이 규범적으로 정당화 될 수 있는지에 대해 연구하는 것을 목적으로 한다. 그리고 정당화 될 수 있다면 정당화 될 수 있는 수준에 대한 내용을 연구하는 것 역시 연구의 목적 범위에 포함된다. 이는 법치주의 국가에서 북한주민에 대한 지원은 통일 이전에 북한주민에게 제공되는 지원과 통일국가에서 북한주민에 대한 지원의 법적 성격을 명확히 해야만 구체적으로 지원 가능한 내용에 대한 범위를 설정할 수 있기 때문이다.

　세 번째로 본 연구는 국가적인 차원에서 북한주민에 대한 지원이 이뤄져야 할 필요성이 인정되는지 여부와 함께 필요성이 인정되는 영역에 대한 연구를 신행하는 것을 목적으로 한다. 이는 북한주민에게 그 지원이 이뤄지는 것이 규범적으로는 정당화 될 수 있다하더라도 그 지원은 지원의 필요성이 인정되는 범위 내에서만 이뤄져야 하기 때문이다.

　네 번째로 본 연구는 남북한의 체제수렴 과정과 통일국가의 새로운 체제로의 체제전환과정에서 남북한 주민이라는 인식의 구분이 희석되는 수준으로 남북한 주민들이 사회적으로 통합될 때까지 북한주민에게 제공되어야 하는 구체적인 지원내용을 연구하는 것을 목적으로 한다.

제2절 연구의 전제

　남북통일은 독일처럼 갑자기 이뤄질 수도 있지만, 유럽연합 회원
국들이 수십 년에 거쳐서 하나의 공동체로 통합되어가고 있는 것처
럼 단계별로 이뤄질 수도 있다. 이처럼 통일이 언제, 어떻게 이뤄질
지는 예측할 수 없기에 이에 대한 법학연구에서 통일이 되는 과정,
통일 이후 형성될 국가체제, 통일이 되는 시점에서의 상황 등과 같
은 사실에 대해서는 일정한 전제를 할 수밖에 없다. 따라서 본 연구
는 아래 사항을 전제로 한다.

　첫째, 본 연구는 남북한이 상당한 기간 동안 남북한 간의 교류·협
력을 통해서 평화적으로 통일되는 것을 전제로 한다. 이는 그러한
통일방식이 대한민국 헌법 제4조가 전제로 하는 것임과 동시에 남한
정부의 공식적인 통일방안인 한민족공동체 통일방안이 목표로 하는
통일이기 때문이다.

　둘째, 본 연구는 남한이 사회, 경제, 문화적인 인프라가 북한에 우
위에 있는 상황에서 통일이 이뤄지는 것을 전제로 한다. 이는 통일
은 언제 이뤄질지 분명하지 않으나 남한의 인구가 북한의 약 2배일
뿐 아니라 2018년 기준으로 남한의 인구 만 명당 대학생 수가 586.6명
에 이르는 반면 북한은 평양 등 주요 도시에 거주하는 일부 주민들
외에는 제대로 된 교육을 받지 못할 정도로 교육제도가 붕괴되어 있
으며,[19] 남북한 주민의 기대수명이 평균 12-15년 차이가 난다는 점,[20]
남북한 1인당 소득격차가 25배라는 점 등과 같은 다양한 지표들이

---

19) 통계청, 「2019 북한의 주요통계지표」, 통계청, 2019.12, 156면 참조.
20) 통계청, 위의 책, 171면 참조.

보여주듯이 현 시점에 있어서 남북한 간의 사회, 경제, 문화, 정치적
인 모든 면에서 남한이 월등하게 우위에 있기 때문이다.[21) 이와 같
은 현실을 고려했을 때 통일이 되기 전에 한반도 내에서 극단적인
변화가 일어나지 않는 이상 남한의 사회, 경제, 문화적 인프라가 북
한에 우위에 있을 가능성이 매우 높기에 본 연구는 그러한 전제하에
서 연구를 진행한다.

　셋째, 본 연구는 통일국가에서 대한민국 헌법의 가치가 유지되는
것을 전제로 한다. 이는 정치적으로는 민주적 기본질서가, 경제적으
로는 사회적 시장경제질서가 유지되고 더 구체적으로는 국민주권주
의, 기본권존중주의, 권력분립주의, 법치주의, 사회복지국가주의, 문
화국가주의, 국제평화주의가 유지된다는 것을 의미한다. 이는 대한
민국 헌법의 가치가 유지되지 않는 형태의 통일은 현실적으로 남한
주민들에게 용인되지 않을 것이 분명하고, 2020년 현재 남한의 인구
가 북한의 2배를 넘는 다는 점을 감안하면 대한민국 헌법의 가치가
유지되지 않는 이상 통일이 되지 못할 가능성이 매우 높기 때문이다.

　넷째, 본 연구에서 '북한주민'은 '북한 공민권을 갖고 북한지역에
서 태어나 성장하여 거주하였거나, 그러한 부모에게서 태어난 사람'
으로 전제한다. 본 연구가 현행 북한이탈주민지원법이 제2조에서 북
한이탈주민을 '군사분계선 이북지역에 주소, 직계가족, 배우자, 직장
등을 두고 있는 사람으로서 북한을 벗어난 후 외국 국적을 취득하지
아니한 사람'으로 정의하고 있는 것보다 북한주민의 범위를 더 넓게
설정하는 것은 본 연구의 내용이 북한지역에 거주하는 북한주민에
대한 지원과 통일 이후 북한주민에 대한 지원에 대한 법제도를 연구
범위에 포함하기 때문이다.

---

21) 통계청, 위의 책, 111면 참조.

제3절 연구의 방법과 범위

본 연구는 문헌연구를 기본으로 한다. 이는 통일이 언제, 어떻게 이뤄질지 모르기 때문에 특정한 상황을 전제하고 연구를 진행할 수 없기 때문이며, 북한에 대한 정확한 내부 정보가 많지 않은 상황에서 통일과 관련된 수치를 도출하는 것은 실효성이 없기 때문이다. 그리고 더 구체적으로 본 연구는 문헌연구를 하는데 있어서 사회통합 이론에 대한 연구를 하는 과정에서는 사회학과 정책학에서 이뤄진 선행연구를, 구체적인 북한주민에 대한 지원을 내용으로 하는 법제도에 대한 연구를 하는데 있어서는 지금까지 북한주민과 관련된 정치학, 경제학, 심리학, 정신의학, 사회학, 법학 등 다양한 분야의 선행연구들을 종합적으로 활용한다.

그런데 그와 같은 영역에서 도출된 지원내용은 그 지원의 주체, 방법, 내용에 따라 법적 성격과 목적이 달라지는 바, 북한주민에 대한 지원에 대한 규범적 연구에서는 그 연구범위를 분명하게 획정해야만 한다. 따라서 본 연구는 연구의 목적을 고려하여 연구 범위를 아래와 같이 획정한다.

첫째, 본 연구는 체제 또는 체계의 통합이 아니라 '사회통합'을 달성하는 것을 목적으로 하는 법제도를 연구범위로 한다. 이는 체제 또는 체계 통합에 대한 연구는 상이한 두 법제도를 어떻게 하나로 통합할지에 대해 연구하는 반면, 법제도에 대한 사회통합적 연구는 사회통합이라는 목표를 달성하기 위해서 어떠한 법제도를 만들어야 하는지, 그리고 그 가능성과 한계는 어디까지인지에 대한 연구를 하는 것을 목표로 한다는 점에서 구분되어야하기 때문이다.

둘째, 본 연구에서의 '지원'은 단순히 금전적이거나 물질적인 지원에 국한되지 않고, 북한주민을 수혜자로 하면서 '남북한 주민과의 이질감과 차이짐을 극복하는 섯을 복적으로 하는 법제도적 지원'을 모두 포함한다. 그리고 그 지원은 '북한주민임을 주된 원인으로 제공되는 지원내용'만 포함하는 개념으로 사용된다. 따라서 대한민국 국민에게 모두 적용됨으로써 당연하게 북한주민에게도 제공되는 사회보장제도를 통한 지원, 경제적인 원인만을 근거로 제공하는 지원, 특정한 연령대의 사회 구성원에 대한 지원, 장애로 인한 불편함을 해소해주기 위한 지원이 주된 목적인 법제도를 통한 지원의 내용은 본 연구 상의 '지원'에 포함되지 않는다.

셋째, 본 연구는 지원을 금전으로 하는 것이 효율적인지, 물질로 하는 것이 효율적인지와 같은 구체적인 지원방법에 대한 평가는 연구의 범위에 포함하지 않는다. 이는 지원방법에 있어서의 효용성이나 효율성에 대한 논의는 규범적인 논의라기보다는 상황에 따른 사실적인 논의일 뿐만 아니라 구체적인 지원방법은 북한지역 혹은 주민의 상황에 따라서 다르게 이뤄져야 하는 등 다양한 변수가 영향을 미칠 수 있기 때문에 그와 같은 변수에 대한 정보가 없는 상황에서 그에 대한 판단을 하는 것이 불가능하기 때문이다.

넷째, 본 연구는 '남한정부' 혹은 '통일국가의 정부'가 북한주민에게 제공하는 지원으로 연구범위를 한정한다. 이는 북한주민에 대하여 개인, 사기업, 국제기구 또는 제3국이 제공하는 지원은 본 연구의 연구범위에서 배제된다는 것을 의미한다. 이는 북한에 대한 지원을 하는 주체들에 따라서 그 지원의 방식과 내용에 따라서 그 성격이 달라지기 때문이다. 따라서 본 연구는 통일과정에서는 남한정부의 법제도에, 그리고 통일국가에서는 통일국가의 법제도에 근거하여 북한주민에게 이뤄지는 지원만을 연구범위에 포함한다.

제2장
사회통합과
북한주민지원제도

제1절 사회통합의 기초

1. 사회통합의 개념

'국가'와 '사회'에 대한 개념은 근대국가가 형성되고 산업혁명이 진행되면서 비로소 형성되기 시작했다.[1] 이는 국가의 규모가 커지면서 다양한 형태의 사회적 갈등과 문제들이 발생하기 시작했고, 그러한 갈등과 문제를 해결하기 위해 '사회통합'의 필요가 발생했기 때문이다. 그에 대한 논의는 주로 사회학의 영역에서 이뤄졌는데,[2] '사회통합'에 대해 합의되었거나 보편적으로 받아들여지는 정의는 지금까지도 존재하지 않는다. '사회통합'이라는 용어는 그 논의가 이뤄지는 영역과 정부가 달성하고자 하는 목표에 따라 다양하게 사용 및 정의되고 있다.[3] 사회통합을 의미하는 표현으로는 social integration, social

1) 홍태영, "사회적인 것의 탄생과 뒤르카임의 신자유주의", 한국정치학회보 제36권 제4호, 한국정치학회, 2002.12, 9-14면 참조.
2) 장승혁, "사회연대원리의 기원과 발전—전통적인 사회이론가들의 사상을 중심으로", 사회보장법연구 제3권 제2호, 서울대 사회보장법연구회, 2014. 12, 66면; 장용석 외3인, "사회통합의 다원적 가치와 영향요인에 관한 탐색적 연구—국가주의, 개인주의, 공동체주의, 세계시민주의를 중심으로", 한국사회학 제46집 제5호, 한국사회학회, 2012.10, 292면; 강수택, "근대, 탈근대, 사회적 연대", 한국사회학 제38집 5호, 한국사회학회, 2004.10, 4면; Hilary Silver, "Social Exclusion and Social Solidarity: Three Paradigms", International Labour Review Vol.133, 1994, pp.546 등 참조.
3) 전상진, "통합은 사회 갈등과 문제의 해결책?—통합에 대한 사회학적 고찰", 한독사회과학논총 제16권 제2호, 한독사회과학회, 2006.12, 233면; 이재열 외 5인, "사회통합: 개념과 측정, 국제비교", 한국사회정책 제21권 제2호, 한국사회정책학회, 2014.6, 116-122면; Joseph Chan et al., "Reconsidering Social Cohesion: Developing a Definition and Analytical Framework for Empirical Research", Social Indicators Research Vol.75 No.2, Jan. 2006, p.274; Benjamin Richards,

cohesion과 social inclusion이 가장 많이 사용되며, 각 표현의 의미를 구분하는 기준이 존재하는 것은 아니지만 각 표현은 개념적으로 의미를 달리하는 바, 남북관계에서 '사회통합'의 의미를 명확히 하기 위해서는 각 표현이 어떤 의미로 사용되는지를 검토해야 한다.[4]

가. Social Integration적인 사회통합

Social integration은 한 사회에 두 개 이상의 집단이 평화롭게 공존하는 상태로 사회를 통합하는 의미로 많이 사용된다.[5] 이에 따라 social integration을 목표로 하는 법제도는 한 사회에 존재하는 이질적인 두 집단 간에 동질성을 형성하는 것이 아니라 '두 집단의 고유한 특성이 유지되고 그 집단들 간에 이질성이 존재하더라도 한 사회에 평화롭게 공존할 수 있도록 하는 것'을 목표로 한다. 이처럼 social integration을 목표로 하는 법제도의 대표적인 예로는 이민자와 이주민들을 수용하는 과정에서 그 고유의 문화와 생활양식은 유지하면서도 기존에 존재하는 사회에는 심각한 수준과 갈등만 야기하지 않으면 될 정도로만 적응시키는 목표로 하는 이민자와 이주민 정책을 들 수 있다.[6] 그와 같은 법제도 하에서는 새로운 사회구성원들이 사회에 동

"National Identity and social cohesion: theory and evidence fo British social policy", Doctoral Thesis, London School of Economics, 2013, pp.20 등 참조.

4) 이달휴, "사회통합에서 본 사회보장법", 공법학연구 제11권 제2호, 한국비교공법학회, 2010.05, 173면 참조.

5) T. Jansen et al., "Social Cohesion and Integration: Learning Active Citizenship", British Journal of Sociology of Education Vol.27 No.2, Apr. 2006, pp.191-192; Mary Nash et al., "Civic and social Integration", International Social Work 49(3), May 2006, pp.345-363; Nicos Mouzelis, "Social and system integration: Lockwood, Habermas, Giddens", sociology vol.31 No.1, Feb 1997, pp.111-119; Anthony Giddens, 「The Constitution of Society: Outline of the Theory of Structuration」, University of California Press, 1986, p.28, 36 등 참조.

질성을 통해 연대성을 형성하는 것보다는 사회적으로 필요한 기능을 수행함으로써 상호의존성을 통해 연대성을 형성하는 것이 목표로 설정된다.

나. Social Inclusion적인 사회통합

Social inclusion은 주로 사회구성원들이 자신이 속한 사회에 심리적·정서적으로 동질성을 통한 연대성을 형성함으로써 소속감을 갖게 되는 방식으로 통합되는 의미로 사용된다. 따라서 social inclusion은 공교육제도와 사회보장제도의 사회통합적인 기능을 설명하는데 자주 사용되며, 특히 경제적 약자, 소수인종, 이민자 등과 같은 사회에서 소외되었거나 소수에 속하는 사회구성원들이 사회에 소속감을 갖게 되는데 필요한 방법들을 연구하는 과정에서 많이 사용된다.[7] 따라서 social inclusion을 목표로 하는 법제도는 social integration과 달리

---

6) Hartmut Esser, "Does the new immigration require a new theory of intergenerational integration?", The International Migration Review Vol.38 No.3, Center for Migration Studies of New York, fall 2004, pp.1126-1159; Erik Snel et al., "Transnational involvement and social integration", Global Networks 6, 2006, pp.265-284; Odd Steffen Dalgard et al., "Immigration, Social Integration and Mental Health in Norway, with Focus on Gender Differences.", Clinical Practice and Epidemiology in Mental Health, Oct. 2007, pp.24-34 등 참조.

7) Annette Lareau et al., "Moments of Social Inclusion and Exclusion racem class and cultural capital in family-school relationships", Sociology of Education Vol.72 No.1, Jan.1999, pp.37-53; Ruth Lister, "From equality to social inclusion: New Labour and the welfare state", Critical Social Policy Vol.18 No.55, May 1998, pp.215-255,; Abbott and Roy Mcconkey, "The barriers to social inclusion as perceived by people with intellectual disabilities", Journal of Intellectual Disablties Vol.10 No.3, Sept.2006, pp.275-287; John Farrington et al., "Rural accessibility, social inclusion and social justice: towards conceptualisation", Journal of Transport Geography Vol.13 No.1, Mar.2005, pp.1-5 등 참조.

그 목표가 사회에서 소외되었거나 소수자들이 자신이 속한 사회에 소속감을 갖고 동질성을 갖는 것으로 설정된다.

다. Social Cohesion적인 사회통합

Social cohesion은 social inclusion과 같이 사회구성원들이 자신이 속한 공동체에 심리적·정서적으로 동질성을 통한 연대성을 형성함과 동시에 social integration과 같이 집단들 간의 상호의존성을 형성하는 것을 목표로 하는 경우에 많이 사용된다. 인간의 심리와 정서에 대한 연구를 내용으로 하는 심리학과 정신의학에서는 사회통합이 거의 social cohesion으로 표현되는데, 이는 social cohesion이 심리적·정서적 통합적인 성격이 강하다는 것을 보여준다. Social cohesion은 특히 다른 사회 구성원들에게 느끼는 친밀감, 자신이 속한 사회의 문화에 느끼는 편안함이나 익숙함을 의미하는 것으로 사용되는데 이는 사회구성원들이 통합되는 데는 심리적·정서적인 요소가 크게 작용하기 때문인 것으로 판단된다.[8]

라. '체계통합(system integration)'과의 구분

체계통합은 사회통합에 대한 사회학자들의 견해가 ① 사회적 갈등에 초점을 맞추고 이미 구축된 사회 체계를 중심으로 사회현상을 설명하려는 입장과 ② 사회의 연대성과 규범적인 차원에서의 한계로 사회현상을 설명하려는 입장으로 대립되는 상황에서 Lockwood가 두

---

8) Odd Steffen Dalgard *et al.,* *op cit.,* p.25; Kennet A. Bollen *et al.,* "Perceived Cohesion: A Conceptual and Empirical Examination", Social Forces Vol. 69 No.2, Dec. 1990, p.482; Ichiro Kawachi *et al.,* "Social Capital, Income Inequality, and Mortality", American Journal of Public Health Vol.87 No.9, Sept.1997, pp.1493-1494 등 참조.

입장이 상호작용을 하며 모두 유의미하다는 입장을 취하면서 처음 사용한 개념이다.[9] Lockwood의 구분에 의하면 사회통합(social integration)은 사회 구성원들 간의 통합을 의미하는 반면, 체계통합(system integration)은 사회체제를 구성하는 요소들 간에 발생하는 충돌(incompatibility)을 해결하는 것을 의미한다.[10] 이와 같은 견해에 따르면 사회통합은 사회 구성원들 간의 관계에서 발생하는 갈등을 해결하는 것을 의미하는 반면, 체계통합은 사회의 구조적인 문제로 인해 발생하는 갈등을 해소하는 것을 의미한다. 체계통합과 사회통합에 대한 Lockwood의 구분과 다른 견해들이 제시된 바 있으나 그 주장들은 기본적으로 Lockwood의 구분을 전제로 그 연장선상에서 사회통합과 체계통합을 더 세부적으로 구분하고 있는 것으로 판단된다.[11]

---

9) David Lockwood, "Some Relarks of 'The Social System'", The British Journal of Sociology Vol.7 No.2, Jun. 1956, pp.138-140; 이재열 외 5인, 앞의 글, 118면 등 참조.

10) 하버마스 역시 이와 같은 입장을 취했다. Jürgen Habermas, 「Between Facts and Norms:Contributions to a Discourse Theory of Law and Democracy」, The MIT Press, 1996, p.79, 319, 500-501; Nicolas Mouzelis, op cit., p.111; 이재열 외 5인, 앞의 글, 2014.6, 118면; Margaret Archer, "Social Integration and System Integration: Developing the Distinction", Sociology Vol. 30 No.4, Nov. 1996, pp.679-680 등 참조.

11) Giddens의 경우 social integration은 직접적인 관계 (얼굴을 맞대고)를 형성한 관계에서의 통합을 의미하고 system integration은 직접적인 관계가 없어도 한 사회에 있음으로 인해서 갈등하는 관계에서의 통합을 의미한다고 하는데 이는 이론적인 차원에서는 의미가 있는 구분이지만 현실에서 직접적인 관계가 없는 이들과의 관계는 사회체제를 통해 형성되기 때문에 Lockwood의 주장과 현실에서 큰 차이를 만들어내지는 못할 것으로 보이며 그의 구분에 대해서도 차별화에 실패한 사례라는 평가도 존재한다. Habermas의 경우 Lockwood의 구분을 그대로 받아들이면서 두 영역 사이의 작용원리에 대해서 다른 견해를 가지고 있을 뿐이다. Jürgen Habermas, op cit., pp.250-254; Anthony Giddens, op cit., p.28; Nicos Mouzelis, op cit., p.114, 117 등 참조.

2. 사회통합에 대한 기존 연구

사회통합에 대한 연구는 사회학에서 형성된 이론을 기초로 해서 심리학, 정신의학, 보건학 등의 학문분야에서 이뤄져 왔다.[12] 그리고 정책학에서는 그 연구들을 기초로 구체적으로 국가나 정부 차원에서 사회통합을 위해서 마련될 필요가 있는 정책에 대한 연구가 진행되어 왔다.[13] 사회통합을 위한 법제도에 대한 연구방법, 내용과 범위를 명확히 하기 위해서는 사회과학과 정책학 영역에서 이뤄진 사회통합에 대한 연구 내용을 검토해야 한다.[14]

가. 사회통합에 대한 이론적 논의

사회통합에 대한 이론적 논의는 19세기 말에 프랑스 사회학자인 Durkheim에 의해 시작됐다.[15] 그는 사회통합은 연대성(solidarity)의 형성을 통해 이뤄진다고 주장하면서 연대성을 사회가 최초에 형성되는 원시사회에서 동질성을 중심으로 형성되는 기계적 연대성(Mechanical Solidarity)과 산업화가 이뤄지는 과정에서 업무가 분업되는 현상으로 인해 사회 구성원들 간의 사회적 관계에서 형성되는 연대성을 상호

---

12) Noah E. Friedkin, "Social Cohesion", Annual Review of Sociology Vol. 30, Aug. 2004, p.409; Joseph Chan et al., op cit., pp.275-277 등 참조.

13) Joseph Chan et al., op cit., pp.278-279 참조.

14) 법학, 특히 헌법학의 연구는 다른 학문의 도움을 받지 않을 수가 없다. 따라서 사회통합에 대한 법학적 연구에서 사회과학과 정책학의 연구를 기초로 하는 것은 자연스럽고 당연한 것이다. 정종섭, "우리 법학의 올바른 자리매김을 위하여―헌법학의 통합과학적 연구에로", 법과 사회 제2권, 법과사회이론학회, 1990, 235-236면; Philip Selznik, "The Sociology of Law", Journal of legal Education 12, 1959, p.523 등 참조.

15) Jane Jenson, "Identifying the Links: Social Cohesion and Culture", Canadian Journal of Communication Vol. 27, 2002, p.145 참조.

의존성을 통한 유기적 연대성(Organic Solidarity)으로 구분하면서,16) 현실에서 연대성은 법률을 통해 실체화 되며 연대성을 통해 사회가 통합되지 않는다면 사회는 아노미(anomie) 상태를 경험하게 될 것이라고 주장했다.17)

  사회를 개인과의 관계적 차원에서 연구한 Durkheim과 달리 Parsons는 사회통합을 사회적 기능이나 구조를 중심으로 이해했다.18) 이러한 이해를 바탕으로 그는 모든 사회가 하부 사회적 기능과 구조에 따라 만들어지며, 사회통합은 그러한 다양한 기능과 구조들이 조화를 이룬 상태를 만들어 나가는 것이라고 주장했다. 이에 따라 Durkheim이 아노미라고 표현한 갈등 또는 분열의 상태를 Parsons는 '사회구조 혹은 체계들이 그 기능을 수행할 수 없게 된 상태(dysfunctional)'로 간주했고 이를 해결하기 위해서는 제도적인 차원에서 제재가 이뤄져야한다는 입장에 서 있었다. 반면에 Lockwood는 이러한 견해들에 대해서 한 사회의 구성원의 통합과 체계의 통합은 모두 중요하고, 그것은 분리될 수 있는 것이 아니라 같이 논의되어야 할 성격의 것이라고 주장했다.19)

---

16) 여기에서 동질성을 통한 연대성은 기능을 기반으로 형성된 연대성을 의미하는 것이 아니라, 사람의 신체가 유지되기 위해서는 미네랄들을 하나로 결합하는 힘이 필요한 것을 비유적인 표현한 것으로 이는 '사회가 유지되기 위해 반드시 필요한 연대성'을 의미하고, 상호의존성을 통한 연대성은 생명체가 살아서 움직이기 위해서 필요한 요소를 '사회가 운영되고 발전하기 위해 필요한 연대성'에 비유한 것이다.; Emile Durkheim, 「The Division of Labor in Society」, Simon and Schuster, 2014, pp.101-103 참조.

17) Emile Durkheim, op cit., pp.9-11 참조.

18) Talcott Parsons, 「On Institutions and Social Evolution」, The University of Chicago Press, 1982, pp.125-128; 박치현, "탈콧 파슨스(Talcott Parsons) 사회학에서 '사회(society)' 개념의 재구성", 서울대학교 박사학위논문, 2015, 39-50면 참조.

19) David Lockwood, op cit., pp.138-140; Nicos Mouzelis, op cit., pp.111-112 참조.

나. 정책학에서 사회통합의 의미

정책학에서 '사회통합'이라는 표현은 이주민의 사회적응, 소수자의 사회적응, 사회 구성원 간의 구조적인 갈등을 해결하는 방법으로 논의되며 그 목적에 따라 다양하게 정의되고 있다.[20] 그리고 '사회통합'의 개념은 정책학에서 사회구성원들 간에 같은 가치가 공유될 수있는 방법에 대한 연구, 의사소통이 원활하게 이뤄지는 사회를 만드는 방법에 대한 연구, 부자와 빈곤한 자 간의 소득격차를 줄이는 방법에 대한 연구, 사회구성원들이 소속감을 가지고 같은 목표의식을 갖고 살아갈 수 있도록 하는 방법에 대한 연구 등에서 사용되어 왔다. 그 논의를 종합하면 사회통합을 목표로 하는 조치들은 ① 사회구성원들 간의 동질성을 형성하고, ② 사회적 갈등을 최소화 할 수있는 방법으로 소득 격차 등과 같이 사회구성원의 생활에 관련된 불평등의 문제를 해결하면서, ③ 사회 구성원들 간의 이질감을 최소화하는 조치들로 정리할 수 있다.[21]

---

20) Andrew Markus et al., "Conceptualising Social Cohesion", 「Social cohesion in Austra-lia」, Cambridge University Press, 2007, p.22; Jane Jenson, 「Mapping Social Cohesion: the State of Canadian Research」, Canadian Policy Research Networks Inc., 1998, p.4; Neil Brooks, "The Role of the Voluntary Sector in a Modern Welfare State", 「Between State and Market: Essays on Charities Law and Policy in Canada」, McGill-Queen's Press, 2001; Brett Fairbairn et al., 「Co-operative Canada: Empowering Communities and Sustainable Businesses」, UBC Press, 2015, p.183; p.256 등 참조.

21) 더 구체적으로 그와 같은 사회통합에 대한 정책학적 연구의 종류 또는 분야는 ① 공통의 가치와 문화의 형성, ② 사회적 질서와 사회통제, ③ 사회적 연대성과 빈부격차를 감소시키는 것, ④ 사회적 관계와 사회적 자본, ⑤ 소속감을 갖고 공통된 정체성을 형성하는 것이라는 측면에서의 연구로 정리될 수 있다. Ray Forrest et al., "Social Cohesion, Social Capital and the Neighbourhood", Urban Studies Vol.38 No.12, Nov. 2001, p.2129 참조.

다. 소결

'사회통합'의 개념에 대해서는 완전히 합의되었거나 다수설이라고 할 수 있는 학설도 존재하지 않는다. 따라서 똑같이 '사회통합'이라는 표현을 사용하는 경우에도 그 의미는 완전히 다를 수 있다. 하지만 최근 연구에서는 '사회통합'이라는 표현이 사회구조나 체계의 통합이 아니라 사회구성원 간의 사회적인 통합을 의미하는 연대성의 형성에 대한 연구에서 주로 사용된다는 것은 그 개념이 '사회구성원들 간의 통합'으로 정립되어가고 있다는 것을 보여준다. 실제로 사회통합에 대한 정책학 연구들은 ① 이질성을 최소화하고 동질성을 형성함으로써 형성하는 연대성과 ② 경제적인 문제를 중심으로 상호의존성을 통한 연대성을 형성하는 제도들에 초점을 맞추고 있는 경우가 많다. 본 연구에서는 이와 같은 점을 고려하여 통일과정에서 남북한 주민 간의 동질성과 상호의존성을 통한 연대성을 중심으로 논의를 진행하고자 한다.

3. 사회통합에 대한 법학적 연구

사회통합을 목표로 하는 조치들을 법치국가에서 시행하기 위해서는 그 근거가 법률에 마련되어야 한다. 그런데 법학에서 '사회통합'이라는 표현을 사용한 연구들 중에 실제로 사회통합을 내용으로 하는 연구들도 있지만,[22] 그 실질에 있어서는 체계통합이나 체제통

---

22) 사회보장제도가 아닌 법제도에 대한 사회통합에 대한 법학적 연구의 위 연구들은 같은 학술지의 특별호에 같이 수록되어 있던 것이며, 위 연구들 외에는 체계통합이 아닌 사회통합에 대한 법학적 연구가 많이 이뤄져 있진 않은 상황이다. 이경권, "의료영역에서의 사회통합을 위한 법의 역할",

합을 그 내용으로 하고 있는 경우가 매우 많으며 사회통합을 내용으로 하는 법학적 연구들은 대부분이 사회보장제도를 연구대상으로 삼고 있다.[23] 따라서 사회통합에 대한 법학적 연구를 진행하기 위해서는 '사회통합'의 규범적 의미를 명확히 해야 한다.

가. 법학적 개념으로서 '사회연대'의 의미

사회가 통합되기 위해서는 사회구성원들 간에 사회적 연대성이 형성 및 강화되어야 하는 바, 사회통합에 대한 법학적 연구를 진행하기 위해서는 '연대성'의 규범적 의미를 명확히 해야 한다.

(1) '연대(solidarity)'의 규범적 의미

Durkheim이 사회통합의 방법론을 설명하는 과정에서 사용한 '연대성'은 법학에서 '사회연대'의 차원에서 굉장히 오랫동안 사용되어 온 개념으로, 그 뿌리는 로마법에서 찾을 수 있다.

연대성을 의미하는 solidarity는 단단하거나 견고하다는 의미를 갖는 solid에서 파생된 표현으로 이와 같은 어근을 갖는 로마법 상 solidium이라는 단어는 '집단으로서의 책임' 또는 '연대책임'이라는 뜻

저스티스 제134권 제3호, 한국법학원, 2013.02, 485-505면; 김홍영, "사회통합과 비정규직 노동법의 변화", 저스티스 제134권 제3호, 한국법학원, 2013.02, 80-95면; 문재완, "언론법과 사회통합", 저스티스 제134권 제2호, 한국법학원, 2013.02, 534-555면; 장철준, "사회통합과 헌법재판의 역할", 저스티스 134권 제2호, 한국법학원, 2013.02, 374-389면 등 참조.

23) 이달휴, 앞의 글, 171-192면; 전광석, "사회통합과 사회보장법", 사회보장법학 제5권 제2호, 한국사회보장법학회, 2016.12, 113-175면; 이용갑, "공적 의료보장체계에서 사회적 배제와 사회적 포섭", 한국사회정책 제17권 제2호, 한국사회정책학회, 2010.08, 232-265면 등 참조.

으로 사용됐다.[24] 그리고 이와 같은 '연대성'을 의미하는 solidarité는 프랑스에서 19세기 중반까지만 해도 박애라는 의미의 fraternité와 같은 의미로 사용됐다.[25] 그러던 중 '연대'의 개념은 19세기 노동운동을 거치면서야 비로소 fraternité와 그 개념이 구분되면서 산업가에 대항한 투쟁에서 노동자들의 결속을 의미하는 표현으로, 그리고 그 이후에는 사회적으로 집단적인 위험에 대처하기 위한 보험, 연금과 같은 사회보장제도를 뜻하는 표현으로 사용되기 시작했다.[26]

이와 같은 '연대'라는 표현이 사용된 역사는 '사회연대'가 사회학적인 개념에 그치는 것이 아니라 로마시대부터 규범적인 의미를 가지고 사용되어왔다는 것을 보여준다. 그리고 '사회연대'라는 표현이 사회보장제도에서의 연대성뿐 아니라 그 외 영역에서 사회구성원들 간의 결속력과 관련된 규범 영역에서도 보편적으로 사용됐다는 사실은 '연대성'이 사회보장제도뿐 아니라 사회통합을 목적으로 하는 법제도들에도 사용되어왔다는 것을 보여준다.

(2) 헌법재판소 결정례에서 드러나는 '사회연대 원리'

헌법재판소는 이와 같은 사회연대 원리가 대한민국 헌법 하에서도 유효하다는 것을 수차례 명시적으로 인정한 바 있다. 헌법재판소의 그와 같은 입장은 헌법재판소가 사회연대 원칙의 근거로 국민들에게 최소한의 인간다운 생활을 보장해야 할 국가의 의무의 근거로 사회국가 원리를 제시한 데서 분명히 드러난다.[27] 이러한 원리는 다

---

24) Brunkhorst, Hauke, 「Solidarity: From Civic Friendship to a Global Legal Community」, The MIT Press, 2005, p.2 참조.

25) Brunkhorst, Hauke, *op cit.*, p.1 참조.

26) 장승혁, "사회보험법과 사회연대 원리", 사회보장법학 제6권 제1호, 한국사회보장법학회, 2017.6, 10-11면 참조.

27) 헌재 2000. 6. 29. 99 헌마289, 판례집 12-1, 913.

양한 헌법재판소 결정들에 적용되어 왔으며,[28] 그 결정들의 내용은
대한민국 헌법 하에서 특별한 사회적인 배려나 고려가 없을 경우 발
생할 수 있는 사회적 갈등, 분열, 피해, 차별, 불평등의 문제를 해결
하기 위한 법제도들의 근거로 사회국가원리에서 도출되는 사회연대
원리가 적용될 수 있다는 것이 헌법재판소의 입장임을 보여준다.

나. 사회통합에 대한 이론적·정책학적 연구와 법학에서 사회통합

사회통합을 목적으로 하는 법제도에 대한 법학적 연구는 사회통
합에 대한 이론과 정책학 연구를 기초로 해야 한다.[29] 이는 사회통
합에 대한 이론들은 한 사회에서 사회가 통합되는 것의 의미와 사회
통합이 되지 않은 사회에서 발생하게 되는 문제점들에 대한 시사점
을 제공하고, 그 문제를 해결하기 위해 필요한 '사회연대' 혹은 '연대
성'에 대한 기본원리를 제공하기 때문이다. 그리고 법학적 연구는 사
회의 특정영역을 규율하는 법제도 또는 정해진 법제도의 내용에 대
한 해석이 정당화 될 수 있는 수준, 그리고 구체적인 법제도가 규범
적으로 정당화 될 수 있는지 여부를 평가하는 것을 주된 내용으로
하는 바,[30] 사회통합을 목적으로 하는 법제도에 대한 연구에서는 정
책학적인 연구결과가 그 규범적인 평가의 대상이 된다. 이는 정책학
적 연구에서 도출되는 정책들이 현실에서 구현되기 위해서는 그 연

---

28) 헌재 2012. 3. 29. 2011헌바53, 판례집 24-1상, 538; 헌재 2007. 4. 26. 2005헌바
   51, 판례집 19-1, 444 ; 헌재 2003. 7. 24. 2001헌바96, 판례집 15-2상, 58.
29) 정종섭, 앞의 글, 235-236면; Philip Selznik, *op cit.*, p.523 등 참조.
30) 김주영, "법학의 과학성에 대한 시론", 서울대학교 법학 제50권 제1호, 서울
   대학교 법학연구소, 2009.03, 88-92면; 김성룡, "법 이론과 실무에 던지는 물
   음, '법학의 학문성'", 형사소송 이론과 실무 제7권 제1호, 형사소송법학회,
   2015, 11면 등 참조.

구결과가 사회통합을 목적으로 하는 법제도의 내용에 포함되어야
하기 때문이다.

4. 남북통일과 사회통합

남북통일 과정에서 사회통합에 대한 연구를 진행하기 위해서는
남북관계에서 사회통합의 의미가 분명하게 정의되어야 한다.

가. 남북한의 사회통합에 대한 연구

남북통일은 남북한이 형성하고 있는 상이한 체계가 통합되는 과
정으로서 체계통합적인 성격과 그 체계 속에서 살아온 사회 구성원
들을 한 국가 또는 사회의 구성원으로 통합하는 사회통합적인 성격
을 모두 갖고 있다. 그 중 체계통합의 문제는 남북한이 갖추고 있는
상이한 법제도를 통일국가에서 어떻게 하나로 통합할 것인가의 문
제에 해당한다. 따라서 남북한의 체계통합을 내용으로 하는 연구에
서는 남북한의 법제도의 공통점과 차이점을 분석하고 그 차이점 혹
은 남북한 법률의 내용에서 발생하는 갈등의 문제를 어떻게 해소되
어야 할지가 연구대상이 된다.[31]
이와 달리 남북통일과 관련된 사회통합의 문제는 남북한 주민 간
의 통합에 대한 문제이며, 이에 따라 남북한 주민 간의 연대성을 형

---

31) 최은석, "북한의 산업재산권제도와 남북한 산업재산권 법제통합", 통일문
   제연구 제23권 제1호, 평화문제연구소, 2011, 193-228면; 문흥안, "북한 가족
   법제의 동향과 남북 가족법제 통합의 방향", 법조 64권 11호, 법조협회,
   2015, 5-84면; 한상운, "통일대비 남북한 해양환경법제의 통합 및 과제", 환
   경법연구 제38권 제3호, 한국환경법학회, 2016, 109-141면 등 참조.

성하는데 필요한 법제도가 남북통일과 관련된 사회통합에 대한 법학적 연구의 연구대상이 된다. 따라서 남북 간의 사회통합에 대한 연구는 남북한 주민 간의 차이와 그 차이로 인해 발생할 수 있는 갈등과 사회문제들을 해결하는데 필요한 조치를 그 내용으로 한다. 따라서 통일이 되기 이전에 남북한 주민 간의 사회통합에 대한 법학적 연구는 남한에서 북한이탈주민들이 남한에 입국한 이후 남한사회에서 적응하는 과정에서 남한정부에 의해서 취해지는 조치의 근거가 되는 법제도와 남북관계에서는 통일국가에서 남북한 주민 간의 이질성을 최소화하기 위해 통일 이전에 취해지는 조치의 근거가 되는 법제도를 연구대상으로 한다.

나. 남북한의 사회통합 수준

법제도에 대한 사회통합적인 연구에서는 '사회통합의 수준'을 cohesion의 차원에서 정서적인 측면에서까지 완전히 융화될 것을 요구할 것인지, 한 집단의 정체성을 그대로 유지한 상태에서 다른 집단을 그 집단에 일방적으로 편입시키는 inclusion을 목표로 할 것인지, 아니면 integration의 차원에서 두 집단의 특징은 그대로 유지시키면서 단순히 평화적 공존을 목표로 할지가 문제된다. 하지만 사회통합 방식은 사회통합을 추진하는 국가의 정책목표에 따라 결정되어야 할 문제이지 규범적으로 결정될 사항은 아니다.[32]

---

32) 이와 같은 정책목표에 따라 사회통합정책이 어떻게 다른지는 국가들의 이민자 정책을 비교하면 분명하게 드러난다. 김복래, "프랑스, 영국, 미국의 다문화주의에 대한 비교고찰: 삼국의 이민통합정책을 중심으로", 유럽연구 제27권 1호, 한국유럽학회, 2009, 207-235면; 이기범, "미국의 이민정책과 사회통합", 다문화사회연구 제2권 1호, 숙명여자대학교 다문화통합연구소, 2009.02, 67-92면; 이선주, "유럽의 이민자통합정책과 시민권의 재구성: 네덜란드와 영국 사례를 중심으로", 한국사회정책 제21권 제3호, 한국사회정책

남북한 주민 간의 사회통합의 경우 social cohesion이라는 측면에서의 사회통합이 목표로 설정되어야만 한다. 이는 대한민국 헌법이 단순히 두 국가 혹은 사회를 물리적으로 통합을 하는 것을 넘어서 동질적인 국가공동체의 구성원으로서 화학적 결합을 이뤄내는 통일을 전제하고 있기 때문이다.[33] 따라서 남북통일 과정에서 사회통합은 물리적으로 제도만을 통합하거나, 단순히 남북한 주민이 구분된 상태로 한 사회에 공존하는 것이 아니라 남북한 주민들이 심리적·정서적·문화적·사회적으로 통합되는 것을 목표로 해야만 한다. 이에 따라 남북한 사회통합은 '남북한 주민들이 같은 가치 또는 다른 동질적인 요소와 가치를 공유함으로써 심리적으로 친밀감을 가짐과 동시에 사회적으로 상호 간에 이해관계가 형성되어 연대성이 형성되어 있는 상태'를 의미하며, 남북한의 사회통합을 위한 법제도는 그와 같은 상태를 만드는 것을 목적으로 하고 그에 필요한 내용을 포함하고 있어야 한다.

학회, 2014.09, 71-92면 등 참조.
33) 이효원, "통일 이후 북한의 체제불법에 대한 극복방안", 서울대학교 법학 제51권 제4호, 서울대학교 법학연구소, 2010.12, 84면; 이장희, 「통일 과정에서의 경제 통합에 관한 헌법적 검토」, 헌법재판소 헌법재판연구원, 2015, 9-10면; 전태국, "사회통합을 지향한 한국통일의 개념전략: 변화를 통한 접근", 한국사회학 제41집 제6호, 한국사회학회, 2007.12, 206면 등 참조.

제2절 국가의 사회통합 원리

1. 국가와 사회통합

남북한의 통일과 북한지역에서의 체제전환과정에서 국가의 개입이 필요하고 정당화 될 수 있는 수준, 그리고 남북한 사회통합의 기본원리를 도출하기 위해서는 국가에서 사회통합이 이뤄지는 원리와 국가의 개입의 필요성과 그 개입이 정당화 될 수 있는 수준을 검토해야 한다.

가. 국가와 사회구성원의 보호

국가는 인간이 자연 속에서 다른 동물들보다 신체적인 성장이 더 딜 뿐 아니라 완전히 성장한 이후에도 신체적인 면에서 다른 생물들에 비해 현저한 우위를 갖지 못하는 한계를 극복하기 위해 집단을 형성해 나가는 과정에서 형성됐고,[34] 이와 같은 국가의 형성과정은 국가의 가장 기본적인 의무가 사회구성원들을 보호하는 데 있다는 것을 보여준다.[35] 인간이 국가를 형성하는 것은 이처럼 자연상태에 그대로 머무르게 될 경우 직면하게 되는 외부의 위협으로부터 자유로워지기 위함이며, 국가가 형성되는 과정에서 연대성은 혈연과 함께 기능적인 측면에서 구성원들 간의 상호의존성이 증가함에 따라 강화된다.[36]

---

34) 존 로버트 앤더슨, 「인지심리학과 그 응용」, 이화여자대학교출판문화원, 2000, 420면 참조.
35) Robert Nozick, 「Anarchy, State, and Utopia」, New York : Basic, 1974, pp.110-113 참조.
36) Robert Nozick, *op. cit.*, pp.12-15 참조.

국가에서 정부의 역할이 크지 않은 시점에는 사회구성원에 대한 국가의 보호의무가 외부의 위협으로부터 생명과 신체를 보호해 주는 것에 초점이 맞춰졌다. 하지만 사회구성원들 간의 연대성이 형성되는 영역이 확대 및 확장되고 사회구성원들 간의 결속력이 강해짐에 따라 정부의 역할이 확대 및 확장되면서 국가가 개인을 보호하고 보장해 줘야 하는 의무를 갖는 영역도 함께 확대 및 확장되어 나갔다.[37]

법치주의 국가에서 국가가 사회구성원들에게 제공 및 보장해야 할 보호 영역은 해당 국가의 헌법과 법제도의 내용에 따라 결정되는데, 이는 법치주의 국가에서 연대성이라는 추상적 개념은 법률을 통해 구체화 되고 현실에 적용되기 때문이다.[38] 그리고 국가의 연대성에 대한 기본원칙과 내용은 국가의 조직과 구성에 대한 기본적인 내용을 정하는 국가의 최고규범이자 기본법인 헌법에 포함되어야 하며, 그 연대성은 일반적으로 사회국가원리로 표현된다.[39]

나. 사회통합을 위한 국가 개입의 필요성

사회통합을 목적으로 하는 법제도가 제정되고 국가가 사회통합을 위한 조치에 예산을 투입하기 위해서는 국가 개입의 필요성이 구체적으로 인정되어야 한다. 이는 국가가 사회 모든 영역에 개입할 수도 없을 뿐 아니라 국가의 개입이 과도해질 경우 이는 오히려 사

---

37) Robert Nozick, *op. cit.*, p.113; 장승혁, "사회연대원리의 기원과 발전—전통적인 사회이론가들의 사상을 중심으로", 사회보장법연구 3(2), 서울대 사회보장법연구회, 2014.12, 68-70면; 이은주, "노인복지정책의 연대성효과—빈곤노인을 중심으로", 보건과 사회과학 제38집, 한국보건사회학회, 2015.06, 183-184면; 김명재, "독일헌법상의 보호청구권", 법학논총 제19권, 전남대학교 법학연구소, 2000.01, 88-89면 등 참조.
38) Emile Durkheim, *op. cit.*, p.52 참조.
39) 장승혁, 앞의 글, 69면 등 참조.

회구성원들의 자유를 제한 및 침해할 수 있기 때문이다. 그리고 인간은 사회에서 심리적으로는 동질성을 통해서 연대성을 형성하고,[40] 현실에서 상호의존성을 통해 연대성을 형성하는 바,[41] 국가가 사회통합을 위해서 개입할 필요성이 인정되는지 여부를 판단하는 기준은 동질성을 통한 연대성과 상호의존성을 통한 연대성으로 구분하여 검토해야 한다.

(1) 동질성을 통해 연대성을 형성하기 위한 개입의 필요성

개인이 사회에 동질성을 통해 연대성을 형성하는 것은 사회에 대한 소속감을 갖는 방식으로 나타나는데, 자신이 속한 사회에 소속감을 갖는다는 것은 자신이 특정 사회나 집단에 소속됐다는 것을 자신의 정체성의 중요한 부분으로 받아들이게 되는 것을 의미한다.[42] 그리고 민주적 기본질서를 기초로 하는 국가에서는 개인이 자신이 속한 사회에 강한 소속감을 가질수록 사회적인 문제에 더 적극적으로 참여하는 경향이 있기 때문에 민주적 기본질서 원리가 원활하게 작동하기 위해서는 사회구성원들 간에 동질성이 일정 수준 이상으로 형성 및 유지되어 있어야 한다.[43] 따라서 민주적 기본질서를 정치제도의 기초로 하는 국가의 정부는 국가의 기능을 안정적으로 운영하

---

40) Emile Durkheim, *op cit.*, pp.57-87 참조.
41) Emile Durkheim, *op cit.*, pp.88-115 참조.
42) David A. Snow *et al.*, 「The Blackwell Companion to Social Movements」, John Wiley & Sons, 2008, p.439 참조.
43) Francesco Belvisi, "The Common Constitutional Traditions and the Integration of EU", dritto questioni pubbliche no.6, 2006, p.27; David A. Snow *et al.*, *op cit.*, p.439; Carrie Furrer *et al.*, "Sense of relatedness as a factor in children academic engagement and performance", Journal of Educational Psychology Vol.95 No.1, 2003, pp.153-154; David A. Snow *et al.*, *op cit.*, p.448 등 참조.

기 위해서 사회구성원들 간의 동질성을 통한 연대성을 일정 수준 이
상으로 형성 및 유지하기 위한 조치를 지속적으로 시행해야 한다.

(2) 상호의존성을 통해 연대성을 형성하기 위한 개입의 필요성

국가에서 사회구성원들은 그 사회의 경제체제 속에서 생계를 해
결하기 위한 경제활동을 하고, 그 경제활동과정에서 상호의존적인
관계가 형성되며, 그러한 사회의존성이 강화될수록 사회구성원들 간
의 갈등과 분열을 발생할 가능성이 낮아진다.[44] 이는 상호의존성이
강화될수록 사회구성원들이 공유하는 이해관계가 많아지기 때문이다.

다양한 산업영역이 상호관련성을 갖는 현대사회에서는 이와 같
은 경제영역에서 상호의존성을 통한 연대성이 매우 복잡하고 다양
한 방법으로 형성된다. 예를 들면 고용인과 피고용인, 판매자와 구
매자 등의 관계에는 상호의존성이 존재하며, 사회구성원들은 그 관
계에서 사회에 대한 의존성을 형성하게 되고 사회 역시 경제체제가
운영되기 위해서는 경제활동에 참여하는 사회구성원들에 대한 의존
성이 발생하게 된다. 하지만 경제영역에서 수요와 공급 간의 불합치
가 발생하는 사례가 발생할 수밖에 없는 바, 그 불합치가 과도한 경
우에는 경제체제를 유지하고 효율적으로 운영하기 위해 국가가 연
대성을 형성하기 위한 조치를 취해야 한다.

그런데 이와 같은 경제체제는 정치적인 협의 과정을 통해서 그
내용이 결정되고 그 구체적인 협의 과정은 국가들의 정치체제에 따
라 달라지는 바, 사회구성원들 간의 상호의존성을 통한 연대성은 정
치영역에서도 형성되어야 한다. 이를 위해서는 어떠한 형태로든 사
회구성원들이 자신의 의사를 반영할 수 있는 통로가 마련되어야 하

---

44) John Pitts, 「The New Politics of Youth Crime: Discipline or Solidarity?」, Palgrave Mac-
    millan, 2001, pp.131-133 참조.

는데, 이는 정치영역에서의 의사결정 과정에 참여함으로써 그 결과
에 수긍하게 될 가능성이 높아지고, 그 과정에서 사회구성원들 간의
상호의존싱을 통한 언대성이 강화되기 때문이다.[45]

(3) 훼손된 연대성의 회복 또는 강화를 위한 개입의 필요성

동질성과 상호의존성을 통해 연대성을 형성하는 것은 결속력을
강화함으로써 사회를 통합시키기는 것을 목적으로 한다. 그럼에도
불구하고 사회적 갈등과 분열이 발생함으로 인해 연대성이 심각한
수준으로 훼손되는 경우가 있는데, 그러한 경우에는 연대성을 회복
또는 강화하기 위한 조치가 취해져야 한다. 이처럼 국가적인 차원에
서의 개입이 필요한 수준의 사회적 갈등과 분열은 ① 국가 혹은 정부
의 행정행위, 공권력의 행사 또는 정책이 사회 구성원들과의 관계에
서 갈등을 야기하는 경우, ② 순수하게 내부 구성원들 간의 문제로
인해 발생하는 경우, ③ 외부적 요인이 작용해서 갈등이나 분열의 요
소로 작용하는 경우로 구분될 수 있으며 그 해결방법은 구체적인 양
상에 맞춰서 마련되어야 한다. 다만 정부가 모든 갈등과 분열사태에
적극적으로 개입할 수는 없는바, 정부가 개입해야 할 필요가 있는지
수준인지 여부는 여러 가지 요소들을 종합적으로 고려해서 결정해
야 한다.[46]

---

45) 김영인, "정치참여의 시민교육 효과에 관한 연구: 법의식·관용··효능감 형성에
   미치는 효과를 중심으로", 서울대학교 대학원 박사학위논문, 2002, 92-104면; 금
   혜성 외 1인, "독일·영국·한국의 다문화 사회로의 이행과정 국제비교: 외국인
   의 정치참여를 위한 제도와 정책적 배경을 중심으로", 다문화사회연구 제3권
   제2호, 숙명여자대학교 다문화통합연구소, 2010.08, 34-35면 등 참조.
46) Douglas Rae *et al.*, 「Equalities」, Harvard University Press, 1981, p.2; Robert J. Barro,
   "Inequality and Growth in a Panel of Countries", Journal of Economic Growth, Mar.
   2000, pp.8-9, 18 등 참조.

(4) 소결

연대성을 강화한다고 해서 사회구성원들 간에 완전한 동질성이 형성되거나 그 사회에서 갈등이나 분열이 완전히 종식되는 것은 아니다. 이는 사안에 따라서 사회 구성원들 간의 이해관계가 상충되기 때문에 일정 수준 이상으로 사회적으로 합의가 이뤄진 사항에 대해서도 그에 대하여 반대하는 사회구성원들이 존재할 수밖에 없고, 이에 따라 한 사회에서 갈등과 분열이 완전히 사라지거나 해결되는 것은 현실적으로 불가능하기 때문이다.[47] 그리고 사회구성원들 간의 이해관계가 상충되는 상황에서 국가가 개입하는 경우 그 조치로 인해 수혜자와 함께 피해자도 동시에 발생할 수 있는 바, 특정 사안에 대해서 사회통합을 목표로 정부가 직접 개입할 필요성이 존재하는지 여부에 대한 판단은 신중하게 이뤄져야 한다.

그럼에도 불구하고 갈등과 분열이 심각한 수준으로 발생했거나 사회구성원들 간의 연대성을 형성하기 위한 국가적 차원에서의 조치가 지속적으로 이뤄져야 하는 것은 사회통합을 위한 조치는 사회구성원들 간의 연대성은 '사회적 접착제(social glue)'의 역할을 하고,[48] 연대성을 통해서 형성된 사회통합의 수준이 개인의 건강, 자살, 평균 수명, 개인에 대한 사회보장 수준, 사회적으로 범죄가 발생할 확률 등 개인의 안전과 직접적으로 관련이 있기 때문이다.[49]

---

47) Charles H. McCaghy, 「Deviant Behavior—Crime, Conflict and Interest Groups」, Routledge, 2016, pp.85-88 참조.

48) Lisa F. Berkman et al., 「Social Epidemology」, Oxford University Press, 2000, p.179 참조.

49) David Coburn, "Income inequality, social cohesion and the health status of populations: the role of neo-liberalism", social science and Medicine 51, 2000, pp.135-146; Lisa F. Berkman et al., op. cit., p.175; Richard G. Wilkinson, "Income Inequality, social cohesion and health: clarifying the theory—a reply to Muntaner and Lynch",

다. 사회통합(Social Cohesion)의 방법

사회통합에 영향을 미치는 연대성은 동질성을 통해 형성되는 경우와 상호의존성을 통해 형성되는 경우로 분류할 수 있지만, 동질성과 상호의존성을 통한 연대성은 독립적으로 작용하지 않고 상호 간에 영향을 미친다.50) 따라서 사회가 통합되기 위해서는 동질성과 상호의존성을 통한 연대성을 형성 및 강화하기 위한 조치가 동시에 병행되어야 하며, 법치주의 국가에서는 그 조치들의 근거가 되는 법제도가 마련되어 있어야만 한다.

(1) 동질성을 통해 연대성을 형성 및 강화하기 위한 조치

동질성을 통한 연대성과 관련된 법제도는 해당 국가가 수립된 기반이 되는 고유한 역사와 문화를 내용으로 한다. 이는 사회구성원들이 자신이 속한 국가의 역사와 문화에 동질성을 형성함으로써 연대성이 강화될 수 있기 때문이다.51) 종교, 역사, 스포츠, 음악, 언어, 음

International Journal of Health Services Vol.29 No.3, 1999, pp.525-543; Richard G. Wilkinson, 「Unhealthy Societies: The Afflictions of Inequality」, Routledge, 1996, pp.143-150; A. Hirschfield et al, "The effect of social cohesion on Levels of Recorded Crime in Disadvantaged Areas", Urban Studies Vol.34 No.8, 1997, pp.1275-1295; Bruce P. Kennedy, et al, "Social Capital, Income Inequality and Firearm Violent Crime", Social Science Medicine Vol.47 Issue 1, Jul. 1998, pp.7-17; 김지연 외 1인, "통합력(Sense of Coherence)과 자살생각, 사회적 지지의 연관성 연구", 보건과 사회과학 제36집, 한국보건사회학회, 2014.09, 77-102면 등 참조.

50) Emile Durkheim, op cit,, pp.116-131; Peter Thijssen, "From mechanical to organic solidarity, and back: With Jonneth beyond Durkheim", European Journal of Social Theory Vol.15(4), Nov. 2012, pp.456-459 등 참조.

51) Jane Jenson, "Identifying the Links: Social Cohesion and Culture", Canadian Journal of Communication Vol. 27, 2002, pp.147-149 참조.

식, 미술 등 문화영역에서 국가가 지원하는 조치들은 국가가 사회구
성원들 간의 동질성을 통한 연대성을 형성시키기 위해 시행하는 조
치에 해당한다. 하지만 자연상태에서 국가의 구성원이 된 것이 아닌
이상 대부분 사람들은 이미 존재하는 사회체제 속에서 태어나는 바,
대부분 국가들은 사회구성원들 간에 동질성을 통한 연대성을 형성
시키기 위해 국가가 형성된 역사, 해당 국가의 문화, 전통과 사회체
제에 이해를 갖추는 것을 목표로 하는 공교육제도를 운영한다.[52]

하지만 국가적인 차원에서의 조치들을 통해 사회구성원들 간의
동질성을 형성시키는 데는 한계가 있을 수밖에 없다.[53] 이는 동질성
을 통한 연대성은 사회구성원들이 일정시간 이상을 한 사회에 공존
하는 경험의 영향을 더 많이 받고,[54] 사회구성원들 간에 동질성이
형성되는 것은 심리적·정서적인 성격이 강하며,[55] 국가가 개인의 심
리적·정서적 영역에 영향을 미칠 수 있는 데는 분명한 한계가 있기
때문이다.

(2) 상호의존성을 통한 연대성을 형성 및 강화하기 위한 조치

보호단체로서의 성격을 갖는 국가는 사회구성원 간의 상호의존
성과 사회구성원과 국가 간의 연대성을 형성하기 위해 개인의 기본
적인 생활은 보장해주면서도 사회구성원들이 활발하게 경제활동에

---

52) Andy Green *et al.*, 「Education, Equality and Social Cohesion」, Palgrave Macmillan,
   2006, pp.2-3 참조.
53) Meindert Fennema *et al.*, "Civic Community, Political Participation and Political Trust
   of Ethnic Groups", Multikulturelle Demokratien im Vergleich, VS Verlag für Sozial-
   wissenschaften, 2001, p.31 참조.
54) Cameron Anderson *et al.*, "Emotional Convergence Between People Over Time",
   Journal of Personality and Social Psychology Vol.84 No.5, 2003, pp.1065-1066 참조.
55) Peter Thijssen, *op cit.*, p.459 참조.

참여할 수 있는 환경을 조성할 의무를 진다.[56) 사회적 안전망으로써 생존에 필요한 최소한의 물질을 제공해 줄 수 있는 사회보장제도를 마련하고, 개인이 경제영역에서 경제활동에 참여함으로써 상호의존성을 통한 연대성을 형성하는데 필요한 능력을 갖출 수 있는 교육을 받을 기회를 제공하고 능력을 갖춘 자는 취업을 할 수 있는 기회를 마련해 주기 위한 조치를 정부에서 시행하는 것은 개인의 이와 같은 기본적인 생활을 보장해 주기 위한 것이다.

그리고 민주적 기본질서를 정치체제의 기본원리로 하는 국가에서 사회구성원들이 경제활동을 하는 환경의 기초는 국민들이 선출한 대표들에 의해서 형성되는데, 정치영역에서 사회구성원 간의 상호의존성을 통한 연대성은 선거와 의회에서 법률의 제정과정에서 형성된다.[57) 이는 후보자는 투표자의 선택을 받아야 하고, 의회에서는 법률로 정한 비율 이상의 지지가 있어야 특정한 법률이 제정될 수 있기 때문이다. 더 구체적으로 민주주의 국가에서 선거에 출마하는 자들은 차기 선거에서 선택을 받기 위해 사회구성원들의 필요와 요구를 국가적 차원의 조치에 반영하기 위한 노력을 한다는 차원에서, 그리고 선출된 자들 간의 관계에서는 법률을 제정하는 과정에서 의결정족수를 통해서 상호의존성을 통한 연대성이 형성된다.

(3) 훼손된 연대성을 보완하기 위한 방법

훼손된 연대성을 보완함으로써 사회를 통합하기 위해 개입하는

---

56) 이한태, "경제헌법과 경제민주화의 헌법적 가치", 서울법학 제20권 제3호, 서울시립대학교 법학연구소, 2012.02, 7면; 김종보, "사회적 기본권의 구체적 권리성 여부", 법학연구 제49권 제1호, 부산대학교 법학연구소, 2008.08, 15-17면 등 참조.
57) 홍태영, 앞의 글, 19면 참조.

경우는 크게 구조적인 차별 또는 불평등으로 연대성이 훼손되었거
나 특정한 가해자에 의해 연대성이 훼손된 경우를 들 수 있다.

(가) 구조적인 차별이나 불평등으로 연대성이 훼손된 경우

연대성이 훼손됐다는 것은 그 국가에서 갈등이나 분열이 상당한
수준으로 존재한다는 것을 의미한다. 이는 특히 사회적으로 구조적
인 차별이 있거나 사회구성원들 간의 불평등이 심각한 수준에 이른
경우에 문제가 되며, 그러한 경우에는 국가가 대부분 개입을 통하여
통합을 시도한다.[58] 국가적인 차원에서 정부가 이처럼 불평등을 해
결하기 위해 개입해야 하는 것은 심각한 수준의 불평등은 법치주의
원리를 형해화 시킬 수 있기 때문이다.[59] 그리고 국가가 이처럼 개
입하는 것은 사회구성원의 심리적 차원에서는 사회적 지위가 열위
에 있는 자들의 박탈감을 해소하는 조치로서의 의미를 갖고, 사회적
인 차원에서는 사회 구성원들이 생계를 해결할 수 있도록 연대성을
보완하기 위한 조치로서의 의미를 갖는다.

하지만 모든 사람이 모든 영역에서 완벽하게 평등해지는 것은 불
가능하다. 그리고 본인의 노력에 의해 쟁취한 사회적 지위마저 평등
을 목적으로 박탈할 경우, 이는 사람들이 노력을 할 유인을 제거하
여 사회 전체의 발전을 저해할 수 있다. 따라서 사회구성원들 간의
관계에서 불평등은 일정 수준까지는 허용되고 정당화 될 수 있다.[60]
이에 따라 정부의 개입은 차별과 불평등의 수준이 특정집단이나 개

---

58) Berger-Schmdit, "Social cohesion as an aspect of the quality of societies: concept and measurement", euroreporting working paper no.14, Centre for Survey Research and Methodology, 2000, p.4 참조.

59) Joseph E. Stiglitz, 「The Price of Inequality」, Norton, 2013, p.235-258.

60) Lars Obberg *et al.*, "Fair Inequality? Attitudes toward Pay Differentials: The United States in Comparative Perspective", American Sociological Review Vol. 71, June 2006, pp.456-457 참조.

인에 대한 차별이나 불평등이 구조화 되고 고착되어 특정 계층의 사회 구성원이 그 안에서 살아가거나 노력할 유인을 상실시킬 수준에 이르는 경우에만 정당화 된다.

이러한 점을 감안했을 때 불평등의 문제는 타고난 재능의 수준이 같고, 그러한 재능을 사용할 같은 수준의 의지를 가진 사람들은 그들의 사회적 지위와 무관하게 그러한 재능을 가지고 성공할 수 있는 기회의 평등을 구성원들에게 보장해주는 방향으로 이뤄져야 한다.[61]

(나) 가해자에 의해서 연대성이 훼손된 경우

사회구성원이 다른 구성원에 대한 피해를 야기함으로써 연대성이 훼손되기도 한다. 그 가해자가 개인인 경우도 있지만 국가적인 차원의 정책을 실행하는 과정에서 피해를 입은 자들이 발생하거나, 정책을 실행하는데 특별한 기여를 하는 과정에서 제3자에 의하여 피해가 발생하는 경우가 있는데, 그러한 경우 국가는 그 피해를 보상함으로써 사회적 갈등의 극복을 통한 연대성을 보완 혹은 회복시키기 위한 노력을 기울여야 한다. 그 보상은 손실 자체에 대해서 이뤄질 수도 있지만, 그 피해가 사회적인 성격을 가짐으로 인해 해결되는데 상당한 기간이 필요할 경우에는 그 상황을 극복하는데 필요한 다양한 형태의 보상을 사회적인 차원에서 제공할 수도 있다.

2. 헌법과 사회통합

근대 입헌주의는 내용적으로는 권력분립에 의한 권력의 통제와 기본권의 보장, 형식적인 측면에서는 성문헌법주의를 핵심적 징표로

---

61) John Rawls, 「Justice as Fairness: A Restatement」, Harvard University Press, 2001, p.44 참조.

삼는 헌법원리다.[62] 따라서 근대 입헌주의 국가에서는 헌법에서 정하고 있는 가치와 내용에 따라 정부제도가 결정되고, 법률들이 제정되며 사회 구성원들은 헌법의 내용에 따라 기본권을 보장 받게 된다. 그리고 사회가 통합되는 것은 국가가 안정적으로 유지되고 국가의 기능이 효율적이고 효과적으로 운영되기 위한 기본 요건이기 때문에 근대 입헌주의 헌법은 사회통합을 위한 연대성이 형성되는 기준과 내용의 근거가 되는 내용을 포함하게 된다.[63]

따라서 근대 입헌주의 국가의 헌법에 포함되어야 할 사회통합적인 내용은 사회통합과 관련해서 필요한 조치, 그리고 그와 같은 조치가 정당화 될 수 있는 수준을 고려해서 결정되어야 한다.

가. 경제체제와 사회통합

사회구성원들의 경제활동은 경제체제 안에서 이뤄지지만, 냉전이 종식된 이후 대부분 국가들은 원칙적으로는 시장경제원리를 도입하면서도 사회적인 요소를 결부시킴으로써 국가가 시장에 개입할 가능성을 열어놓고 있다. 하지만 이와 같은 경우에도 정부의 개입은 예외적으로만 이뤄져야 하는 바, 국가가 개입하는 경우에도 시장 원리가 우선되어야 하고 국가의 개입은 필요 최소한의 수준에 그쳐야만 한다.[64]

---

62) 성낙인, "통일헌법의 기본원리 소고", 서울대학교 법학 제53권 제1호, 서울대학교 법학연구소, 2012.03, 423-424면; 신우철, "근대 입헌주의 성립사 연구: 입헌주의의 서구적 원형과 독일적 변용", 법학논문집 제31집 제1호, 중앙대학교 법학연구소, 2007, 10면 등 참조.

63) R. Smend, 「Verfassung und Verfassungsrecht」, Duncker&Humblot, 1928, SS.135-136; 전광석, "다문화사회와 사회적 기본권", 헌법학연구 제16권 제2호, 한국헌법학회, 2010.06, 116면; 장철준, 앞의 글, 378-380면 등 참조.

64) 김성수, "헌법상 경제조항에 대한 개정론", 공법연구 제34집 제4호 제2권,

국가가 시장경제질서에 개입하는 대표적인 예에 해당하는 사회보장제도는 사회구성원들의 기본적인 생활수준을 보장함과 동시에 그 실질에 있어서 국가가 재화를 재분배하는 통로로도 작용한다. 이와 같은 사회보장제도가 대부분 국가에서 운영되는 것은 사회구성원들의 생계 등의 기본적인 생활을 보장해주기 위한 것이기도 하지만, 그러한 생계가 해결되지 않으면 사회구성원들 간의 기회의 평등이 보장될 수 없기 때문이다.[65]

이와 같은 현실을 고려했을 때 근대 입헌주의 국가의 헌법에는 경제체제 안에서 국가가 개입해야 하는 영역과 그 개입하는 수준에 대한 제한원리가 모두 포함되어야 한다.

나. 정치체제와 사회통합

근대 입헌주의는 국민 주권을 기초로 한다. 따라서 근대 입헌주의 국가의 정치체제는 국민 주권이 발현될 수 있는 형태로 만들어져야 한다. 그리고 정치체제에서 민주적 기본질서가 안정적으로 작동하기 위해서는 사회가 높은 수준으로 통합되어야 한다.[66] 그런데 사회구성원들은 본인의 생활수준에 따라 사회통합의 수준을 다르게

사단법인 한국공법학회, 2006.06, 189-190면; 지광석 외 1인, "규제의 정당성에 대한 모색: 시장실패의 치유 vs. 거래비용의 최소화·경감", 한국행정학보 제44권 제2호, 한국행정학회, 2010.06, 285면 등 참조.

65) John Rawls, 「Theory of Justice」, Harvard University Press, 1999, pp.54-65; Glenn C. Loury, "Is Equal Opportunity Enough?", The American Economic Review Vol. 71 No. 2, May 1981, pp.123-126 참조.

66) Michael Mann, "The Social Cohesion of Liberal Democracy", American Sociological Review vol. 35 No.3, June 1970, p.423; Roberto Cuellar, "Social Cohesion and Democracy", International Institute for Democracy and Electoral Assistance, 2009, p.5; 류시조, "다문화사회와 자유권적 기본권", 헌법학연구 제16권 제2호, 한국헌법학회, 2010.06, 80면 등 참조.

인식하며,[67] 이러한 인식의 차이는 사회구성원들이 자신의 생활수준에 따라 연대성을 평가하는데서 기인한다. 따라서 민주주의 원리가 원활하게 작동하기 위해서는 사회 구성원들 간의 빈부격차와 불평등의 수준을 최소화하기 위한 노력이 병행되어야 하며,[68] 근대 입헌주의 국가의 헌법에는 그와 같은 조치의 근거가 되는 내용이 포함되어야 한다.

다. 기본권과 사회통합

기본권은 크게 자유권과 사회권으로 구분할 수 있으며 자유권은 인간이 국가의 간섭 없이 자신의 의지에 따라 의사결정을 할 수 있는 권리로서의 특징을 갖는 반면 사회권은 인간이 사회적 존재로서 다른 사회구성원들과 상호의존적 삶을 영위하는데 보장되어야 할 권리로서의 특징을 갖는다.[69] 그리고 보호단체로서의 성격을 갖는 국가는 다른 사람의 자유를 침해하지 않는 범위 내에서 개인의 자유를 최대한으로 보장하고 사회권으로 보장해주는 권리를 확대함으로써 사회구성원의 동질성 및 상호의존성을 통한 연대성을 강화할 수 있으며, 사회통합의 수준은 사회구성원들 간의 기본권을 어느 영역으로 어느 수준까지 보호 및 보장해 줄 것인지에 따라 달라지는 바, 근대 입헌주의 국가의 헌법에는 그 기준이 마련되어 있어야 한다.[70]

---

67) Michael Mann, *op cit.*, p.435 참조.
68) Jeffrey G. Reitz et al., "Racial Inequality, Social Cohesion and Policy Issues in Canada", 「Belonging? Diversity, Recognition and Shared Citizenship in Canada」, 2008, pp.3-8 등 참조.
69) 이성환, "사회권의 법적 성격", 법학논총 제22권 제2호, 국민대학교 법학연구소, 2010.02, 136면 참조.
70) 류시조, 앞의 글, 85-98면; 전광석, 앞의 글, 126면, 130-142면 등 참조.

라. 소결

국가기관과 사회를 구성하는 요소들이 원활하게 기능하기 위해서는 사회구성원들의 연대성이 강하게 형성되어 있어야 한다. 하지만 국가의 규모가 일정 수준 이상으로 커지게 되면, 국가 내부의 사회통합은 자동으로 이뤄질 수 없으며 국가의 개입이 반드시 필요하게 된다. 이는 국가의 규모가 커질수록 사회구성원들 간의 이해관계가 대립할 가능성도 높아지고, 그에 따라 국가의 역할도 커질 수밖에 없기 때문이다.

이처럼 일정규모 이상의 국가에서는 사회통합을 위해서 국가의 개입이 필요할 가능성이 매우 높은 바, 근대 입헌주의 국가에서는 사회구성원들 간의 동질성과 상호의존성을 통한 연대성을 형성하기 위한 기준이 헌법에 마련되어야 함은 물론이고, 국가가 개입할 수 있는 근거와 그 개입의 수준의 한계에 대한 내용도 헌법에 포함되어 있어야 한다.

3. 대한민국 헌법상 연대성을 형성하는 기준

대한민국은 성문헌법을 제정하고 있으며 국가적인 차원에서 이뤄지는 사회통합을 위한 조치들은 헌법해석을 통해서 정당화 될 수 있어야 한다.

가. 동질성을 통한 연대성 형성의 기준으로 작용하는 내용

대한민국 헌법은 그 내용에서 동질성을 통한 연대성과 관련하여 공교육제도와 민족에 대한 내용을 정하고 있다.

(1) 동질성을 형성하기 위한 교육

헌법 제31조는 초등교육을 의무교육으로, 의무교육은 무상으로
하는 것을 원칙으로 하고 있다. 「교육기본법」 제2조에서 정하고 있
는 바와 같이 남한에서의 교육이 모든 국민이 자주적 생활능력과 민
주시민으로서 필요한 자질을 갖추게 함으로써 인간다운 삶을 영위
하기 위함이라고 정하고 있는데서 드러나듯이 대한민국 헌법 하에
서의 공교육제도에서는 사회구성원의 동질성을 통한 연대성을 형성
하는 방법에 해당하며, 그 교과과정에는 사회구성원들이 상호의존성
을 형성할 수 있는 능력을 갖출 수 있도록 하는 내용은 물론, 동질성
을 통한 연대성을 함양할 수 있도록 하는 내용도 포함되어야 한다.
  이와 함께 헌법 제31조는 교육을 받을 권리는 그 기회가 균등하
게 이뤄져야 함을 밝히고 있는데, 이는 개인의 사회적 지위가 태어
난 환경에서 최대한 자유롭게 함으로써 개인이 자신의 재능을 최대
한 펼칠 수 있는 환경을 조성해줘야 한다는 의미를 갖는다. 개인은
자신에게 이와 같은 기회가 충분히 주어졌을 때야 비로소 자신이 속
한 사회에서 연대성을 더욱 강하게 형성할 가능성이 높다는 점을 감
안하면, 사회통합을 위해서는 교육받을 기회를 평등하게 제공하는
것은 반드시 준수되어야 하는 헌법적 원칙이다.[71]

(2) 민족

대한민국 헌법에서 민족이 중요한 의미를 갖는다는 것은 헌법 전
문에서 동포애로써 민족의 단결을 공고히 한다고 정하고 있는 점에
서 분명하게 드러난다. 이와 같은 민족성을 계승, 발전시키기 위한

---

71) Andy Green *et al.*, op cit., pp.53-54 참조.

근거로 헌법은 제9조에서 국가에 전통문화의 계승, 발전과 민족문화의 창달에 노력해야 한다는 내용을 포함시키고 있으며, 제69조에서 대통령에게 민족문화의 창달에 노력할 것을 요구하고 있다. 이러한 내용은 대한민국이 민족국가임을 밝히고 있는 것이다.[72] 다만 대한민국 국민으로서의 법적지위는 같은 민족인 자들에 대해서만 부여되는 것은 아닌 바, 민족은 혈연을 의미하는 것이 아니라 사회적으로 '한반도에서 오랜 세월 동안 공동생활을 하면서 언어와 문화상의 공통성에 기초하여 역사적으로 형성된 사회 집단으로서의 민족'으로 해석되어야 한다.

나. 상호의존성을 통한 연대성 형성의 기준으로 작용하는 내용

사회구성원들은 자신의 생계를 해결하기 위해 경제영역에서 상호의존성을 통한 연대성을 형성하고, 그와 같은 연대성을 형성하는 기준 또는 연대성을 형성 및 강화하기 위한 조치는 정치영역에서의 의사결정을 통해 법률에서 정해진다. 따라서 상호의존성을 통한 연대성 형성의 기준으로 작용하는 내용은 생계의 해결과 관련된 기본적 생활의 보장, 경제영역에서의 연대성, 경제활동을 하는데 필요한 근로의 권리와 정치영역에서의 연대성으로 구분할 수 있다.

(1) 기본적 생활의 보장

대한민국 헌법 제34조 제2항은 국가에 사회보장과 사회복지의 증

---

72) 김상겸 외 1인, "국가의 전통·민족문화 계승의무와 전통사찰 보존에 관한 헌법적 연구", 토지공법연구 제43집 제2호, 한국토지공법학회, 2009.02, 465-468면; 류시조, "한국 헌법상의 민족국가의 원리", 공법학연구 제5권 제1호, 한국비교공법학회, 2004.02, 128-133면 등 참조.

진에 노력할 의무를 부여하고 있다.[73] 사회보장과 사회복지가 이처럼 헌법적으로 보장되는 가장 큰 이유는 국가는 가장 기본적인 존재의 이유가 그 구성원의 안전을 보호 하는 것이기 때문이다. 그리고 경제활동을 통해서 생계를 해결하지 못하는 구성원의 숫자가 증가하게 되면 그로 인해 다양한 형태의 사회적 갈등과 분열이 발생하여 사회 전반의 안전에 악영향을 가능성이 높아지는 바, 국가가 사회보장제도를 운영하는 목적에는 생계곤란으로 사회적 갈등과 분열이 발생하는 상황을 예방하는 것도 포함된다.[74]

(2) 경제영역에서의 연대성

대한민국 헌법은 제119조에서 개인과 기업의 경제상의 자유와 창의를 존중한다고 정하고 있으며, 제15조에서는 직업선택의 자유에 대한 내용을 정하면서 원칙적으로 시장경제질서가 경제체제의 기초가 된다는 것을 전제하고 있다. 그러나 헌법 제23조 제2항은 재산권에 대한 한계로서 공공복리에 적합하도록 해야 한다고 정하고 있으며, 제3조는 공공필요에 의해서는 재산권에 대한 정당한 보상을 법률로써 할 경우 국가가 수용과 사용할 수 있다고 정하고 있고, 제119조 제2항에서 국가가 경제성장, 소득의 분배, 시장의 지배 방지 등을 위해서는 시장에 개입할 수 있다고 정하고 있는 바, 이는 대한민국 헌법이 자유주의 시장경제질서를 기본으로 하면서 사회국가원리를

---

73) 이와 관련된 법률로는 「사회보장기본법」, 「국민기초생활 보장법」, 「긴급복지지원법」, 「장기공공임대주택 입주자 삶의 질 향상 지원법」, 「노숙인 등의 복지 및 자립지원에 관한 법률」, 「노숙인 등의 복지 및 자립지원에 관한 법률」, 「장애아동복지지원법」, 「장애인활동 지원에 관한 법률」, 「청소년복지 지원법」, 「다문화가족지원법」 등이 있다.
74) 전광석, "사회통합과 사회보장법", 사회보장법학 제5권 제2호, 한국사회보장법학회, 2016.12, 115-120면 참조.

수용하여 근본이념으로 하고 있음을 보여준다.[75)]

경제체제를 사회적 시장경제질서로 정한 것은 경제영역에서 필요한 경우 국가가 개입할 수 있는 여지를 남겨 놓은 것이다. 따라서 대한민국 헌법이 정하고 있는 경제체제 하에서 국가는 경제의 성장, 안정, 분배와 경제력 남용과 관련된 경우 시장에 개입하여 사회정의를 실현하고 경제적 약자를 보호하기 위한 조치를 취하는 것이 헌법을 근거로 정당화 될 수 있다. 다만 그러한 경우에도 국가의 개입은 원칙적으로는 불개입을 전제로 해야 하며 개입하는 경우에는 그 개입의 내용과 방법이 정당화 될 수 있어야 하며, 개입하는 과정은 투명하고 공정해야 한다.[76)]

(3) 근로의 권리

대한민국 헌법은 제32조에서 국민의 근로에 대한 권리와 의무에 대한 내용을 정하고 있다. 이처럼 국민에게 노동을 할 권리를 넘어서 의무를 부여하고 있는 것은 사회 구성원이 노동을 하는 것이 국가체계를 지탱해 주는 버팀목이 되기 때문이고, 근로관계로 인해 발생한 연대성이 사회적으로 결속력을 강화시켜 사회통합에 기여하기 때문이다.[77)] 그에 대한 반대급부로 국가는 사회 구성원에게 인간의 존엄성을 보장받는 근로환경을 조성해주기 위한 조치를 취해야 하고, 법제도를 통해서 실업상태에 있으나 근로를 희망하는 이들에게 실업급여나 직업훈련을 제공해야 할 뿐 아니라 실업상태가 장기화

---

75) 헌재 1998. 5. 28. 96헌가4 등, 판례집 10-1, 522.

76) 헌재 1993. 7. 29. 89헌마31, 판례집 5-2, 87; 헌재 2013. 7. 25. 2011헌바397 등, 판례집 25-2상, 122.

77) Rob Oxoby, "Understanding Social Inclusion, Social Cohesion and Social Capital", International Journal of Social Economics Vol.36 Issue. 12, 2009, pp.1140-1143 참조.

될 경우에는 생계를 위한 지원을 제공해야 한다. 이처럼 사회구성원이 경제활동을 하는 것은 개인적인 차원 뿐 아니라 사회적으로도 매우 중요하기 때문인데, 이는 특히 사회통합의 측면에서는 근로의 수요와 공급이 원활하게 이뤄져야 사회에서 연대성이 견고하게 형성될 수 있기 때문이다.

(4) 정치영역에서의 연대성

대한민국 헌법은 전문과 제8조 제4항에서 자유민주적 기본질서를 정치체제의 기본원칙으로 한다는 것을 명시하고 있으며, 제40조에 입법권은 국회에 속하는 것으로 정하고 있는 것은 대의제 민주주의를 채택하고 있는 것을 보여준다. 그리고 남한에서 정치영역에서 상호의존성을 통한 연대성은 이러한 제도적 바탕 하에서 헌법 제41조에서 정하고 있는 선거제도와 제8조 제1항에서 정하고 있는 복수정당 제도를 통해 형성된다.

선거제도에서 가장 중요한 것은 선거권자와 피선거권자 간의 상호의존성이 담보하기 위해 선거제도가 주민의 의사를 정확하게 반영하고, 자유로운 선택을 보장하는 것이다.[78] 그리고 복수정당제도는 국민을 대표하는 자들이 선출된 이후 국민대표기관에서의 의사결정은 정당을 중심으로 이뤄지는 것을 감안하여 정당 간의 경쟁을 유도하고 정치적 다양성 및 정치과정의 개방성을 보장하는 것을 주된 목적으로 하며,[79] 정당들 간의 상호의존성을 통한 연대성은 구체적인 법제도에서 최종의사결정을 하기 위한 의사정족수를 정해둠으로써 담보된다.

---

78) 헌재 2016. 10. 27. 2014헌마797, 판례집 28-2상, 763.
79) 헌재 2014. 1. 28. 2012헌마431 등, 판례집 26-1상, 155.

다. 연대성을 형성, 보완 또는 강화하기 위하여 부여하는 권리

(1) 기본권의 보장과 제한

대한민국 헌법은 제12조, 제13조 내지 제22조에 명시적으로 자유권에 대한 내용을 정하고 있고, 그 외에도 재산권, 선거권, 공무담임권, 재판을 받을 권리, 교육을 받을 권리, 단체교섭권, 인간다운 생활을 할 권리, 환경권 등 헌법적으로 보장되는 개인의 기본권에 대한 내용을 정하면서도 제37조 제2항에서 기본권의 제한이 국가안전보장, 질서유지와 공공복리를 위해서는 법률로써 제한될 수 있다고 정하고 있다. 이 외에도 헌법에서는 제8조 제4항, 제12조 제1항, 제21조 제4항, 제23조 제2항과 제3항, 제29조 제2항, 제33조 제2항 등에서 국민의 기본권을 제한할 수 있는 근거를 마련하고 있다. 이처럼 기본권을 제한할 수 있는 근거가 헌법에 마련되어 있는 것은 공간과 재화가 제한될 수밖에 없는 현실에서 사회 구성원들 간의 연대성을 강화하기 위해서는 사회 구성원들 중 일부의 기본권이 제한될 수밖에 없는 상황이 발생하기 때문이며, 기본권을 제한하는 경우에도 그 한계를 설정하는 것은 국가가 임의로 기본권을 제한함으로써 오히려 연대성을 약화시키는 것을 예방하기 위함이다.

(2) 평등권

대한민국 헌법 제11조는 모든 국민은 법 앞에 평등하며 누구든지 성별, 종교, 또는 사회적 신분에 의해서 정치, 경제, 사회, 문화적 생활의 모든 영역에 있어서 차별을 받지 않는다고 정하고 있다.[80] 이

---

80) 이와 관련된 법률로는 「양성평등기본법」, 「남녀고용평등과 일·가정 양립 지원에 관한 법률」 등이 있다.

외에도 헌법은 전문에서 국민들의 정치·경제·사회·문화의 모든 영역에서 기회의 균등과 국민생활의 균등, 제31조에서 교육의 기회균등, 제32조에서 여성근로자의 차별금지, 제36조에서 혼인과 가족생활에 있어서 남녀평등, 제41조와 제67조에서 선거에 있어서의 평등에 대해, 제119조와 제123조는 경제영역에서 평등권과 관련된 내용을 정하고 있다. 이러한 평등의 원칙은 국민의 기본권과 관련된 대한민국 헌법의 최고원리로서 국가가 입법을 하거나 법을 해석 및 집행함에 있어 준수해야 할 기준이자 모든 국민이 이유 없는 차별을 받거나 불평등한 상황에 처하지 않을 권리로서의 성격을 갖는다.[81]

사회통합적인 측면에서 평등의 원칙은 연대성이 훼손된 자들에 대한 지원의 근거로 작용하는데, 이는 헌법상 평등권의 내용을 통해 자신의 고의나 과실이 아니라 우연한 상황이나 국가의 조치로 인해 연대성이 훼손된 경우에는 법 앞에서 평등한 지위를 회복시켜 주기 위한 지원이 정당화 될 수 있기 때문이다.

다만 평등권에 대한 내용을 헌법에서 정하고 있다는 것이 모든 영역에서 실질적인 평등이 보장되어야 한다는 것을 의미하는 것은 아니다. 대한민국 헌법상 평등의 원칙은 원칙적으로 입법과 법적용의 과정에서 합리적인 근거가 없는 차별을 해서는 안 된다는 것을 의미한다.[82] 이와 같은 점은 헌법 제8조 제3항과 제4항에서 정하고 있는 정당의 특권, 헌법 제27조 제2항과 제110조 제4항에서 정하고 있는 군인과 군무원의 군사재판, 헌법 제32조 제6항에서 정하고 있는 국가유공자 등의 취업우선기회의 보장, 헌법 제29조 제2항에서 정하고 있는 군인과 경찰 등의 국가배상청구권의 제한 등의 내용에서 드러난다.

---

81) 헌재 1989. 1. 25. 88헌가7, 판례집 1, 1.
82) 헌재 2000. 6. 1. 98헌마216, 판례집 12-1, 622; 헌재 2006. 2. 23. 2004헌마675 등, 판례집 18-1상, 269.

(3) 피해자에 대한 보상

헌법 제23조 제3항은 공공필요에 의해 개인의 재산권을 수용, 사용 또는 제한한 경우, 제28조에서 불기소처분을 받거나 무죄판결을 받은 때, 제29조 제29조 제2항에서는 군인, 군무원, 경찰공무원 기타 법률이 정하는 자가 직무훈련과 관련하여 손해를 받은 경우에 보상을 받을 수 있다고 정하고 있다.[83] 그리고 제32조에서는 국가유공자, 상이군경 및 전몰군경과 그 유가족에 대해서는 근로의 기회를 우선적으로 부여하는 형태로 보상의 내용을 정하고 있으며, 제30조는 범죄행위에 의해서 피해를 받은 국민은 국가로부터 구조를 받을 수 있다고 정하고 있다.

국가가 개인에게 부여하는 보상은 그 지원 근거에 따라 그 법적 성격이 달라지며, 그에 따라 적용되는 지원의 방법과 내용도 달라진다. 예를 들면 헌법 제23조 제3항에 따른 수용에 대한 보상은 해당 구성원이 국가정책에 의한 피해를 입은 손실에 대한 보상의 성격을 갖게 되는 반면, 헌법 제32조 제6항에서 국가에 특별한 기여를 했거나 공무를 수행하던 중에 상해를 입거나 사망한 자와 그 가족 우선적으로 근로의 기회를 부여하고 있는 형태의 보상은 '사회보상'에 해당한다.

---

83) 이와 같은 법률로는 「범죄피해자 보호법」, 「성매매방지 및 피해자보호 등에 관한 법률」, 「삼청교육피해자의 명예회복 및 보상에 관한 법률」, 「4·16세월호참사 피해구제 및 지원 등을 위한 특별법」, 「5·18민주유공자예우에 관한 법률」 등이 제정되어 있다.

제3절 국가의 체제전환과정에서 사회통합

1. 체제전환과 사회통합

남북한이 통일되어 형성되는 국가에서 대한민국 헌법의 가치가 유지된다는 것은 통일이 되는 과정에서 북한지역에 적용되는 체제가 전환되어야 한다는 것을 의미한다. 그런데 체제를 전환하는 과정에서는 기존 체제의 잔재를 제거하고, 사회구성원들이 새로운 체제에 적응하는데 필요한 조치들이 시행되는 바, 그러한 조치들이 사회통합의 차원에서 어떤 의미를 갖는 지에 대해서 검토해야 한다.

가. 체제전환과정에서 법률의 적용

체제전환과정에서 어떤 법률이 적용이 되어야 하는 지에 대한 견해는 ① 기존 체제의 법률들도 그 내용에 따라 유효하게 적용될 수 있는 내용은 적용될 수 있다는 견해와 ② 체제전환이란 기존 체제를 전환시키는 것이기에 기존 체제의 법률은 적용될 수 없으며 자연법 등의 원칙들이 적용되거나 새로운 체제 하에서 제정된 법률이 적용되어야 한다는 견해가 대립한다.[84]

체제전환이 해당 국가의 틀을 유지하면서 체제 중에서 전환할 필요가 있는 요소들에 변화를 주는 것임을 감안하면 기존 법률의 효력을 완전히 부인해야만 하는 것은 아니다. 따라서 체제전환 과정에서는 사회구성원들이 새로운 체제에 수월하게 적응하고 사회의 안정을 유지하기 위해 기존체제를 가능한 범위 내에서 최대한 그대로 유

---

84) Ruti G. Teitel, 「Transitional Justice」, Oxford University Press, 2000, pp.12-22; Nevin T. Aiken, *op cit.*, pp.23-29 등 참조.

지해야 한다. 따라서 체제전환 과정에서는 기존 체제의 법률들 중에
서 새로운 체제의 헌법의 내용에 반하지 않는 법률들은 그 효력을
일정한 범위 내에서 인정해야 한다.[85]

나. 체제전환과정에서 전환기적 정의

체제전환은 대부분의 경우 기존 체제에 수인할 수 없는 수준의
불법성이 존재하는 경우 국가의 내외부적인 요인이 작용해서 발생
하며, 체제전환 과정에서는 기존 체제의 불법성으로 인해 발생한 사
회문제와 갈등을 해결하기 위해 기존 체제 하에서 발생한 피해를 보
상해 주는 방법과 가해자를 처벌하는 방법으로 기존체제의 불법성
으로 인한 피해에 대한 보상이 이뤄진다.[86] 그리고 그러한 조치들은
기존 체제에서 억압되어 있던 개인의 자유를 회복시키는 전환기적
정의를 구현하는 조치로써 정당화되어 왔다.[87] 그럼에도 불구하고
전환기적 정의에 대해서 학문적으로 명확하게 정립된 내용은 많지
않다.[88]

체제전환 과정에서 전환기적 정의를 실현하기 위한 조치가 정당
화 될 수 있는 것은 기존 체제 하에서 국가에 의해서 개인의 자유에
대한 수인할 수 있는 한도를 넘는 침해가 발생했기 때문이다.[89] 따라
서 전환기적 정의는 기존 체제 하에서 집권자들의 불법행위로 인해
박탈당하거나 침해되었던 개인의 자유를 회복시켜주고 국가와의 관

85) Ruti G. Teitel, *op.cit.*, p.21 참조
86) Ruti G. Teitel, "Transitional Justice Genealogy", Harvard Human Rights Journal Vol.16,
   2003, pp.72-93 참조.
87) Ruti G. Teitel, 「Transitional Justice」, Oxford University Press, 2000, pp.4-12, 133,
   187-189 등 참조.
88) Nevin T. Aiken, *op. cit.*, pp.1-2 참조.
89) Ruti G. Teitel, *op.cit.*, p.65, 128-129 참조.

계에서 훼손된 연대성을 회복하는 과정으로서의 의미를 갖는다. 그
리고 기존 체제 하에서 국가의 조치가 수인한도를 넘었는지 여부는
전환이 이뤄진 이후 국가체제의 헌법, 보편적 도덕원리, 국제규범과
자연법의 내용을 기준으로 판단하는 것이 타당하다.[90]

다. 전환기적 정의와 사회통합

전환기적 정의를 실현시키는 것은 사회구성원 개인적인 차원에
서 자유의 회복으로서의 의미를 갖는 한편 사회적으로는 과거와 화
해함으로써 훼손된 연대성을 회복하고, 사회구성원들이 상호 간의
이해수준을 높임으로써 사회를 통합시키는 과정으로서의 의미를 갖
는다.[91] 따라서 전환기적 정의를 실현시키는 과정에서는 과거 체제
하에서 개인이 자유를 침해당함으로 인해 입은 심리적, 물질적인 피
해를 보상하고 그 침해로 인해 발생한 사회구성원 간의 불평등을 회
복시켜주는 조치들이 시행되어야 한다.[92] 다만 그러한 조치들은 기
존 체제 하에서 피해를 입지 않은 자들의 기본권을 침해하지 않아야
한다는 한계를 갖는다. 이는 그 조치들이 피해를 입지 않은 자들의
기본권을 침해할 경우 사회통합이라는 전환기적 정의를 구현하기 위
한 조치가 갖는 목적에 반하는 결과를 야기할 수 있기 때문이다.

---

90) 이효원, "통일 이후 북한의 체제불법에 대한 극복방안", 서울대학교 법학 제
　　51권 제4호, 서울대학교 법학연구소, 2010.12, 88-89면 참조.
91) Nevin T. Aiken, *op. cit.*, pp.31-53 참조.
92) Ruti G. Teitel, *op.cit.*, pp.124-129, 134 참조.

2. 분단국의 전환기적 정의와 사회통합

한 국가 안에서 기존의 체제를 전환하는 경우 그 사회구성원들은 모두 새로운 체제에 적응하는 과정을 겪어야 하기 때문에 새로운 체제로 전환하는 과정에서 기회가 평등하게 주어진다면 평등권의 문제가 크게 쟁점화 되지는 않을 것이다.

분단국의 경우 기존에 존재했던 두 개 이상의 체제와 완전히 다른 제3의 체제를 만들지 않고 한 국가의 사회체제로 상대 국가를 편입시키거나, 한 국가의 체제가 더 많이 반영된 국가체제를 만들게 되면 실질적으로 기존에 존재했던 국가들 중 그 국가를 제외한 나머지 국가들의 사회구성원들만 체제전환과정을 겪게 된다. 그와 같은 경우에는 새로 형성된 국가에서 사회구성원들 간의 평등권 문제가 모든 사회영역에서 발생할 수밖에 없는 바, 분단국의 통합 또는 통일 과정에서 전환기적 정의의 실현과 사회통합 과정에는 이러한 특수성이 반영되어야 한다.

가. 체제수렴기와 체제전환기의 구분

궁극적으로는 통일과 통합을 국가적인 목표로 하는 두 개 이상의 독립국가가 존속하는 시기는 해당 국가들의 체제전환기가 아닌 '체제수렴기'에 해당한다. 이는 통일과 통합을 목표로 하는 두 개 이상의 독립국가가 존속하는 상황에서는 합의된 사회체제의 형태가 존재하지 않고, 그러한 체제에 대한 합의가 이뤄지기 전까지는 그 과정에서 새로운 체제로의 수렴을 위한 협의가 진행되기 때문이다. 체제수렴기에서 관련 국가들은 교류 및 협력과정을 통해서 통합된 이후 국가체제에 대한 협의를 진행한다.[93]

따라서 분단국의 '체제전환기'는 두 개 이상의 국가가 독립된 국가

체제를 가지고 있는 시기가 아니라, 체제수렴기에서의 협의를 통해
새로운 국가 체제에 합의가 이뤄진 이후 각 관련 국가들의 체제를 새
로운 체제로 전환하는 과정을 의미한다. 이는 전환의 기준이 명확하
게 설정된 후에야 새로운 체제로의 전환이 시작되었다고 할 수 있기
때문이다. 다만 실질적인 체제전환은 분단국 간에 합의가 발생한 이
후에 상당한 기간 지속되어야 하는 바, 체제전환기는 통일이 되는 시
점이 아니라 통일이 된 이후 국가적인 차원에서 체제전환하는 데 필
요한 법률과 조치가 국가적인 차원에서 필요 없는 시기를 의미한다.

나. 분단국의 체제전환과정에서 전환기적 정의

체제수렴기에서 분단 당사자인 국가들은 모두 그 역사적 배경에
따라 다양한 이념과 규범체계에 기초해서 독립된 체제를 형성하고
있다. 따라서 통일이 되기 전에 특정 국가의 체제가 일방적으로 불
법적이라고 할 수는 없다.[94] 하지만 그러한 경우에도 분단 당사국들
이 체제수렴기에 시행한 조치 중에 통일된 국가의 헌법, 보편적 도
덕원리, 국제규범과 자연법의 내용 등을 기준으로 판단했을 때 사회
구성원들의 자유에 수인할 수 있는 한도를 초과하는 수준의 침해를
적극적으로 야기했을 경우에는 전환기적 정의를 위한 조치가 시행
되어야 한다.[95]

다만 체제수렴기에 국가통합의 당사국들이 현실적으로 지배하고
있는 범위 내에서 그 주권은 존중되어야 하는 바, 당사국들의 영향
력이 주권이 미치는 지역으로 국한될 수밖에 없다는 한계가 존재한

---

93) 김병욱 외 1인, "남북한과 통독 전 동서독의 이산가족교류 비교 연구", 현
  대북한연구 제12권 제1호, 북한대학원대학교, 2009.04, 180-185면 참조.
94) 이효원, 앞의 글, 86면 참조.
95) 이효원, 위의 글, 88-89면 참조.

다. 하지만 이런 경우에도 각 국가들은 체제수렴기에 주권이 미치는 범위 내에서 그 내용을 기준으로 전환기적 정의를 실현시키기 위한 조치를 시행해야 한다. 다만 그 조치들의 대상이 되는 행위는 통일 이후 유지되어야 할 헌법적 가치, 보편적 도덕원리, 국제규범과 자연법의 내용에 반하지 않는 것이어야만 한다는 한계를 갖는다.

다. 전환기적 정의와 사회통합

분단국의 체제전환과정은 체제수렴기와 체제전환기로 구분할 수 있지만 체제수렴기에도 분단국들은 협력 및 협의를 통해서 각 국가들 내부의 사회통합은 물론이고 상호 간의 법제도적, 사회적 차이를 최소화하기 위한 노력을 기울여야만 한다. 이는 통일국가에서 사회가 효율적이고 효과적으로 통합되기 위해서는 통일이 되는 시점에 사회구성원들 간의 사고방식, 문화, 생활수준 등의 차이가 최소화 되어야 할 필요가 있고 통일되기 이전에 관련 국가들 내부에서 정부의 조치로 인해 연대성이 심각한 수준으로 훼손된 경우가 있을 가능성이 존재하기 때문이다. 따라서 국가들이 통합 또는 통일되기 전에도 관련 국가들에서 사회구성원들에 대하여 수용할 수 있는 수준을 넘어서는 자유의 침해가 발생한 경우 통일국가에서의 효율적이고 효과적인 사회통합을 위해서는 전환기적 정의를 실현하기 위한 조치가 이뤄져야 한다.

분단국의 체제수렴기에 발생한 자유의 침해가 완전히 치유되지 않은 경우 체제전환기에 사회통합을 위해서 전환기적 정의를 실현하기 위한 조치가 시행되어야 하며, 만약 통합과정에서 특정국가의 사회체제와 법률체계의 요소가 통일국가에 더 많이 반영될 경우 그 적용을 받지 않았던 자들에 대해서는 새로운 사회체제와 법률체계에 적응하는 과정에 필요한 지원이 제공되어야 한다. 이는 그 지원이 제공되지 않을 경우 사회구성원들이 통합되기 이전에 적용받았던 사회체제와 법률체계에 따라 새로운 사회체제와 법률체계에 대한 이해도가 다름으로 인해 불평등한 상황이 발생하고, 그로 인한 심각한 사회적 갈등과 분열이 발생할 가능성이 매우 높기 때문이다. 다만 그 지원이 과도할 경우 이는 오히려 사회구성원 간의 또 다른 형태의 갈등을 야기함으로써 연대성을 훼손시킬 수 있는 바, 제공되는 지원의 내용과 수준은 통합되는 국가들의 사회체제와 법률체계의 이질성, 사회구성원들이 기존국가를 기준으로 상호 간에 느끼는 이질성과 기존체제 하에서 연대성이 훼손된 수준 등을 종합적으로 고려해서 제공되어야 한다.

3. 남북통일과 체제전환과정에서 사회통합

대한민국 헌법이 지향하는 통일은 자유민주주의와 법치주의에 기초한 평화통일이다.[96] 따라서 통일국가에서 제정되는 헌법과 법률의 구체적인 내용은 정치적으로는 민주적 기본질서, 경제적으로는 사회적 시장경제질서를 기초로 하고 이에 더해서 국민주권주의, 기본권존중주의, 권력분립주의, 법치주의, 사회복지국가주의, 문화국가주의, 국제평화주의를 기본원리로 해야 한다.[97] 자주, 평화, 민주를 통일의 원칙으로 하고 통일국가를 자유·복지·인간존엄성이 구현되는 선진민주국가로 미래상을 설정하고 있는 남한의 공식적인 통일방안인 민족공동체통일방안 역시 이를 전제로 하고 있다.[98]

---

96) 이효원, 앞의 글, 84면 참조.
97) 이효원, "통일헌법의 제정 방법과 국가조직", 서울대학교 법학 제55권 제3호, 서울대학교 법학연구소, 2014.09, 34-36면 참조.
98) 이효원, 위의 글, 33-39면 참조.

가. 통일과정에서 체제전환과 사회통합

통일헌법이 대한민국 헌법의 기본원리를 기초로 한다는 것은 실질적으로 통일국가에서 현재 북한정권이 현실적으로 지배하고 있는 북한지역에서 체제전환을 진행한다는 것을 의미한다. 이는 북한 헌법은 대한민국 헌법과 완전히 다른 기본원리를 기초로 하고 있기 때문이다.[99] 다만 체제전환 과정에서도 북한의 법률내용들 중에 통일국가의 헌법에 부합하는 내용은 체제전환 과정에서 북한주민들의 적응을 돕기 위해서 일정기간 동안 효력을 유지해야 한다.[100]

남한주민들 중 51.4%가 북한이탈주민들을 선별적으로만 받아들여야 한다고 응답했고 그 중에서도 특히 20-30대가 북한이탈주민에 대한 이질감을 더 높게 느낀다는 점,[101] 그리고 북한이탈주민들 중 80% 이상이 선거방식, 사회복지, 역사인식, 언어사용, 생활풍습, 가족을

〈표 1〉 남북 간 이질감에 대한 인식[102]

연도	남한주민의 이질감 인식		북한이탈주민의 이질감 인식	
	2016	2017	2016	2017
선거방식	92.4%	91.8%	94.2%	97%
사회복지(생활수준)	94.9%	90.5%	96.4%	80.3%
역사인식	-	-	94.9%	-
언어사용	81.3%	82.5%	93.5%	90.9%
생활풍습	77.8%	77.1%	89.1%	96.2%
가족중시(가치관)	64.6%	57.3%	90.6%	86.4%
평균	82.2%	76.9%	93.1%	88.6%

---

99) 김도균, "북한 법체계에서의 법개념론과 법치론에 관한 고찰", 서울대학교 법학 제46권 제1호, 서울대학교 법학연구소, 2005.03, 456-512면 참조.
100) 정구진, "평화통일의 과정에서 북한법의 적용 가능성", 헌법과 통일법 제2호, 서울대학교 헌법통일법센터, 2013.02, 20-23면 참조.
101) 정근식 외 10인, 앞의 책, 35-36면, 241-242면 참조.

중시하는 가치관 등의 영역에서 남북 간의 이질성이 존재한다고 대답한 점은 통일국가에서 남북한 주민들이 사회적으로 통합되기 위해서는 상당한 수준의 이질감이 해소되어야 한다는 것을 보여준다.[103]

남북한주민들이 이처럼 상호 간에 이질감을 느끼게 된 가장 큰 원인은 남북한 헌법과 법제도가 완전히 다른 기본원리를 기초로 하고 있고, 그에 따라 남북한에서 완전히 다른 사회질서가 형성되어있기 때문이다. 그러한 차이는 경제체제에서 자유주의 시장경제질서를 기초로 하는 대한민국 헌법과 달리 북한은 헌법 제19조에서 밝히고 있듯이 '사회주의적 생산관계'와 '자립적 민족경제'에 기반을 두고 있는데서 드러난다. 그리고 북한의 정치체제의 경우 「조선로동당규약」에서 "조선로동당은 위대한 김일성-김정일주의 당"이라고 밝히면서 김일성은 '영생불멸의 주체사상'을 창시한 자이자 영원한 수령으로, 김정일은 '조선로동당의 상징이고 영원한 수반'으로, 김정은은 조선로동당을 김일성과 김정일의 당으로 발전시키고 '주체혁명을 승리로 이끄는 위대한 령도자'로 표현하고 있는데서 알 수 있듯이 북한은 그 실질에 있어서 김 씨 일가가 왕족으로 다스리는 왕권국가의 모습을 하고 있다.[104] 그뿐 아니라 북한에서는 실질적으로 법에 대한 정치의 우위, 정부에 대한 조선노동당의 우위, 헌법에 대한 「조선로동당규약」의 우위가 인정되는데, 이는 대한민국 헌법의 기본원리에 해당하는 민주적 기본질서, 사회적 시장경제질서, 국민주권주의, 권력분립주의와 법치주의에 반하는 것이다. 남북한의 법제도, 법현실과 그에 따른 사회질서가 이처럼 이질적인 상황에서는 남북한 주민 간의 이질성이 심각한 수준으로 발생할 수밖에 없다.

이질적인 두 집단이 사회적으로 통합되기까지는 상당한 기간이

---

102) 정근식 외 10인, 위의 책, 77면 참조.
103) 정근식 외 10인, 위의 책, 77면 참조.
104) 태영호, 「3층 서기실의 암호」, 기파랑, 2018, 515면 참조.

소요되고, 그 기간 동안 적극적인 교류가 이뤄져야 한다.[105] 따라서 통일 이후에 이와 같은 체제전환을 효율적이고 효과적으로 이뤄내기 위해서는 남북한 주민들의 사고방식, 문화, 생활수준 등의 차이를 최소화하기 조치를 체제수렴기에서부터 시행해야 한다. 그리고 체제수렴기에서 남북한 주민을 사회적으로 통합하는 것을 목적으로 하는 조치들은 남북한 주민 간에 다양한 접점을 형성함으로써 이질감을 최소화하는 것을 주된 목표로 설정해야 하고,[106] 그 조치들 중 상당부분은 현실적으로 북한주민들에 대한 지원의 형태로 이뤄질 수밖에 없다. 이는 북한의 현행 헌법과 법현실은 그러한 원리를 기초로 하고 있지 않기 때문에 북한주민들이 통일국가의 사회체제에 적응하는데 어려움을 겪을 가능성이 매우 높을 것이기 때문이다.[107] 그리고 체제전환기에도 여전히 남북한 주민 간의 이질감이 국가의 개입 없이는 해소되지 않을 것으로 판단되는 수준이라면 통일국가에서도 사회구성원들 간의 동질성과 상호의존성을 통한 연대성을 형성하는데 필요한 조치가 일정기간 동안 시행되어야 한다.

나. 통일과정에서 전환기적 정의와 사회통합

북한정권이 실효적인 지배를 하고 있는 지역에서는 신체의 자유, 거주 및 이동의 자유, 표현의 자유, 집회 및 결사의 자유, 사상·양심과 종교의 자유, 근로의 자유가 모두 심각한 수준으로 침해되고 있다.[108] 그뿐 아니라 북한에서는 자유선거가 이뤄지지 않고 실질적인 독재가 이뤄지고 있으며,[109] 성분에 따른 주거지 배정, 남존여비 사

---

105) Nevin T. Aiken, op. cit., p.36 참조.
106) Nevin T. Aiken, op. cit., pp.34-40 참조
107) 이효원, 앞의 글, 33-34면 참조.
108) 한동호 외 4인, 「북한인권백서 2018」, 통일연구원, 2018, 38-182면 참조.
109) 한동호 외 4인, 위의 책, 183-190면; 태영호, 앞의 책, 2018, 509-515면 등 참조.

상 등 다양한 방식으로 부당한 차별이 이뤄지고 있고,[110] 교육체계
가 상당부분 붕괴됨으로 인해서 교육의 기회까지 상당부분 박탈당
하고 있다.[111]

이와 같은 북한정권의 조치들은 세계인권선언(Universal Declaration
of Human Rights) 제3조와 시민적 및 정치적 권리에 관한 국제규약
(International Covenant on Civil and Political Right, 이하 '자유권 규약'이라
한다.) 제6조에서 정하고 있는 생명권, 세계인권선언 제5조와 자유권
규약 제7조에서 금지하고 있는 고문 등을 통한 신체의 자유에 대한
침해, 세계인권선언 제4조와 자유권규약 제8조에서 정하고 있는 강
제노동의 금지, 세계인권선언 제3조와 자유권규약 제9조에서 정하고
있는 신체의 자유, 세계인권선언 제13조와 자유권규약 제1조에서 정
하고 있는 거주 및 이전의 자유, 세계인권선언 제18조와 자유권규약
제18조에서 정하고 있는 사상·양심 및 종교의 자유, 세계인권선언 제
19조와 자유권규약 제19조에서 정하고 있는 표현의 자유, 세계인권
선언 제20조와 자유권규약 제21조 및 제22조에서 정하고 있는 집회
및 결사의 자유, 세계인권선언 제21조와 자유권규약 제25조에서 정
하고 있는 선거의 자유에 대한 내용, 세계인권선언 제7조와 자유권규
약 제2조에서 정하고 있는 평등권 등의 내용을 침해하고 있다.

이와 같은 북한정권에 의한 북한주민의 자유의 침해는 수인할 수
있는 한도를 이미 넘어섰다. 따라서 북한정권의 조치에 대해서는 전
환기적 정의를 구현하기 위한 조치들이 통일과정에서 강구되어야
하는데, 이 역시 북한주민에 대한 지원의 형태로 시행될 수밖에 없
다. 그 지원은 연대성이 훼손됨으로써 외부로 드러나는 피해에 대한
보상하는 수준을 넘어서 북한정권의 그와 같은 조치로 인해 발생한
피해로 인해 북한주민들이 새로운 체제에 이질감을 느끼고, 그 안에

---

110) 한동호 외 4인, 위의 책, 191-204면 참조.
111) 한동호 외 4인, 위의 책, 253-259면 참조.

서 상호의존성을 형성하지 못하게 되는 부분에 대해서 사회보상적인 차원에서 제공되어야만 한다. 이는 통일헌법의 기본원리의 내용, 남북한의 사회체제의 차이와 남북한주민의 사회·경제·문화적인 차원에서의 차이 등을 고려했을 때 북한주민들에게 그에 대한 지원이 제공되지 않을 경우 북한주민은 통일국가에서 이등국민으로 전락할 가능성이 매우 높고, 그 결과 남북한 주민 간의 갈등과 분열이 심각한 수준으로 발생할 것이 분명하기 때문이다.

다만 북한주민에 대한 지원의 내용과 수준은 북한주민들에게 이뤄지는 지원의 자금 등이 남한주민들이 낸 세금 등으로 충당될 가능성이 높다는 점, 북한주민들에게 과도한 수준의 지원이 제공될 경우 이는 오히려 남한주민들에 대한 평등권 침해를 야기할 수 있다는 점을 고려해서 남한주민의 기본권을 침해하지 않는 수준에서 결정되어야 한다는 한계를 갖는다.

다. 체제수렴기에 전환기적 정의와 사회통합

북한정권이 휴전선 이북지역을 실효적으로 지배하고, 북한이 국제사회에서 국가로서의 지위를 인정받고 있는 체제수렴기에 남한정부가 북한주민의 자유를 침해하는 행위에 대해서 취할 수 있는 조치는 제한적일 수밖에 없다. 그럼에도 불구하고 남북한 주민 간의 사회통합을 위한 조치는 체제수렴기에서부터 시행되어야 하는 바, 남한정부는 체제수렴기에도 전환기적 정의를 실현하고 통일국가에서 사회통합을 효율적이고 효과적으로 달성하기 위한 조치를 시행해야 한다. 그 지원내용과 수준을 결정하기 위해서는 우선 대한민국 헌법 하에서 북한과 북한주민의 법적지위를 검토해야 한다.

(1) 체제수렴기에 북한의 법적지위

대한민국 헌법은 영토를 한반도와 그 부속도서로 제3조에서 정하고 있으면서 제4조에서는 평화통일의 내용을 정하고 있는 것이 모순된다는 이유로 북한의 국가성에 대한 견해가 ① 헌법 제3조와 제4조가 배치되며 충돌되기 때문에 헌법을 개정이 필요하다는 견해,[112] ② 헌법 제3조의 변천을 주장하는 견해,[113] ③ 헌법 제4조의 우월적 또는 특별법적 효력을 주장하는 견해,[114] ④ 헌법 제3조가 사문화 되었다는 이유로 법적 규범성을 약화시키는 견해 등으로 대립되어 왔다.[115] 이에 반하여 규범조화적 해석을 통해서 현재 남북한은 사실의 영역에서만 분단된 것이고, 그에 따라 군사분계선 이북지역은 남한의 영토로서 미수복지역에 해당하며, 북한 정권은 해당 지역을 불법적으로 점유하고 있는 반국가단체로써의 법적지위만을 갖는다는 견해가 제시된다.[116]

이에 대해서 대법원은 대화와 협력의 동반자이자 반국가단체로서 북한의 이중적 지위를 명시적으로 인정한 바 있고,[117] 헌법재판소 역시 같은 맥락에서 결정을 한 바 있다.[118] 이는 헌법 제3조의 규

---

112) 홍성방, 「헌법요론」, 신영사, 1999, 28면; 윤명선·김병묵, 「헌법체계론」, 법지사, 1996, 156면 참조.

113) 장명봉, "남북한 기본관계 정립을 위한 법적 대응", 유엔가입과 통일의 공법문제, 한국공법학회, 1991, 45,134면; 이상훈, "헌법상 북한의 법적 지위에 대한 연구", 월간법제, 법제처, 2004.11, 6면에서 재인용.

114) 계희열, 「헌법학」, 박영사, 1995, 163면 참조.

115) 이장희, "독일통일이 남북한통일에 주는 법적 의미", 국제법학회논총 제36권 제2호, 국제법학회, 1991, 132면 참조.

116) 허전, "남북기본합의서와 헌법", 법학연구 제5권, 충북대학교 법학연구소, 1993, 200-201면; 이성환, "대한민국 국민의 범위", 법학논총 제9집, 국민대학교 법학연구소, 1997.11, 272-274면 등 참조.

117) 대법원 2008. 4. 17. 선고, 2003도758, 판결.

118) 헌재 1997. 1. 16. 92헌바6 등, 판례집 9-1, 1.

범성을 인정하는 것을 전제로 판단하면서 북한이 유엔에 가입하는
등 현실적으로 독립된 국가이자 국제법상 주체로 활동하는 현실을
무시할 수 없는 섬, 제4소에 따라 북한은 통일을 이뤄야 할 동반자라
는 점도 인정할 필요가 있는 점 등을 종합적으로 고려하여 규범조화
적인 해석을 하고 있는 것이다.

　헌법은 상호 밀접한 관련성을 가지는 통일적인 가치체계로 이해
해야 하며 가급적 각 조항이 고유한 의미와 효과를 갖도록 해석해야
한다는 실효성의 원칙에 비춰봤을 때,[119] 북한은 국제법 영역에서
북한의 국가성은 인정할 수 있지만 국내법 영역에서는 평화통일을
함께 이뤄야 할 동반자이자 군사분계선 이북지역을 불법적으로 점
유하고 있는 반국가단체로서의 이중적 지위를 갖는다는 견해가 타
당하다. 다만 북한의 이중적 지위를 인정하는 경우에도 영토조항의
적용을 통한 북한의 법적지위가 전제된다고 해석해야 한다.[120] 그
첫 번째 이유는 영토의 경우 국가를 형성하는 세 가지 요소인 국민,
주권, 영토 중 한 가지로 국가가 설립되는데 반드시 갖춰져야 할 요
건인 반면 통일은 한 국가가 분단되어 있는 예외적인 상황에 해당하
기 때문이다. 두 번째 이유는 대한민국 헌법에서 영토조항은 제헌헌
법에서부터 단 한 번도 삭제된 적이 없지만 통일조항은 1987년 개정
에서야 포함됐기 때문이다.[121] 세 번째로 통일과정에서도 북한의 헌
법, 법률과 정책 중에서 대한민국 헌법의 가치에 반하는 것은 수용
할 수가 없는데, 이는 북한의 반국가단체적인 성격이 인정되어야만
가능한 해석이기 때문이다.[122]

---

119) 이효원, 앞의 책, 127면 참조.
120) 이효원, 위의 책, 180-181면 참조.
121) 이효원, 위의 책, 128-131면 참조.
122) 이효원, 위의 책, 211-213면 참조.

(2) 체제수렴기에 북한주민의 헌법적 지위

북한주민의 헌법적 지위는 헌법 제3조와 제4조의 해석론에 따라 북한 주민은 외국인 또는 무국적자로서의 지위를 갖는다는 견해,[123] 그리고 국내법적으로는 대한민국 국민이면서도 그들이 제3국에 소재하는 경우에는 국제법적 영역에서 이중국적을 지니는 특수한 지위에 있다는 견해가 제기된다.[124] 이에 대하여 대법원은 헌법 제3조의 규범성을 인정하면서 북한주민이 대한민국 국민에 포함된다는 입장을 취한 적도 있지만,[125] 다른 사건에서는 남북한의 특수관계적 성격을 고려하여 북한주민 등을 외국인에 준하는 지위에 있는 자로 규정할 수 있다고 판시함으로써 북한주민이 완전한 대한민국 국민으로서의 법적지위를 갖는 것은 아니라는 입장을 취한 적도 있다.[126] 헌법재판소의 경우 북한주민의 법적지위에 대한 명시적인 결정을 한 바는 없으나 북한지역도 남한의 영토에 속하는 한반도의 일부를 이루는 것이어서 남한의 주권이 미치고 북한주민도 대한민국 국적을 취득 및 유지하는 데 아무런 영향이 없는 것을 전제로 하여 결정을 내린 바 있다.[127] 대법원과 헌법재판소의 이러한 입장은 남북한 특수관계론에 따라 북한주민의 특수한 지위를 인정하고 있는 것으로 해석된다.[128]

---

123) 도회근, "북한주민의 헌법상 지위에 관한 연구", 헌법학연구 제4집 제2호, 한국헌법학회, 1998, 354-358면; 이승우, "국가보안법의 헌법적 조명", 인권과 정의 제225호, 대한변호사협회, 1995, 54면; 길준규, 앞의 글, 254면 등 참조.
124) 제성호, "분단과 통일에 관한 법적 쟁점", 중앙법학 제6집 제2호, 중앙법학회, 2004, 86면; 제성호, 「남북한특수관계론」, 한울아카데미, 2007, 144-149면 등 참조.
125) 대법원 1996. 11. 12, 선고, 96누1221, 판결.
126) 대법원 2004. 11. 12, 선고, 2004도4044, 판결.
127) 헌재 2000. 8. 31. 97헌가12, 판례집 12-2, 167.

북한주민의 헌법적지위에는 북한의 헌법적 지위와 마찬가지로 남북한특수관계론에 따라 북한주민은 원칙적으로 대한민국 국적을 가진 자로서의 지위가 인정되지만, 국제법 영역에서는 예외적으로 북한주민의 의사에 따라 그 법적지위가 결정되는 것으로 해석해야 한다.129) 이는 국제법상 국적자유의 원칙이 인정되며,130) 대부분 국가들은 '국가가 국적을 부여하기로 정한 요건을 충족시키는 자 중에서, 국적을 취득 또는 유지할 의사표시를 한 자'에 대하여 국적을 부여하고 있기 때문이다.131)

(3) 체제수렴기에 북한주민의 법적 지위

북한주민에 대한 지원에 있어서 북한주민의 법적지위는 그 지원이 정당화 될 수 있는 내용과 수준을 결정하는 기준으로 작용한다. 그런데 체제수렴기에 북한주민은 국제법 영역에서는 자신의 의사에 따라서 국적이 결정되는바, 북한주민의 의사에 따른 구체적인 법적지위가 문제가 된다.

(가) 북한이탈주민의 법적 지위

북한지역을 이탈해서 남한지역이나 제3국에 거주하는 북한주민은 ① 북한 공민권을 유지하려는 의사를 가지고 이탈한 경우, ② 북한 공민권을 유지할 의사 없이 남한으로 입국할 의사를 가진 경우, ③ 북

---

128) 이효원, 앞의 책, 173-178면 참조.
129) 이효원, 위의 책, 178-181면 참조.
130) 국제연합(UN)의 「Universal Declaration of Human Rights(세계인권선언)」은 제15조 제2항에서 "No one shall be arbitrarily deprived of his nationality nor denied the right to change his nationality."라고 정함으로써 국적자유의 원칙을 명시하고 있다.
131) 이효원, 앞의 책, 181-182면 참조.

한 공민권을 유지할 의사가 없으나 남한이 아닌 제3국으로 입국할
의사를 가진 경우로 분류할 수 있으며 이들의 법적지위는 이들의 의
사에 따라서 결정된다.[132] 이 중에서 제3국으로 입국해 난민지위를
인정받거나 해당 국가의 국적을 취득한 자는 남한의 보호를 받고자
하는 의사가 없는 것으로 해석되며 남한의 법률체계 상에서는 외국
인으로서의 법적지위를 가진다. 이에 따라 남한정부는 이들에 대해
서 보호를 제공할 책임과 의무를 갖지 않는다. 이는 이들이 대한민
국 국적을 취득할 수 있음에도 불구하고 제3국을 선택한 것이기 때
문이다. 북한을 이탈했지만 북한 공민권을 유지할 의사를 갖고 있는
북한주민들은 국제법 영역에서는 북한 국적자로서 이들에 대하여
남한 정부가 보호나 지원을 해야 할 의무가 생긴다고 할 수 없으나,
이들은 남북한 간의 국내법적 관계에서는 대한민국 국민으로서의
법적지위를 갖는다.

　이와 달리 남한에 입국할 의사를 밝힌 북한이탈주민들의 구체적
인 법적지위는 「북한주민지원법」에서 정하고 있는 보호신청 및 보호
결정 여부에 따라 법적지위가 달라진다. 이는 보호신청을 한 자들의
경우에도 그가 북한이탈주민이 아닌 제3국의 국적자일 가능성이 존
재하고, 그가 북한이탈주민이라 할지라도 북한정권의 구성원으로 남
한에 입국하고자 하는 내심의 의사를 갖고 있을 수 있기 때문이
다.[133] 따라서 「북한이탈주민지원법」상의 보호신청 자체가 적법한
대한민국 국민으로서의 지위를 확정적으로 부여하는 효과를 발생시
키는 것은 아니며, 「북한이탈주민지원법」에서 정한 절차를 거쳐서
주민등록번호를 부여받은 자들만이 남한에서 태어난 대한민국 국민

---

132) 이효원, 위의 책, 183-185면 참조.
133) 정구진, "북한이탈주민의 보호 및 정착지원에 관한 법률 개정(안)에 대한
　　　법적 고찰", 헌법과 통일법 제7호, 서울대학교 헌법통일법센터, 2016.06,
　　　106-107면 참조.

들과 동등한 법적지위를 갖는다. 다만 그러한 경우에도 만약 사후에 그들이 북한주민이 아니었던 것으로 밝혀질 경우에는 그 지위가 취소되이 외국인으로시의 법직지위를 갖게 되며, 북한정권의 구성원으로 불법적으로 남한에 잠입했다는 것이 밝혀지는 경우에는 대한민국 국민으로서의 법적지위는 인정되나 반국가단체의 회원으로서, 불법행위 당사자로서의 지위도 갖게 된다.

(나) 북한지역에 거주하는 북한주민의 법적지위

대한민국 헌법과 국적법의 내용에 따르면 북한정권의 구성원인 북한주민들 역시 대한민국 국민으로서의 법적지위를 갖는다.[134] 따라서 그들 역시 원칙적으로는 남북 간의 교류·협력에 관한 법률체계 내에서 남한정부의 지원을 수령할 권리를 갖는다. 다만 이처럼 남한 정부의 지원을 수령할 권리를 갖는 주체는 반국가단체인 북한정권이 아니라 북한주민이다. 따라서 남북 간의 교류·협력 사업을 하는 과정에서 이뤄지는 지원은 북한정권이 아닌 북한주민에게 제공되는 것임이 분명하게 확인되어야 하며, 이에 따라 그 지원내용에서 북한 정권이 남한이나 국제사회에 위협으로 사용할 수 있는 것들은 배제되어야만 한다.

반면에 국가보안법 체계 하에서 북한주민은 모두 원칙적으로 헌법적으로는 대한민국 국민으로서의 지위를 가짐과 동시에 반국가단체의 구성원으로써의 법적지위를 갖는다.[135] 이는 북한지역에 거주하는 북한주민의 내심의 의사는 확인할 수가 없으며, 민사관계와 마찬가지로 공법영역에서도 개인의 의사는 외부로 표현되는 의사에 따라 판단해야하기 때문이다. 따라서 북한주민이 명시적으로 본인이 북한정권에 반대한다는 의사를 표현했거나 북한정권으로부터 기

---

134) 이효원, 앞의 책, 179면 참조.
135) 이효원, 앞의 책, 179면 참조.

본권을 침해받았다는 것이 입증되기 전까지 북한지역에 거주하는 북한주민은 반국가단체의 구성원으로서 전제된다.

(4) 체제수렴기에 전환기적 정의와 사회통합

대한민국 헌법의 내용에 따라 북한주민은 국내법 영역에서 대한민국 국민으로서 법적지위를 갖는 바, 북한정권에 의해 자유를 침해당한 북한주민에 대한 지원은 국민에 대한 지원으로써 정당화 될 수 있다. 그리고 북한주민은 북한정권의 지배하에 처함으로 인해 남한주민과 상당한 수준의 이질감을 형성하고 있고, 그로 인해 그들은 대한민국 헌법체제 하에서 동질성과 상호의존성을 통한 연대성을 형성하지 못하고 있으며, 이는 북한이탈주민들이 남한사회에 적응하는 과정에서 다양한 형태의 갈등을 통해 드러나고 있다.[136] 따라서 체제수렴기에도 북한주민에 대한 지원은 그 필요성이 인정된다.

다만 체제수렴기에는 북한정권이 휴전선 이북지역을 실효적으로 지배하는 바, 대한민국 헌법과 법률에 근거한 북한주민에 대한 지원은 그로 인해 제한받을 수밖에 없다. 그리고 북한주민에 대한 지원이 정당화 될 수 있는 수준과 내용 역시 북한주민의 법적지위에 따라 달라져야 하는 바,[137] 대한민국 헌법과 법률에 근거한 북한주민에 대한 지원은 남한에 입국한 북한이탈주민과 북한지역에 거주하는 북한주민에 대한 지원을 구분해서 진행해야 한다.

(가) 북한이탈주민에 대한 지원

체제수렴기에 북한이탈주민에 대한 지원은 자신이 대한민국 국적을 취득하고자 하는 의지를 명시적으로 표현한 자들에 대해서만

---

136) 정근식 외 10인, 앞의 책, 77면 참조.
137) 이효원, 앞의 책, 183-184면 참조.

제공되어야 한다. 따라서 제3국에서 남한의 대사관 등에 남한으로
입국하겠다는 의사를 표시한 자에 대해서 남한정부는 가능한 범위
내에서 국민에 대한 보호를 제공하기 위한 최대한의 조치를 취해야
한다.[138]

   남한에 입국한 이후 「북한이탈주민지원법」의 절차에 따라 보호결
정을 받은 북한이탈주민들은 사후에 북한정권의 구성원으로 입국했
거나 북한주민이 아니었던 사실이 밝혀지기 전까지는 대한민국 국
민으로서 남한주민들과 동등한 법적지위를 갖는다. 하지만 북한주
민들은 대한민국 헌법과 법률에 따라 출생 시점에서부터 대한민국
국민으로서의 법적지위를 갖고 있음에도 불구하고 반국가단체인 북
한정권의 존재로 인해서 대한민국 헌법과 법률의 적용 및 보호로부
터 배제된 피해를 입은 자들에 해당한다.[139] 따라서 남한에 입국한

---

138) 이효원, 위의 책, 186-188면 참조.
139) 엄현숙, "2000년대 이후 교육법제 정비를 통한 북한 교육의 현황", 현대북
   한연구 제20권 제1호, 북한대학원대학교, 2017.04, 101, 113-115면; 권성아,
   "헌법 개정에 따른 북한의 교육이념 변화", 교육과정연구 제21권 제2호,
   한국교육과정학회, 2003.06, 145-171; 한만길 외 2인, 「북한 교육의 현실과
   변화─북한이탈주민의 증언을 통한 분석」, 한국교육개발원, 2001, 89-142면;
   이교덕 외 4인, 「새터민의 증언으로 본 북한의 변화」, 통일연구원, 2007,
   139-144면; 김정원 외 3인, "남북한 교사의 역할 인식 프레임 비교", 교육사
   회연구 제26권 제3호, 한국교육사회학회, 2016, 79-82면; 오경섭, 「북한시장
   의 형성과 발전─시장화 특성과 정치적 결과를 중심으로」, 세종정책연구
   소, 2013, 25-28면; 김수암 외 5인, 「북한주민의 삶의 질:실태와 인식」, 통일
   연구원, 2011, 161-169면, 203면; 한재헌, "무국적 탈북자의 인권과 권리를
   가질 권리", 통일과 법률 제22호, 법무부, 2015.05, 102면; 정영철, "북한의
   민족주의와 문화변용: 김정은 시대 북한 문화의 변화", 문화정책논총 제31
   집 제2호, 한국문화관광연구원, 2017.08, 2922-295면; 조선민주주의인민공화
   국 사회과학원 법학연구소, 「법학사전」, 평양 사회과학출판사, 1971, 378
   면; 조정아 외3인, 「김정은 시대 북한의 교육정책, 교육과정, 교과서」, 통
   일연구원 연구총서, 2015.12, 3면; 임도빈 외 2인, "북한 지방행정기관에 대
   한 연구: 지방인민위원회와 협동농장경영위원회를 중심으로", 행정논총

북한이탈주민에 대한 지원은 그 피해에 대한 사회보상으로써 정당
화 될 수 있으며, 북한이탈주민들이 완전히 다른 국가체제 안에서
지냄으로 인해 발생하게 된 남한주민과의 관계에서의 이질감 등으
로 남한에 입국한 이후 경험하는 사회, 문화, 경제적으로 경험하는
어려움들을 감안하면 그 지원의 필요성 역시 인정된다.[140]

  남북한 주민 간에 상당한 수준의 이질성이 존재하기에 남한주민
이 다수인 사회에 거주하게 되는 북한이탈주민들이 남한사회에 동
질성을 통한 연대성을 형성하는데 필요한 지원이 제공되어야 하는
것은 분명하다. 하지만 남북한 주민들 간에 동질성이 형성되는 것만
으로는 통일국가에서 남북한 주민들이 사회적으로 통합되는 한계가
있는 바,[141] 남북한 주민 간의 사회통합을 위해서는 상호의존성을
통한 연대성을 형성하기 위한 지원도 함께 제공되어야 한다.[142]

제53권 제4호, 서울대학교 행정대학원, 2015.02, 134면 등 참조.

140) 윤인진, "북한이주민의 사회적응 실태와 정착지원방안", 아세아연구 제50
권 제2호, 고려대학교 아세아문제연구소, 2007.06, 112면; 조용관, 「북한이
탈주민의 남한사회 적응을 통해 본 북한주민의 의식구조 이해」, 치안정
책연구소, 2006, 30-40면, 46-55면; 강창구, "북한이탈주민(새터민)의 정착장
애요인 분석을 통한 정착지원 방안", 통일문제연구 제22권 제1호, 평화문
제연구소, 2010, 273면; 남북하나재단, 「2016 북한이탈주민 사회통합조사」,
남북하나재단, 2017, 257면; 김윤영, 「북한이탈주민에 대한 보안경찰의 효
율적인 지원방안에 대한 연구」, 치안정책연구소, 2007, 39면; 장준오 외 1
명, 「북한이탈주민 범죄실태 및 대책」, 한국형사정책연구원, 2010, 67면;
김성훈 외2인, "북한이탈주민 범죄의 실태와 원인에 대한 이론적 고찰",
통일과 평화 제7집 제1호, 서울대학교 통일평화연구소, 2015, 51면; 홍정욱
의원실, 「탈북대학생 설문조사 보고서」, 2010 국정감사 정책자료집 Ⅱ,
2010, 42-45면; 백영옥 외 1인, 「북한이탈주민의 대학생활—진학 및 적응을
중심으로」, 북한이탈주민지원재단, 2011, 26-35면; 김인숙 외 1인, "탈북대
학생 학업중단 요인과 지원 방안: 위험요인과 보호요인의 탐색", 다문화
와 평화 9권 3호, 성결대학교 다문화평화연구소, 2015, 130-135면 등 참조.
141) 정동준, "북한주민의 남한 문화 경험이 통일의식에 미치는 영향", 통일과
평화 제8집 제2호, 서울대학교 통일평화연구원, 2016, 139-140면 참조.

(나) 북한지역에 거주하는 북한주민에 대한 지원

체제수렴기에 북한지역에 거주하는 북한주민에 대한 지원은 북한정권의 존재로 인해 현실적으로 제한될 수밖에 없다. 하지만 북한주민들은 대한민국 헌법상 국민으로서의 지위를 갖는 바, 남한정부는 체제수렴기에 북한지역에 거주하는 북한주민들이 남한주민과 대한민국 헌법의 기본원리에 연대성을 형성하는데 필요한 지원을 제공하기 위한 노력을 지속적으로 기울여야 한다. 그리고 이와 같은 북한주민에 대한 지원은 남북한 교류·협력의 내용을 결정하는 과정에서 반드시 고려되어야 하며, 남북한 교류·협력 사업은 북한지역에 거주하는 북한주민에 대한 지원경로로써의 역할을 해야 한다.

이처럼 북한주민에 대한 직접적인 지원을 제공하는 방식 외에도 북한주민의 자유를 중대하게 침해하는 북한정권의 조치에 대해서 과거청산을 하기 위한 준비 역시 체제수렴기에 시행되어야 한다. 이는 북한정권은 북한주민의 자유를 중대하게 침해하고 있고 이로 인해 북한정권과 북한주민 간의 연대성이 훼손되고 있으며, 그렇게 훼손된 연대성은 과거에 대한 청산 없이는 회복될 수 없기 때문이다.143) 그런데 통일이 되는 과정에서 북한정권이 북한주민의 자유를 중대하게 침해한 것에 대한 증거가 사라질 수 있는 바, 체제수렴기에서부터 북한주민에 대한 지원으로써 통일국가에서 과거청산을 위한 준비가 이뤄져야만 한다.

---

142) 김희진 외 2인, "한국에 대한 북한이탈주민의 국가이미지 형성에 미치는 영향 요인", 아태연구 제22권 제2호, 경희대학교 국제지역연구원, 2015.06, 202-205면 참조.
143) 윤여상, "통일한국의 성공조건: 과거청산의 과제", 「과거청산과 통합」, 과거청산통합연구원, 2016.05, 22면 참조.

라. 체제전환기에 전환기적 정의와 사회통합

남북한이 통일국가의 국가체제에 합의한 상태인 체제전환기에 남북한 사회 및 주민 간의 이질성 얼마나 클 지, 그리고 북한체제의 내용이 대한민국 헌법의 기본원리에 어느 수준으로 부합하지 않을 지는 분명하지 않다. 이는 체제수렴기에서 남북한의 교류·협력사업을 통해 남북한 주민 간의 이질감과 생활수준의 격차가 최소화 된다면 전환기적 정의를 실현하고 남북한 주민 간의 사회통합을 위한 별도의 조치가 필요하지 않게 될 수도 있다는 것을 의미한다. 그러한 경우에는 체제전환 기간이 단축될 것이고 그에 따라 북한주민에 대한 지원이 필요하지 않을 가능성도 있다.

하지만 남북한의 현재 사회체제와 지금까지 북한정권이 내부를 통제하고 외교적인 전략을 시행해 온 경험에 비춰봤을 때 남북한이 통일이 되는 시점에도 통일헌법의 기본원리를 기초로 하는 국가체제 안에서 남북한 주민의 사회통합을 위해 북한주민에 대한 지원이 제공되어야 할 가능성이 매우 높다.[144] 그러한 경우에는 남북한 주민 간의 이질성의 수준, 통일국가의 기본원리와 북한정권의 헌법 및 국가체제의 상이한 내용, 북한정권 하에서 이뤄진 북한주민의 자유침해의 내용과 수준 등을 종합적으로 고려하여 동질성과 상호의존성을 통한 연대성을 형성하는데 필요한 지원과 훼손된 연대성을 회복하기 위한 지원이 제공되어야 한다.

---

144) 양현모, 「통일한국의 정부조직체계 구축방안」, 한국행정연구원, 2014, 224면 참조.

제4절 북한주민지원제도의 기본원리

1. 북한주민지원제도의 법적성격

대한민국 헌법은 평화적으로 자유민주주의와 법치주의에 기초한 통일국가를 형성하는 것을 목적으로 하며, 이는 통일국가의 헌법에는 대한민국 헌법의 기초를 형성하는 기본원리들이 상당부분 유지되어야 한다는 것을 의미한다.[145] 따라서 대한민국 헌법 제3조와 제4조의 해석과 남한정부의 통일방안의 내용에 비춰봤을 때 체제수렴기는 민족공동체 통일방안에서 설정하고 있는 화해·협력단계와 국가연합단계에 해당하며, 남한정부는 체제수렴기에 북한과의 교류·협력 사업을 통해서 북한지역에 통일헌법의 기본원리에 부합하는 사회체제가 형성시키기 위한 조치를 최대한 강구해야 한다. 그리고 체제전환기에는 남북한 정부가 합의한 형태로의 체제전환을 위해 필요한 조치를 통일국가의 헌법내용에 따라 통일국가의 정부가 시행해야 한다.

하지만 대한민국 헌법과 법률의 내용에 따라 대한민국 국민으로서의 법적지위를 갖는 북한주민들은 북한정권의 존재로 인해 대한민국 헌법과 법률의 적용을 받지 못하고 있다. 그리고 남한에 입국한 북한이탈주민들이 새로운 국가체제에 적응해 가는 과정에서 경험하는 이질성과 어려움은 북한주민들이 통일국가의 새로운 체제에 적응하고, 남한주민들과 공동체 구성원으로서 동질성과 상호의존성을 통한 연대성을 형성하기 위해서는 그들에게 국가적인 차원의 지원이 제공되어야 할 필요가 있다는 것을 보여준다.

---

145) 이효원, 「통일헌법의 이해」, 박영사, 2016, 132-136면 참조.

이러한 북한주민에 대한 지원은 국민에 대한 사회보상적인 성격
을 갖는다. 이는 북한주민들이 체제수렴기과 체제전환기에 동질성
과 상호의존성을 통한 연대성을 형성하는데 경험하게 되는 한계와
어려움은 북한정권의 존재로 인해 대한민국과 통일국가의 헌법원리
를 북한주민들이 경험하지 못하게 된 사회구조적인 상황으로 인해
발생하는 것이기 때문이다.[146]

2. 북한주민지원제도의 목적

북한주민지원제도의 궁극적인 목적은 북한주민들이 통일국가 헌
법을 기초로 한 국가체제와 법제도 하에서 남한주민들과 동질성과
상호의존성을 통한 연대성을 형성하여 사회적으로 통합됨으로써 남
북한 주민들이 남북한이 분단된 상황에서 거주했던 지역과 무관하
게 동등한 사회적 지위를 갖게 하는 데 있다. 다만 체제수렴기에는
북한정권의 존재로 인해 북한주민에 대한 지원이 제한되는 바, 체제
수렴기와 체제전환기의 북한주민지원제도는 그 목적이 다르게 설정
되어야 한다.

가. 체제수렴기에 북한주민지원제도의 목적

체제수렴기에는 북한정권이 휴전선 이북지역을 지배하고 있는
바, 남한정부가 북한주민에게 제공하는 지원은 그로 인해 현실적으
로 제한될 수밖에 없다. 따라서 체제수렴기에 북한주민에 대한 지원
목적은 이러한 현실을 고려하여 북한주민의 거주지역과 북한정권의

---

146) 박헌주 외 3인, 「사회적 보상체제 개선방향에 대한 정책제언: 중소기업부
    문을 중심으로」, 한국개발연구원, 2010, 23-29면 참조.

지배력이 미치는 지역을 기준으로 북한주민이 ① 북한지역을 이탈하여 남한에 입국한 경우와 ② 북한지역에 거주하는 경우로 구분하여 지원제도의 목적을 다르게 설정해야 한다.

(1) 남한사회에서 북한이탈주민지원제도의 목적

북한지역을 이탈하여 남한에 입국한 북한주민과 남한주민은 남한사회 안에서 연대성을 형성하게 된다. 그런데 남한의 인구는 5천만 명에 이르는 반면 2020년 3월까지 남한에 입국한 북한이탈주민의 수는 약 33,658명에 불과한 바, 남한의 전체 인구의 0.1%가 되지 않는 북한주민들이 형성하고 있는 동질성을 남한주민들도 형성하게 하는 것은 현실적으로 불가능하며, 그와 같은 목적으로 지원을 하는 것은 비효율적이다. 그리고 북한이탈주민들이 남한에 입국한 것은 남한의 사회체제에 적응해서 살겠다는 의지를 표현한 것인 바, 북한이탈주민들은 남한사회에 형성되어 있는 상호의존성을 통한 연대성을 기준으로 연대성을 형성해야 한다. 따라서 북한이탈주민들에 대한 지원은 '북한이탈주민들이 남한사회에 적응하고 연대성을 형성하는 데 필요한 지원을 제공하는 것'이 목적으로 설정되어야 한다.

(2) 북한지역에 거주하는 북한주민에 대한 지원의 목적

남북한이 분단된 상황에서 남한주민과 북한지역에 거주하는 북한주민 간에 동질성을 통한 연대성이 형성되는데 분명한 한계가 있다. 그와 같은 한계는 남북한의 교류·협력사업을 통해서만 극복될 수 있는 바, 남북한 주민 간의 연대성이 형성 및 강화되는 데는 남한정부와 북한정권의 정책이 크게 영향을 미친다. 이와 같은 현실을 고려했을 때 남한주민과 북한지역에 거주하는 북한주민의 동질성을

통한 연대성을 형성하기 위한 지원은 남한에서 형성된 동질성을 북
한주민에게 강요하기보다는, 남북한 주민이 공유하는 '민족성'을 중
심으로 동질성을 통한 연대성을 강화하는 것을 목적으로 해야 한다.

북한이탈주민들과 달리 북한지역에 거주하는 북한주민들은 북한
정권의 존재로 인해 현실적으로 한 사회에서 직접적인 상호의존성
을 통한 연대성을 형성할 수가 없고, 남한의 사회체제에 접점을 갖
는데도 분명한 한계가 존재한다. 그럼에도 불구하고 북한주민들은
대한민국 헌법상 국민으로서의 법적지위를 갖는 바, 남한정부는 북
한주민들의 생명·신체의 안전을 보호하기 위하여 적절하고 효율적
인 최소한의 보호조치를 시행해야 한다.[147] 따라서 북한지역에 거주
하는 북한주민에 대해서 남한정부는 최소한 북한주민들의 인간다운
삶을 사는데 필요한 지원을 제공하고 가능하면 통일국가의 헌법의
기본원리들을 접할 수 있도록 하는 것이 목적으로 설정된다.

그리고 남한정부가 대한민국 헌법상 국민의 기본권을 침해하는
조치를 북한주민들에게 시행하여 북한주민의 연대성이 훼손되고 있
음에도 불구하고 북한정권의 존재로 인해 남한정부가 현실적으로
직접 관여할 수 없는 사안들에 대해서는 통일국가에서 헌법과 법률
에 따라 과거를 청산할 수 있는 기초를 마련하는 것 또한 북한지역
에 거주하는 북한주민에 대한 지원의 목적으로 설정되어야 한다. 이
는 체제전환 과정에서 과거를 청산할 현실적인 필요가 존재할 수 있
기 때문이다.

나. 체제전환기에 북한주민지원제도의 목적

체제전환기에 북한주민지원제도는 남북한 주민의 구분이 현실과

---

147) 헌재 1997. 1. 16. 90헌마110등, 판례집 9-1, 90, 122.

규범적인 차원에서 구분할 필요가 없는 수준으로 사회를 통합하는
것을 목적으로 한다. 따라서 체제전환기에 북한주민지원제도는 통
일이 된 시점에 남북한 주민 간의 이질성, 통일국가의 기본원리에
대한 이해와 적응 수준 등이 국가적 차원에서 지원이 필요한 수준에
따라 북한주민에게 지원을 제공해야 한다.

3. 북한주민지원제도의 기본원칙

통일국가에서 북한주민에 대한 지원은 궁극적으로 남북한 주민
을 사회적으로 통합을 목적으로 해야 하는 바, 북한주민에 대한 지
원은 ① 동질성을 통한 연대성을 형성하기 위한 지원, ② 상호의존성
을 통한 연대성을 형성하기 위한 지원, ③ 훼손된 연대성을 회복하기
위한 지원으로 구성되어야 한다.

가. 동질성을 통한 연대성을 형성하기 위한 지원의 기본원칙

동질성을 통한 연대성을 형성하기 위한 지원은 첫 번째로 연대성
이 '민족'을 중심으로 형성되어야 한다. 민족을 중심으로 한 연대성
에 대한 비판이 제기되기도 하지만, 남북한이 모두 유엔에 회원국으
로 가입해 있는 등 실질적으로 국제사회에서 국가성을 인정받고 있
는 상황에서 현실적으로 같은 민족이라는 점 이외에는 두 국가가 하
나로 통일되는데 근거로 제시될 수 있는 다른 요소는 찾기가 힘들
다. 그리고 민족의 전통이라는 것은 사회·경제적 환경의 변화에 따
라 변할 수 있는 것인 바,[148] 민족 문화 또는 전통은 시대적 변화를

---

148) 헌재 1997. 7. 16. 95헌가6등, 판례집 9-2, 1.

반영해야 한다. 이와 같은 원칙이 중요한 것은 남북한이 분단되어서 약 70년을 보냄으로 인해서 남북한 주민들이 인식하고 있는 민족과 전통이 달라졌기 때문이다.[149] 따라서 사회통합을 위해서는 북한에서 형성된 민족적 정체성도 존중되고 최대한 반영하기 위한 노력이 이뤄질 필요가 있다.

두 번째로 동질성을 통한 연대성의 기준은 헌법적 가치에 부합해야 한다. 예를 들면 북한의 경우 민족문화를 '사회주의적 민족문화'로 정의하고 있는데, 민족문화에 대한 사회주의적 요소는 통일국가에서 수용될 수 없다.[150] 그리고 남한에서 형성된 민족 또는 전통문화 역시 통일국가의 헌법적 가치에 부합되지 않는다고 판단하는 것은 배척되어야 한다. 이는 역사적으로 오랜 기간 유지되어 온 제도라는 사실만으로 그 제도가 곧바로 헌법적으로 정당화 될 수는 없으며 그 제도가 오늘날의 가치에 부합하고 헌법이념에 반하지 않는 것이어야 한다는 한계를 가지기 때문이다.[151]

세 번째로 동질성을 통한 연대성은 대한민국 헌법이 기초로 하고 있는 헌법적 가치를 기준으로 형성되어야 한다. 이는 현실적으로 남북한 주민들이 같은 민족이라는 사실만으로 사회가 안정적으로 유지될 수준의 동질성을 통한 연대성을 형성할 가능성이 매우 낮고, 사회체제에 대해서 동질성을 통한 연대성이 형성되어 있어야 북한 주민들이 그 체제 안에서 상호의존성을 통한 연대성을 형성할 수 있기 때문이다.

---

149) 이용을, "남북한 문화통합 가능성 모색에 관한 연구", 공공사회연구 5(1), 한국공공사회학회, 2015.02, 355면 참조.
150) 전미영, "북한사회의 전통문화 인식", 한국민족문화 27, 부산대학교 한국민족문화연구소, 2006.04, 399면 참조.
151) 헌재 1997. 7. 16. 95헌가6등, 판례집 9-2, 1.

나. 상호의존성을 통한 연대성을 형성하기 위한 지원의 기본원칙

통일 과정에서 상호의존성을 통한 연대성이 형성되기 위한 지원은 다음과 같은 원칙 하에 이뤄져야 한다. 첫 번째로 북한주민들에 대한 물질적, 금전적 지원은 최소한 북한주민들의 기본적인 생계를 해결할 수 있는 수준을 상회해야 한다. 이는 국가의 가장 핵심적인 기능이 사회구성원을 보호해주는 데 있으며, 생계는 그러한 보호의 가장 기본적인 영역이기 때문이다. 따라서 북한주민들에게 제공되는 물질적, 금전적 지원은 최소한 남한과 통일국가의 최소생계비 수준을 상회해야 한다.

두 번째로 북한주민들에 대한 지원은 단기적으로는 생계에 필요한 물자를 지원해주는데 초점이 맞춰질 수 있지만, 장기적으로는 북한주민들이 새로운 사회체제 안에서 상호의존성을 통한 연대성을 형성할 수 있는 능력을 갖출 수 있도록 하기 위해서 관련 교육 또는 훈련과정을 제공해야 한다. 이는 북한주민들이 스스로 생계를 해결할 수 있게 될 때 비로소 사회구성원들 간에 상호적인 연대성이 형성될 수 있기 때문이다. 따라서 북한주민에 대한 지원 중 상당부분은 새로운 사회체제에 적응하기 위해 스스로 적성에 따라 노력하는 것을 전제로 하여 경쟁력을 갖출 수 있도록 역량을 개발하고, 북한주민이라는 이유로 차별받지 않으며 취업 또는 사업을 통해 자립할 수 있는 역량을 개발하기 위한 지원을 중심으로 제공되어야 한다.

세 번째로 북한주민들이 상호의존성을 통한 연대성을 형성하는데 관련된 법제도의 내용에는 북한주민들의 상황에 대한 고려와 의견이 가능한 범위 내에서 최대한 반영되어야 한다. 이는 북한주민들과 직접 관련된 법제도를 마련하는 정치과정에서 북한주민들이 자신들의 의견을 내거나 의사결정에 참여할 기회가 주어져야 한다는

것을 의미한다. 북한주민에게 그와 같은 기회가 주어져야 하는 것은
그 과정에 참여하는 것은 북한주민들이 정치영역에서 상호의존성을
통한 연대성을 형성할 뿐 아니라, 사회구성원으로써의 소속감을 갖
게 되는데 기여할 수도 있기 때문이다.

다. 훼손된 연대성의 회복을 통한 지원의 기본원칙

북한정권이 북한주민의 기본권과 자유를 침해함으로써 훼손된
연대성을 회복하기 위한 지원은 첫 번째로 북한주민의 의사를 반영
하여 진행해야 한다. 이는 대한민국 헌법의 기본원리가 유지되는 통
일국가에서 북한정권이 북한주민의 기본권과 자유를 침해한 것에
대한 과거를 청산하는 절차는 그 방법, 내용, 시기와 적용되는 기준
에 따라 패자에 대한 승자의 처벌로 받아들여질 수 있기 때문이다.
따라서 북한정권에 대한 과거청산절차에는 반드시 피해자들이 자신
의 의견을 제시할 수 있는 절차가 마련되어야 한다.

두 번째로 과거청산 절차는 청산과정에서 피해자들이 훼손된 연
대성을 회복하기에 충분한 기간 동안 진행되어야 한다. 이는 과거청
산이 충분히 이뤄지지 않을 경우에는 그 후유증이 사회적으로 지속
될 수 있기 때문이다. 다만 그러한 경우에도 과거청산 절차는 효율
적이고 효과적으로 진행되어야 하는데 이는 과거청산 절차가 장기
화 될 경우 그에 대한 내용이 언론 등을 통해 반복적으로 알려지게
되면 구체적인 사안에 대한 다양한 해석이 이뤄질 수 있고 그와 같은
과정에서 또 다른 형태의 갈등과 분열이 발생할 수 있기 때문이다.

4. 북한주민에 대한 지원이 정당화되기 위한 요건

가. 지원대상

북한주민지원제도의 지원대상은 '체제수렴기의 북한지역에서 본인 또는 그 부모가 태어남으로 인해서 체제수렴기에는 대한민국 헌법과 법률체계에, 체제전환기에는 통일국가의 헌법과 법률체계에 적응하기 위해서 동질성과 상호의존성을 통한 연대성을 형성하기 위해서 지원이 필요한 자'로 국한된다. 이처럼 북한지역에서 태어난 자뿐 아니라 필요한 경우에는 그 자녀도 지원대상에 포함되는 것은 북한지역에서 본인이 태어나지 않았더라도 그 부모가 새로운 사회체제에 적응하는 과정에 있는 상황에서 태어난 자녀들도 사회적, 경제적으로 지원을 받을 필요가 존재할 가능성이 매우 높기 때문이다.152)

다만 북한주민에 대한 지원은 그 필요가 인정되는 자들에게만 인정되는바, 이에 대한 기준을 분명하게 설정해야 한다. 첫 번째로 남한에 입국하는 북한이탈주민들에게는 동등한 기준과 내용의 지원이 제공되어야 한다. 이는 북한이탈주민들은 대부분의 경우 아무것도 소유하지 않은 상태로 제3국을 통해 남한에 입국하기 때문에 생존에 필요한 기본적인 환경도 갖추고 있지 못하기 때문이다. 다만 북한정권은 반국가단체로서의 법적지위를 갖는 바, 북한정권의 구성원으로 적극적으로 활동했던 자들의 경우에는 체제수렴기에 국가안보를 고려하여 그 자유가 일부 제한되는 것이 정당화 될 수 있다.

두 번째로 체제수렴기에 북한을 이탈하여 대한민국 국적을 취득할 의사를 밝히지 않은 자들 중에 북한정권의 구성원으로 적극적으

---

152) 이소희 외 1인, "다문화 및 북한이탈주민 가정 자녀의 정신건강", 소아청소년정신의학 제24권 제3호, 대한소아청소년정신의학회, 2013.09, 128-130면 참조.

로 활동한 자들에 대해서는 체제수렴기와 체제전환기에서 모두 국가적인 차원에서 제공되는 지원은 제한되어야 한다. 이는 북한정권이 체제수렴기에 대한민국 헌법상 반국가단체로서의 법적성격을 가질 뿐 아니라, 그들은 북한주민의 자유를 침해한 주체로서 가해자의 법적지위도 가지며, 북한에서 자유를 침해당한 자들의 상황을 고려했을 때 피해자와 가해자에게 동등한 수준의 지원을 하는 것은 사회통합에 부정적인 영향을 미칠 것이 분명하기 때문이다. 다만 그러한 경우에도 국가에서 제공하는 지원을 어느 수준으로 제한할지 여부는 그들이 북한정권의 구성원으로 시행한 조치의 불법성, 그로 인해 발생한 피해의 수준 등을 종합적으로 고려해서 제한의 수준을 달리해야 한다. 그리고 북한정권의 구성원이었던 자들도 대한민국과 통일국가의 국민으로서의 법적지위를 갖는 바, 그들의 생명권과 인간으로서의 존엄성을 보장해 줄 수 있는 수준의 지원은 제공되어야 한다.

세 번째로 북한주민지원제도의 목적을 고려했을 때, 북한주민들 중에서 대한민국과 통일국가의 헌법과 법률의 기본원리에 적응하는데 어려움이 없을 것이 분명한 북한주민들에게는 지원이 제공되지 않아야 한다. 이는 그들에게까지 지원을 제공하는 것은 남한주민들의 평등권을 침해하기 때문이다. 따라서 체제수렴기에 북한의 장마당을 중심으로 형성된 시장경제질서에 적응하여 새로운 경제체제에 적응하기 위한 지원이 필요 없는 북한주민, 남한에 입국하기 전에 해외계좌 등에 자금을 은닉한 북한이탈주민, 북한지역에 거주하면서 돈주 또는 북한정권의 구성원으로 활동하며 상당한 수준의 재산을 소유하고 있는 북한주민, 체제수렴기에 축적한 재산 등으로 기본적인 생활을 하는데 경제적으로 어려움이 없는 체제전환기의 북한주민 등에 대해서는 국가적인 차원에서의 지원이 제공되어서는 안 된다. 다만 그러한 경우에도 북한주민 개인에 대한 지원을 전면적으로 제한할 것이 아니라 새로운 체제에 적응하는데 필요하다고 판단되는 영역에서는 지원이 제공되어야 한다.

나. 지원범위

　북한주민들에 대한 지원은 북한정권의 존재로 인해 발생한 북한
주민들의 기본권과 자유의 침해로 인한 피해를 회복하여 남북한 주
민을 사회적으로 통합시키는 것을 목적으로 하며, 이는 북한주민들
이 새로운 체제 하에서 생존권과 인간의 존엄성을 보장받아야 한다
는 것을 의미한다. 따라서 북한주민에 대한 지원은 첫 번째로 북한
주민에게 그 필요가 인정되는 경우에는 기본적인 생활에 필요한 물
질적, 금전적인 보상이 제공되어야 한다. 다만 북한주민에 대한 물
질적, 금전적 보상이 과도하게 제공될 경우 이는 다른 사회구성원들
의 평등권과 재산권을 침해하며 자유주의 시장경제체제에 반할 수
있는 바, 다른 사회구성원들의 기본권을 침해하지 않는 수준에서만
제공되어야 한다.

　두 번째로 북한주민들에게는 새로운 국가 및 사회체제에 적응하
는데 필요한 보상으로서 북한주민이 사회생활을 하는데 있어서 기
회를 평등하게 부여받는데 필요한 지원이 제공되어야 한다. 이는 북
한주민들이 북한정권의 지배하에 처함으로써 남한의 국가 및 사회
체제의 적용에서 완전히 배제되었기에 이들이 교육을 받거나 취업
을 하는 등의 활동 등에 있어서 동등한 기회를 부여받았다고 할 수
없기 때문이다. 따라서 북한주민들에게는 새로운 국가 및 사회체제
안에서 박탈당한 기회에 대한 보상으로서 적극적 평등실현조치 등
과 같이 북한주민의 실질적인 평등을 담보해 줄 수 있는 형태의 지
원이 제공되어야 한다.

　세 번째로 북한주민들 중에는 북한정권의 기본권 및 자유의 침해
로 인해 심리적인 피해를 입은 자들이 상당수 존재하는 바, 심리적

인 피해를 회복하기 위한 지원도 제공되어야 한다. 이는 대한민국 헌법이 전제로 하는 통일은 동질적인 국가공동체의 구성원으로서 화학적 결합을 이뤄내는 것이고,[153] 이는 심리적으로 동질성을 통한 연대성을 형성하는 social cohesion적인 차원에서의 통합도 함께 추구 되어야 하기 때문이다.

다. 북한주민에 대한 지원의 제한기준

북한지역에 적용되는 체제를 전환하는 과정에서 북한주민에 대 한 지원이 필요한 것은 분명하지만 그 지원이 무제한적으로 이뤄질 수 있는 것은 아니다.

(1) 북한주민이 아닌 사회구성원들의 기본권과의 균형

북한주민에 대한 지원이 무제한적으로 이뤄질 수는 없다. 이는 남 한주민을 포함한 다른 사회구성원들의 기본권을 침해할 수 있기 때 문이다. 따라서 북한주민에 대한 지원내용을 결정하는 과정에서는 그 지원수준이 다른 사회구성원들의 기본권을 침해하는지 여부를 반 드시 고려해야 하며 특히 금전적, 물질적 지원의 경우 그 자금이 지원 을 받지 않는 사회구성원들의 세금에서 상당부분 조달될 것임을 감 안하면 그 지원 수준은 그들의 평등권과 재산권을 침해하지 않는 선 에서 결정되어야 한다. 그리고 금전적, 물질적 지원이 아닌 경우에도 마찬가지로 북한주민들에게 기회를 확대하는 방법에 있어서 다른 사 회구성원들의 기회를 박탈하지 않을 수 있는 방법이 강구되어야 한다.

---

153) 이효원, "통일 이후 북한의 체제불법에 대한 극복방안", 서울대학교 법학 제51권 제4호, 서울대학교 법학연구소, 2010.12, 84면; 이장희, 앞의 책, 9-10 면; 전태국, 앞의 글, 206면 등 참조.

(2) 지원기간

북한주민에 대한 지원은 제한된 기간 동안에만 이뤄져야 하며 그 지원기간은 법률에 명시되어야 한다. 이는 첫 번째로 현실적으로나 법제도적으로 남북한 주민을 구분하여 북한주민들에게만 특정한 지원을 제공하는 것은 남북한 주민의 사회통합에 부정적인 영향을 미칠 것이 분명하기 때문이다. 두 번째로 북한주민들에 대한 지원이 효과를 거두기 위해서는 북한주민들이 지원을 받은 것에 상응하는 노력을 해야 하는데, 기간에 제한을 두지 않은 지원을 할 경우에는 그러한 유인이 발생하지 않을 뿐 아니라 북한주민에게만 제공되는 지원이 장기화 될 경우 이는 다른 사회구성원들의 기본권을 침해할 가능성이 매우 높기 때문이다. 세 번째로 지원에 대한 내용은 예측가능성이 담보되어야 하기 때문에 그 기간은 법률에 명시되어야 한다.

북한주민들은 일정한 기간이 지난 이후에도 현실적으로 지원이 필요한 상황에 처해 있을 수도 있다. 하지만 그러한 경우에는 그들이 북한주민이라는 사실을 근거로 지원을 할 것이 아니라 그들의 경제적 상황이나 사회적으로 처한 위치를 근거로 지원을 제공해야 한다. 다만 이와 같이 지원기간에 제한을 둬야 한다는 것은 '북한주민'에 대한 지원을 의미하는 것이고, 이는 '북한지역'에 대한 것은 아니다. 북한지역에는 일제 강점기에 지어진 철도가 아직도 사용되는 등 사회 인프라가 매우 낙후되어 있는 바, 남북한 지역의 사회 인프라와 경제수준을 동일한 수준으로 만들어지기까지는 상당한 시간이 필요할 가능성이 높다. 따라서 북한지역을 개발함으로써 북한주민에게 유익이 발생하는 지원은 북한지역개발의 차원에서 유지하되, 북한주민이라는 사실만을 이유로 직접적인 지원을 제공하는 기간이 장기화 되어서는 안 된다.

제3장
체제전환과정에서 법제도적 지원 사례

제1절 의의

남북한 통일과정에서 안정적으로 체제전환과 사회통합을 이루기 위하여 북한주민에 대한 지원이 필요한 것은 분명하다. 하지만 남북한 헌법의 기본원리와 법제도, 사회질서에 상당한 수준의 차이가 있는 상황에서는 체제수렴기와 체제전환기를 지나 남북한 주민 간에 구분이 필요 없을 수준으로 연대성이 형성될 때까지의 과정은 알 수 없는 것이 현실이다. 따라서 통일과 북한지역에서의 체제전환 과정에서 발생할 수 있는 문제들을 파악하고, 그 문제를 효율적이고 효과적으로 해결할 수 있는 구체적인 방법을 도출하기 위해서는 체제전환과정에서 사회통합을 목적으로 하는 법제도적 지원 사례들을 검토할 필요가 있다.

독일은 다른 분단국에 비해서 성공적으로 통일과 체제전환을 달성한 것으로 평가받으며,[1] 그 과정에서 철저하게 법치주의 원리를 준수했을 뿐 아니라,[2] 정치적으로는 민주주의 그리고 경제적으로는 사회적 시장경제질서 원리를 통일과정과 통일국가에서 모두 유지했다는 특징을 갖는다.[3] 그리고 체제수렴기에 서독정부와 체제전환기

---

1) 정천구, "북핵문제의 성격과 한국 통일전략의 방향", 통일전략 제10권 제3호, 한국통일전략학회, 2010.12, 34면; 신율, "통일 이후의 독일통일과 남북의 통일: 하버마스의 후기자본주의 사회통합 이론을 중심으로", 세계지역연구논총 제29집 제1호, 한국세계지역학회, 2011.04, 160면 등 참조.
2) 필립 쿠닉, "독일 통일에 있어서 법치주의원리의 역할", 공법연구 제39집 제2호, 사한국공법학회, 2010.12, 74-75면 참조.
3) 오일환, "통일을 전후한 독일의 정치교육에 관한 연구", 한국정치학회보 제29집 제2호, 한국정치학회, 1995.12, 528-533면; 김영윤 외 1인, "사회적 시장경제질서와 독일통일: 남한 경제질서와 남북한 통합에 주는 시사점", 한국정책학회보 제10권 제3호, 한국정책학회, 2001.12, 263면 등 참조.

에 독일정부의 동독주민에 대한 지원방법 및 내용은 분단국의 체제
전환과 사회통합을 위한 지원으로서 체제수렴기와 체제전환기의 북
한주민지원제도에 대한 시사점을 모두 제공해준다.

　　그리고 북한주민들이 남한의 헌법적 가치가 유지되는 통일국가
에 사회적으로 통합되기 위해서는 새로운 사회체제에서 연대성을
형성해야 하는데, 완전히 새로운 사회체제에서 연대성을 형성하는
과정에 필요한 법제도와 국가적인 차원에서의 지원에 대한 시사점
은 독일의 통일과정보다도 체제전환국들의 사례들에서 더 명확하게
드러난다. 이는 동독의 경우 통일 이후 체제전환 과정에서 지원을
제공할 수 있는 서독이라는 동반자가 있었던 반면 체제전환국들은
자체적으로 진행해야 했기 때문이다. 따라서 체제전환국가들 중에
서도 성공적으로 체제전환을 이룬 것으로 평가받는 폴란드와 체코
공화국의 사례는 북한주민들이 통일 이후 새로운 사회체제에 연대
성을 형성하는 과정에서 발생할 수 있는 문제들과 그 문제들을 해결
하기 위해 필요한 법제도, 그리고 지원에 대한 시사점을 제공해준다.

　　마지막으로 남아프리카 공화국이 아파르트헤이트에 대해 과거청
산을 진행한 사례는 북한정권에 의해서 훼손된 북한주민의 연대성
을 회복시키는 조치에 대해서 의미 있는 시사점을 제공한다. 남아프
리카 공화국의 사례는 특히 아파르트헤이트를 정당화 하는 법률을
폐기하는 등의 조치를 통해 체제를 전환하는 과정에서 기존 정부들
이 사회구성원들의 기본권과 자유를 심각한 수준으로 침해했음에도
불구하고 가해자와 피해자를 구분하여 처벌과 보상을 제공하기보다
진실규명과 사면을 통해 사회통합과 전환기적 정의를 추구했던 사
례로서 체제전환 과정에서 북한주민에 대한 직접적인 지원 이외의
방법으로도 사회구성원들 간의 연대성을 형성할 수 있는 가능성에
대한 시사점을 제공한다.

제2절 독일 통일과정과 사회통합

1. 독일의 통일 과정

가. 독일의 분단

나치가 세계 제2차 대전에서 패망한 뒤 미국, 영국, 프랑스와 소련은 독일이 다시 전쟁을 일으키지 못하게 만들기 위해 독일제국을 완전히 분해하기로 했다. 그러나 전쟁이 종결된 이후 미국과 소련간의 대립구도가 형성되면서 독일은 소련이 점유하는 지역과 미국, 영국, 프랑스가 점유하는 지역으로 나눠졌다. 그리고 소련은 자신들이 점유하는 지역에서 사회주의 정권을 수립했고, 이에 대응하여 미국, 영국, 프랑스가 점유한 지역에서는 서방국가에 친화적인 정권이 수립됐다. 그에 따라 1949년 10월에 독일 동쪽 지역에는 독일 민주공화국이 수립됐고, 1955년에 소련은 동독이 완전한 독립국가가 됐음을 선언했다. 그리고 서방연합지역에서는 1949년 5월에 독일 연방 공화국의 기본법이 발표됐다.

나. 서독의 통일정책의 변화

(1) 콘라드 아데나워 수상의 서유럽통합정책과 통일

서독 초대 수상인 콘라드 아데나워는 서독을 서유럽에 통합시키려는 서유럽통합정책을 추구했다. 서독이 이러한 정책을 선택한 것은 미국으로부터 마샬플랜에 의해 물질적인 원조를 받는 것은 물론이고 군사적 보호를 받을 뿐 아니라 서독이 다른 국가들과 동등한

주권을 취득할 수 있을 것이라는 기대감이 있었기 때문이다.[4] 그와 같은 정책을 추구하는 과정에서 서독은 1955년에 할슈타인 독트린 (Hallstein Doctrine)을 통해 동독의 존재를 인정하지 않으며 서독 정부 만이 독일을 대표하는 유일한 합법정부로 인정을 받아야 한다는 입 장에 서 있었다. 그에 따라 동독은 서독에게 있어서 통일을 함께 이 뤄야 할 대상이 아니라 독일이 주권을 회복하는데 장애물에 불과한 존재로 간주됐다.[5] 그리고 그는 힘에 의한 우위 정책(Politik der Staerke) 을 통해서 동독체제를 약화시키는 방법으로 통일을 달성하기 위한 노력을 기울였다.

(2) 브란트 수상의 동방정책과 통일

브란트 수상은 아데나워 수상이 시작한 서방통합정책을 바탕으로 동유럽과 화해하기 위한 동방정책을 시행했다. 동방정책은 소련을 비롯한 동유럽 국가들과의 관계를 정상화하는 것을 목표로 했으며 동독과의 통일 역시 그 연장선에서 다뤄졌다.[6] 이는 그가 1969년 10 월 28일 연방의회의 시정방침 연설에서 동독관계와 관련하여 동서독 은 공존(Miteinander)하는 관계가 되어야 하며 정부 차원에서 양독 간 회담이 이뤄져야 한다고 밝힌 것에서 드러난다. 당시 서독은 동독에 대하여 국가승인을 할 수 없으며 동서독 간에는 국가 간의 관계가 아 니라 특수한 관계가 성립한다는 입장에 서 있었다. 이는 동독의 존재 자체를 부정한 콘라드 아데나워 수상의 입장과 완전히 상반된 것이

---

4) 손기웅, 「통합정책과 분단국 통일: 독일사례」, 통일연구원 연구총서, 통일 연구원, 2007, 19-20면 참조.
5) 손기웅, 위의 책, 30면 참조.
6) 이종국, "1960년대 긴장완화 형성과 전개: 동방정책을 사례로", 한독사회과 학논총 제15권 제2호, 한독사회과학회, 2005.12, 251-254면 참조.

다. 이러한 흐름 속에서 동서독은 1970년 3월과 5월에 서독에서 정상회담을 개최했으며, 1972년 12월 21일에는 「기본조약(Grundlagenvertrag)」을 체결했다. 그 이후 동서독은 세부적인 분야별 협정을 체결했고, 동서독 간의 교류·협력 사업규모는 지속적으로 증가했다. 다만 동서독 간의 교류·협력의 구체적인 내용에 비춰봤을 때 동서독이 대등한 지위에서 진행을 한 것이라기보다 실질적으로 서독이 동독과 동독주민에 대한 지원을 하는 것과 같은 양상을 보였다.

다. 동서독의 상호인식

동서독 관계에서 서독이 동독을, 동독이 서독을 대하는 관점에는 분명한 차이가 있었다. 「기본조약」은 제1조에서 동서독 관계를 '상호 동등성에 기초한 정상적인 선린관계(normale gurnachbarliche Beziehungen zueinander auf der Grundlage der Gleichberechtigung)'라고 정의하고 있었다. 하지만 그 표현에 대해 동서독은 해석을 완전히 달리했으며, 그 해석내용은 당시 통일에 대한 동서독의 입장을 그대로 반영하고 있다.

(1) 서독의 입장

서독은 동서독 간에 국가 간의 관계는 성립하지 않으며, 동서독은 특수관계(Sonderbeziehung)를 형성하고 있다는 입장을 지속적으로 견지했다. 이 표현은 1969년 7월 23일 자민당의 전당대회에서 처음 언급됐으며, 브란트 총리 역시 1969년 10월 28일 연방의회의 시정방침 연설에서 이와 같은 입장을 밝힌 바 있다. 「기본조약」을 체결하는 과정에서 서독은 이와 같은 특수관계에 대한 내용을 포함시키고자 했으나 이는 동독의 반발로 무산됐다. 하지만 서독 연방헌법재판소는 1973년 7월 31일에 기본조약에 대한 판결에서 동독의 국가성(Staat-

lichkeit)은 인정하면서도 '기본조약을 체결한 것은 양독관계의 특수관
계를 사실적인 측면에서 인정(faktische Anerkennung besonderer Art)'한
것으로 볼 수 있다는 입장에 서 있었다.[7]

동서독관계에 대한 이와 같은 서독의 관점은 독일 민족의 단일성
(Einheit der deutschen Nation)을 인정하는 전제에서 이뤄진 것으로, 동
서독은 궁극적으로 하나의 국가로 통일이 되어야 하는 기조를 유지
했다. 이는 1974년 유엔총회 연설에서 서독외무장관 Genscher가 동서
독이 분단된 상태를 독일민족의 종착지로 받아들일 수 없으며 독일
민족에 의한 자결권 행사를 통해 다시 통일 되어야 하며 동서독은
독일민족에서 도출되는 특수관계(Beziehungen besonderer Art)라고 밝
힌 점에서도 드러난다.[8]

(2) 동독의 입장

동독은 자본주의적 민족(kapitalistische Nation)인 서독과 달리 자신
들은 사회주의적 민족(sozialistische Nation)으로 동서독 주민은 다른 민
족이라고 주장했고, 1974년에는 헌법에서 통일조항을 삭제했다.[9] 그
리고 동서독 간의 교류·협력이 증가하면서 동독은 대서독 분리정책
(Abgrenzungspolitik)을 펼치면서 이와 같은 두 민족 이론(zwei Nationen
These)을 관철하기 위한 지속적인 노력을 펼쳤다.[10] 그리고 서독이
1960년대 후반부터 동방정책을 펼치자 동독은 서독과의 체제경쟁에
서 살아남기 위한 수단으로 이런 주장을 펼치기 시작했다. 동독은

---

7) BVerfGE 36, 1(88).
8) 다만 이와 같은 특수관계가 법률상 개념인지 여부에 대해서는 서독에서도
   견해가 대립됐다.
9) 염돈재, 「독일통일의 과정과 교훈」, 평화문제연구소, 2010, 74면 참조.
10) 통일원, 「동서독 교류·협력 사례집」, 통일원, 1994, 17면 참조.

국제사회에서 동서독이 분단국가가 아닌 독립국가국가라는 사실을 인정받기 위해 이와 같은 주장을 지속적으로 펼쳤는데, 그 노력은 큰 성과를 거두지 못했다.[11] 동독은 이와 같은 주장을 펼치면서 1974년에 또 한 편으로는 서독과의 교류·협력 사업을 유지하는 수준을 넘어서 활성화시키기 위한 노력을 지속적으로 기울였는데, 이는 동독의 주장이 서독이 확연하게 경제적인 우위에 놓이게 되자 자신들의 체제를 보장받고 체제유지를 하기 위한 수단에 불과했다는 것을 분명하게 보여준다.

라. 1990년 전후 동서독 관계의 변화

(1) 동독 내 변화

「기본조약」이 체결된 이후에도 동서독 간의 교류·협력 사업은 한동안 정체되어 있었으나 1980년대에 들어서 활발하게 진행되기 시작했다. 하지만 1989년 말 동독의 경제는 파탄 일보직전의 상태였고,[12] 구동독지역에는 동서독 간에 통일에 대한 논의가 이뤄지기 전부터 동독정권에 대한 불만이 급격하게 증가하고 있었으며, 동독주민들은 체제전환을 요구하고 있었다. 이는 1989년 10월에 소련의 고르바초프 대통령이 동독을 방문하여 내부 개혁을 촉구하는 등 내외부에서 정권에 변화를 요구하는 목소리가 커지고 있었음에도 불구하고 동독정권이 그러한 변화를 수용하지 않고 있었기 때문이다.

이에 대한 불만으로 1989년 9월 말까지 3만 명이 넘는 동독주민들이 다양한 방법으로 동독지역을 벗어나서 서방국가로 이탈했다. 그리고 동독 내부에서는 시민들의 시위가 계속됐다. 동독을 둘러싼 내

---

11) 통일원, 위의 책, 17-22면 참조.
12) 김철수, 「독일통일의 정치와 헌법」, 박영사, 2004, 267면 참조.

외부적인 환경이 이처럼 급격하게 변하던 중 1989년 11월에는 급기
야 베를린 장벽이 무너졌고, 동서독 간에 통일에 대한 논의가 진행
되면서 12월 1일에는 동독 인민회의에서 당시 동독 집권당이었던 독
일사회주의통일당(Sozialistische Einheitspartei Deutschlands, SED)의 역할
들이 대부분 제거되었다. 그리고 1990년 1월에 독일사회주의통일당
은 정당의 개혁을 목표로 독일 민주사회당(Partei des Demokratischen
Sozialismus, PDS)으로 당명을 변경한 상태로 1990년 3월에 자유선거로
진행된 총선거에 참여했다.

(2) 동독주민들의 의사

동독주민들이 동독정부의 개혁을 요구한 것은 사실이지만 그들
이 처음부터 통일을 원했던 것은 아니다. 동독을 이탈하는 주민들의
숫자가 급격하게 증가하고 내부적으로는 집회가 격렬하게 이뤄지고
있던 1989년 11월에도 통일에 반대하는 동독주민들이 52%나 됐고 그
중에서는 대단히 반대한다는 입장이 절반에 가까웠다는 사실이 이
를 보여준다. 하지만 동독주민의 이러한 의사는 콜 총리가 1989년 11
월에「독일과 유럽의 분단 극복을 위한 10개 방안(Zehn Punkte Programm
zur Überwindung der Teilung Deutschlands und Europas)」을 발표하면서 급
격하게 변하기 시작했고, 불과 3달 이후인 1990년 3월에 시행된 여론
조사에서는 동독주민들의 84%가 통일에 찬성하고 3%만이 대단히 반
대한다는 결과가 나왔다. 그러한 흐름 속에서 1990년 3월 18일에 처
음으로 자유선거로 이뤄진 총선에서는 조속한 통일과 동서독 화폐
의 1대1 비율로의 교환을 통일공약으로 내세운 기민당과 독일사회연
합세력이 전체의 47.7%인 193석을 차지해 신중한 통일, 단계적 통일
등을 공약으로 내세운 다른 정당들에게 압도적인 승리를 거뒀다.

〈표 2〉 독일통일에 대한 동독 주민 여론조사 결과[13]

	대단히 찬성	반대보다 찬성	찬성보다 반대	대단히 반대
1989년 11월	16%	32%	29%	23%
1990년 1/2월	40%	39%	15%	6%
1990년 2/3월	44%	40%	13%	3%

마. 소결

독일이 통일되기까지는 동구공산권 진영의 붕괴라는 외부적인 요인이 시발점으로 작용했지만 통일에 대한 합의가 매우 짧은 시간 안에 이뤄질 수 있었던 것은 통일을 하고자 하는 동독주민들의 의사가 매우 강했기 때문이다. 「독일과 유럽의 분단 극복을 위한 10개 방안」은 3단계 통일을 전제로 하고 있었을 뿐 아니라 동서독 관계자들 중에 독일이 단기간 안에 통일될 것이라고 예상한 사람들은 거의 없었단 사실은 통일을 하겠다는 동독주민들의 강력한 의사가 없었으면 독일이 언제 통일될 수 있었을지는 분명하지 않다는 사실을 보여준다.[14]

동독주민들의 여론이 이처럼 급격하게 통일을 추진하는 방향으로 전환되기까지는 기본조약을 체결한 이후에 이뤄진 동서독 간의 교류·협력 사업이 결정적인 역할을 했는데,[15] 동독주민들이 이처럼 통일을 희망할 수 있었던 것은 동서독 주민들 간에 한 국가의 구성

---

13) 라이프찌히 여론조사연구소의 여론조사 결과. 에르빈 카 쇼이히, 우테 쇼이히, 「독일통일의 배경」, 종로서적출판주식회사, 1992, 230-231면; 박성조, 「독일통일과 분단한국」, 경남대학교 극동문제연구소, 1991, 42-43면; 염돈재, 앞의 책, 177면 등 참조.

14) 박성조, 앞의 책, 42-46면 참조.

15) 정용길, "독일 통일과정에서의 동서독관계와 남북관계에의 시사점", 저스티스 제134권 제2호, 한국법학원, 2013.02, 470-473면, 477-478면; 최의철, 「남북한 교류·협력 활성화 방안」, 통일연구원, 2000, 56-58면 등 참조.

원이 될 수 있는 수준의 동질성을 통한 연대성이 형성되어 있었기 때문이다. 그리고 동독주민들이 통일을 요구하기 이전에 체제전환을 요구하고 있었다는 것은 동독주민들이 통일이 되기 전부터 서독과 같은 시장경제질서의 도입 등을 통해 새로운 사회체제 안에서 상호의존성을 통한 연대성을 형성할 것을 요구했다는 것을 의미한다.16) 남북한 주민 간의 관계에서 체제수렴기에 이질감을 최소화하고 북한주민들이 새로운 체제에서 연대성을 형성하는데 필요한 지원의 구체적인 방법을 도출하기 위해서는 동서독의 체제수렴기에 동독주민에 대한 서독정부의 지원 내용을 검토해야 한다.

2. 체제수렴기의 동독주민에 대한 지원

동서독의 체제수렴기에는 동독이탈주민들이 지속적으로 서독지역으로 이주해왔고 서독정부는 그들이 새로운 체제에 적응하는데 필요한 지원을 제공했으며, 동서독 간의 관계에서는 교류·협력사업을 통해서 동독주민들에게 지원을 제공했다.

가. 서독정부의 동독이탈주민에 대한 지원

(1) 동독이탈주민 현황

체제수렴기에 동독에는 동독주민이 동독을 이탈하여 서독으로 완전히 이주할 수 있도록 허가를 받는 제도가 존재했으며 동독정부의 허가를 받고 서독으로 이주한 이들은 동독이주민(Übersiedler)이라

---

16) 염돈재, 앞의 책, 193-195면 참조.

불렸다. 이처럼 동독 정부의 허가를 받고 이주한 이들 외에도 서독으로 이주한 이들 중에는 동독 정부의 허가 없이 탈출하여 서독에 입국한 동독이탈주민(Flüchtlinge)과 해외 지역으로 귀향한 자(Aussiedler)들이 있었다.

동독주민들이 이주하는 시기는 역사적 배경과 탈출 경로 등에 따라 세 시기로 구분할 수 있다.[17] 그 첫 번째 시기는 종전 후 1961년 8월 베를린 장벽이 설치되기 전으로, 이 시기에는 동독을 무단으로 이탈하여 서독으로 이주한 이들이 숫자가 압도적으로 많았다. 두 번째 시기는 베를린 장벽이 설치된 이후 1989년 8월 동독 주민의 대규모 탈출이 발생하기 전까지로, 이 시기에는 동독을 합법적으로 이탈하여 서독으로 이주할 수 있는 요건이 완화되기도 했다. 이 시기에 동독주민들이 대거 서독으로 이주할 수 있었던 것은 오스트리아와 헝가리가 그 국경을 전면적으로 개방했기 때문이다. 그리고 세 번째 시기는 그 이후 동서독 간에 통일조약이 체결된 1990년 7월 1일까지의 기간으로 이 시기에도 많은 동독주민들이 서독지역으로 이주했다.

1950년부터 베를린 장벽이 세워진 1961년까지 동독에서 서독으로 이주한 동독이탈주민은 3백만 명이 넘었고, 동독정부는 노동력 유출을 염려하여 베를린장벽을 건설하게 됐는데, 서독 정계에서는 이 시기에 동독을 이탈하여 넘어오는 이들은 반공주의자들이기 때문에 이들을 수용해야 한다는 의견이 다수의견을 차지했다.[18] 이 시기에 동독을 이탈한 이들은 대부분이 젊은 층이었으며 이들은 일자리를

---

17) 박종철 외 2인, 「북한이탈 주민의 사회적응에 관한 연구: 실태조사 및 개선방안」, 민족통일연구원, 1996, 25-26면; 김도협, "동독이주민에 대한 서독정부의 성공적 대응정책에 관한 일고", 세계헌법연구 제18권 제2호, 세계헌법학회 한국학회, 2012.08, 29-30면 등 참조.

18) 허준영, "서독의 동독이탈주민 통합정책에 관한 연구", 한국행정학보 제46권 제1호, 한국행정학회, 2012.03, 273면 참조.

〈표 3〉 구동독 지역 이탈주민 통계[19]

기 간	이주 현황(명)			연평균 규모
	합법이주	탈주민	계	
종전 이후 - 1961.8.12.	-	3,419,042	3,419,042	201,120
1961.8.13. - 1988.12.	381,376	234,684	616,060	22,002
1989.1. - 1990.6.30.	101,947	480,291	582,238	388,159
계	483,323	4,134,017	4,617,340	100,377

찾아 떠난 경우가 많았다.[20] 하지만 베를린 장벽이 세워진 이후에는 합법적으로 승인을 받고 이주하는 동독이주민(Übersiedler)들이 증가했고 동독을 불법적으로 이탈하여 서독으로 이주하는 이들은 많지 않았지만 통일이 되기 전까지 동독을 이탈하여 서독으로 입국하는 동독이탈주민들은 계속해서 발생했다.

(2) 동독이탈주민에 적용된 법률

세계 제2차 대전 직후 서독은 나치 시절 독일 영토 외 지역으로 이주했던 독일 국적자 및 독일 민족에 해당하는 자들을 수용하는 「연방실향민법」을 시행했으며, 동독이탈주민에 대한 지원도 큰 틀에서 독일민족의 통합을 목적으로 진행됐다. 더 구체적으로 서독에서는 동독이탈주민에 대한 지원의 내용을 「긴급수용법」, 「연방실향민법」과 「동독이탈주민지원법」에서 큰 원칙을 정하고 그들에게 적용되

19) Bundesausgleichsamt 자료. 허준영, "서독의 동독이탈주민 통합정책", FES Information Series, 2011.06, 03면; 유욱 외 4인, 「분단시기 서독의 정착지원 정책의 변화과정과 한반도에 주는 시사점」, 북한이탈주민지원재단, 2011, 21면; 김태수, "한국과 서독의 체제이탈주민정책 비교연구", 한국행정학회 학술발표논문집, 한국행정학회, 2009.12, 862-863면 등 참조.
20) 베를린 마리안펠데, "동독탈주자 및 이주자를 위한 긴급구호소 방문", 남북한 화해협력 촉진을 위한 독일통일 사례 연구, 통일연구원, 2000, 6면 참조.

는 특례는 「주택건설법(Wobaugesetz)」, 「주택보조금법(Wohngeldgesetz)」, 「연방교육촉진법(Bundesausbildungsfoerderungsgesetz:BAFOEG)」, 「연방사회부조법(Bundessozialhilfegesetz)」, 「소득세법(Einkommensteuergesetz)」에서 정했다.[21]

(가) 긴급수용법(Notaufnahmegesetz)

서독으로 유입되는 동독이탈주민들이 급격하게 증가함에 따라 서독은 1951년 6월 11일에 긴급수용법을 제정하여 소련점령지구나 동베를린의 소련구역에서 독일국적자(deutsche Staatsangehörige) 였거나 독일민족(deutsche Volkszugehörige)에 해당하는 사람들 중 영구적으로 체류하려는 자들에 대한 허가를 제공했다. 「긴급수용법」은 서독의 고용시장과 주택사정을 고려해서 동독지역으로부터 이주해 오는 동독이탈주민들의 수를 법적으로 통제하고, 주정부의 경제적인 여건을 고려해서 적절히 배분하는 것이 주된 목적이었다.[22] 「긴급수용법」하에서 체류허가가 발급되는 동독이탈주민들은 직계존비속의 상봉을 위한 경우, 서독에서 주택과 직장이 보장되어있는 경우, 정치적인 이유로 인한 피난의 경우, 허가가 나지 않을 경우 심각한 어려움을 겪을 경우로 제한됐다.

하지만 이 경우에 해당하지 않은 자들이 다시 동독으로 강제회송되는 것은 아니었으며, 「긴급수용법」을 제정한 것이 밀려드는 동독이탈주민들을 막는 역할을 한 것은 아니다. 이로 인해 동서독 간의 대립구도가 심화되었고 「긴급수용법」에 근거한 체류허가는 실질적으로 체류하는 자를 선별해 내는 역할(Ausleseverfahren) 보다는 기록

---

21) 통일원, 앞의 책, 297-314면; 유욱, "서독의 법제도적 지원이 북한 이탈주민 지원에 주는 함의", 제17회 한반도평화포럼 자료집, 한반도평화연구원, 2009.10, 63-64면 등 참조.
22) 통일원, 위의 책, 305면 참조.

하는 역할(Registerverfahren)로 바뀌어 갔다. 「긴급수용법」은 1990년 7월
에 수용법 폐지에 관한 법률에 의해서 폐지되기 전까지 긴급수용소에
서 이뤄지는 동독이탈주민에 대한 조치들의 규범적 근거로 작용했다.

(나) 연방실향민법(Bundesvertriebenegesetz)

「연방실향민법」은 1937년 12월 31일을 기준으로 독일국적자(deutsche
Staatsangehörige) 였거나 독일민족(deutsche Volkszugehörige)에 해당하는
사람들 중 다른 국가에서 추방됐거나 탈출한 난민을 수용하는 과정
에 적용하기 위해 제정된 법률이다. 이 법률의 적용을 받는 자들은
피추방자(Vertriebener), 실향민(Heimatvertriebener), 소련지역피난민(Sowjet-
zoneflüchtling)과 소련지역피난민과 동등하게 취급되는 사람(Sowjetzone-
flüchtlingen gleichgestellte Personen)들이었으며 동독이탈주민은 소련지
역피난민으로 분류되어서 법률의 적용을 받았다.[23]

「연방실향민법」이 제정됐을 당시에는 제21조에서 각 주에 중앙담
당청을 설치할 의무가 부과됐으며, 관할이 없는 경우에는 각 주의
중앙 담당청이 연방실향민법의 집행을 담당하도록 정하고 있었고,
제22조에서는 자문회의를 설치할 것을 요구하고 있었다. 그리고 「연
방실향민법」은 1971년 개정 이전에는 연방실향민성 장관(Bundesmi-
nister für Vertriebene)이 관련 업무를 총괄하는 것으로 정하고 있었으
나, 그 이후에는 연방내무성 장관(Bundesminister des Innern)이 총괄하
도록 법률의 내용이 개정됐다. 그리고 제77조와 제78조에 의하면 근
로자에 대한 지원은 연방 노동중개 및 실업보험청(Bundesanstalt für Arbeit-
svermittlung and Arbeitslosenversicherung)이, 제67조에 의하면 농업지원
과 관련해서는 연방 식량, 농업 및 산림성 장관(Bundesminister für Ernä-
hrung, Landwirtschaft)이, 자영업자에 대한 지원에는 제73조에서 연방

---

23) 유욱, 앞의 글, 69-70면 참조.

경제장관(Bundesminister für Wirtschaf)이 담당하는 등 「연방실향민법」은 독일 연방정부 관련 부처들을 실향민들의 정착지원 과정에 참여시키고 있었다.

「연방실향민법」은 실향민들이 서독에 입국해서 스스로 생계를 꾸려갈 수 있도록 하는 것을 목적으로 했는데 이와 관련하여 제35조 내지 제68조에서 농업, 제69조 내지 제71조에서 영업허가, 제72조 내지 제76조에서는 자영업자 지원, 제77조 내지 제79조에서는 비자영업자 고용 지원과 관련된 지원내용을 정하고 있었다. 「연방실향민법」은 이처럼 자신의 사업을 하거나 취업을 하는데 있어서 우선권을 부여하는 형태로 실향민들의 적응을 지원했다. 그리고 사업을 하는데 있어서 지금이 필요한 경우에도 실향민들에게는 특례가 적용되어 실향민들의 사업에 대한 지원이 이뤄졌다. 취업을 해야 하는 자들에 대해서는 자신의 적성과 능력에 따라 일자리를 찾기 위해 이뤄지는 지원에 대한 내용이 포함되어 있었다. 이 외에도 연방실향민법은 제80조에서 주택의 공급, 제90조에서 사회보험의 적용, 제92조에서 1945년 5월 8일까지 통과한 시험에 대한 자격의 인정과 1937년 12월 31일 이후 독일 이외의 지역에서의 자격도 동일한 가치를 지니는 경우 인정해 주는 특례에 대해서 정하고 있었다.

(다) 동독이탈주민지원법

1961년까지 서독에 입국한 동독이탈주민들 중 1/4은 연방실향민법에 의해 피난민으로서의 지위를 인정받았지만 3/4는 인정을 받지 못하여 연방실향민법상 지원 대상에서 배제 됐다. 이에 따라 「연방실향민법」상의 지원을 받지 못하게 된 동독이탈주민에 대한 지원을 위해 1965년 7월 24일에 「독일의 소련군점령지구 및 베를린의 소련점령구역으로부터 이주한 독일인에 대한 지원조치에 관한 법률(이하 '동독이탈주민지원법'이라 한다.)(Gesetz übr Hilfsmaβnahmen für Deutsche

aus der sowjetischen Besatzungszone Deutschlands und dem sowjetisch besetz-
ten Sektor von Berlin)」이 제정됐다.

본 법률은 동독지역에 주소 또는 주거지를 가졌던 자로서 1991년
7월 1일 이전까지 법률의 적용을 받아 서독지역으로 이주한 동독이
탈주민에 대하여 적용됐다. 「동독이탈주민지원법」의 가장 큰 특징은
제3조와 제7조에서 동독이탈주민들 중 소득이 월 평균 500마르크를
넘지 않는 자들에 대해서만 기초 생계비용(Einrichtungshilfe)을 지급하
도록 정하고 있었단 것이다. 그리고 제8조에서는 그들에게 1,200마르
크가 지원됐으며 동거하는 배우자가 있는 경우 200마르크, 부양가족
1인당 150마르크가 추가적으로 지원하도록 정하고 있었다. 그 외에
도 생계보조금(Beihilfe zum Lebensunterhalt)의 명목으로는 제10조 제1항
과 제11조에서 고령자와 질병자, 제10조 제2항과 제11조 제2항에서
실업자와 주거지 상실자, 제10조 제3항에서 부양을 받는 자에 대해
생계보조금을 추가로 지급하는 내용이 포함되어 있었는데, 제12조에
서 보조금을 받기 위해서는 수입이 소득최고액(Einkommenshöchstbe-
trag)을 초과하지 않아야 한다는 요건을 정하고 있었다.

「동독이탈주민지원법」은 제265조에서 소득최고액의 기준, 제15조
에서 질병원호와 장례비, 제14조에서 권리자의 사망시 관계에 대한
내용을 정하면서 「전쟁피해보상법」을 준용했다. 이와 같은 내용에
비춰봤을 때 서독은 동독이탈주민에 대해서 제2차 세계대전의 피해
자라는 관점에서 접근을 한 것으로 판단된다. 이 외에도 「동독이탈
주민지원법」은 동독이탈주민이 서독에서 정착하고 살아가는데 필요
한 부분에 대한 융자(Eingliederungsdarlehen)에 대해서 정하고 있었는
데 융자금의 한도는 1959년 이전에 입국한 동독이탈주민에 대해서는
35,000 마르크였고, 그 이후 입국한 자들의 한도는 40,000 마르크였으
며 그와 같은 융자는 생활을 기반을 마련하기 위해 받거나 주택을
건축하기 위해 받을 수 있었다.

〈표 4〉 연방수용소에서의 동독이탈주민 지원내용[24]

지원 항목	지원 단위	지원 내용	지원 기간
긴급구호성 현금(1회)	1인당 지원(연방정부)	200DM	1회
	가장 추가지원(주정부)	30DM	
	가족 1인 추가(주정부)	15DM	
용돈(1일)	가장	15DM	수용소 체류기간
	가족 1인당	10DM	
정착지 및 근로지 배정	개인연고 고려		
직업 및 학업		권리에 대한 안내	
의료상담과 지원		간이건강검진	
의복지원	복지단체	1인당 50DM	
교통비	주정부 수용소까지		
이사비용			

(3) 동독이탈주민에 대한 지원 내용

동독이탈주민들은 서독에 입국하기 위해 국경에 도착하면 건강검진을 받은 후 미국, 영국, 프랑스 정보국의 질의조사를 받았고, 그 과정에서 서독지역에 입국하고자 하는 의사에 대해서 의심되는 경우, 또는 동독의 군사 관련 정보를 알고 있는 것으로 판단되는 경우에는 자체 시설에서 추가적인 심층조사가 이뤄졌다. 이들은 연방수용소에 체류하면서 조사를 받았는데 그들이 체류하는 동안에는 식권과 대중교통을 이용할 수 있는 교통권, 의복 등 일상에 필요한 물질들이 지원됐다.

동독이탈주민들은 조사과정에서 파악된 정보를 바탕으로 수용 여부가 결정됐고, 수용이 결정된 자들은 서독 연방지역의 규모, 인구, 경제적 상황 등을 고려한 이주자 분산계획에 의해서 전입할 지역이

---

24) 김영윤, "서독 정부의 동독이탈주민 정착지원", 제17회 한반도평화포럼 자료집, 한반도평화연구원, 2009.10, 25면; 통일원, 앞의 책, 307면 등 참조.

결정되고 그에 따라 전입신고가 이뤄졌다. 그 이후 동독이탈주민에 대한 지원은 사회화(Sozialisierung)와 통합(Integration)이라는 측면에서 이뤄졌는데 이는 서독주민과 같이 사회보험제도와 사회부조를 중심으로 이뤄졌다. 그리고 이들에 대해서는 구체적으로 ① 신분안정, ② 주거지원, ③ 취업상담·주선, ④ 실업수당지급, ⑤ 금융지원, ⑥ 사회보장혜택, ⑦ 상담보호, ⑧ 자격인정, ⑨ 학자금 및 학술지원의 방식으로 지원이 이뤄졌다.

서독정부 차원에서 동독이탈주민이 문화적으로 적응할 수 있도록 하는 지원의 내용들은 주로 상담에 집중 되어 있었고, 이는 서독정부가 동독이탈주민들이 자발적으로 사회에 참여하는 방식으로 지역사회와 동화되기를 기대했기 때문인 것으로 보인다. 이주민의 직업, 교육, 법률 및 주거문제의 상담, 사회부적응자에 대한 심리상담, 행정기관과 사회보장제도의 이용안내 등에 대한 지원은 주로 정부의 지원을 받는 종교·민간단체를 중심으로 이뤄졌다.[25]

〈표 5〉 동독이탈주민 정착지원 개요[26]

지원분야	지원 단위	지원 내용	비고
임시거처마련 및 보조금 지급	주택알선, 생활보조 주택임대료보조	5년간 공공주택 거주권 부여 및 3년간 세금면제	친인척이나 기타 연고를 통한 주택구입이 불가능할 경우 주택건설법 제25조에 따라 동독출신 이주민에게 5년 동안 주택입주 혜택 부여
주택건축 / 개인사업 융자	복지주택 우선 입주권 제공 난방비 보조, 의복, 가구보조비 지급	4-10년 동안 총소득에서 2,400DM 특별 주택비용으로 세금 공제	

25) 이정우 외 1인, 「탈북이주자 사회정착지원 개선방안」, 한국보건사회연구원, 2006, 85-86면; 쇼어렘어, "동서독 화해협력에서 본 NGOs의 역할", 「남북한 화해협력 촉진을 위한 독일통일 사례 연구」, 통일연구원, 2000, 57-65면; 김태수, 앞의 글, 866면 등 참조.
26) 김영윤, 앞의 글, 32면; 통일원, 앞의 책, 307-308면 등 참조.

지원분야	지원 단위	지원 내용	비고
근로지원 농업분야 지원	고용기업에 대한 지원	2년간 급여지원 10-15만 마르크 융자	
저이자 융자	독신자	3,000DM	최대 10,000DM
	다인가족	4,000DM	
	2번째 가족구성원	1,000DM(가족 1인당)	
상담보호	전쟁포로보상금	도움 요청 가능한 내용에 대한 안내	
	수감자피해보상		
	전쟁보상금		
교육지원 학력인정	아카데미 프로그램	교육촉진금 지원	연방교육지원법, 연방실향민법에 의한 지원
	동독 취득 학교 졸업증명서나 직업교육 자격증명서 인정		
아동수당		18-27세까지 지원	
실업수당		63-68%	
사회복지 지원	의료보호, 질병급부	질병보험법에 따른 질병보험 급부금 수혜	
	연금보험	연금법에 따른 개별적 급부금 수혜(동독과 동베를린에서의 기여금 불입기간 포함하여 산정, 자영업자의 기여금 추가 납입시 연금대상에 포함)	
	실업보험	동독에서의 실직기간, 정치범으로서 구류기간, 자영업기간도 취업기간에 포함하여 산정	
	실업수당	단체협약임금의 63%	
	산재보험	서독 보험법에 따른 급부제공	
	전쟁희생자 원호	연방원호법에 의한 원호	
	사회부조	생계비 지원, 주택임대료 지원, 난방비 보조금, 의복과 가구에 대한 보조금	

(4) 동독이탈주민에 대한 지원 내용의 변화

서독에 입국하는 동독이탈주민들의 양상, 성향, 입국하는 이유와 동서독 사회의 이질성의 수준은 동서독이 분단된 이후 계속해서 변했고, 서독정부는 그에 맞춰 동독이탈주민에 대한 지원 내용과 방법을 수정 및 보완해 나갔다. 특히 분단 초기에 이주한 동독이탈주민들은 서독주민들과 이질성이 크지 않았던 반면, 시간이 지날수록 동서독 주민 간의 이질성이 심화되어 갔기에 서독정부는 동독이탈주민들에 대한 지원 내용을 조정해야만 했다.

(가) '서구로의 편입' 기조 하에 동독이탈주민지원(1949-1969년)

세계 2차 대전이 종료된 이후 서독은 1973년 오일쇼크를 경험하기 전까지 경제적으로 호황기를 누렸다. 이 시기에는 서독이 경제적으로 성장하면서 독일민족인 이주민들이 대거 서독으로 유입됐고 동독이탈주민에 대한 지원도 그와 같은 흐름 속에서 이뤄졌다. 그리고 당시 동독이탈주민을 수용하는 것은 동독과의 체제경쟁의 일환으로 이뤄졌으며, 서독도 현실적으로 노동력이 필요한 상황이었기에 동독이탈주민을 수용한 것은 서독의 필요에 부합하는 것이기도 했다. 그리고 이 시기는 「연방실향민법」이 1953년에 제정되는 등 동독이탈주민을 수용하는 법제도적 기초가 형성된 시기라는 측면에서 중요한 의미를 갖는다. 이 시기에 서독에 입국한 동독이탈주민들은 동독에서 가입해 있던 사회보험의 혜택을 서독정부에 청구할 수 있었고, 직업적인 측면에서도 일자리를 찾기 위한 교육 및 취업지원이 이뤄졌다.

(나) '동방정책' 초기 동독이탈주민지원(1969-1982년)

서독의 대외정책이 큰 틀에서 동방정책의 기조를 띄게 됨에 따라 이 시기에는 불법적으로 동독을 이탈하여 서독에 입국한 이들보다

합법적으로 이주한 이들의 숫자가 많았다. 그런데 이 시기에는 서독
도 오일쇼크의 여파로 인해 경제적인 어려움을 겪게 됨에 따라 노동
력을 보충하는 측면에서 동독이탈주민들에 대한 필요가 감소하게
됐고, 그 여파로 동독이탈주민들과 서독주민 간의 이질감으로 인한
갈등이 표출되기 시작했다.[27] 이러한 문제를 해결하기 위해서 동독
이탈주민에 대한 상담과 개인적인 수준에 맞춤형 지원이 정부가 아
닌 민간복지단체들을 중심으로 본격적으로 이뤄지기 시작했다. 이
시기의 가장 큰 특징은 민간 차원에서 이뤄지는 동독이탈주민에 대
한 지원 비중이 확대됐다는데 있다.

(다) 통일 이전까지 동독이탈주민지원(1982-1989년)

1980년대에 서독에서의 동독이탈주민들과 관련된 법제도들의 가
장 큰 특징은 서독 내 동독이탈주민들과 서독 주민들 간의 이질감과
갈등이 70년대보다 더 심화됐다는데 있다.[28] 그리고 동서독 간의 사
회, 문화, 경제적인 수준의 격차가 심화되면서 이 시기에는 동독에서
의 고학력자나 전문직 종사자가 서독에서 자리를 잡기가 이전보다
어려워지기 시작했다. 그에 따라 동독이탈주민에 대한 지원 역시 동
독이탈주민들이 동서독 간의 기술, 시스템에 대한 차이를 익힐 수
있는 방향으로 성격이 변하기 시작했다. 그리고 이 시기에는 정부
차원에서 개입에 대하여 동독이탈주민들이 자신들의 삶에 간섭으로
여김에 따라 직접적인 지원을 하는 역할은 정부보다 민간 차원에서
많이 이뤄졌으며,[29] 정부는 그에 대한 재정적 지원을 확대해 나갔다.

---

27) 허준영, 앞의 글, 276-277면 참조.
28) Brecht, "Integration in der Bundesrepublik: Der schwierige Neuanfang", in Flucht im
   geteilten Deutschland: Erinnerungsstätte Notaufnahmelager Marienfelde, Be.bra, 2005,
   SS.91-92; 허준영, 위의 글, 277면에서 재인용
29) 허준영, 위의 글, 277면 참조.

(5) 서독에서 동독이탈주민에 대한 지원의 특징

체제수렴기에 서독에서 이뤄진 동독이탈주민에 대한 지원의 가장 큰 특징은 동독이탈주민들에게 일차적으로 「연방실향민법」을 적용하고 「동독이탈주민지원법」에서 「전쟁피해보상법」을 준용하는데서 드러나듯이 서독이 동독을 이탈하여 서독으로 이주한 이들의 법적지위를 제2차 세계대전과 연계하여 결정했다는데 있다. 이는 서독이 동서독을 분단시킨 가장 근본적인 원인을 기준으로 동독이탈주민들의 법적지위를 결정했다는 것과 함께 '독일민족의 통합'이라는 차원에서 동독이탈주민들에 대한 지원을 제공했다는 것을 의미한다.

그리고 동독이탈주민에 대한 지원의 법률적 기초가 동서독 간의 체제경쟁이 가장 치열하게 이뤄졌던 시기에 형성됐고, 그 당시에 서독이 동독이탈주민들을 적극적으로 수용했다는 사실은 서독정부의 동독이탈주민지원제도는 단순히 동독이탈주민에 대한 지원이 아니라 체제경쟁에서 우위를 점함으로써 서독의 체제가 유지될 수 있는 수단으로 활용됐다는 것을 보여준다.

마지막으로 서독의 동독이탈주민지원제도에서 정부의 역할이 초기정착에 집중되고 그 이후 동독이탈주민들의 진로상담 등이 민간영역에서 상당부분 이뤄진 것은 서독에 입국하는 동독이탈주민들의 수가 증가함에 따라 정부가 세부적인 지원내용에까지 개입하는 것이 비효율적인 것으로 판단되어 효율성을 증대하기 위한 조치로 판단된다. 그러한 지원 중에 서독정부가 직접제공한 지원의 내용을 동독이탈주민들의 동독에서의 경험, 이주한 가족구성원의 숫자, 지원기간 등을 다양하게 설정한 것은 서독정부가 동독이탈주민들에 필요한 지원을 가능한 범위 내에서 최대한 효율적이고 효과적인 맞춤형 지원을 제공하려 했다는 것을 보여준다.

나. 동독지역 거주 동독주민에 대한 서독정부의 지원

서독은 동독과 기본조약을 체결한 이후에 분야별 협정을 체결하면서 본격적으로 교류·협력의 폭과 내용을 확대 및 확장해 나갔다. 하지만 동서독 간 교류·협력 사업의 구체적인 내용은 동서독 간에 이뤄진 거래가 실질적으로 동독에 대한 서독의 실질적인 지원으로써의 성격을 갖고 있었다는 것을 보여준다.

(1) 동질성을 통한 연대성의 형성을 위한 교류·협력

동독정부가 동서독 주민은 다른 민족임을 강조한 것과 달리 서독정부는 동서독이 통일되어야 하는 당위성으로 동서독 주민이 같은 민족이라는 사실을 항상 강조했다. 하지만 서독은 동서독 주민간의 동질성을 통한 연대성을 형성하기 위한 지원을 하는 과정에서는 민족을 전면적으로 강조하기보다 동서독 주민간의 접점을 확대하고, 문화적인 교류·협력을 확장하는 방법을 선택했다. 이는 동독정부와의 관계에서 대립이 발생하는 지점을 회피하면서도 동서독 주민 간의 이질감을 줄이기 위한 조치로 판단된다.

(가) 동서독 주민간의 교류

동서독 간에 「통행조약(Vertrag zwischen der BRD und der DDR Über Fragen des Verkehrs)」이 1972년 5월 26일에 체결된 이후 동서독 간 여행 방문이 굉장히 수월해졌다. 이전까지 서독주민들은 동독지역에 친척이 있는 경우에만 방문할 수 있었으나 통행조약을 통해서 지인만 있으면 방문이 가능해졌기 때문이다. 그리고 1회당 여행 일수도 최초에는 30일이었던 것이 1984년에는 45일로 늘어남으로써 동서독 주민 간의 왕래가 활성화 될 수 있었다. 우편과 통신 교류의 경우

1976년 3월에 「우편 및 통신 협정(Abkommen über Post-und Fernmel-deverkehr)」이 체결된 이후에 연간 서신 2억 통, 소포 3600만 건이 교환됐고, 1529개 전화회선이 유지됐다는 점은 동서독 주민 간의 지속적인 교류가 있었다는 것을 보여준다. 하지만 협정이 체결됐다고 해서 동서독 주민 간의 교류가 적극적으로 이뤄진 것은 아니다. 협정들이 체결된 이후에도 동서독 간에는 상당한 기간 동안 실질적인 교류·협력이 이뤄지지 못했다.

그와 같은 상황에서 동서독 주민 간의 거래는 서독 정부가 동독 정부에 대해 1983년 7월에 10억 마르크에 해당하는 차관을 제공하기로 결정한 이후에 동독의 입장이 변하면서 변하기 시작했다. 동독의 첫 번째 변화는 동독주민들이 서독으로 여행을 가거나 방문하는 과정에서 수속 및 검문, 검색 절차를 간소화 시키는 것이었다. 그리고 동독은 1984년에 처음으로 4만 명의 동독 주민이 합법적으로 서독으로 이주할 수 있도록 허가했다.

(나) 학술·문화영역에서 교류·협력사업

서독은 동독과의 관계에서 하나의 문화민족(eine Kulturnation)으로서의 동질성을 강조했으며 그러한 맥락에서 1970년대부터 문화적 교류·협력을 진행하기 위한 노력을 기울였다. 그럼에도 불구하고 문화적 교류는 다른 분야에 비해서 늦게 이뤄졌는데, 이는 문화교류에는 다른 분야보다 상대적으로 정치적, 이데올로기적 요소가 강하게 내재되어 있었기 때문이다.[30] 동서독 간에 문화적 교류가 본격적으로 이뤄지기 시작한 것은 1986년 3월 6일에 「문화협정(Kulturabkommen)」을, 그리고 1987년 8월 25일에 「과학기술협정(Abkommen über Wissenschaft und Technik)」을 체결하면서 부터였다. 동서독은 문화적으로 교

---

30) 통일원, 앞의 책, 604면 참조.

류·협력을 하는데 있어서 그 개념을 좁게 해석하지 않고 연극, 문학, 음악, 미술은 물론이고 교육, 학문, 출판, 도서관, 역사적인 문서, 대중매체, 체육, 청소년까지도 그 교류·협력의 범위에 포함시켰다.[31]

「문화협정」이 체결된 이후 동서독은 학술회의, 연구여행, 학자, 교수, 학생과 자료 등의 교환, 공동연구의 형태로 학술교류 활동을 진행했고 그에 대한 비용은 독일학술교류재단, 독일연구공동재단과 폭스바겐 재단, 쾨어버 재단과 같은 민간재단들이 많이 부담했다. 이와 같은 교류를 통해 1988년에만 400명의 서독학자들이 동독을, 250명의 동독학자들이 동독을 방문했으며 이와 같은 학술교류는 동서독 대학들이 자매결연을 많이 맺음으로 인해 가능했다. 그리고 문화영역에서도 연극, 연주회, 전시회의 교환개최, 문학과 서적의 교류, 문화유산에 대한 정보교환 등이 활발하게 이뤄졌다.

(다) 방송·언론분야에서 교류·협력사업

동서독의 방송과 언론에 대한 협정은 1987년 5월에 체결됐지만 방송, 언론의 교류는 「동서독 기본조약」이 체결된 직후에 이뤄지기 시작했다. 동독정부는 1973년부터 서독 특파원이 상주하고 단기적으로 취재여행을 오는 것을 허가해줬다. 이에 따라 1976년에는 680명의 서독 언론인이 취재 허가를 받았고 1988년에는 서독 언론인 19명이 동독지역에, 동독 언론인 6명이 서독지역에 상주하고 있었다. 이러한 방송·언론분야 교류를 통해서 동서독 주민들은 상대지역에서 발생하는 사건들에 대한 정보를 접할 수 있었다.

하지만 동서독 간의 방송·언론분야 교류는 다른 분야에 비해서 활발하게 진행되지 못했다. 이는 동서독이 관심분야가 달랐을 뿐 아니라 어떤 내용이 전파를 통해 전달되는 지에 대해서 동독정부가 꿍

---

31) 손기웅, 「독일통일 쟁점과 과제」, 늘품 플러스, 2009, 51면; 통일원, 위의 책, 550-675면 등 참조.

장히 민감하게 반응했기 때문이다.[32] 예를 들면 동독에 상주하는 서독 특파원들의 경우 자유롭게 여행을 할 수는 있었으나 국가기관, 인민공유기업과 콤비나트, 협동농장을 취재하거나 인터뷰를 할 때는 반드시 정부의 사전허가를 받아야만 했으며, 단기취재를 위해 동독을 방문한 자들의 경우에는 자유여행이 허용되지 않는 등의 제약이 있었다.

이와 같은 제약 속에서도 서독 언론은 동독에서 일어나는 일들을 취재하고 방송할 수 있었고, 동서독 주민들은 방송을 통해 상호 간의 소식을 접함으로써 서로의 상황을 인지할 수 있었다. 이와 같이 상호 간에 취재를 할 수 있도록 한 것은 동서독이 분단되어 있던 동안 언어적으로 달라졌던 점들을 통일이 되기 전에 접함으로써 언어적인 차원에서의 이질감도 일부 극복할 수 있게 했다는 점에서 중요한 의미를 갖는다.[33] 실제로 통일이 된 시점에는 동독주민들 대부분이 서독의 텔레비전을 시청하고 라디오를 청취하고 있었으며, 동독주민들이 서독의 방송을 접할 수 있었던 환경에 있었던 것은 동서독이 통일이 되는 시점에 정치적인 의사가 형성되는데 큰 역할을 했다.[34]

(2) 상호의존성을 통한 연대성의 형성을 위한 교류·협력

무역규제정책을 통해 동유럽 국가들의 군수산업 발전을 억제시키려는 미국의 정책의 영향을 받아 제2차 세계대전 직후에는 동서독 간 교류·협력사업이 거의 이뤄지지 못했다.[35] 하지만 1951년에 미국

---

32) 통일원, 위의 책, 681-685면 참조.
33) 손기웅, 앞의 책, 66면 참조.
34) 손기웅, 위의 책, 67면; 이우영, 「통일과정에서 매스미디어의 역할」, 민족통일연구원, 1996, 19-33면 등 참조.
35) 통일원, 앞의 책, 332면 참조.

이 동유럽과 서유럽간 무역에 무역규제가 전면적으로 적용되어서는
안 된다는 입장을 취하면서 무역제한 조치가 완화되기 시작했고, 서
독이 동독과 체제경쟁을 벌이면서도 동서독관계에서의 교역을 저해
하는 요인들을 제거시키기 위한 노력을 기울인 결과 서방국들로부
터 동서독 간 교역의 특수성을 인정받을 수 있었다.[36] 그 이후 동서
독 간 경제영역에서 교역은 지속적으로 증가했으며, 동서독 간에 상
호의존성을 통한 연대성을 형성하기 위한 교류·협력사업은 브란트
수상의 동방정책이 시작되고 「기본조약」이 체결된 이후 각 분야에서
조약이 체결되면서부터 교류·협력 규모가 급격히 증가했다.

　　동서독 간의 교류·협력사업이 지속적으로 진행될 수 있었던 것은
동서독의 경제적인 필요에 더해서 통일을 하기 위해서는 체제변화
가 외부로부터의 직접적인 간섭을 통해서가 아니라 내부에서의 점
진적 변화를 통해서만 가능하다는 인식이 서독정부에 있었기 때문
이다.[37] 다만 그 과정에서 서독은 동독에 대해서 접근을 통한 변화
(Wandel durch Annaeherung)를 목표로 했다면 동독은 서독을 따라잡겠
다는 의지(Einholen und Ueberholen)를 갖고 했다는 점에서 동서독은
서로 다른 목표를 갖고 있었다.[38]

(가) 환경 및 보건 분야 교류·협력

　　동서독은 1980년대 초반부터 개별 구체적인 환경문제와 관련된
협정을 체결했으며 1987년 9월에 환경 전반에 대한 포괄적인 협정이
라 할 수 있는 「환경보호기본협정(Umweltschutzrahmenabkommen)」을
체결했다. 의료분야의 경우 1974년 4월에 「보건의료협정(Gesundheitsab-
kommen)」이, 그리고 1979년에는 「수의사 협정(Veterinärabkommen)」이

---

36) 통일원, 위의 책, 334-337면 참조.
37) 통일원, 위의 책, 342면 참조.
38) 통일원, 위의 책, 342면 참조.

체결됐다. 이처럼 다른 분야에 비해서 환경과 보건 분야의 협정이
일찍 체결되거나 포괄적인 협정이 체결되기 전에도 개별적인 사안
에 대한 협정이 체결될 수 있었던 것은 환경과 보건 분야가 동서독
모두의 큰 관심사였기 때문이다.

　　환경분야의 경우 동서독의 지형상 동독지역이 오염이 되면 서독
이 그 영향을 직접 받고 있었고, 동독은 환경오염을 줄이기 위한 기
술과 재원이 부족했을 뿐 아니라 그에 대한 관심도 두지 않고 있었
기에 서독의 적극적인 노력을 통해 협정이 체결됐고, 그 협정을 근
거로 환경분야에 대한 교류가 이뤄졌다.[39] 보건분야의 경우 동독의
의료시설이 굉장히 낙후되어 있었고, 의료체계가 제대로 운영되지
못하고 있었던 상황이었기 때문에 동독이 지원과 교류를 가장 필요
로 하는 분야였다. 그에 따라 보건분야에 대한 협정도 빨리 체결될
수 있었다.

(나) 경제분야 교류·협력

　　동서독의 경제 교류·협력 사업은 1951년 7월에 체결된 「독일마르
크 유통지역과 독일발권은행의 독일마르크 유통지역 간의 무역 협
정(이하 '베를린협정(Berliner Abkommen)'이라 한다.)」을 근거로 시작
됐다. 동독에서는 대내외 무역성에서 서독과의 거래를 담당했지만
서독에서는 베를린주재 국내통상기구가 그 업무를 담당했는데, 이는
1966년까지 서독이 동독과 경제적인 교류를 한 주된 목적은 동독을
굴복시키기 위한 것이었던 반면, 동독에게 서독은 매우 중요한 경제
교류 국가였다는 것을 보여준다.[40]

　　「베를린협정」에 근거한 동서독 간 경제적 교류는 계속 증가했
다.[41] 그 규모는 1961년에 잠시 감소세로 돌아섰다가 1963년부터 다

---

39) 통일원, 위의 책, 573-586면 참조.
40) 통일원, 위의 책, 220면, 346면 참조.

시 증가하기 시작했다. 이 거래는 동서독이 합의한 상품군 내에서만 이뤄졌으며, 서독과의 거래는 동독무역총량의 10%에 달할 정도로 동독에게 중요했기 때문에 동독은 대서독무역량을 증가시키기 위한 노력을 기울였다.[42] 그리고 1972년에 「기본조약」이 체결된 이후에는 그 거래량이 지속적으로 증가했다.

〈표 6〉 동서독의 경제거래 변화[43] [단위: 백만 마르크]

기간(년)	서독 수출	동독 수출	총 거래량
1950-1953	920	1,087	2,007
1954-1957	2,562	2,508	5,070
1958-1961	3,712	3,812	7,524
1962-1965	4,070	4,223	8,293
1966-1969	6,802	5,705	12,507
1970-1973	10,840	9,356	20,196
1974-1977	16,271	14,432	30,703
1978-1981	20,163	20,119	40,282
1982-1985	27,638	28,897	56,535
1986-1989	30,198	27,488	57,686

(3) 훼손된 연대성의 보완 및 강화를 위한 조치

서독정부는 체제경쟁 과정에서 정치적인 이유로 동독정부에 의해서 기본권과 자유를 침해당하는 상황에 처한 동독주민들을 구제

---

41) 김철수, 앞의 책, 217면 참조.
42) 김철수, 위의 책, 220면 참조.
43) Kuhnle, Gerhard Wilhelm, "Die Bedeutung und Vorteile der deutsch-deutschen Wirtschaftsbeziehungen für die DDR. Eine Analyse unter besonderer Berücksichtigung paraökonomischer Aspekte", Frankfurt a.M, 1993, SS.154-155, 페티 가이, "1949-1989 독일연방공화국과 독일민주공화국의 경제교류", 한독경상학회 창립 제25주년기념 국제학술대회 자료집, 한독경상학회, 2003.10, 10면에서 재인용.

하거나 구제하지 못하는 경우에는 사후에 과거청산을 하기 위한 조치를 체제수렴기에 분단직후부터 지속적으로 시행했다. 그리고 그처럼 직접적인 침해를 입지 않은 자들에 대해서도 서독의 사회체제를 직간접적으로 경험하기 위한 지원을 제공했다.

(가) 정치범 석방거래

서독은 동독의 정치범, 동독을 탈출하여 서독으로 입국하려다 구속된 자 등을 돈을 주고 동독 정부로부터 넘겨받는 정치범 석방거래(Freikauf)를 진행했다. 이 거래는 어떠한 문서도 남기지 않았고 서독 정부는 석방거래를 위해 정부예산을 사용했지만 그 거래는 변호사와 종교단체들을 통해 간접적으로 진행됐으며, 이를 통해 분단직후부터 1977년까지는 총 4만 DM, 1977년부터 1989년까지는 총 95,847 DM에 해당하는 물건으로 대가가 지불됐고 금전적 지원은 이뤄지지 않았다.[44] 서독이 이와 같은 거래 및 인도를 진행한 것은 인도주의적인 차원에서 고통을 겪고 있는 사람을 도와야 한다는 판단 때문이었던 것으로 알려져 있다.[45]

(나) 동독정부의 동독주민 인권침해에 대한 정보 수집

동독정부가 1961년 8월 13일에 베를린 장벽을 건설한 이후 서독 정부는 장벽 건설과 동독 내의 정치적 폭력행위에 대한 우려를 표명하면서 공소시효에 관계없이 동독의 비인도적, 반법치국가적 범죄행위에 대한 형사소추를 가능하게 하기 위해 같은 해 11월 24일에 니더작센 주 잘츠기터 소재 주 법무성의 중앙기록보존소(Die Zentrale Erfassungsstelle der Landesjustizverwalteungen in Salzgitter)를 설치했다.[46] 중

---

44) 통일원, 앞의 책, 186면 참조.
45) 통일원, 위의 책, 187면 참조.
46) 윤여상 외 1인, "북한인권기록보존소 설치·운영을 중심으로", 중앙법학 제8

앙기록보존소는 니더작센 주정부가 위임을 받아서 기구를 설치하고 운영했지만 운영에 필요한 예산은 연방정부와 각 주 정부들이 분담했다. 중앙기록보존소는 동독과의 국경이 가장 긴 니더작센 주에 설치되어서 설립초기에는 베를린 장벽과 국경을 넘어 서독으로 탈출하는 동독이탈주민에 대한 동독국경수비대의 총격행위를 수집 및 기록하는 업무를 주로 시행했으나, 1963년에는 업무영역이 형사소추가 가능한 폭력행위 전반에 대한 증거자료 수집 및 보존으로 확장되었다.[47] 거주이전의 자유 침해, 인간의 존엄성의 침해, 정치재판으로 과도한 형벌을 부과하는 판결, 국가기관에서 신체의 자유 침해, 종족 살해, 납치와 정치적 무고 등이 자료 수집 및 보전의 대상이 된 행위들이었다. 그 자료들은 연방국경수비대의 보고서, 동독의 언론매체, 피해자와 증인들의 증언, 석방거래된 동독출신 정치범과 동독이탈주민들의 증언, 동서독을 왕래하는 방문자들의 증언 등을 통해서 수집됐다.

(다) 기타

서독은 1972년에 「동독 방문객 지원 조치에 관한 기본 지침(Richt-linien fuer Hilfsmassnahmen zugunsten von Besuchern aus der DDR und Berlin(ost) sowie Ost-und Suedosteuropa)」을 제정해서 환영금(Bargeldhilfe), 여행 경비 지원(Reisehilfe), 의료비 지원(Krankenhilfe)과 서독 여행 도중 사망시 지원(Hilfen im Todesfall)을 함으로써 동독주민들이 서독을 방문할 유인을 제공했다. 환영금의 경우 1987년 8월 26일까지는 1인당 1년에 2회에 한하여 30DM씩, 그 이후에는 1인당 1년에 1회에 한하여 100DM씩 지급했다. 여행경비의 경우 노령 연금 수령자, 상이용사로서 연금 수령자, 재해 보험에 의한 연금 수령자에게 지급됐다. 이뿐

집 제1호, 중앙법학회, 2006. 04, 293면 참조.
47) 윤여상 외 1인, 위의 글, 294-295면 참조.

아니라 서독은 통과교통협정을 동독과 체결한 이후 1972년부터 1975
년까지는 연 2억 3,490만 DM의 연간 일과금을, 1976년부터 1979년까지
는 4억 DM의 연긴 일과금을, 1980년부터 1989넌까지는 5억 2,500만 DM
의 연간 일과금을 지급했다.

(4) 체제수렴기 동독지역 거주 동독주민에 대한 서독정부 지원의 특징

서독정부는 동독정부와 체제경쟁을 전면적으로 내세우지는 않았
지만 동독이탈주민과 동독지역에 거주하는 동독주민들에 대한 지원
내용과 서독정부가 '접근을 통한 변화'를 추구한 점은 실질적으로 동
독지역에서 운영되는 체제를 전환하기 위한 조치였음을 보여준다.
서독정부는 그 과정에서 동서독 주민간의 이질성이 심화되는 것을
인지하고 동독이탈주민지원제도의 지원 내용과 방법을 지속적으로
보완했고, 동독주민들이 서독을 방문할 기회를 확장하여 동서독 주
민 간에 접점을 늘려나감으로써 동질성을 통한 연대성을 형성시키
기 위한 노력을 기울였다.

서독정부는 또한 동독지역에서의 체제전환을 위해 동서독 간에
상호의존성을 통한 연대성을 형성하기 위한 조치를 적극적으로 시
행했다. 이는 분단직후에 동유럽 국가들과 서방국가들이 대립하고
있는 중에도 서독정부가 동서독 간의 특수관계를 인정받기 위한 노
력을 기울였다는 점, 그리고 서독정부가 '힘에 의한 우위 정책'을 펼
치는 동안에도 동서독 간의 경제교류는 지속적으로 증가했다는 점
에서 분명하게 드러난다. 그리고 서독정부는 「기본조약」을 체결한
이후 동독정부의 필요가 가장 컸던 분야부터 조약을 체결하고 교류·
협력 사업을 진행했는데, 이는 서독정부가 동독의 점진적인 체제전
환을 추구했음을 보여준다.

하지만 체제수렴기에 이뤄진 서독정부의 동독주민에 대한 지원

은 체제전환을 목적으로 제공된 것이었다. 이는 동독정부에 의해서 훼손된 동독주민의 연대성을 회복시키기 위해 시행한 정치범 석방거래와 중앙기록보존서의 설치 결정에서 가장 분명하게 드러난다. 그리고 정치범 석방거래의 경우 이를 공개적으로 시도했을 경우 동독정부와 서독의 여론이 모두 반대할 수 있었기 때문에 비공식적인 경로로 시행했다는 점, 중앙기록보전소에 대해서는 서독 내에서도 반대하는 여론이 있었음에도 불구하고 통일 직전까지 유지되었다는 사실은 서독정부가 공식적으로 입장을 발표한 적은 없지만 동독정부의 체제전환을 한 번도 포기한 적이 없다는 것을 보여준다.[48]

3. 체제전환기의 사회통합을 위한 조치

독일은 통일과정에서 1990년 5월 18일에 전문과 총 38개 조항으로 이뤄진「동서독간 통화·경제·사회통합의 창설에 관한 국가조약 (Ver-tag über die Schaffung einer Währungs-Wirschafts-und Social Union)(이하 '제1국가조약'이라 한다.)」을, 동서독과 제2차 세계대전 연합군이었던 국가들이 1990년 9월 12일에「독일문제의 규제종결에 관한 조약 (Treaty on the Final Settlement with Respect to Germany)(이하 '2+4조약'이라 한다.)」을, 1990년 8월 31일에「독일통일 실현을 위한 동서독간의 조약(Einigungsvertrag)(이하 '통일조약'이라 한다.)」을 체결했다. 조약들의 내용에는 사회통합적인 요소들이 포함됐으며, 통일 후 독일에서는 사회통합을 위한 조치들이 그 내용을 바탕으로 법제화 됐다.

---

48) 이건묵, "동독주민과 북한주민의 인권침해 기록보존소에 대한 정치적 갈등사례 비교와 시사점", 사회과학담론과 정책 제4권 제2호, 경북대학교 사회과학연구원, 2011.10, 43-48면 참조.

가. 체제전환기 독일사회의 특징

동서독의 통일에 대한 결정은 단기간에 이뤄졌고 그에 필요한 조치들은 매우 빠르게 도입되고 시행됐다. 하지만 서독정부가 체제수렴기에 동독주민과의 연대성을 형성하기 위한 다양한 지원을 제공했음에도 불구하고 동서독이 통일이 되는 시점에 동서독 주민 간에는 상당한 수준의 이질감이 있었고, 동독 역시 체제가 거의 그대로 유지되고 있었다. 그 결과 통일 이후에도 독일 정부는 동서독 주민의 사회통합과 동독지역에서의 체제전환을 위한 조치들을 시행해야만 했으며, 그 중에 상당부분은 실질적으로 동독주민에 대한 지원으로써의 성격을 가졌다.49)

(1) 동서독 주민 간의 상호인식

체제전환기에 동서독 주민들 간의 이질성은 동서독 주민들이 예상했던 것보다 높았으며,50) 이는 통일 이후 동서독 주민들 간의 분열과 갈등의 원인으로 작용했다.51) 동서독 주민들이 상대에게 느끼

---

49) 이방식, "통일독일의 지방재정에 관한 연구", 한국지방재정논집 제4권 제1호, 한국지방재정학회, 1999.02, 183-186면; 이성균, "남북한 통일대비 사회통합을 위한 직업교육의 역할 탐구", 한국콘텐츠학회논문지 제16권 제7호, 한국콘텐츠학회, 2016.07, 388-390면 참조.

50) 전태국, "통일독일에서의 내적 통일의 문제", 사회과학연구 39집, 강원대학교 사회과학연구원, 2000.12, 6-12면; 전성우 외 2인, "한국통일의 사회통합적 전망과 과제", 한국사회학회 통독 10주년 기념 한·독 특별심포지움 자료집, 한독사회학회, 1999.10, 82-84면; 조관홍 외 1인, "독일의 내적통일에 있어서 가치 상충의 근본원인과 그 양상에 관한 연구", 대동철학 제39집, 대동철학회, 2007.06, 167-177면 등 참조.

51) 송은희 외 1인, "독일의 사회통합 인식 분석", 한국동북아논총 제67호, 한국동북아학회, 2013, 385-388면 참조.

는 이질성은 각자가 태어나서 성장해 온 사회체제의 차이로 인해 발생한 것이었다.[52] 이는 사회주의 체제 하에서 태어나 경쟁에 익숙하지 않은 동독주민들은 서독주민들이 자기중심적이라는 이유로 비판했고, 개인이 스스로 경쟁력을 가져야 구직을 하고 자신이 수령하는 임금의 수준을 높일 수 있는 자본주의 사회에서 태어나서 성장한 서독주민들은 동독주민들이 게으르고 불만이 많다는 이유로 비판한 데서 드러난다.

여기에 더해져서 새로운 사회체제에 익숙하지 않은 동독주민들은 서독 중심으로 통일된 독일사회에서 상대적인 경쟁력을 상실할 수밖에 없었으며, 그와 같은 경쟁력의 차이로 인해 발생하는 동서독 주민과 지역 간에 엄청난 빈부격차가 발생함에 따라 동독주민들의 불만은 서독주민을 넘어서 새로운 사회체제로까지 확장됐다.[53]

(2) 통일 이후 구동독지역의 경제상황

통일이 되는 시점에 동독은 서독에 비해 경제적으로 현저히 열위에 있었을 뿐 아니라 상황은 급격히 악화되고 있었다. 하지만 통일 이후에도 구동독지역의 경제상황은 나아지지 않았고, 그에 따라 구동서독 지역 간의 경제격차는 통일직후 점점 커져갔다.[54] 이는 구서독지역의 경제가 급격하게 발전했기 때문이 아니라 통일직후 구동독지역에서 농업생산량은 증가했지만 판매량은 감소했고, 공업생산

---

52) 조관홍 외 1인, 앞의 글, 167-177면 참조.
53) 전태국, 앞의 글, 6-12면, 19-21면; 이영란, "통일 이후 동독지역 주민의 상대적 박탈감—포커스인터뷰 분석을 중심으로", 한국사회학 제39집 제1호, 2005.02, 144-151면 등 참조.
54) 민족통일연구원, "통일독일의 분야별 실태", 「독일통합과 체제전환」, 통일원, 1992.09, 125면; 황준성, "독일통일 15년의 사회경제적 평가와 시사점" 경상논총 제25권 제4호, 한독경상학회, 2007.12, 76-78면 등 참조.

량은 30% 가량 감소하는 등 구동독지역의 경제는 전반적으로 급격하게 침체됐기 때문이다.

동독의 경제적인 상황이 통일 이후에 악화되기까지는 통일과정에서 화폐 교환비율을 1대1로 정함으로써 구동독에서 생산되는 제품들이 가격경쟁력은 상실한 반면 생산되는 물건들의 품질은 좋지 않아 경쟁력을 갖추지 못한 것이 큰 영향을 미쳤다.[55] 구동독지역에서도 구동독기업이 생산한 제품보다 서독제품을 선호하는 경향이 두드러지게 나타났다는 사실은 구동독기업의 제품이 얼마나 경쟁력을 갖추지 못했는지를 잘 보여준다. 그리고 구동독 정부가 운영했던 기업들은 노후설비를 갖고 있는 경우가 많았고, 기업이 운영되기 위해 필요한 직원보다 훨씬 더 많은 이들을 채용하고 있었으며, 인적자원의 능력도 부족한 상태여서 효율적인 기업경영이 이뤄지기가 힘든 상황이었던 것도 통일 이후 구동독지역의 경제가 회복되지 못한 원인으로 작용했다.

(3) 통일 이후 독일 내 범죄발생률

통일 이후 구서독지역의 범죄발생률에는 큰 변화가 없었으나 구동독지역에서의 범죄발생률은 1991년에서 1993년 사이에 급격하게 증가했다. 그리고 구동독지역에서의 범죄발생률은 구서독지역보다 1.26배 정도 높았다.[56] 또한 독일에서 발생한 범죄의 종류로는 절도와 중절도의 비율이 50% 전후로 가장 높은 비율을 차지했는데, 구서독지역의 경우 통일 이전에는 절도 건수가 1981년 이후 감소세에 있었으나 1989년 1,697건에 비해서 통일 이후인 1993년에는 1,982건이 발생

---

55) 김호균, 「독일통일 총서—화폐통합 분야」, 통일부, 2016, 50-56면 참조.
56) 기광도, 「체제통합에 따른 사회변화와 범죄양상—독일통일과정을 중심으로」, 형사정책연구원, 1998, 14면 참조.

했다. 이는 통일 이후 서독 지역에서 발생한 절도 건수가 크게 증가했다는 것을 보여준다. 구동독지역의 경우 절도 건수가 1991년에 1,237건에서 1993년에는 1,981건으로, 1996년에는 2,054건으로 통일 이후에 급격하게 증가했다. 특히 구동독지역의 경우 1991년에는 1,292건이었던 중절도의 건수가 1993년에는 4,639건으로 3배 정도 증가하고 1996년에는 3,902건을 기록했는데 이는 구동독지역의 경제가 어려워지면서 재산관련범죄가 증가한 영향인 것으로 보인다. 구서독지역의 경우 구동독주민들의 이주가 이어지면서 범죄 건수가 증가한 것으로 이해할 수 있으나, 구동독지역의 경우 인구가 계속 감소했음에도 불구하고 재산범죄 건수가 증가하거나 비슷한 수준을 유지했다는 것은 통일 이후 인당 절도 건수가 급격하게 증가했다는 것을 의미한다. 이러한 경향성은 또 다른 재산관련범죄인 강도죄에 대해서도 마찬가지로 나타났으며, 다른 범죄들의 경우 범죄유형별로 건수가 상대적으로 적어 그 등락폭에 큰 의미가 부여되기는 힘든 수준이 유지됐다. 이러한 사실은 통일 직후 독일에서 사회, 경제적인 이유로 재산범죄가 증가했다는 것을 보여주며,[57] 그러한 증가세에는 구동독지역의 경제상황이 큰 영향을 미쳤을 것으로 판단된다.

(4) 통일 이후 동독주민들이 처한 상황

통일 이후 구동독주민들 중 상당수는 자신이 경쟁력을 확보하지 않을 경우 직장을 잃고 그에 따라 생계가 어려워질 수 있다는 사실을 인지하지 못했으며, 상당수 구동독주민들은 실직한 경우에도 구직을 위한 적극적인 노력을 기울이지 않았다. 그리고 구동독지역 경제가 급격히 침체됨에 따라 구동독주민들 중에서 구직의사가 있는

---

57) 최선우 외 1인, "통일독일의 범죄문제에 관한 연구", 통일정책연구 제15권 제1호, 통일연구원, 2006.06, 363-365면 참조.

이들은 상당수가 서독지역으로 이주하여 일자리를 찾기 위해 노력했다.[58] 통일 이후 구동독지역에서 구서독지역으로 이주한 자들의 숫자가 약 120만 명에 달했다는 사실이 그 흐름을 잘 보여준다. 하지만 그들이 모두 서독에서 일자리를 찾은 것은 아니었으며, 그 영향으로 구서독지역에서의 실업률은 통일 이전에 6.3%대에서 통일 직후 13%로 크게 증가하기도 했다.

그리고 구동독지역에서는 회사들이 문을 닫으면서 많은 이들이 실업자로 전락했다. 이는 1990년에서 1997년 사이에 구동독지역에서 실업자가 약 45만명 정도 증가했고, 실업률도 10.2%에서 19.5%로 증가한 점에서 잘 드러난다. 이러한 현실 속에서 구동독주민들 중에 열등의식·불안감·정신질환 등에 시달리는 사람들의 숫자는 계속해서 증가했다.[59] 이는 통일이 된 시점에서 동독주민들은 시장경제질서에 대한 이해가 부족했으며 새로운 경제체제에 편입될 준비가 전혀 되어 있지 않은 상태였다는 것을 보여준다.

(5) 통일 이후 동독주민들의 민주시민의식

동독주민들은 통일 이후 정치영역에서 민주적 기본질서에 적응하는 과정에 큰 어려움을 겪지 않은 것으로 보인다. 이는 독일이 통일된 이후에 동독출신 주민들의 불만이 누적된 점이 동독지역에서 구동독을 실질적으로 통치했던 정당의 지지율 증가로 이어졌다는 점, 그리고 동독출신인 메르켈 총리가 10년 넘게 그 지위를 유지하고

---

58) 민족통일연구원, 앞의 글, 129면; 김창권, "독일 통일 이후 구동독지역 인구 이동 및 인구변화와 한반도 통일에 주는 정책적 시사점", 경상논총 제28권 제1호, 한독경상학회, 2010.03, 40면 등 참조.
59) 민족통일연구원, 위의 글, 130면; 강수택, "체제변동 과정에서의 실업 경험과 노동관의 변화─통독 후 동독지역 시민을 중심으로", 경제와 사회 제39호, 비판사회학회 1998.09, 156-163면 등 참조.

있다는 점에서 드러난다.

나. 사회통합의 기반을 마련하기 위한 법제도적 조치

독일정부는 체제전환기에 동독의 체제를 전환하고 동서독 지역에서 같은 사회체제를 운영하는데 필요한 조치를 시행했다.

(1) 화폐 통합

통일이 되는 시점에 서독 마르크와 동독 마르크의 적정 시장 환율은 4.3:1로 추산됐지만 동서독은 정치적 합의에 의해 화폐를 1:1의 비율로 통합하기로 결정했다. 이는 통일이 되던 시점에 동독의 청년과 숙련인력의 대규모 해외유출이 이뤄지고 있었던 상황에서 화폐의 통합비율을 조정하고 동독주민들에게 서독 마르크를 줌으로써 그와 같은 행렬을 막고, 궁극적으로는 통일을 하기 위한 동독주민들에 대한 시혜적인 조치였다.[60] 통일이 되는 시점에서부터 그러한 결정이 동독경제를 무너뜨릴 수도 있다는 우려가 경제전문가들에 의해서 많이 제기됐으며 이는 연방은행은 1:2, 독일경제연구소는 1:5의 교환비율을 권고한 것에서도 드러난다.

그 결과 동독 기업이 생산한 상품의 가격은 세 배 이상 상승하게 됐고, 그에 따라 동독 기업들의 가격경쟁력이 급격하게 약화됐다. 이뿐 아니라 화폐통합 비율로 인해 구동독 지역의 기업들은 엄청난 임금비용 상승을 감당해야만 했다. 그리고 구동독 지역의 기업들이 가진 과거 채무에 대해 2:1 비율로 서독 마르크 단위의 청구권을 존속시키는 결정이 내려지면서 대부분 동독기업들은 사실상 지불불능

---

60) 김호균, 앞의 책, 51면 참조.

상태에 빠졌다.[61] 이와 같은 현상은 구동독지역을 통일 이후 매우 짧은 시간 안에 경제위기에 빠뜨렸다.[62]

그럼에도 불구하고 독일의 화폐통합 방식이 옳았는지 여부에 대해서는 분명한 결론을 내리기는 힘들다. 이는 통일직후 구동독지역 경제의 붕괴, 그리고 그로 인한 독일 사회 내 갈등과 분열이 화폐통합 비율에서 시작됐다는 견해가 제기되지만, 이에 대해서는 그와 같은 조치가 없었다면 독일이 통일될 수도 없었을 것이란 반론도 제기되기 때문이다.[63]

(2) 구동독지역 재건 프로그램

(가) 재건 프로그램의 도입 배경과 진행방법

동서독은 통일 과정에서 명시적으로 차별과 불평등을 제거하는 것을 목적으로 하는 법제도를 마련하지는 않았다. 다만 화폐통합과 몰수재산 반환정책의 영향으로 구동독지역의 경제가 위기에 처하고, 구동독지역에 대한 투자와 개발이 지연되자 이를 해결하기 위한 조치로 통일 이후 구동독지역을 재건하기 위해 구동독지역 재건(Aufbau Ost)을 위한 조치들을 시행했다. 구동독지역의 재건은 민간 투자의 촉진, 투자 장애 요소의 제거, 구동독지역 기업의 생산품 판매 지원, 일자리 창출 정책 등의 방식으로 추진됐다. 그리고 이에 대한 연례 보고서가 제출됐다.

이와 같은 독일정부의 대응은 독일이 통일 되는 시점에 동서독

---

61) 구춘권, "독일 통일 20년의 정치경제: 비판적 평가와 시사점", 21세기정치학회보 제21집 제1호, 21세기정치학회, 2011.5, 162면 참조.
62) 김호균, 앞의 책, 67면; 정용길, "통일독일의 통일비용과 경제통합", 유럽연구 제26권 제3호, 한국유럽학회, 2008, 6-7면 등 참조.
63) 김호균, 위의 책, 101면 참조.

간의 격차가 얼마나 큰 지에 대해서 인지하지 못하고 있었다는 사실과 함께 독일정부가 동서독 주민들을 '같은 민족'으로 인지함으로써 동독주민들이 아니라 동독지역개발의 차원에서 사회문제의 해결을 시도했다는 것을 보여준다.

(나) 공동체 이니셔티브(Gemeinschaftsinitiative)의 시사점

구동독 재건프로그램과 관련하여 사민당은 1992년 6월에 연방의회에 공동체 이니셔티브를 제안했다. 공동체 이니셔티브는 크게 실업 대신 일자리 창출, 미해결 재산문제 청산, 신탁청의 업무 개혁, 사회적 조건 균등화 문제, 통일 재정 확대와 통일 부담의 공정한 배분에 대한 것을 내용으로 하고 있었다. 그 중 사회적 조건 균등화 문제에는 청소년에게 비전을 주기 위한 재원의 조달, 주택난의 해결, 교육·문화·스포츠에 대한 지원에 대한 내용이 포함되어 있었다. 하지만 공동체 이니셔티브는 연방의회에서 채택되지 못하여 시행되지 못했다. 이는 통일 이후 독일에서 사회, 문화적인 측면에서의 통합을 위한 조치의 필요성이 있었고, 독일에서도 이를 인지한 자들이 있었음에도 불구하고 그러한 필요를 반영한 법제도와 정책이 시행되지 못했음을 보여준다.

다. 동질성을 통한 연대성의 형성 및 강화를 위한 법제도적 조치

서독정부는 동독이탈주민에 대한 지원을 독일민족의 통합의 차원에서 접근했고, 서독정부의 그와 같은 시각은 통일 이후 독일정부에서도 그대로 유지됐다. 이는 통일 이후에 국가적인 차원에서 동서독 주민들 간에 동질성을 통한 연대성을 형성하기 위한 지원이 대부분 '민족성'이 아니라 사회체제와 가치를 동독주민들이 습득함으로써 연대성을 형성하는데 초점이 맞춰진데서 알 수 있다.

(1) 공교육제도를 통한 동질성 형성을 위한 조치

동서독의 교육제도는 서독의 교육제도가 동독지역으로 확장되는 방식으로 통합됐다. 이와 같은 변화는 1989년 말에 동독지역에서 이데올로기적인 성격이 강한 군사 교과와 국가시민 교과 과정이 폐지되는 등의 변화가 동독 내에서 자체적으로 발생했기 때문에 일어날 수 있었다.

이와 같이 이데올로기적 성격을 제거하는 절차는 초·중·고등학교 뿐 아니라 대학에서도 마찬가지로 이뤄졌다. 통일과정에서 동서독은 교육제도의 통합을 위한 실무 작업반과 동서독 교육위원회를 설치했으며 서독 교과서를 동독에 공급하기 시작했다. 그리고 통일이 된 지 2년이 지난 시점에는 독일학술원이 '구동독지역 대학구조개혁을 위한 권고안(Empfehlungendes Wissenschaftsrates zur kuenftigen Struktur der Hochschullandschaft in den neuen Laendern und im Ostteil von Berlin)'을 발표했고 그에 따른 개혁조치를 실시했다. 대학에서는 이데올로기적 성격이 강했던 정신과학, 사회과학, 경제학 영역에서 새로운 대학을 만드는 수준으로 교수진에 변화가 있었고, 직위의 특성상 이데올로기적 편향성이 강했던 학교의 교장 및 교감들 중 상당수는 1990년에 해고됐다.

독일정부는 이처럼 교육제도에서 동독의 이데올로기적인 요소를 걷어냄과 동시에 통일 이후에 연방 행정부에 채용된 구동독지역 출신 공무원들에 대한 재교육을 지속적으로 시행했으며, 그 교육은 연방아카데미, 연방 전문대학, 연방 행정국 등 정부와 관련된 다양한 기관에서 주최했다. 그리고 구동독지역에 행정 및 사법체계에 민주적 기본질서적인 요소를 이식하기 위해서 구서독지역 출신 주 공무원들이 구동독지역 주정부에 파견되어서 업무를 수행하기도 했다.

(2) 사회체제에 대한 동질성을 형성하기 위한 조치

통일 이전 서독에서의 정치·사회 교육은 민주시민으로서의 자질을 함양하면서 동서독 관계에 대한 이해를 증진시키는 것을 추구한 반면, 동독에서는 사회주의체제의 우월성을 강조하면서 사회주의 이념을 학습시키는 것이 주된 목적으로 설정되어 있었다. 이러한 상황을 타개하기 위해서 독일정부는 동서독지역에서의 정치·사회 교육을 통일시킴으로써 동서독 주민들이 사회체제와 가치에 대해서 동질적인 연대성을 형성시키려 했다.

통일 직후 동서독의 사회·정치 교육은 민주주의적 가치와 시장경제체제를 내용으로 하는 서독의 정치교육을 구동독지역에서도 그대로 시행하는 방식으로 통합됐다.[64] 그에 따라 동독의 '국가시민'과목은 폐지됐고, 정치교육을 담당하던 교사들은 서독의 교원임용제도에 따라 정규대학 교육을 마치고 제1차 교원임용고사에 합격한 이후, 교원연수와 제2차 교원임용고사에 합격한 자들만 다시 채용됐다. 그리고 구서독지역에 있었던 정치교육기관들이 구동독지역에서의 정치교육을 담당했으며, 구동독지역에 주별로 정치교육센터가 설립됐다.

민주시민교육은 간행물 발간, 연수, 교육매체개발, 각종 대회 개최, 전시회, 교육 서비스, 유관기관 지원 등 다양한 형태로 이뤄졌다.[65] 이와 같은 독일의 민주시민교육의 내용은 통일 이후 사회적

---

64) 이향규, "통일 후 교육제도 통합과 사회적 삼투현상: 독일과 한국", 통일문제연구 제15권 제2호, 평화문제연구소, 2003.11, 275-276면; 김동훈, "통일 독일의 교육통합", 인문과학연구 제15권, 덕성여자대학교 인문과학연구소, 2011, 213-215면 등 참조.
65) 김창환, 「독일통일총서—통일교육 분야」, 통일부, 2016.11, 61-67면 참조.

변화들의 영향을 받았다. 이는 통일 직후 민주시민교육은 서독의 교육을 그대로 확장하는데 그친 반면 동서독 주민들 간의 갈등이 심화되면서 민주시민교육의 내용과 목표가 1993년부터는 그 초점이 극우주의와 폭력에 대항하여 평화적인 공존으로, 1994년에는 독일사회의 기본가치를 가르치고 평화적인 민주적인 체제를 수호하면서 평화적인 공존을 유도하는 것으로, 1995년에는 그에 더해서 심리적인 통합적인 내용으로 그리고 1996년에는 동서독주민들의 의식 차이를 극복하는 것으로 수정되어 나간 점에서 분명하게 드러난다.[66]

(3) 독일민족으로서의 동질성 형성을 위한 조치

서독의 의사결정권자들은 동서독 주민이 같은 문화를 공유하는 같은 민족이라는 인식을 강하게 하고 있었다. 이는 1973년에 브란트 수상이 동서독이 분단되어 있지만 언어, 예술, 문화, 일상생활과 정신문화유산의 공통성에 기초한 민족은 영원하다고 한 발언, 그리고 1982년 10월 13일에 헬무트 콜 수상이 독일인의 민족국가는 분열됐지만 독일민족은 계속 유지되어왔고 앞으로도 유지될 것이라고 한 것에서 잘 드러난다.[67] 독일이 통일이 된 이후에 정부적인 차원에서 독일민족으로서의 동질성을 형성하기 위한 조치를 취하지는 않은 것은 독일정부가 이처럼 독일민족의 동질성이 계속해서 유지됐다고 믿었기 때문인 것으로 보인다.

하지만 동서독 주민은 '같은 민족'이라는 의식만 있었을 뿐 그들이 분단되어서 지낸 기간은 동서독 간에 상당한 이질성을 발생시켰다. 그러한 차이는 동서독 주민 간의 언어에서 가장 분명하게 드러났는데, 이는 동독의 언어는 정당과 국가에 의해 조정된 반면 서독

---

66) 김창환, 위의 책, 66면 참조.
67) 손기웅, 앞의 책, 45면 참조.

은 전문용어와 영어를 포함한 외래어의 영향을 많이 받았기 때문이다.[68] 그에 따른 동서독의 언어는 동독의 사전에 동서독 특수어를 표시해야 할 정도로 그 차이가 상당한 수준에 이른 상태였다.[69] 이와 같은 동서독 주민 간의 언어적 차이는 동독이 서독에 가입하는 형태로 통일이 이뤄지면서 실질적으로 서독에서 사용되던 언어를 대부분 그대로 사용하는 방향으로 통합됐는데,[70] 이는 서독의 법제도와 국가기관이 그대로 유지됨에 따라 국가 조직, 행정, 문화정책뿐 아니라 동독언어가 갖는 이데올로기적인 성격상 서독의 표현이 사용되는 것이 선호됐기 때문이다.

이에 따라 구동독주민들은 새로운 언어적 표현에 새로 적응해야 했으며,[71] 이에 대한 구동독주민들의 불만과 통일 이후 자신의 생활수준에 대한 불만이 결합되면서 동독주민들은 독일인이 아닌 동독인으로서의 정체성인 'Ostidentität'를 형성하게 됐다.[72] 이와 같은 언어적인 차원에서의 차이와 통합방식은 동독지역의 경제적인 상황, 동독주민들의 경제적인 어려움들과 결합하여 독일에서 동서독 주민 간의 갈등이 발생하는 원인으로 작용했다.

라. 상호의존성을 통한 연대성의 형성 및 강화를 위한 법제도적 조치

동서독은 완전히 다른 체제를 운영하고 있었고, 동서독의 경제수

---

68) 정동규, "통일 독일의 민족어 통합과정과 표준어 설정 연구", 어학연구 제32권 제1호, 서울대 어학연구소, 1996.03, 139-149면 참조.

69) 최경은, "통일 이후 동서독 독일어의 통합과정", 독일언어문학 제21집, 한국독일어어문학회, 2003.9, 59-60면 참조.

70) 전춘명, "독일 통일 후 나타난 언어변화", 한신인문학연구 제4집, 한신대학교 출판부, 2003.12, 19면 참조.

71) 최경은, 앞의 글, 63-64면 참조.

72) 최경은, 위의 글, 66-67면 참조.

준에도 큰 차이가 있다는 것은 너무나도 분명한 사실이었다. 이에 따라 독일정부는 동독지역을 개발하고 구동독주민들의 생활에 필요한 지원하기 위한 조치를 통일 직후부터 지속적으로 시행했다.

(1) 동독주민지원의 재원

통일 이전에 서독정부는 통일 이후 동독주민에 대한 지원을 위해 통일기금(Fonds Deutsche Einheit)을 단기적으로 운영하고 통일 이후 동독지역이 경제적으로 성장함으로 인해 세수가 증가하면 동독지역을 재건하고 동독주민을 지원하기 위한 추가적인 재원을 마련할 필요가 없을 것이라고 판단했다.[73] 하지만 독일은 통일 이후 동독지역 재건과 동독주민 지원을 위한 재원은 정부예산절감, 정부지출계획 조정, 자본시장에서 채권 발행, 동독지역의 조세수입, 조세 인상, 국유자산 매각 등을 통해서 조달했다. 특히 연대세(Solidaritätszuschlag)의 도입, 부가가치세의 세율 1% 인상, 사회보험료의 인상, 세율 30%의 이자소득에 대한 원천과세 적용 신설, 유류세 인상 등은 통일이 된 이후 동독주민에 대한 지원에 재원이 필요해짐에 따라 실질적으로 서독주민들에게 부담된 재원에 해당한다.[74]

그리고 구동독지역에 대한 지원은 1995년부터 2004년까지는 제1차 연대협약(Solidarpakt I)을 통해 약 1조 5천억 유로가 투입되었고 제2차 연대협약(Solidarpakt II)을 통해 2005년부터 2019년까지 1,570억 유로가 추가적으로 지원되고 있다. 이뿐 아니라 유럽연합의 지역개발기금(European Regional Development Fund), 사회기금(European Social Fund), 사회통합기금(Cohesion Fund) 등을 통해서 지금까지도 구동독지역에

---

73) 원윤희, 「독일의 통일비용 재원조달과 정책적 시사점」, 통일부, 2015, 41면 참조.
74) 원윤희, 위의 책, 31-34면 참조.

지원이 제공되고 있으며, 통일 이후 1998년까지 독일이 유럽연합에서 받은 지원금은 약 480억 마르크로 이는 스페인에 이어서 두 번째로 많은 액수였다.

(2) 구동독주민들의 기본적 생활 보장을 위한 조치

통일 이전 서독의 사회보장제도는 사회보험과 사회부조, 아동수당과 주택수당 등을 내용으로 하고 있었으며, 사회보험제도는 연금보험, 의료보험, 고용보험과 산재보험으로 구성되어 있었고, 각 사회보험기관들이 독립적으로 관리했다. 이와 달리 동독에는 서독의 4개보험이 통합되어 있는 형태의 단일보험이 존재했고, 이는 준국가기관인 자유독일노조연맹의 결정에 의해 운영됐다.

동서독은 이렇게 형식과 내용에서 큰 차이가 있었던 사회보장제도의 통합에 대한 내용을 통일이 되기 전인 1990년 7월 1일 발효된 「화폐·경제·사회통합조약」에서 서독지역의 연금, 의료보험, 산재보험, 실업보험 등의 사회보장제도를 동독지역에 도입하고 국가감독하의 관리 법인이 이를 운영하는 것을 원칙으로 정했다. 다만 동독이 서독과 다른 제도를 운영해 왔다는 점을 감안하여 동서독은 서독 사회보험제도에 상응하는 조직구조를 창출하기 위해서 연금, 의료보험, 재해보험 등의 관리 기구를 1991년 1월 1일까지 구성해 이에 대한 지출과 수입을 보험종류에 따라 분리하여 계산하도록 했다. 이에 따라 독일은 체제전환기에 과도기를 설정해 그 기간 동안 제한적으로 동독의 포괄적 사회보장제도의 효력을 유지했으며, 이 기간 동안 동독지역의 실업보험과 연금보험제도의 자금 지원이 필요해지면 그 부분에 대해서 서독이 동독을 재정적으로 지원했다. 그 결과 통일 이후 통일의 사회보장제도에는 굉장히 많은 예산이 투입되어야 했고, 이는 독일 통일 초기에 서독지역에서 동독지역으로 이전된 재정

지원의 사회보장지출이 49.2%를 차지했다는데서 드러난다.[75]

(3) 경제영역에서 연대성을 형성하기 위한 조치

통일 이전에 이미 상당한 수준으로 침체되어 있던 동독지역 경제는 통일 이후 더 침체되어갔다. 독일정부 역시 구동독지역의 경제가 단기간 안에 개선될 수 없다는 것을 인지하고 상황을 타개하기 위해 다양한 방법을 시도했다. 그 대표적인 조치는 동독의 산업구조를 개선하고 동독지역에 대한 투자를 유지하기 위한 계획을 수립하는 것이었는데 그 과정에서 지역경제를 활성화시키기 위한 지원과 함께 사회간접시설을 개선 및 확충하고, 노동자들에게 직업훈련을 제공하는 등의 조치가 시행됐다.[76]

이 외에도 독일은 구동독지역에 있던 기업들을 사유화 시키고, 기업들의 효율성을 높이기 위한 다양한 조치들을 시행했으며, 1992년 3월에는 '동독경기부양종합대책'을 마련하여 구동독지역 경제를 활성화시키기 위한 노력을 기울였다. 그리고 그 과정에서 독일정부는 1991년에만 구동독지역 출신 청소년을 만 명 이상 연방 행정부에 채용했고, 구동독주민들에게 일자리를 제공하고 구동독지역에서 일자리를 창출하기 위한 다양한 조치를 취했다. 그럼에도 불구하고 구동독주민들 중 상당수는 일자리를 찾아 구서독지역으로 이주했고, 투자가 제대로 이뤄지지 못했으며, 이로 인해 구동독지역의 경제는 침체되어갔다.

독일정부의 엄청난 노력과 지원에도 불구하고 구동독지역의 경

---

75) 노용환, "한반도에서 독일식 사회보장제도 통합은 가능한가: 통일 환경과 정책선택의 검토", 보건사회연구 제36권 제2호, 한국보건사회연구원, 2016, 11-12면 참조.
76) 민족통일연구원, 앞의 글, 134면 참조.

제는 1990년에서 1992년 말까지 계속해서 침체되어 갔고, 그 상황을 타개하기 위해서 독일정부는 지금까지 EU기금의 지원을 받아 구동 독지역에 연평균 20조원을 투자하고 있다. 독일에게 제공된 지역개 발 자금의 85%는 구동독지역에 집중되어왔다. 구동독지역을 개발하 는데 이렇게 자원을 집중한 결과 구동독지역의 경제성장률은 건설 투자가 집중된 영향으로 한 때 20%를 넘기도 했고, 구동독지역의 노 동생산성은 계속해서 향상됐으며, 2017년에는 구동독 지역의 1인당 GDP는 구서독지역 대비 약 73.2% 수준으로 상승했고 그 격차는 계속 해서 감소하고 있다. 이러한 수치들은 구동독지역에 거주하는 독일 인들의 상호의존성을 통한 연대성이 강화되고 있음을 보여준다.

(4) 정치영역에서 연대성을 형성하기 위한 조치

통일 이후 독일에서는 정치영역에서 연대성을 형성하기 위한 조 치가 국가적인 차원에서 이뤄지지는 않았다. 이는 통일 이전에 구동 독의 마지막 인민회의 선거에서 투표율이 93%에 달했을 정도로 동독 주민들이 이미 정치영역에서 선거와 의회가 갖는 의미를 이해하고 있었기 때문이다. 통일 이후 구동독지역에서 연방의회 선거에서 투 표율은 그 이후 1990년에 75%를 기록하고 1998년에 80%로 증가한 이후 계속해서 감소했으나 그래도 2013년에 구서독지역의 72.7%와 크게 차 이가 나지 않는 67.6%를 기록했다.

다만 2008년에 진행된 연구에 따르면 독일의 민주주의가 잘 실행 되고 있다고 답변한 서독주민은 61%로 유럽 평균인 66% 보다 약간 낮 은 반면, 동독주민은 같은 질문에 체제전환국인 체코공화국이나 폴란 드보다 낮은 33%만이 독일의 민주주의가 잘 실행되고 있다고 답한 것 은 동독주민들이 독일의 민주주의에 상당한 수준의 불만을 가지고 있다는 것을 보여준다.[77]

마. 훼손된 연대성의 보완 및 강화를 위한 법제도적 조치

서독성부는 공소시효와 관련 없이 동독정부가 동독주민들의 기본권과 자유를 침해한 것에 대해 처벌하기 위해 1961년부터 약 30년 동안 그에 기록을 중앙기록보존소에 수집·보존했다. 동독의 체제전환 과정에서 동서독은 동독주민들의 요구에 따라 통일조약 제17조에 동독정부의 체제를 불법체제(SED-Unrecht-Regimes)로 규정했고, 이에 근거하여 동독정부에 대한 과거청산을 시행했다. 이는 통일이 된 이후에 동독정부 체제하에서 동독주민들의 기본권과 자유가 침해된 자들의 연대성을 회복시키기 위한 것으로 독일에서는 과거청산 과정에서 피해를 입은 동독주민들에게 통일 이후에 훼손된 연대성을 회복시키기 위한 지원이 제공됐다.

(1) 불법행위에 대한 과거청산을 통한 연대성 회복

㈎ 과거청산의 방법

구동독정권에 대한 과거청산 절차에는 법치주의 원리가 적용됐는데, 이는 법치주의 원리를 준수하지 않은 과거청산은 또 다른 불법행위를 형성할 가능성이 있을 뿐 아니라, 패자에 대한 승자의 보복으로 비춰질 수 있었기 때문이다. 동서독은 이를 방지하기 위해 과거청산의 법적 근거를 통일조약에 마련했다. 이는 통일조약 제17조의 "조약의 당사자들은 정치적 이유로 형사소추를 받은 자나 기타 반법치국가적·위헌적인 법원의 재판으로 인한 피해자들을 복권시킬 수 있는 법적 토대를 지체 없이 마련할 것을 확인한다. 복권에는 적절한 보상이 따른다"라는 내용과 제19조 제2항에서 "구동독의 행정

---

77) 고상두, "통일 이후 사회통합 수준에 대한 동서독 지역주민의 인식", 유럽연구 제28권 제2호, 한국유럽학회, 2010.08, 276면 참조.

처분들이 법치국가적 기본원칙이나 이 조약의 규정과 양립할 수 없다면 무효로 될 수 있다"고 정하고 있는데서 드러난다.

이에 따라 구동독 지역에서의 체제불법 범죄에는 연방형법이 적용됐고, 통일조약에 의해 개정된 형법시행법 제315조와 연방형법 제2조가 그 연방형법이 적용될 수 있는 근거로 작용했다. 그리고 재판에서 증거로 제출될 구동독정권의 문서들과 공소시효의 문제를 해결하기 위해서 「구동독국가공안부 문서에 관한 법률(Gesetz über die Unterlagen des Staatssicherheitsdienstes der ehemaligen Deutschen Demokratischen Republik)」과 「사통당 불법행위에 대한 공소시효 정지법(Gesetz über das Ruhen der Verjährung bei SED-Unrechtstaaten)」이 제정됐다. 또한 독일은 피해자의 피해를 회복 및 보상하기 위해 1992년 11월 3일에 「형사복권법(Strafrechliches Rehabilitierungsgesetz)」을, 1994년 6월 23일에 「행정복권법(Verwaltungsrechliches Rehabilitierungsgesetz)」과 「직업복권법(Berufliches Rehabilitierungsgesetz)」을 제정하여 공포했다. 이와 같은 복권법들은 법치국가의 기본원칙에 대한 현저한 침해가 발생한 경우 피해자들에 대한 보상을 제공하는 것을 내용으로 했으며, 그 보상은 사회국가원리에 의해 공공부조로서의 성격을 갖는 사회적 조정급부로서의 성격을 가졌고, 그에 따라 전부보상이 아닌 일부보상만 인정됐다.[78)]

형사복권의 경우 동독에서 형사재판을 받은 자가 1995년 12월 31일까지 신청을 하면, 그 신청에 따라 이뤄지는 복권재판을 통해서 진행됐고, 재판 결과에 따라 형의 집행을 종료하고 전과를 말소하기 위한 추후 청구권과 보상금의 지급을 청구하는 사회적 조정급부 청구권이 인정됐다. 행정복권의 경우 동독정권의 행정작용에 의해서 생명권과 신체의 자유, 재산법상의 재산가치, 교육 및 직업에 대한

---

78) 법무부, 「통일독일의 구동독체제불법청산 개관」, 법무부, 1995, 779-780면 참조.

침해가 발생했으며 그 침해가 수용 가능한 수준을 현저히 초과한 경우 1995년 12월 31일까지 신청을 한 자들에 대해서 행정절차법에서 정하고 있는 절차에 따라 심사가 진행됐다. 그와 같은 경우 추후청구권은 마찬가지로 인정됐지만 보상청구권의 경우 조정급부로서 인정되는 것이 아니라 사안에 따라 다양한 형태의 청구권이 인정됐다. 직업복권의 경우 형사복권과 행정복권의 요건을 충족시키는 자가 정치적 박해행위로 인해 직업과 교육상의 불이익을 받았을 경우 1995년 12월 31일까지 신청한 자들에 대하여 구동독지역에 형성된 연방주와 베를린에 소재한 복권관청의 심사에 따라 연금조정급부청구권, 교육상의 복권급부청구권 등이 인정될 수 있었다.

(나) 과거청산의 결과

1) 가해자 처벌

통일 이후 불법행위 혐의를 받은 동독주민은 약 10만 명에 이르렀고 이에 대해서는 약 7만 5천 건에 대한 조사가 이뤄졌다. 그러나 그 중에서 1,021건과 관련된 1,737명에 대한 재판만이 이뤄졌다. 재판이 이뤄진 사건 중 36.6%는 법률의 자의적 집행에 대한 것이었고, 23.9%는 동서독 국경 지대에서의 무력 사용 혐의, 13.9%는 동독 비밀기관 관련 범죄에 대한 것이었다. 그중 53.9%는 유죄판결을, 24.1%는 무죄판결을, 나머지는 사망 혹은 고령으로 인해 재판이 중지됐다.[79]

2) 피해자 보상

과거청산의 일환으로 동독정권에 의해 피해를 입은 자들에 대해서도 보상이 이뤄졌는데, 이는 사회국가원리에 근거해 사법적 복권, 행정복권, 직업복권의 형태로 이뤄졌다. 사법부가 자의적으로 내린 판결에 대한 사법적 복권은 「형사복권법」에 근거해서 진행됐으며

---

79) 최승안, 「독일통일총서—과거청산분야」, 통일부, 2014, 33면 참조.

2007년까지 약 18만 4천 명이 복권됐다. 직업복권은 피해자의 구금 기간을 연금 납입 시간에 포함시키고 대학 재학 중 동독정권의 불법 행위로 인해 대학을 졸업하지 못한 자는 대학을 졸업하는 것으로 간주하는 형태로 복권이 이뤄졌고, 이들에 대해서는 직업 교육, 재교육과 대학 교육 등에 대한 지원이 이뤄졌다. 이와 같은 동독정권에 의한 피해에 대한 보상은 2007년에 형사복권법이 개정되어 일정한 요건을 충족시키는 피해자들에 대해서는 '희생자 연금(Opferrente)'이 제공되기 시작했다.

(2) 몰수재산의 처리

동독에서는 소련이 점령하던 시기와 동독정권의 지배하에 토지를 포함한 사유재산의 국유화 작업이 보상 없이 실질적으로 몰수하는 방식으로 이뤄졌다. 따라서 이와 같은 몰수재산에 대한 처리가 통일 과정에서 쟁점화 됐다. 특히 몰수재산에 대하여 원상회복을 원칙으로 할 것인지, 아니면 그 가치에 상응하는 보상을 원칙으로 할 것인지가 문제됐다.

(가) 원상회복의 원칙

몰수된 재산의 소유권문제에 대하여 동서독은 1990년 6월 15일에 「미해결재산문제의 처리를 위한 독일연방공화국과 독일민주공화국 정부의 공동성명」을 발표했는데 해당 성명문은 제1조에서 1945년에서 1949년까지 점령법이나 점령고권에 기한 몰수 조치는 취소하지 않고 보상하기로 정했고, 제3조에서는 그 외의 몰수재산에 대해서는 반환을 원칙으로 하되 재산이 다세대 주택과 같은 공공적 목적으로 사용되는 등 그 성질상 반환이 불가능한 경우에 한해서 보상을 할 수 있도록 정했다. 그 이후 이 공동성명의 내용은 통일조약에 삽입됐고, 동독의회는 1990년 9월 23일 동독 인민회의는 「미해결재산문제의 처리를 위한 법률(Gesetz zur Regelung offener Vermögensfragen)」을 제정했다. 이 법률은 원상회복(Rückgabe vor Entschädigung)을 원칙으로 정했다. 그리고 통일 이후 이 법률은 연방법으로 편입됐다.

(나) 원상회복의 원칙의 부작용과 해결책

그러나 원상회복을 원칙으로 한 것은 또 다른 문제를 야기했다. 이는 원상회복을 청구한 사례는 무려 223만 건에 달했고, 그 청구들로 인해 복잡한 법률관계가 초래됐으며, 그 결과 처리절차가 계속해서 지연되면서 1996년까지 청구된 사건들 중 63%만이 종결됐기 때문이다.[80] 이처럼 토지에 대한 소유권이 확정되지 못하면서 구동독지역에 대한 개발계획을 수립 및 시행되는데 한계가 있었고, 그에 따라 구동독지역에 대한 투자도 제대로 이뤄지지 못했으며, 이는 구동독지역의 경제가 침체되는데 큰 영향을 미쳤다.

이를 타개하기 위해 독일은 1992년 7월 14일에 「투자우선법(Investitionsvorranggesetz)」을 제정해 재산권 반환문제가 해결되지 않은 경우에는 중요한 투자계획이 우선적으로 실행될 수 있도록 함으로써 구동독지역이 개발될 수 있도록 했다. 법률의 내용은 투자계획이 실행된 이후에 해당 재산에 대한 권리를 가졌던 것으로 밝혀진 자는 그에 대한 보상을 받을 수 있도록 정하고 있었다.

바. 체제전환기에 사회통합을 위한 조치의 특징

동서독이 통일조약에서 서독의 기본법에 위반되지 않는 동독 법률은 해당 연방주 법률로써 유효하게 적용되는 것을 원칙으로 정한

---

80) 이상준, 「독일통일 총서—구동독지역 인프라 재건 분야」, 통일부, 2013, 34면 참조.

것에서 드러나듯이 동서독은 상호간에 사회, 문화, 체제 간에 상당한 차이가 존재했다는 것을 인지하고 있었다. 이에 따라 통일 이후 체제전환기에 독일에서는 사회통합을 위한 조치들이 다양하게 시행되었지만 그 지원내용이 동서독 주민 간의 동질성과 상호의존성을 통한 연대성을 효율적이고 효과적으로 형성하지는 못했고, 동독주민에 대한 지원방법과 내용은 지속적으로 수정 및 보완되어야만 했다.

통일직후에 이뤄진 동독주민에 대한 지원이 이처럼 효율적이고 효과적으로 이뤄지지 못하게 된 첫 번째 원인은 독일정부가 동서독 주민들이 같은 민족이라는 인식을 갖고 있었고 그에 따라 그 관계에서 사회적으로 문제가 될 수준의 이질감이 존재할 것이라는 것은 예상하지 못했기 때문이다.[81] 통일과정에서 동서독 의사결정권자들의 이와 같은 인식은 서독이 지속적으로 '독일 민족의 단일성'을 강조해왔고 통일조약 제35조에서 '동서독이 다른 방향으로 발전을 이뤄 나갔음에도 불구하고 독일민족의 단일성이 유지됐다'고 정하고 있는데서 분명하게 드러난다. 하지만 구동독주민들이 독일인(Gesamtdeutsche)으로서의 정체성보다 동독주민으로서의 정체성을 더 강하게 느꼈다는데서 드러나듯이,[82] 현실에서 동서독 주민들은 같은 민족으로서의 동질성보다는 상호 간의 이질감을 훨씬 강하게 느꼈고, 통일직후에는 동서독 주민 간의 동질성을 통한 연대성을 형성하기 위한 지원을 충분하게 제공하지 못함에 따라 독일은 동서독 주민 간의 내적통일을 효율적이고 효과적으로 이뤄내지 못했다.

두 번째 원인은 통일된 독일에서 서독의 법제도를 확장시키는 과

---

81) 헬무트 슈미트, 「독일통일의 노정에서: Auf dem Weg zur deutschen Einheit」, 시와진실, 2007, 116면 참조.
82) 고상두, 앞의 글, 269-288면; 2009년 알렌스바흐 연구소(Institut für Demoskopie Allensbach)의 설문조사; Zentrum für Sozialforschung Halle e.V. an der Martin-Luther-Universität Halle-Wittenberg, 「Deutschland 2014, Sind wir ein Volk?」, 2015.02. S.30 등 참조.

정에서 기존 동독의 사회체제와 질서, 동독주민의 문화에 대한 고려가 충분히 이뤄지지 못했기 때문이다.[83] 동서독 의사결정권자들이 동일과정에서 사회보장제도 등 일부 법제도에 대한 유예기간을 둔 것은 사실이지만 그 외에 교육제도, 경제체제, 언어통합 등 대부분 영역에서는 서독의 법제도와 통치체제가 동독주민들의 문화에 대한 고려 없이 구동독지역에 일방적으로 적용됐다.[84] 그에 따라 동독주민들은 새로운 사회체제에 적응하기도 전에 이미 서독체제에 적응되어 있던 서독주민들과 경쟁해야 하는 상황에 직면했고, 그와 같은 상황은 동독주민들에게 불리하게 작용했다. 통일 이후 동독주민의 42%가 스스로를 이등 시민으로 여기고 1/3은 동독이 서독의 식민지가 되었다고 여긴 것은 이와 같은 통합과정의 결과인 것으로 판단된다.[85]

세 번째 원인은 동서독의 경제수준과 사회체제의 차이로 인해 발생할 갈등과 문제들을 충분히 고려하지 않고, 여론의 흐름과 정치적인 필요에 따라 통일이 이뤄졌기 때문이다.[86] 동서독의 그와 같은 실책은 경제전문가들의 반대에도 불구하고 화폐통합을 1대1의 비율로 한 점, 통일 직전까지도 콜 총리가 세금을 인상하지 않을 것이라고 주장한 점, 통일 직전 서독의 연방경제부가 발표한 보고서가 동독의 경제상황에 대해서 긍정적인 평가를 내렸다는 점 등에서 분명하게 드러난다.[87]

마지막으로 이러한 한계가 발생한 가장 근본적인 원인은 통일이

---

83) 헬무트 슈미트, 앞의 책, 110-111면, 120-123면 참조.
84) 안지호, "독일 통일 행정통합의 재고찰: 갤렌의 제도론을 중심으로", 행정논총 제49권 제4호, 서울대학교 한국행정연구소, 2011.12, 203-207면 참조.
85) 고상두, 앞의 글, 269-288면; 2009년 알렌스바흐 연구소(Institut für Demoskopie Allensbach)의 설문조사; Zentrum für Sozialforschung Halle e.V. an der Martin-Luther-Universität Halle-Wittenberg, 「Deutschland 2014, Sind wir ein Volk?」, 2015.2, ss 30 등 참조.
86) 헬무트 슈미트, 앞의 책, 109-110면, 124-130면 참조.
87) 원윤희, 앞의 책, 29면 참조.

너무나도 갑작스럽고 빠르게 진행됐기 때문이다. 독일이 1990년에 통일이 되는 것은 사실 누구도 예상하지 못한 일이었다. 그런데 동서독은 1972년에「기본조약」을 체결한 이후 1980년대에 들어서야 비로소 다양한 분야에서 조약 또는 협정을 체결하며 교류·협력 사업을 진행해왔고, 그마저도 동독정부의 영향으로 사업영역은 제한되어 있었다. 반면에 통일이 된 시점에 동서독이 분단된 지는 40년이 지났기에 동서독 주민 간의 이질성은 상당한 수준으로 존재할 수밖에 없었다.

4. 동독주민지원제도에 대한 평가

체제수렴기에 동독에 거주하는 동독주민에 대한 서독정부의 지원은 비교적 성공적이었다. 서독정부는 체제수렴기에 동독정부와 대립하고 있는 중에도 경제적인 교류는 멈추지 않았고, 비공식 경로를 통해서 동독이 필요로 하는 지원을 제공하면서 동독에서 정치범으로 분류되어 기본권과 자유를 침해당하고 있는 동독주민들을 서독으로 이주시켰는데, 동서독 정부가 1972년「기본조약」을 체결할 수 있었던 것은 동서독 간에 지속적인 교류와 지원이 있었기 때문이다.「기본조약」을 체결한 이후 다양한 분야에서 다양한 형태의 교류·협력사업이 진행되었고, 체제전환은 원했지만 통일까지 원한 것은 아니었던 동독주민들의 의사가 급진전될 수 있었던 것은 그와 같은 교류·협력사업으로 인해 동서독 주민들이 상호 간에 일정 수준의 동질성을 통한 연대성이 형성되어 있었기 때문이다.

하지만 이와 달리 체제수렴기에 서독으로 이주한 동독이탈주민에 대한 서독정부의 지원제도는 성공적이었다고 할 수 없다. 이는 1970년대 이후에 발생하기 시작한 이주민의 하층화(Unterschichtung)현상과 동독이탈주민의 높은 실업률이 잘 보여준다.[88] 동독이탈주민

지원제도의 이와 같은 한계는 서독정부가 동독민족의 통합의 차원에서 동독이탈주민에게 지원을 제공하면서 동독주민들을 기본적으로 같은 민족으로서 동질성을 통한 연대성이 형성되어 있는 것으로 인식하고, 그에 따라 사회체제적인 차원에서 적응만 하면 동독주민들이 서독의 사회체제에 원활하게 적응할 것으로 기대했기 때문인 것으로 판단된다. 하지만 동서독이 분단된 기간이 장기화 되면서 1970년대부터는 동독체제만 경험한 동독주민들이 증가하면서 동서독 주민들 간에는 상당한 수준의 이질감이 발생했고, 그에 따라서 동서독 주민 간에는 같은 민족이라는 인식에서는 동질성을 통한 연대성이 형성되어 있었지만 그 외의 영역에서는 이질성이 심화된 상황이었음에도 불구하고 서독정부는 그러한 이질성의 심각성을 충분히 인지하지 못한 것으로 판단된다.

그와 같은 한계는 동서독이 통일 및 통합되는 과정에서도 분명하게 드러난다. 독일정부가 추산한 통일비용 등에 비춰봤을 때 독일정부는 체제전환의 차원에서 서독의 체제를 그대로 동독으로 확장하면 동독주민들이 적응할 것으로 기대한 것으로 보인다. 하지만 동서독 주민 간의 이질성은 동서독 주민 간의 갈등과 분열로 인한 내적 통일을 지연시키는 것은 물론이고, 충분히 준비가 되지 않은 상태로 통일이 된 것은 지금까지도 구동독지역의 인당 GDP가 구서독지역의 70%에 머무르게 되는 원인으로 작용했다.[89] 이는 서독정부가 동독이탈주민지원제도를 운영하는 과정에서 동서독 주민 간의 이질성이 얼마나 심각한지를 제대로 인지하지 못했다는 것을 보여주며, 그 결

---

88) 허준영, "서독의 동독이탈주민통합정책의 함의", 한국행정학회 2011년도 공동학술대회 자료집, 2011.06, 1605면 참조.

89) Federal Government Commissioner for the New Federal States, 「Annual Report of the Federal Government on the Status of German Unity in 2017」, Federal Government Commissioner for the New Federal States, 2017, p.18 참조.

과 체제수렴기에 동독이탈주민에 대한 지원뿐 아니라 통일 이후 동독주민들이 새로운 체제에 정착하는데 필요한 지원이 효율적이고 효과적으로 제공되지 못한 것으로 판단된다.

독일의 체제수렴기와 체제전환기의 동독주민지원제도는 분단국의 경우 분단기간이 장기화 될수록 관련 국가의 사회구성원들 간의 이질성이 심화될 수밖에 없고, 체제경쟁과 원활한 체제전환을 위해 새로운 체제에 적응해야 하는 사회구성원들에게 제공되는 지원에는 동질성을 통한 연대성을 형성하기 위한 지원이 반드시 제공되어야 한다는 것을 보여준다. 그리고 독일의 사례에서 알 수 있듯이 체제전환과정에서 그와 같은 지원이 효율적이고 효과적으로 이뤄질 수 있는 법제도를 마련하기 위해서는 체제수렴기에서의 경험이 기반이 되어야 하는바, 각 단계에 체제전환과정에서 사회구성원간의 사회통합을 위해서 제공되는 지원의 구체적인 목적은 상이하더라도 체제수렴기에서의 지원제도가 체제전환기에서의 지원제도의 기초를 형성하게 된다. 이는 체제전환기에 사회구성원들 간의 연대성을 강하게 형성하기 위해서는 체제수렴기에서의 지원제도의 역할의 중요성을 잘 보여준다.

제3절 주요 체제전환국의 전환과정과 사회통합

1. 개요

한 개 이상의 국가가 소멸되는 분단국과 달리 체제전환국에서는 체제만이 전환되는바, 동질성을 통한 연대성을 형성하기 위한 별도의 지원이 이뤄질 필요는 없다. 이는 해당 사회의 사회구성원들은 이미 기존 국가 안에서 사회구성원으로서의 소속감과 동질성을 형성하고 있기 때문이다. 다만 체제전환을 하는 것은 정치영역과 경제영역에서의 연대성이 형성되는 기준을 수정하는 것인바, 그 과정에서 사회구성원들이 새로운 체제에 적응하기 위한 조치 및 지원이 제공되어야만 한다. 따라서 체제전환국들이 사회체제에서 민주주의와 시장경제질서를 통해 연대성을 성공적으로 형성시킨 사례들은 북한 주민들이 통일국가의 새로운 사회체제에 연대성을 형성하는 과정에 마련되어야 할 법제도에 대한 시사점을 제공해준다. 그중에서도 폴란드와 체코슬로바키아에서 분할된 체코공화국은 체제전환국들 중 유럽연합과 OECD에 가장 먼저 가입하는 등 체제전환을 가장 성공적으로 달성한 국가에 해당하는 바, 두 국가의 사례는 통일과정에서 북한의 사회체제를 전환하는 과정에 필요한 조치들을 도출하는데 중요한 사례가 된다.

2. 폴란드

가. 폴란드의 체제전환의 진행경과

(1) 체제전환의 배경

많은 폴란드인들은 제2차 세계대전이 종결된 이후에 폴란드에 민주주의 정치체제가 정착될 것이라고 믿었다.[90] 이는 폴란드가 1918년에 재건된 이후, 로만 드모프스키가 이끌던 우파 정당인 민족민주당이 폴란드 내에서 주도권을 갖고 있었으며, 좌파계열의 정당들은 군소집단에 불과했기 때문이다.[91] 이 시기에 좌파계열의 폴란드 노동자당은 민주적 기본질서와 민족 해방이라는 구호를 전면에 내세웠고 이들은 1921년 3월 헌법의 기본 근거와 원칙을 인용하며 일반, 직접, 평등, 자유선거를 약속했다. 폴란드 국민들은 노동자당의 약속을 신뢰했고, 그 결과 폴란드 노동자당은 1944년 7월에 폴란드의 최고 권력 기관인 국가국민위원회에서 주도적인 역할을 했다. 하지만 노동자당은 자신들의 약속과 달리 언론을 통제하고, 기존 정치 엘리트층을 제거했으며, 개인의 소유권을 박탈했다.

그러자 폴란드에서는 이에 대한 투쟁이 1956년, 1970년, 1976년과 1980년에 일어났다. 폴란드 내부에서는 이처럼 민주적 기본질서에 대한 요구가 끊이지 않고 일어났다. 그리고 1980년 말에는 내적으로는 솔리다르노시치 자유 노조 운동이 일어나고, 외적으로는 소련의 붕괴가 시작되면서 폴란드는 체제전환의 과정으로 들어서기 시작했다. 이와 같은 폴란드의 역사는 폴란드의 체제전환이 단순히 소련과

---

90) 김철민 외 6인,「동유럽 체제전환 과정과 한국에 주는 의미」, 한국외국어대학교 지식출판원, 2014, 63면 참조.
91) 김철민 외 6인, 위의 책, 63면 참조.

외부의 상황변화로 일어난 것이 아니며, 제2차 세계대전 직후부터 폴란드 내부에 민주적 기본질서 사회를 구현하고자 하는 의지가 폴란느인들 사이에 있었기 때문에 가능했다는 사실을 보여준다.

(2) 구체적인 체제전환의 과정

(가) 폴란드 정권과 자유노조의 협상

폴란드의 체제전환에 대한 협상은 정부와 자유노조를 중심으로 진행됐다. 자유노조 진영에서는 1985년부터 의회의 30%의 확보에 대한 내용 등 체제전환을 위해 필요한 조치들에 대해서 폴란드 정권과 협상을 시도했으나 폴란드 정권은 대화를 거부했다. 그러던 중 1988년 4월에 교통 노동자들이 임금 문제로 파업을 시작했고, 폴란드 내에서 파업은 전국적으로 확산되어 나갔다. 폴란드 정권은 이를 강경 진압했고 그 이후 교회가 중간 다리의 역할을 함으로써 협상이 진행되기 시작했다. 그 과정에서 국민들의 신뢰를 크게 받지 못하던 자유노조는 1988년 11월 30일에 생중계로 진행된 TV토론을 계기로 국민들의 지지를 얻게 됐다.[92] 그리고 같은 해 12월에 자유노조의 합법화를 받아들이지 않던 폴란드 정권은 민주 세력과의 협상, 그리고 자유노조의 합법화 방안에 대한 구상을 발표했다.

(나) 원탁회의와 자유선거

1989년 2월 6일에는 폴란드 정권과 자유노조의 원탁회의가 처음으로 열렸다. 원탁회의는 사회정책·경제 분야, 정치개혁분야, 노조다원화 분야로 구분되어 진행됐다. 그 이후 양측은 상원에 대한 자유선거를 하는 것에 동의하는 전제 하에 상원 구성비율, 다수결 정족

---

92) 김철민 외 6인, 위의 책, 116면 참조.

수 등에 대한 논의를 진행했고 대통령은 상하원 합동 국민회의에서 6년 임기로 선출하기로 결정했다. 그 외에 대통령의 권한 등의 내용을 포함시킨 체제전환에 대한 내용은 토론 없이 의회에서 통과되어 법률로 정해졌다. 이와 같은 과정을 통해서 진행된 자유선거에서는 자유선거로 진행된 하원 161의석 전체, 그리고 상원 100석 중 99석에 자유노조 후보자들이 당선이 됐다. 그리고 1989년 8월 24일 폴란드 의회가 자유노조의 구성원인 마조비에츠키를 총리로 선출하고, 12월 29일에 의회에서 헌법 개정안을 통과시키면서 헌법 전문에서 당의 지도적 역할 문구가 삭제되고 국호에서 인민이라는 표현이 빠짐으로써 폴란드 제3공화국이 탄생했고 법제도적인 측면에서 폴란드의 체제전환은 완성됐다.

나. 폴란드의 체제전환 과정에서 사회구성원들에 대한 법제도적 지원

(1) 기본적 생활보장을 위해 기존 제도의 유지

폴란드는 다른 경제 분야에서는 자유화를 신속하게 진행했지만 토지 거래에 대해서는 2004년까지 내무성의 허가를 요구했을 정도로 높은 수준의 제한을 설정했다.[93] 하지만 폴란드인 간의 토지거래는 자유화됐는데, 이는 상대적으로 저렴한 폴란드의 토지를 외국 자본이 대대적으로 매수할 수 있다는 우려 때문이기도 했지만 폴란드의 농업을 보호하기 위한 조치이기도 했다. 2003년 이후에는 농업용 토지에 대해서는 농업에 대한 기술과 경험이 있는 경우에만 토지를 매수할 수 있도록 한 것이 그러한 폴란드 정부의 의도를 잘 보여준다.

---

93) Jerzy BAŃSKI, "Changes in agricultural land ownership in Poland in the period of the market economy", Agricultural Economics(AGRICECON) 57, 2011, pp.94-95 참조.

(2) 사회적 시장경제질서로의 전환을 위한 법제도적 지원

(가) 체제전환 과정에서 폴란드 경제

체제전환이 이뤄지는 시점에 폴란드의 경제는 매우 불안정한 상태였다. 외부적으로는 사회주의 정권 시절의 국가채무가 상당한 수준이었고, 내부적으로는 1989년 말에는 하이퍼 인플레이션으로 분류될 정도로 인플레이션 수준이 심각했다.[94] 이러한 상황에서 폴란드 정부는 충격요법(shock therapy) 정책을 사용하여 시장에 대해 즉각적으로 자유화 조치를 취했고, 폴란드의 경제는 그 이후 잠시 호전되는 듯했으나 이내 다른 체제전환국들과 마찬가지로 경제적으로 침체되어갔다. 하지만 폴란드 경제는 1992년부터 반등하기 시작했고, 1995년에서 1998년 사이에는 GDP 성장률이 6-8%를 기록할 정도로 급격히 성장했다.

폴란드 경제가 이렇게 성장한 것은 1994년 11월에 경제특구법(ACT on Special Economic Zones)을 제정한 이후에 동유럽지역에서 외국인 직접 투자(FDI, Foreign Direct Investment)가 폴란드, 체코공화국과 헝가리에 집중된 영향이 컸다.[95] 폴란드는 1995년에 처음으로 경제특구를 설립한 이후 총 14개 지역에 경제특구를 지정해서 외국인 투자를 적극 유치하고 있다. 경제특구에 투자하는 기업은 연방정부에서는 투자 지원금과 고용 지원금을, 지방정부에서는 부동산세면제, 직원 기술훈련, 기업 설립에 대한 행정절차의 무료 지원 등을 제공받을 수 있었다.

---

94) Marek Belka, "Lessons from Polish Transition", Lessons and Challenges in Transition Seminar, Sept. 22, 2009, p.1 참조.

95) Alan A. Bevan et al., "The determinants of foreign direct investment into European transition economies", Journal of Comparative Economics 32, 2004, p.776; Adam Czerniak et al, 「The impact of Foreign Direct Investment-contribution to the Polish economy in the past quarter century」, Polityka insight report, 2017, pp.18-25 참조.

(나) 사회구성원들에 수혜적인 조치

체제전환 당시 폴란드는 경제적으로 어려웠기 때문에 국민들이 적응을 하는 과정에 개별적인 지원을 제공할 여력이 없었다. 다만 폴란드가 주민들의 사회통합을 위해 진행한 조치로는 1990년 7월 13일에 「국유기업민영화법(Act on the Privatization of State Owned Enterprises)」이 제정되면서 진행된 대형 국영기업들의 민영화 과정에서 국민들의 일자리를 유지하고 창출하는 것을 중요하게 여겼으며 대량 해고를 우려하여 민영화를 진행하지 않은 경우도 있다는 점을 들 수 있다.[96] 그러나 1993년까지도 폴란드의 국영기업 중 28%만이 민영화됐고, 1989년에서 1992년까지 폴란드에 이뤄진 외국의 투자가 7억불에 불과했다는 점은 그 영향이 미미했다는 것을 보여준다.

폴란드에서 일자리 창출의 측면에서 가장 큰 기여를 한 것은 대기업이 아닌 중소기업들이었다.[97] 1990년에서 1993년까지 폴란드의 중소기업들이 창출한 일자리가 350만 개에 이른다는 것은 이를 잘 보여준다. 그런데 폴란드의 중소기업들이 이처럼 활발하게 운영될 수 있는 배경에는 체제전환 이전에도 다른 국가들과 달리 폴란드에서 개인이 작은 기업을 운영하는 것이 허용됐던 영향이 컸다.

(3) 민주적 기본질서를 정착시키기 위한 조치

체제전환 과정에서 폴란드 정부는 기존 체제의 교과과정을 폐지했고 민주주의적 가치가 반영된 교과과정을 새로 마련할 필요가 있

---

96) Ruth Greenspan Bell et al., "Capital Privatization and the Management of Environmental Liability Issues in Poland", The Business Lawyer, American Bar Association, May 1993, p.6 참조.

97) Dennis A. Rondinelli et al., "Privatization and Economic Restructuring in Poland: An Assessment of Transition Policies", The American Journal of Economics and Sociology Vol. 55, No. 2, Apr, 1996, pp.155-156 참조.

음을 밝혔다. 하지만 폴란드의 체제전환은 경제분야에 초점이 맞춰
짐에 따라 교육분야 예산이 삭감되었고, 그에 따라 폴란드에서는 민
주시민교육을 위한 교과서나 자료들이 통일 이후 상당기간 동안 제
대로 만들어지지 못했다.[98] 1990년대 후반에 정부가 민주시민교육에
대한 더 구체적인 틀을 제공했지만 이마저도 구체적인 내용은 교사
들의 개인 역량에 맡겨졌고, 이와 같은 정부 방침에 따라 정부가 운
영하는 민주시민교육 재단(The Education for Democracy Foundation)은
물론이고 Amnesty International, Stefan Batory Foundation 등과 미국과 서
방국가들에 기반을 둔 기관들도 폴란드에서의 민주시민교육에 참여
했다.[99]

폴란드는 이처럼 민주주의를 정착시키기 위한 조치들을 정부차
원에서 시행하지는 않고 민주시민교육을 개별 교사, 학교와 단체들
에게 맡겨 놨으며, 그에 따라 폴란드 국민들 중에 기존체제 하에서
교육을 받은 자들은 여전히 과거에 받은 교육의 영향력에서 자유롭
지 않다.[100] 그리고 폴란드 교수들에 대해서도 민주시민교육이 이뤄
지지 못하면서 폴란드의 공교육체계 안에서는 민주시민교육이 제대
로 이뤄지지 못하고 있으며, 체제전환 이후 폴란드 국민들의 민주시
민교육은 철저히 미국을 포함한 서방국가들의 사설기관을 중심으로
이뤄지고 있다.

---

98) Teresa G. Wojgik, "The role of school-based civic education in Poland's Transformation",
   The Polish Review Vol. LV No.4, The Polish Institute of Arts and Sciences of
   America, Dec. 2010, p.394 참조.
99) *Ibid.*
100) Teresa G. Wojgik, op. cit., pp.395-399 참조.

(4) 훼손된 연대성의 회복을 위한 조치

다른 동유럽 체제전환국들과 마찬가지로 폴란드에서도 국가기관, 국가조직과 기존 폴란드 정권의 구성원으로부터 탄압을 받고 희생당한 자들에 대한 보상, 그와 같은 조치를 시행한 주요 인물에 대한 처벌 등을 내용으로 하는 과거청산을 해야 할 필요성이 제기됐다. 폴란드는 과거청산의 일환으로 사법적 복권을 가장 먼저 시행했다. 1991년 2월에 폴란드 하원은 정치적인 이유로 피해를 입은 자들에 대한 판결을 무효화시키고 그에 대한 보상을 내용으로 하는 법률을 제정했고, 그에 근거한 조사위원회가 만들어졌다. 조사위원회는 1991년부터 1999년 1월 18일까지 총 1,145건의 사건을 조사해서 794건을 처리했다.

그 이후 폴란드에서는 1992년에 구폴란드 사회주의 정권과 협력한 공무원들의 명단을 공개하라는 것을 내용으로 하는 법안이 논란 끝에 가결됐으나 포괄적인 과거청산이 이뤄지지는 못했다. 그 이후 과거청산에 대한 법률이 5번 제출된 끝에 1944년에서 1990년 사이에 정보기관의 업무내용과 그 시기에 공무원이었던 자가 정보기관의 업무에 협력한 내용을 공개하도록 하는 근거가 되는 법률이 1997년에 4월 11일에 통과됐다. 이를 근거로 과거청산 사건만 처리하는 전담 재판부가 차려졌으며 재판은 3심제로 진행됐다. 그리고 2006년 10월 18일에는 해당 기간 동안 생성된 정보기관 문서와 그 내용을 공개하는 것을 내용으로 하는 법률이 제정되었는데 해당 법률은 개인들이 국가기억원의 자료에 본인에 대한 내용이 있는지를 확인할 수 있도록 했고, 공직 후보자가 된 자들은 그 자료를 반드시 제출할 것이 요구됐다. 1999년 1월 19일에 창설된 국가기억원은 폴란드 민족에 반하는 범죄 추적 위원회, 보관 문서의 아카이브 작업 및 열람부, 공공교육부, 과거사청산부 등의 조직으로 이뤄져 주로 정보기관과 구

폴란드 체제의 정권 인사들의 명부를 작성하는 역할을 통해 과거청산 과정에서 주도적인 역할을 했다.

다. 폴란드의 체제전환과정에서 형성된 연대성의 특징

폴란드가 성공적인 체제전환국가로 평가받는 것은 체제전환 이후 단기간 내에 높은 수준의 경제성장률을 기록했기 때문이다.[101] 폴란드의 이와 같은 성장은 충격요법 정책을 적용하여 가격경쟁력 제고, 민영화, 조세 감면 정책을 과감하게 단기간에 집중시켰기 때문에 가능했다.[102]

하지만 폴란드는 경제성장 자체에 초점을 맞추다 보니 사회구성원의 수입과 그들에 대한 재화의 재분배는 고려하지 못했다는 한계를 갖는다. 이는 2007년 이후 폴란드의 월 최저임금이 매년 최소 3.2%에서 최대 20.2%까지 인상됐음에도 불구하고 2017년에 폴란드의 월 최저임금이 $500에 불과하고,[103] 2014년 전까지는 폴란드의 실업률이 10% 이하로 내려간 적이 없는 상황에서도 OECD 사회정책 지표의 표준화 점수가 OECD 35개국 중 30위라는 사실이 이를 보여준다.

이와 같은 경제정책으로 인해 폴란드에서는 빈부격차가 점점 심화되어 갔고, 그 결과 폴란드 정부는 OECD 회원국들 중에서 정부에

---

101) 장용석, "사회주의 체제전환국의 경제성장과 소득분배 구조—북한의 시장화와 소득분화에 대한 함의", 통일문제연구 제20권 제1호, 평화문제연구소, 2008, 202-203면; 민기채 외 1인, "주요 탈사회주의 체제전환국들의 경제사회적 성과 비교", 동유럽발칸연구 제40권 제2호, 한국외국어대학교 동유럽발칸연구소, 2016.04, 136-138면 등 참조.
102) 김근식, "사회주의 체제전환과 북한 변화", 통일과 평화 제1집 제2호, 서울대학교 통일평화연구원, 2010, 118-120면 참조.
103) 최저임금위원회, 「주요국가의 최저임금제도」, 최저임금위원회, 2017, 243면 참조.

대한 신뢰가 3번째로 낮을 정도로 사회구성원들의 신뢰를 잃었다.[104] 그 결과 폴란드에서는 극우정당인 법과정의당이 국민들의 지지를 받아서 대선과 총선에서 모두 승리하기에 이르렀다. 법과정의당이 집권한 이후 폴란드 정부는 사법개혁을 명분으로 대법원 판사가 일괄 사퇴하면 유임 여부를 결정할 권한을 법무장관이 갖도록 하고, 대법원 판사를 임명하는 국가 사법위원회 위원을 의회가 임명하도록 함으로써 행정부가 실질적으로 사법부를 통제하기 시작했다. 그 결과 유럽연합은 이와 같은 반민주적인 조치에 대해서 2017년 12월 20일에 유럽연합 역사상 처음으로 Lisbon Treaty 제7조를 근거로 폴란드의 표결권을 제한하는 것을 내용으로 하는 결의안을 채택하기도 했다.

폴란드에서 극우정당인 법과정의당의 집권이 가능했던 배경에는 실질적으로 공교육제도가 아닌 사립기관들에게 맡겨진 폴란드의 민주시민교육도 영향을 미친 것으로 판단된다. 이는 극우정당이 집권할 수 있는 배경에는 폴란드에서는 사회구성원들에 대한 민주시민교육이 명확한 방향성을 갖고 체계적으로 공교육제도의 틀 안에서 이뤄지지 못함으로 인해서 민주주의적 가치를 기준으로 하는 상호의존성을 통한 연대성이 제대로 자리 잡지 못한 현실이 영향을 미쳤던 것이다.

폴란드는 경제체제의 전환에는 성공을 했지만, 폴란드의 사회주의에서 민주주의로의 체제전환은 그 실질에 있어서는 실패한 것으로 판단된다. 그리고 경제영역에서도 재화의 재분배에 실패하여 사회구성원들 간에 불평등이 심각한 수준으로 발생한 것은 폴란드가 사회구성원들 간의 연대성을 형성하여 통합시키는 데는 실패했다는 것을 보여준다.

---

104) OECD, 「한눈에 보는 사회 2016: OECD사회지표」, OECD Korea Policy Centre, 2016, 135면 참조.

3. 체코슬로바키아

가. 체코슬로바키아의 체제전환 진행 경과

(1) 체제전환의 배경

체코슬로바키아에서는 1960년대에 이미 체코공화국의 체제전환이 시도됐었다. 그 시도는 공산당 내에서의 개혁이 대두되던 중 체코공화국 공산당 중앙위원회가 1968년 1월 5일에 두브체크를 공산당 제1서기로 선출하면서 시작됐는데, 그 체제전환은 개혁파로 분류됐던 두브체크가 1968년 4월 10일에 헌법이라 할 수 있는 '행동강령(Action Program)'을 선포하면서 집회·결사의 자유, 사전검열의 폐지, 지도자의 정기기자회견 실시, 국외여행의 자유 등에 대한 내용을 담은 데서 시작됐다. 두브체크는 한걸음 더 나아가 공산당 일당독재를 탈피하고 정치적으로는 민주적 기본질서를, 경제적으로 시장경제체제를 지향했다.

이러한 움직임은 시민단체와 언론의 참여로 국가 전역으로 퍼져 나갔고 그에 따라 1968년 3월 초에는 검열이 실질적으로 중단됐으며, 국민들은 언론을 통해 정치 지도자들의 동향을 접할 수 있었다. 그 과정에서는 정치인들에 대한 비판도 자유롭게 이뤄지기 시작했으며 같은 해 6월 27일에는 문화인들이 '2000단어 선언'을 통해 시위와 파업을 통해 권력남용을 저지하고 외국의 간섭에 대해서는 투쟁할 것이라는 입장을 발표하기도 했다. 하지만 같은 해 8월 20일 소련군은 체코슬로바키아를 점령했고 다음날 개혁파로 분류되는 당 지도자들을 연행해 갔다. 그 이후 공산당에서 개혁파 인사들은 축출당했고 '프라하의 봄'이라고 불리는 체코공화국의 체제전환 시도는 그렇게 실패로 돌아갔다.

그렇다고 해서 체코슬로바키아에서 반체제운동 자체가 종결된 것은 아니었다. 지식인들은 재판의 불공정한 진행, 비공개 등에 대해서 정권을 공개적으로 비판했고, 1977년에는 '77헌장(Charter 77)' 선언이 발표되기도 했다.[105] 77헌장을 발표한 당시에는 242명이 헌장에 동의한다는 의미로 서명을 했고, 그 서명자의 숫자는 1989년에는 1,900명이 넘었다. 77헌장에 서명을 한 자들은 체코슬로바키아의 체제전환이 이뤄지기까지 70건 이상의 성명서를 발표했는데, 이러한 사실들은 77헌장이 일반대중들이 민주적 요구를 표출할 수 있는 통로로서의 역할을 했음을 보여준다.[106]

(2) 체제전환 과정

체코슬로바키아 체제전환의 시발점으로 작용한 벨벳혁명은 77헌장의 연장선에서 일어났다고 할 수 있다. 이는 1989년 7월에 77헌장이 민주적 기본질서와 다원주의의 필요성을 주장하고, 정치적 자유, 정치범 석방, 검열폐지, 결사와 집회의 자유에 대한 내용의 청원서를 발표하고 일반대중들이 그에 동조하면서 일어난 시위들이 벨벳 혁명의 도화선으로 작용했기 때문이다. 그 이후 77헌장의 주도로 체코에는 반정부 단체인 '시민포럼'이, 슬로바키아에는 이에 동조하는 '반폭력 대중'이 결성됐으며 이들은 단체로 반정부 시위를 이끌어 나갔다.

이와 같은 시위가 이어지자 공산당은 협상을 통해 공산당 인사가 여전히 총리를 맡지만 비공산권 인사를 다수 포함하는 임시내각의

---

105) 77헌장은 체코공화국이 1960년에 제정한 신헌법의 내용에서 정하고 있는 인권에 대한 내용을 포함하여 회원국으로 가입해 있는 국제기구의 규정, 체결한 조약 등에 있는 내용을 위반한 사실에 대한 비판을 담고 있었던 선언문이다.
106) 김철민 외 6인, 앞의 책, 223면 참조.

구성을 받아들였다. 그리고 12월 28일 '프라하의 봄'을 이끈 두브체크가 연방의회 의장, 77헌장을 주도했던 인사 하벨이 대통령으로 선출되면서 체코슬로바키아의 체제전환이 본격적으로 이뤄지기 시작했으며 1990년 개헌에서 공산당의 주도적 역할에 대한 내용이 삭제되면서 체제전환이 법제도적으로도 완성됐다.

나. 체제전환과 사회통합

체코슬로바키아가 체제전환을 한 이후 1993년에 합의 하에 체코공화국과 슬로바키아로 분리되었다. 체코와 슬로바키아는 민족과 언어가 본래 달랐음에도 불구하고 하나의 국가로 결합됐고, 슬로바키아 지역에 자리 잡았던 군수산업이 체제전환 이후에는 무기를 수출할 창구가 없어짐에 따라 군수 공장들이 가동을 중단한 반면 체코지역에 투자가 집중되면서 체코와 슬로바키아 지역의 경제편차가 심해지고 있었기 때문에 원활하게 분리할 수 있었다. 두 국가의 국가 자산의 분할에 대한 내용은 2000년에야 완전한 합의가 이뤄질 정도로 신중하게 이뤄졌다. 두 국가가 분리된 이후 체코공화국은 안정적으로 체제전환을 이뤄나간 반면, 슬로바키아는 1998년 이후 경제적으로는 발전을 했지만 사회체제 전반을 살펴봤을 때 아직은 성공적으로 체제전환을 해냈다고 평가하기가 어렵기에 체코공화국의 체제전환과정을 중점적으로 살펴보고자 한다.[107]

---

107) Ivana Šikulová et al, 「The Slovak Experience with Transition to Market Economy」, Institute of Economic Research SAS, 2013, pp.27-39; Peter Goliaš et al, 「Country Report on the state and development of democracy in Slovakia: A failure to address problems and abuse of power opens the door to extremism」, Institute for Economic and Social Reforms, 2017, pp.6-16 등 참조.

(1) 사회구성원들의 기본적 생활을 위한 기존 제도의 유지

체코공화국 정부는 체제전환 직후에는 정부가 소유하던 부동산의 관리 및 운영을 민간 부동산 기업에 맡기는 형태로 관리했다.[108] 그 이후 국가 소유의 부동산은 지방자치단체들에게 이양됐고, 지방자치단체들은 이를 주택협동조합이나 개인에게 주택을 매각하는 방식으로 국가 소유 부동산의 민영화를 이뤘다. 하지만 체코공화국 정부는 체제전환 이후부터 지금까지도 체제전환 이전에 적용하던 임대료에 대한 규제를 그대로 적용하고 있다. 이에 따라 임대료는 시장 임대료보다 훨씬 낮은 가격에 책정되어 있다. 이로 인해 시장이 왜곡되고 불법적인 임대가 이뤄지는 등의 부작용이 발생하고 있는 것도 사실이나 이와 같은 체코 정부의 부동산 임대료 정책은 체코공화국 정부가 사회적으로 강력하게 통합을 유지할 수 있는 중요한 원인으로 분석되기도 한다.[109] 이러한 임대료 규제에 더해서 체코공화국 정부는 일정한 요건을 충족시키는 경우에 한해서 주택 수당도 지급하고 있다.

(2) 사회적 시장경제질서로의 전환을 위한 법제도적 지원

(가) 체제전환 과정에서 체코공화국 경제의 변화

체코공화국은 초기에 모든 영역에 시장경제 원리를 도입하지는 않았고 1990년에 체코공화국의 경제체제는 시장경제원리와 적극적인

---

108) Martin Lux, 「Housing Policy and Housing Finance in the Czech Republic During Transition」, Delft University Press, 2009, pp.95-110 참조.

109) Jiří VEČERNÍK, "Social Policies and Structures under Transition: Cohesion and tensions", Prague Economic Papers, 2004, p.315; Marek Mora, "Social cohesion in the Czech Republic:blessing or a trap?", Country Focus vol.Ⅲ Issue 10, September 2006, p.3 등 참조.

사회보장제도를 병행하는 형태로 운영됐다. 그 결과 체코공화국은 단기적으로는 시장의 안정을 유지할 수 있었지만 그로 인해 예상했던 것보다 심각한 경기침체를 겪어야 했다. 그럼에도 불구하고 체코공화국은 그와 같은 경제기조를 유지해 나갔다.

이러한 상황에서 체코공화국이 상대적으로 다른 체제전환국들보다 경제적으로 빨리 안정될 수 있었던 가장 큰 이유는 체제전환 이전에 체코공화국이 갖고 있었던 국가채무가 다른 체제전환국들에 비해 절대적으로 적었기 때문이다. 그리고 체코공화국의 실업률 또한 1992년에 2.6%에 그칠 정도로 낮았는데 이는 체제전환 과정에서 분단된 슬로바키아의 13.7%는 물론 폴란드의 14.7%보다도 낮은 것이었다. 이러한 지표들은 체코공화국이 체제전환을 하는 시점에 다른 체제전환국들보다 경제적으로 좋은 출발점에 서 있었다는 점을 보여준다. 체코공화국이 체제전환 이전의 사회보장제도 중 유의미한 부분을 유지할 수 있었던 것 역시 이와 같은 경제 상황이 영향이 컸다.[110]

(나) 사회구성원들에 대한 수혜적인 조치

폴란드의 국영기업 민영화 절차가 큰 성과를 내지 못했던 것과 달리 체코의 민영화과정은 성공적이었던 것으로 평가 받는다.[111] 폴란드와 체코의 민영화 과정에서 가장 큰 차이점은 폴란드는 일정규모 이상의 기업에 대한 민영화를 적극적으로 추진한 반면 체코공화국 정부는 중소규모의 국영기업과 대형 국영기업의 민영화를 분리해서 진행했다는데 있다.

그중에 중소규모의 국영기업들의 민영화 과정은 체코공화국 정

---

110) Alan A. Bevan *et al.*, *op cit.*, p.776 참조.
111) Bruce Alan Mann, "Privatization in the Czech Republic", The Business Lawyer, American Bar Association, May 1993, p.8 참조.

부가 체코 국민들이 시장경제체제에 적응할 수 있는 통로를 제공해
주고자 하는 의지를 분명하게 보여준다. 22,000개가 넘는 체코공화국
의 중소규모 국영기업들은 「국가소유재산에 대한 법인 또는 개인에
대한 이전(Act on the Transfer of the State Ownership of Some Property to
Other Juridical or Natural Persons)」을 근거로 민영화됐는데, 중소규모의
기업들을 매각하는 과정에서 체코 국민들에게 우선권이 부여됐고
이에 따라 중소규모의 국영기업들은 대부분 체코인에게 매각됐다.112)
　　대형 국영기업들의 경우 「대형기업 국유화 법(Large Scale Privati-
zation Law)」을 근거로 민영화가 이뤄졌으며 민영화는 주식을 발행하
거나, 기업 전체를 외국인 투자자에게 매각할 수 있었고, 경영권만
이전하는 것도 가능했으며 기업의 상황에 따라 청산하는 경우도 있었
다. 체코공화국 국민들은 그 과정에서 '바우처를 통한 민영화(voucher
privatization)'를 통해 대형 국영기업들의 민영화 과정에 참여할 수 있
었다. 바우처를 통한 민영화는 18세가 넘는 체코 국민들에게 33불 정
도의 가격에 1,000점이 들어있는 쿠폰이 들어있는 바우처를 판매하
고, 그 포인트를 통해 국영기업의 주식의 입찰에 참여할 수 있도록
하는 제도였다. 약 3,000개 국영기업이 이와 같은 절차를 통해서 민
영화 됐고, 바우처의 구매를 활성화 시키려는 정부의 노력 끝에 총
850만여 명이 바우처를 신청했으며 그중 약 600만여 명이 직접 포인
트를 투자하는데 사용했다.113)
　　이와 같은 체코공화국 정부의 조치는 국영기업을 민영화 시키는
과정에서 체코공화국 국민들이 자연스럽게 시장경제원리를 경험하
게 해줬을 뿐 아니라, 본인이 직접 운영할 사업체를 마련하거나 투
자를 할 수 있는 기회를 열어준 것이라는 의미를 갖는다.

---

112) Bruce Alan Mann, *op cit.*, p.2 참조.
113) Bruce Alan Mann, *op cit.*, p.3 참조.

(3) 민주적 기본질서로의 전환을 위한 법제도적 지원

체세선환을 하면서 체코공화국 정부가 가장 먼저 취한 조치에는
교육제도의 개혁이 포함되어 있다.[114] 체제전환 이전 체코의 교육제
도는 다른 공산권 국가들과 마찬가지로 이데올로기적인 성격을 강
하게 갖고 있었다. 그리고 학교에서는 기술적인 교육이 굉장히 강조
되기도 했다.

하지만 체제전환 이후 체코공화국 정부는 교육과정에서 마르크
스-레닌주의의 내용이 포함된 필수과목을 폐지하는 등 교과과정에
서 이데올로기적인 요소들을 제거했다. 그리고 윤리교육, 시민사회
교육, 사회과학, 철학, 종교 등 다양한 인문학적 성격을 갖는 과목들
이 신설됐다. 이뿐 아니라 교육부에서는 교사 재교육 프로그램을 도
입하여 교사들의 변화를 추진하기도 했다.

(4) 훼손된 연대성의 회복을 위한 조치

체제전환 이후 하벨 대통령은 구정권에서 활동했던 비밀경찰과
그 협력자들의 활동을 금지하고 1990년 6월 총선에 출마할 후보자들
에 대한 검증이 필요하다고 주장했다. 그리고 1991년 1월에는 주요
공직자들을 검증하기 위한 위원회가 설립됐으며 과거청산을 위해
「정화법」이 제정됐다. 이와 같은 정화법은 정부관료 또는 경찰, 군부
에서 직책을 수행하기 위한 요건을 정함으로써 체제전환 이전 정권
에 협력했던 자들이 공무원이 되는 것을 차단하는 것을 목적으로 했
다. 그리고 체제전환 이전에 자행된 범죄행위에 대한 조사, 기록하
기 위한 공산주의 범죄행위 조사 및 기록위원회가 설립되어 불법행

---

114) 김철민 외 6인, 앞의 책, 253-255면 참조.

위에 대한 조사를 진행했다. 하지만 그와 같은 과거청산은 과거자료들이 훼손되어 있는 등의 한계로 활발하게 진행되지는 못했다.

다. 체코공화국의 체제전환과정에서 형성된 연대성의 특징

체코공화국이 다른 동유럽국가들보다 성공적으로 체제전환을 이룰 수 있었던 가장 큰 원인은 관광자원 덕분에 실업률이 항상 유럽연합평균보다 낮게 4-5% 선에서 유지되는 등 전반적인 체코공화국의 경제적인 상황이 다른 국가들보다 나은 상황이었기 때문이다. 단기적으로 어려움을 겪으면서도 체코공화국 정부가 체제를 전환하면서도 사회주의적인 요소를 일부 유지할 수 있었던 것 또한 그러한 상황을 인지하고 있었기 때문인 것으로 판단된다.

체코공화국의 체제전환과정은 무리하게 체제전환을 하기보다는 기존에 형성되어 있던 연대성을 최대한 유지하면서 필요한 범위 내에서 체제전환조치를 적용한 사례에 해당한다. 체코공화국은 그 과정에서 부동산제도와 함께 대기업과 은행을 보호하기 위한 조치를 취하는 방식으로 경제영역에 적극 개입했는데 이는 국민들이 원했던 바이기도 했다.[115] 체코공화국은 이와 같은 조치들의 영향으로 체제전환과정에서 사회통합수준을 높게 유지할 수 있었다.[116]

하지만 체코공화국이 모든 영역에서 현상유지를 한 것은 아니다. 체코공화국은 사회구성원들의 상황에 비춰봤을 때 현상유지가 필요한 부분에 대해서는 체제전환 조치를 적용하지 않았지만, 정치와 경제영역에서 체제전환을 위한 조치가 필요한 경우에는 신속하게 새로운 법제도를 마련했고, 그에 따라 체코공화국은 급진적으로 체제

---

115) 윤덕희, "동유럽의 체제전환─유럽통합 관계에 대한 연구", 국가전략 제14권 제1호, 세종연구소, 2008, 197면 참조.
116) Marek Mora, *op cit,*, 2006.08.09, p.3 참조.

를 전환한 국가로 분류되기도 한다.[117] 그 대표적인 조치로는 공기업의 민영화와 민주시민교육의 도입과정을 들 수 있다. 이는 체코공화국이 필요한 경우에는 상호의존성을 통한 연대성을 형성시키기 위한 조치를 신속하게 시행했다는 것을 보여준다.

4. 체제전환국의 체제전환을 위한 지원에 대한 평가

폴란드와 체코공화국의 사례가 성공적인 체제전환 사례로 꼽히는 가장 큰 이유는 두 국가가 모두 매우 짧은 시간 안에 경제적으로 성과를 냈기 때문이다. 폴란드와 체코공화국이 짧은 시간 안에 경제체제의 전환을 성공적으로 이뤄낼 수 있었던 가장 큰 원인은 두 국가 모두 체제전환의 방향성이 분명했고, 그에 따라 체제전환을 신속하게 이뤄냈기 때문이다. 그리고 두 국가는 유럽연합에 가입한 이후 유럽연합 구조기금의 지원을 받으면서 유럽연합에 가입하지 않은 다른 국가들에 비해서 경제성장을 빠르게 이룰 수 있었다.[118]

하지만 정치체제의 전환과 사회통합의 측면에서는 체코공화국은 성공적이었던 반면, 폴란드는 성공적이었다고 할 수 없다. 체코공화국과 폴란드의 이러한 차이를 야기한 가장 큰 차이점은 체코공화국은 민주시민교육을 법제도 안에서 시행한 반면 폴란드는 사립기관들이 주도하도록 한 것이었다. 폴란드와 달리 정부적인 차원에서 체

---

117) Frait J., "Economic Transition in the Czech Republic: A Real Success?", 「The Euro-Asian World」, Palgrave Macmillan, 2000, pp.116-117; Rita O. Koyame-Marsh, "The Complexities of Economic Transition: Lessons from the Czech Republic and Slovania", International Journal of Business and Social Science Vol.2 No.19, Centre for Promoting Ideas, Oct. 2011, pp.75-77 등 참조.

118) 김면회 외 4인, 「중부 유럽 4개국의 경제산업구조 변화와 입지 경쟁력 분석」, 대외경제정책연구원, 2014, 38-43면 참조.

코공화국은 명확한 방향성을 가지고 민주적 기본질서가 사회적으로 뿌리내리기 위한 조치를 취한 것이 정치체제의 전환을 폴란드보다 안정적으로 진행될 수 있었던 가장 큰 요인이었다.

　사회통합적인 차원에서 체코공화국과 폴란드의 가장 큰 차이점은 폴란드는 경제체제의 전환 자체에 중점을 둔 반면, 체코공화국은 체제를 전환하면서도 기존질서를 최대한 유지했다는 데 있다. 그런데 체코공화국이 기존질서를 최대한 유지할 수 있었던 것은 경제적으로 매우 힘들었기 때문에 빠른 변화를 가져와야 했던 폴란드와 달리 실업률 등 체코공화국의 경제지표가 다른 동유럽국가들보다 나은 상황이었기 때문이라는 사실은 체제가 전환되는 과정에서는 그 시점에 해당 국가 또는 사회의 사회·경제·정치적인 요소들이 전환방식에 결정적인 영향을 미칠 수밖에 없다는 것을 보여준다.

제4절 남아프리카 공화국 과거청산과 사회통합

1. 개요

남아프리카 공화국에서는 1948년부터 1990년까지 약 40년간 구조적인 인종차별이 자행됐다. 그리고 남아프리카 공화국 정부는 그에 대한 과거청산을 진실규명과 가해자에 대한 사면을 통해 이루기 위한 노력을 기울였다. 구체적인 청산방법에는 피해자에 대한 보상에 대한 내용도 포함됐지만, 남아프리카 공화국의 사례는 다른 과거청산 사례들과 달리 진실규명과 가해자에 대한 사면을 중심으로 청산을 진행했다는 점이 특징적이다.

2. 남아프리카 공화국의 아파르트헤이트

남아프리카 공화국에서 인종 분리정책인 아파르트헤이트(apartheid)를 통한 인종차별은 관련 법률을 입법하는 방법으로 진행됐다. 이러한 조치는 형식적으로는 정식 입법절차를 거침으로써 그 정당성이 부여됐기에 법률에 근거한 조치가 불법일 수 있는지에 대한 문제가 제기될 수 있다. 하지만 남아프리카 공화국에서는 과거를 청산하고 사회를 통합하기 위해 그러한 논쟁을 벌이기보다 과거청산을 위한 법률을 제정하고 진실과 화해위원회를 설립하며 문제를 해결하기 위한 조치들을 실행해 나갔다.

가. 인종차별적 법제도의 제정

1930-40년대에 남아프리카 공화국에서는 잔 스머츠 수상과 통일당이 기존에 존재했던 인종차별 정책을 완화하기 시작했다. 이에 대해 백인들은 두려움과 반감을 갖기 시작했고 1948년에 열린 총선거에서는 인종 문제가 큰 변수로 작용했다. 그러한 상황에서 국민당은 흑인들에 대한 차별적인 슬로건을 선거운동에 전면적으로 내세우면서 그 해 총선거에서 승리해 집권당이 됐다.

국민당이 집권한지 얼마 지나지 않아서 남아프리카 공화국에서는 인종차별적인 법률들이 본격적으로 제정되기 시작했다. 그 시작은 1949년에 제정된 「인종간 결혼 금지법(Prohibition of Mixed Marriages Act)」을 들 수 있다. 「인종간 결혼 금지법」은 백인과 다른 인종의 결혼을 원천적으로 봉쇄했으며 백인이 아닌 인종간의 결혼은 금지하지 않고 있었는데, 그러한 법률의 내용은 백인과 백인이 아닌 자들을 인종적으로 분리해서 관리하려는 의도가 있었음을 분명히 보여준다. 그리고 남아프리카 공화국에서는 여기에서 한 걸음 더 나아가 1950년에는 인종 간의 성관계를 금지하는 부도덕행위 금지법(Immorality Amendment Act)이 제정됐다.

남아프리카 공화국에서는 또 1950년에는 「인종등록법(Population Registration Act)」이 제정됐는데, 이 법률은 남아프리카 공화국 국민들을 인종별로 분류하도록 정하고 있었다. 남아프리카 공화국에서는 이 법률을 근거로 정부가 국민들이 인종별로 구분하는 기록을 작성했고, 그 기록은 남아프리카 공화국 사람들을 인종에 따라 차별대우하는 근거자료로 사용됐다. 따라서 「인종등록법」을 제정한 것은 남아프리카 공화국에서 구조적인 인종차별의 기초 작업에 해당했다고 할 수 있다. 그 이후 같은 해에 「인종주거지 지정법(Group Areas Act)」이 제정됐고 이 법률은 도시에서 인종에 따라 주거지를 지정해서 백

인과 다른 인종이 같은 지역에서 거주할 수 없도록 했는데, 이 법률
이 제정됨으로써 남아프리카 공화국에서 인종분리정책이 본격적으
로 시작됐다고 할 수 있다.

이러한 법률들이 제정됨으로 인해 인종 간 갈등이 심화되던 와중
에 인종 간 거주구역을 구분해서 지정한 「반투 자치촉진법(Bantu Self-
Government Act)」이 1959년에 제정됐고, 이는 국민들을 인종에 따라 물
리적으로 분리하는 작업의 근거로 작용했다. 이 법률에 따라서 거주
지역을 구분하는 과정에서도 유색인종에 대한 차별이 이뤄졌는데,
이는 남아프리카 공화국의 흑인 비율에 비해 굉장히 작은 지역만이
흑인에게 배정되고, 이 법률은 기존에 백인거주 구역 사이에 있던
흑인들의 주거지들을 모두 백인 주거지로 지정하면서 흑인들을 낙
후된 지역으로 강제이동 시키고 재산권을 박탈한데서 드러난다. 법
률의 제정을 통해 이뤄진 이와 같은 분리정책은 사회적 갈등은 심화
시키는데 결정적인 역할을 했다. 그리고 남아프리카 공화국 의회는
1961년에 한걸음 더 나가서 유색인종들이 한 구역에서 다른 구역으
로 이동할 때 통행증을 발급받을 것을 요구하는 「통행법(Pass Law)」
을 제정했고 남아프리카 공화국의 유색인종들은 이로 인해 거주 이
전의 자유도 제한받게 됐다.

나. 과거청산까지의 과정

남아프리카 공화국에서 인종차별 및 인종분리정책들에 반대하는
운동은 아프리카 민족회의(African National Congress(ANC))와 인카타 자
유당(Inkatha Freedom Party(IFP)을 중심으로 이뤄졌으나 1960년 3월 21
일에 정부에 대한 시위를 경찰이 유혈진압한 샤프빌 학살사건 이후
남아프리카 공화국 정부는 ANC의 정당의 지위를 박탈했다. 하지만
그 이후에도 남아프리카 공화국에서는 인종차별 정책에 반대하는

운동이 계속됐고, 그 영향으로 1983년에는 유색인종에게 투표권을 부여하기 위한 개헌안이 통과됐으며 1984년에는 유색인종에게 투표권을 부여하는 것을 내용이 포함된 법률을 근거로 선거가 이뤄졌다. 이러한 흐름 속에서 1989년에 F.W. de Klerk 대통령이 1990년 ANC에 대한 조치를 해제하고, 1991년에는 인종등록법을 폐지하면서 남아프리카 공화국에서의 상황이 급격하게 변하기 시작했다. 이러한 흐름은 1992년에 국민투표에 의해서 인종분리정책이 폐지되고, 1994년에는 ANC가 총선에서 압승을 하면서 넬슨 만델라가 남아프리카 공화국 최초의 흑인 대통령으로 선출되면서 정점에 도달했다. 그리고 남아프리카 공화국에서는 1995년에 「국가통합 및 화해에 관한 법률 (Promotion of National Unity and Reconciliation Act)」(이하 '국가통합화해법'이라 한다.)이 제정되어 1960년에서 1994년까지 이뤄진 인종차별에 대한 과거청산 작업이 진행됐다.

3. 남아프리카 공화국의 진실과 화해위원회의 역할

가. 청산 관련 법제도

남아프리카 공화국에서 이뤄진 인종차별에 대한 과거청산 절차는 「국가통합화해법」에 근거해서 이뤄졌고, 「국가통합화해법」은 전문에서 헌법이 국가적 통합과 평화를 추구하는 바, 복수를 하고 가해자들이 대가를 치르도록 하는 방식의 사회통합이 아니라 진실을 규명하고 피해자에 대한 적절한 보상을 제공함으로써 과거와 화해를 함으로써 미래지향적인 통합을 하는 것을 목표로 한다고 명시했다. 여기에서 보상이라 함은 보상금의 지급, 원상회복 등을 모두 포함하는 개념으로 사용됐다. 그리고 그 대상이 되는 피해자는 '신체

적, 정신적 피해와 감정적 고통, 상당한 수준의 인권 침해를 경험한
자'로 범위가 획정됐다. 그리고 제2장에서는 진실과 화해위원회에
대한 내용을 정하며 제3조에서 그 목적을 국가적인 통합과 화해를
추구하는 것으로 정하고 있었는데, 이와 같은 목표를 달성하기 위해
서 1960년 3월 1일 이후 이뤄진 인권침해와 관련하여 그와 같은 침해
가 이뤄지게 된 배경, 상황, 구성요소와 침해의 내용은 물론 피해자
와 가해자의 관점을 모두 조사 범위에 포함시켰다. 이는 남아프리카
공화국에서 이뤄진 인권침해에 대해서 포괄적인 조사를 세부적인
내용까지 하는 것이 목적이었음을 보여준다.

나. 진실과 화해 위원회(Truth and Reconciliation Commission)

남아프리카 공화국에서는 「국가통합화해법」에서 진실과 화해위
원회(이하 "TRC"라 한다.)를 설치하여 과거청산 절차가 모두 해당 위
원회에서 진행됨으로써 조사를 하는 기관의 독립성을 보장해주면서
효율적이고 효과적인 과거청산을 진행하기 위해 노력했다. 이처럼
남아프리카 공화국의 과거청산 절차의 핵심이 되는 TRC는 크게 인
권침해 조사위원회, 보상 및 명예회복 위원회와 사면위원회로 구성
되어 있었다.

(1) 인권침해 조사위원회(the Committee on Human Rights Violations)

인권침해 조사위원회의 주업무는 피해상황에 대한 접수 및 조사
를 하는 것이었다. 이를 위해서 인권침해 조사위원회는 모든 기관,
위원회 또는 개인들에게서 인권침해와 관련된 자료들을 수집할 수
있는 포괄적인 권한을 부여받고, 그와 같은 조사를 통해 대통령과
장관에게 진상규명을 위해 필요한 정책, 증인보호조치 등을 관련 기

관에 권고할 수 있었다. 이에 더해서 인권침해 조사위원회에는 사면위원회와 보상 및 명예회복위원회가 판단을 할 수 있는 정보를 생산하고, 조사결과 피해자에 대한 보상이 이뤄져야 할 필요가 있을 경우에는 그와 같은 피해에 대한 보상 내용에 대해서 보상 및 배상위원회에 그에 대한 신청을 하고, 보상 및 배상위원회에서 요청이 있을 경우에는 그와 관련된 근거자료를 제공하는 역할이 부여됐다. 이처럼 자료수집과 관련한 포괄적인 권한이 인권침해 조사위원회의에 부여된 것은 남아프리카 공화국의 과거청산 문제의 핵심이라고 할 수 있는 진실규명을 철저히 하겠다는 의지가 반영된 것이다.

(2) 사면위원회(the Committee on Amnesty)

남아프리카 공화국의 과거청산 절차는 가해자 처벌을 목표로 하는 대부분 불법행위자 처벌 사례들과 달리 진실규명에 초점이 맞춰져 있었다는 점에서 다른 과거청산절차와 차이가 있었다.[119] 그에 따라 「국가통합화해법」은 제20조 제1항에서 ① 사면 신청이 법률의 요건을 충족시키고, ② 신청과 관련된 과거의 행위가 제20조 제2항과 제3항에서 정의하고 있는 정치적인 목적의 요건이 충족될 경우, ③ 신청인이 관련된 모든 사실관계에 대해서 완벽하게 공개했다는 요건이 충족될 경우 사면을 시키도록 정하고 있다. 이와 같은 요건을 충족시킴으로써 사면대상이 된 이들은 민형사상의 책임에서 완전히 면제됐다.

이는 진실과 화해위원회의 조사에 의해서 가해자인 것으로 드러난 자들도 자신의 행위에 대한 모든 사실관계를 인정하고 공개하면 처벌을 받지 않고 사면 받을 수 있었단 것을 의미한다. 그리고 남아

---

119) Kader Asmal, "Truth, Reconciliation and Justice: The South African Experience in Perspective", The Modern Law Review Vol.63 No.1, Jan. 2000, p.1 참조.

프리카 공화국은 이와 같은 사면위원회의 심사에는 관련된 당사자들이 반드시 참석하도록 했으며, 이에 대해서 공개심리를 진행함으로써 색관적인 진실을 밝혀내고 그에 대한 사회적 화해라는 목표를 달성하기 위한 노력을 기울였다.

(3) 보상 및 명예회복 위원회(the Committee on Reparation and Rehabilitation)

보상 및 명예회복 위원회는 인권침해 조사위원회와 사면위원회에서 보상 및 명예회복에 대한 신청이 이뤄지면 그에 대한 적절한 보상내용을 결정하는 역할을 했다. 그리고 보상 및 명예회복 위원회가 결정한 보상에 대한 내용은 대통령이 검토한 이후 보상과 관련된 법률의 내용을 의회에 제출하고, 의회가 그에 대한 최종결정을 내린 후에야 보상과 명예회복에 대한 구체적인 내용이 결정됐다.

다. 결과

남아프리카 공화국에서 인종차별로 인해 직접 피해를 입은 자들은 약 305만 명 정도로 추산됐으나, 진실과 화해위원회에 인권침해에 대한 신청을 한 사람은 21,296명에 불과했다. 이는 진실과 화해위원회가 운영되는 과정에서 과거청산작업이 이뤄지고 있다는 사실이 충분히 알려지지 못했기 때문이다. 그리고 가해자들 중에서 사면신청을 한 자들은 7,112명에 이르렀으나 이 중에서 849명에 대해서만 사면이 인정됐고 5,392명의 사면신청은 모두 기각됐다.[120] 그런데 사면이 인정된 사례들 중에는 그 불법성이 매우 심각하고 대중들에게 널리 알려진 사례들이 있어서 과연 그러한 사건들이 사면의 대상인

---

120) http://www.justice.gov.za/trc/amntrans/

지 여부에 대한 논란이 제기 됐다.[121]

   이와 같은 결과는 남아프리카 공화국이 의도한 '진실규명'과는 거리가 먼 결과였다. 그 이유는 첫 번째, 진실규명절차를 위해 신청한 피해자 숫자가 완전한 진실규명이 이뤄졌다고 할 수 없을 정도로 작았기 때문이다. 진실규명을 통해서 과거와 화해함으로써 사회를 통합하고 미래지향적인 사회를 만들기 위해서는 최대한 많은 사례들에 대한 조사가 포괄적으로 이뤄져야 하는데 30년 넘게 침해가 이뤄진 것을 감안하면 인권침해에 대해 조사를 신청한 수치는 미미한 수준에 불과했다. 그리고 이와 같은 과거청산 절차는 사회구조적인 인종차별에 대한 과거청산을 목표로 하면서 TRC에게 포괄적인 권한을 부여했음에도 불구하고 실제로 다뤄진 사건들은 사회구조와 관련된 문제들이 아닌 개인에 대한 직접적인 피해가 발생한 사건들에 국한되어 있었다는 점은 남아프리카 공화국에서 이뤄진 과거청산의 한계를 보여준다.[122]

   두 번째 한계는 과거청산의 목표가 사면으로 설정되면서 행위를 할 당시에 형사처벌을 받을 가능성이 있는 행위를 한 자들만 사면을

---

121) James L. Gibson, "Truth, Justice, and Reconciliation: Judging the Fairness of Amnesty in South Africa", American Journal of Political Science Vol.46 No.3, Jul. 2002, p.542 참조.

122) 남아프리카 공화국에서는 실제로 인종차별적인 법제도나 정책에 대한 의사결정을 한 자들에 대한 처벌이나 판단은 제대로 이뤄지지 못했다. 이는 남아프리카 공화국에서 과거청산 과정에 참여한 자들이 그 과정에 참여한 모든 자들을 처벌할 경우 과거를 청산하고 미래로 나가고자 하는 것이 목표인 과거청산의 취지가 몰각되고 오히려 사회를 혼란스럽게 만들 가능성이 더 높다고 판단했기 때문이다. 이는 남아프리카 공화국의 과거청산의 과정에서 '진실', '정의'와 '화해'에 대한 해석이 정부, 피해자와 가해자가 모두 달랐기 때문에 발생한 현상이다. André du Toit, "Experiments with Truth and Justice in South Africa: Stockenström, Gandhi and the TRC", Journal of Southern African Studies Vol.31 No.2, 2005, p.441 ; Kadar Asmal, op cit., p.18 등. 참조.

신청했다는 데 있다.[123) 그 결과 사면된 자들은 849명에 불과했는데 이는 그나마 신청이 이뤄진 사건들 중에서도 진실이 제대로 규명이 된 사례는 극소수에 그쳤다는 것을 보여준다. 사면을 신청한 자들도 많지 않았지만, 신청자에 비해서 사면된 자의 수도 많지 않았던 것은 남아프리카 공화국에서 구조적인 인종차별이 워낙 오랜 시간에 거쳐서 일어났기에 구체적인 사건을 증명해 줄 자료가 많지 않았던 것이 영향을 미쳤을 것으로 판단된다. 남아프리카 공화국의 과거청산의 목적이 가해자를 처벌하는데 있었던 것이 아니라 인권침해가 일어난 상황을 최대한 투명하게 알리고, 개인적인 차원에서의 범죄 뿐 아니라 사회구조적인 차별들에 대한 과거도 청산하는 것이었다는 점을 감안하면,[124) 사면된 사례가 많지 않았던 것은 남아프리카 공화국에서 목표로 '진실과의 화해를 통한 과거청산'에 부합하는 결과는 아니었다.

　세 번째 한계는 남아프리카 공화국의 과거청산은 「국가통합화해법」에서 보상에 대한 내용을 정하고 있었음에도 불구하고 피해자에 대한 보상이 충분히 이뤄지지 못했다는 것이다. 보상 및 명예회복 위원회는 1998년에 보상안을 남아프리카 공화국 정부에 제출했으나 정부는 아직 인권침해에 대한 조사가 충분히 이뤄지지 못했다는 이유로 법률에서 정하고 있는 절차에 의한 보상방안의 확정을 계속해서 미뤘다. 그리고 5년이 지나 2003년에 Thabo Mbeki 남아프리카 공화국 대통령은 진실과 화해위원회에서 진술한 약 19,000명의 피해자들에 대해서 인당 3,900불을 일시에 지불하는 방식으로 보상을 제공하겠다고 발표했다. 그런데 이 보상안에 소요되는 총 예산은 8,500만 불로, 이는 진실과 화해 위원회가 권고안에서 제시한 약 3억 8천만 불의 보상금의 1/4도 안 되는 금액이었다. 여기에 더해서 남아프리카

---

123) Kadar Asmal, *op cit.*, p.18 참조.
124) Kader Asmal, *op cit.*, p.17 참조.

공화국 정부가 제시한 보상안은 2005년부터 '피해자 보상 기금(Presidential Victims Reparations Fund)'을 통해 지급되기로 했었으나, 피해자들 중 상당수는 보상금을 아직도 지급받지 못한 상황이다.

남아프리카 공화국의 과거청산은 이와 같은 한계를 뒤로하고 1998년 10월에 3,500페이지의 보고서 5권을, 2003년에 추가로 보고서 2권을 발간하면서 공식적인 과거청산작업을 마무리 했다. 하지만 진실과 화해 위원회의 활동에도 불구하고 남아프리카 공화국 아파르트헤이트의 피해자들은 청산결과를 수용하지 못하고 있으며, 그에 따라 아파르트헤이트 정책으로 인해 이익을 본 기업들에 대한 소송이 미국에서 제기되었고, 2018년에는 남아프리카 공화국에서 아파르트헤이트 기간에 발생한 경제 범죄에 대한 민간 재판(People's Tribunal on Economic Crime)이 시작되었다.[125]

4. 남아프리카 공화국의 체제전환 과정에 대한 평가

가. 진실규명과 사회통합의 관계

「국가통합화해법」은 진실규명을 통해 미래지향적인 사회통합을 목적으로 한다는 측면에서 많은 관심을 받았다. 하지만 1960년부터 30년 넘게 이뤄져 온 인권침해에 대한 사실관계가 분명하게 밝혀진다는 것은 애초에 불가능한 일이었다. 이는 오랜 기간 동안 이뤄진 불법행위들을 입증할 자료나 객관적인 증언들이 존재하기 어렵기 때문이다. 남아프리카 공화국의 과거청산의 그와 같은 태생적 한계는 조사된 사건의 숫자, 진실규명이 됐다고 판단되는 사건 수에서

---

125) https://corruptiontribunal.org.za/about/

그대로 드러난다. 실제로 대다수 남아프리카 공화국 국민들이 진실
규명과 사면결과에 수긍하지 못하고 있는 점은 남아프리카 공화국
에서 진실과 화해위원회를 중심으로 시도됐던 진실규명은 사회통합
적인 측면에서 충분한 성과를 내지 못했다는 것을 보여준다.[126]

나. 진실규명절차와 사회통합의 관계

남아프리카 공화국의 과거청산 절차가 갖는 가장 큰 한계는 진실
규명절차에 피해자들이 충분히 참여하고 자신들의 의사를 표현할
기회를 충분히 부여받지 못했다는데 있다.[127] 「국가통합화해법」이
피해자들의 의견을 반영할 통로를 마련하고 있지 않았을 뿐 아니라,
피해자 단체들이 제출한 의견서에 대한 정부의 회신도 이뤄지지 못
했다.[128]

이처럼 피해자들이 진실규명절차에 자신의 진술을 위해 참여하
는 것 이외에는 과거청산 절차에 참여할 수 있는 방법이 없는 것은
피해자들이 자신을 도구적인 존재로 인지하게 만들며, 심리적인 통
합이라는 측면에서는 기존에 받은 피해에 박탈감을 느낄 가능성이
더 높다. 그리고 그나마 진실규명절차에 참여한 피해자들은 그 과정
에서 과거에 자신이 경험했던 인권침해를 다시 떠올려야 하는 상황
에 처함으로써 심리적으로 다시 고통과 분노를 반복해서 경험해야
만 했다는 점 역시 남아프리카 공화국의 과거청산 방법이 정서적인
측면에서 훼손된 연대성을 회복 및 강화하는데 적절한 방법은 아니

---

126) James L. Gibson, *op cit.*, p.545 참조.
127) Warren Buford *et al.*, "Reparations in Southern Africa", Cahiers d'études africaines Vol. 44 Issues 1-2, 2004, p.4 참조.
128) South African Coalition for Transitional Justice, "Comments On The Draft Regulations Published By The Department Of Justice Dealing With Reparations For Apartheid Era Victims", The International Center for Transitional Justice, 2011, p.3 참조.

었음을 분명하게 보여준다.129)

다. 보상의 수준과 내용의 문제

남아프리카 공화국의 유색인종들 중 상당수가 과거에 이뤄진 인종차별적 법제도와 행위에 의해서 그 당시에 피해를 입었을 뿐 아니라 그 피해가 그들의 현재에도 영향을 미치고 있다는 점을 감안하면 가해자에 대한 처벌을 최대한 지양하더라도 피해자의 대한 보상은 충분히 이뤄져야 했다. 2003년에 남아프리카 공화국의 최종보고서가 제출된 이후에 논란이 대부분 보상 문제와 관련되어 있었단 점이 이를 분명하게 보여준다.130)

그럼에도 불구하고 남아프리카 공화국의 과거청산 절차에서 보상의 문제는 큰 관심을 받지 못했을 뿐 아니라,131) 남아프리카 공화국 정부는 위원회에서 건의한 보상안의 내용을 축소했고, 보상 대상도 조사에 참여한 자들로 국한시켰으며, 그조차도 지금까지 지급하지 않고 있다. 이에 따라 남아프리카 공화국에서 이뤄진 아파르트헤이트의 피해자들은 지금까지도 인권단체와 피해자 모임 단체 등을 통해 정부에 의견을 개진하고 적절한 보상을 요구하고 있다.

피해자들이 이처럼 보상을 요구하는 것은 단순히 금전적인 이유 때문이 아니다. 피해자들은 약 30년 동안 피해를 입었고, 이로 인해 사회에서 구조적으로 열위에 놓이게 됐으며, 그에 따라 남아프리카 공화국에는 구조적인 불평등이 여전히 존재할 뿐 아니라 이들에게는

---

129) Dan J. Stein *et al.*, "The impact of the Truth and Reconciliation Commission on psychological distress and forgiveness in South Africa", Soc Psychiatry Epidemiol., 2008, p.467 참조.
130) James L. Gibson, *op cit.*, p.542 참조.
131) Warren Buford *et al.*, *op cit.*, p.7 참조.

자신이 처한 상황을 개선할 수 있는 기반을 마련할 수 있는 내용의
지원이 필요했다. 실제로 보상 및 명예회복 위원회는 긴급한 단기적
인 보상(Urgent Interim Reparation), 공동체 회복 프로그램(Community Rehab-
ilitation Programmes), 상징적 보상(Symbolic Reparation), 체제 개혁(Institu-
tional Reforms), 개인에 대한 보상(Individual Reparation Grants) 등의 방법
으로 보상을 제공해야 한다고 권고한 바 있다.[132] 하지만 Mbeki 대통
령은 이 권고안을 수용하지 않았고 정부에서는 물질적인 보상을 일
부 지급하는데서 보상작업을 마무리했다. 이처럼 남아프리카 공화
국 정부의 보상내용은 인종차별을 받은 피해자들이 받은 피해에 대
한 보상의 중요성을 간과하고, 그에 따라서 피해자들에 대한 충분한
보상을 제공하지 못했다는 한계를 갖는다.

---

132) Warren Buford *et al.*, *op cit.*, p.9 참조.

제5절 북한주민지원제도에 대한 시사점

1. 체제전환에 대한 시사점

독일, 폴란드와 체코공화국의 체제전환 과정은 체제전환 과정에서 동질성 및 상호의존성을 통한 연대성을 형성하는데 필요한 지원을 제공하는데 있어서 그 방법과 내용뿐 아니라 체제전환 과정이 성공적인 체제전환에 매우 큰 영향을 준다는 것을 보여준다.

가. 체제수렴기의 기간

서독정부가 체제수렴기에 동독과의 교류·협력 사업을 지속적으로 확대 및 확장해 나갔음에도 불구하고 지금까지도 동서독 간의 상당한 수준의 격차가 존재할 뿐 아니라 동서독 주민들의 내적통일이 아직까지 완성되지 못했다는 것은, 북한의 체제전환을 이끌어 내는 것과는 별개로 남북한 주민 간의 동질성과 상호의존성을 통한 연대성이 형성되기까지는 상당한 시간이 소요될 것이라는 것을 보여준다. 이는 폴란드와 체코공화국 역시 새로운 체제가 안정되기까지는 상당한 시간이 필요했다는 점에서도 알 수 있다.

따라서 통일국가에서 남북한 주민 간의 사회통합을 효율적이고 효과적으로 달성하기 위해서는 남북한이 통일국가의 사회체제에 합의를 한 체제전환기가 아니라 체제수렴기에서도 남북한의 사회체제의 간극을 좁히고 남북한 주민 간의 동질성을 통한 연대성을 형성시키기 위한 지원이 북한주민에게 적극적으로 제공되어야 한다. 그리고 통일이후 독일에서 발생한 갈등과 분열현상이 남북한이 통일된 이후에 발생하는 것을 예방하기 위해서는 남북한의 통일을 시기적

으로 서두르기보다는 체제수렴기를 장기적으로 유지하면서 남북한
의 사회체제의 간극을 줄이고, 남북한 주민들의 접점을 늘려감으로
써 상호 간에 동질성과 상호의존성을 통한 연대성을 형성 및 강화하
는 기간을 가져야만 한다.[133]

체제수렴기에 이와 같은 조치가 필요하다는 것은 체제수렴기와
체제전환기가 형식적으로는 구분될 수 있지만 통일과정은 그 실질
에 있어서 체제통합 또는 체제전환으로서의 성격을 갖는다는 것을
보여준다. 그리고 분단 이후 지속적으로 경제적인 교류를 해왔고 두
국가 간의 전쟁을 치른 적은 없는 동서독과 달리 남북한은 전쟁으로
인한 상흔이 존재할 뿐 아니라 남북한의 사회체제와 경제수준의 차
이, 남북한 주민 간의 이질성의 수준 등을 고려했을 때 남북한 주민
간의 연대성을 형성하기까지는 독일보다 더 긴 시간이 소요될 것으
로 예상되는 바,[134] 남북한의 체제수렴기는 최소한 한 세대라고 할
수 있는 30년 이상 유지되어야 한다.[135]

나. 체제수렴기에 북한주민 지원의 필요성

독일의 통일과정에서 동독과 폴란드, 체코공화국의 체제전환은
모두 해당 사회구성원들이 체제전환을 희망했다는 공통점을 갖는다.
이는 독일의 경우 동서독 간의 경제교류가 분단 직후부터 지속되었
을 뿐 아니라 1980년 이후에는 동서독 주민들이 제한적으로나마 상

---

133) 전상인, "통일과 남북한의 사회통합", 통일문제연구 제8권 1호, 평화문제
연구소, 1996.06, 250-252면 참조.
134) 정병기 외 1인, "동서독의 표준화 체계와 표준 통일 과정: 남북한 표준 협
력에 대한 함의", 한국정치연구 제22집 제1호, 서울대학교 한국정치연구
소, 2013, 231면; 박영자, "분단 60년, 탈북자와 남북관계: 역사적 추이와 변
화", 북한연구학회보 제9권 제1호, 북한연구학회, 2005.03, 234-236면 등 참조.
135) KAIST 문술미래전략대학원, 「카이스트, 통일을 말하다」, 김영사, 2018, 22-25
면 참조.

대지역을 방문할 수 있었기 때문이고, 폴란드와 체코공화국은 내부적으로 체제전환에 대한 요구가 20년 넘게 제기되어왔기 때문이다.

이와 마찬가지로 통일국가에서 남북한 주민들이 사회적으로 통합되기 위해서 남북한의 통일은 남북한 주민들이 모두 통일을 원하는 상황에서 일어나야 한다. 하지만 현 시점에 남한주민들 중에서는 통일에 반대하는 여론이 존재하고, 북한주민들의 경우에는 '민족의 통합'의 차원에서 통일을 원하는 경우가 많지만 독일의 사례가 보여주듯이 같은 민족이라는 사실이 70년 가까이 분단되어서 살아온 두 집단을 사회적으로 통합해주지는 못한다.

이와 같은 문제를 해결하기 위해서는 남북한 주민 간의 접점을 늘리고 상호 간에 동질성을 통한 상호연대성이 형성될 수 있는 지원이 제공되어야 한다.[136] 이는 남북한 주민들이 접점을 늘려나가면 그 과정에서 상호 간에 차이가 아닌 공통점을 인지할 확률이 매우 높고, 남북한 주민이 같은 민족으로서 공유되는 가치와 그 가치가 다르게 구현되는 내용을 접함으로써 자신이 갖고 있는 '민족성'에 대한 인식을 확장해 나갈 수 있기 때문이다. 그리고 통일이 되고, 새로운 국가의 체제 하에서 남북한 주민이 사회적으로 통합되기 위해서는 북한주민들이 새로운 사회체제로의 전환을 희망해야 하는 바, 그와 같은 북한주민의 인식의 변화가 일어나기 위해서는 대한민국 헌법의 기본원리에 기초한 법제도를 북한주민들이 다양한 형태로 접할 수 있는 기회가 제공되어야 한다.[137]

다. 경제체제와 정치체제 전환 병행의 필요성

체제가 전환된 지 약 30년이 지난 후에 폴란드에서 법과정의당이

---

136) KAIST 문술미래전략대학원, 위의 책, 62-65면 참조.
137) KAIST 문술미래전략대학원, 위의 책, 66-68면 참조.

시행하고 있는 조치는 체제전환과정에서는 경제성장과 함께 재화의
재분배와 민주시민교육이 함께 이뤄져야 한다는 것을 보여준다. 이
는 그렇지 않을 경우 포퓰리즘적인 정책을 펼치면서 민수적 기본실
서에 반하는 정책을 시행하는 정부가 들어설 수 있기 때문이다.

남북한이 분단되어 있는 상황에서는 북한지역에서 정치체제의 전
환은 북한정권의 존재로 인해 제한될 수밖에 없다. 하지만 그와 같
은 제한 속에서도 남한정부는 서독정부가 동독과 경제교류를 계속
하면서도 동독정부의 체제불법행위에 대한 기록을 축적하고, 비공식
적으로 정치범들을 동독에서 서독으로 데리고 온 것과 같은 방식으
로 통일국가에서 정치체제의 전환을 준비해야 한다. 그리고 통일국
가에서는 북한주민들에게 제공되는 민주시민교육을 국가에서 명확
한 방향성을 가지고 진행됨으로써 경제와 정치체제의 전환이 병행
될 수 있어야 한다.

현시점에 북한의 경제적인 상황을 고려했을 때 체제수렴기에 남
북한의 교류협력사업은 경제영역에 우선순위가 부여될 수밖에 없고,
경제체제의 전환은 사회구성원의 생계와 직접 관련되어 있기 때문
에 이는 체제전환기에서도 마찬가지일 것이다. 하지만 장기적으로
경제체제가 안정되기 위해서는 경제와 정치체제의 전환이 병행되어
야만 한다는 것을 독일, 폴란드와 체코공화국의 사례가 잘 보여준다.

2. 체제수렴기 북한이탈주민지원제도에 대한 시사점

독일의 동독이탈주민지원제도의 내용과 통일 이후 동독주민에
대한 독일정부의 지원내용은 동독주민들이 새로운 사회체제에 적응
하는데 필요한 기능적인 요소들에 대한 지원을 했다는 점에서 공통
점을 갖는다. 그와 같은 독일의 사례는 체제수렴기에 북한이탈주민

지원제도는 남한사회에 북한주민들이 적응하는 과정에 필요한 지원을 제공하는 것과 함께 통일국가의 새로운 체제에 적응하는 과정에서 북한주민들에게 필요한 지원을 준비하는 과정으로써의 의미를 갖는다는 것을 보여준다.

가. 동질성을 통한 연대성의 형성 및 강화를 위한 시사점

서독주민과 동독이탈주민들 간에는 이질감이 상당했음에도 불구하고 서독정부는 이를 해소하기 위한 지원보다 동독주민들에 대한 지원을 기본적인 생활을 해결하고 경제활동을 하는데 필요한 지원을 중심으로 제공했고, 그 외의 지원은 민간단체들에게 위임했다. 이처럼 동서독 주민 간의 이질성에 대한 인식부족은 첫 번째로 동서독이 매우 짧은 시간 안에 통일에 합의하는 결과를 야기했고, 두 번째로 통일이후에 동독주민들의 문화에 대한 고려 없이 서독의 제도와 교육과정을 그대로 확대 적용하게 만들었으며, 그와 같은 결정은 통일 이후에 민주시민교육의 내용을 사회통합에 대한 내용을 중심으로 재구성해야 할 정도로 심각한 수준의 갈등과 분열의 원인으로 작용했다.

독일의 사례와 남한주민과 북한이탈주민들이 상호 간에 느끼는 이질성은 북한이탈주민들에게 동질성을 형성하기 위한 지원이 제공되어야 한다는 것을 보여준다. 그리고 그러한 지원은 북한이탈주민들이 남한의 사회체제에 대한 이해수준을 제고하고, 남한주민들과의 접점을 늘려가는 것은 물론이고 북한이탈주민들에 대해 남한주민들이 동질성을 통한 연대성을 형성하는 것을 목적으로 해야 한다. 이는 북한이탈주민들은 남한사회에서 소수자에 해당하기 때문에 그들이 남한사회와 남한주민을 이해하는 것도 중요하지만, 그들에 대한 남한주민들의 시선이 북한이탈주민들의 적응과정에 영향을 미칠 수밖에 없기 때문이다.

나. 상호의존성을 통한 연대성의 형성 및 강화를 위한 시사점

서독정부는 동독이탈주민들이 입국한 이후의 지원을 주로 상호
의존성을 통한 연대성을 형성하는 것을 목적으로 제공했으며, 그 지
원 내용은 매우 포괄적이었을 뿐 아니라 동독이탈주민들의 상황에
따라 지원 수준을 달리 결정하고 정부가 관리하기 힘든 영역의 지원
은 민간영역에 위탁함으로써 지원의 효율성을 기하기 위해 노력했
다. 남북한이 분단되어 있었던 기간과 북한의 대부분 지역에서 교육
제도, 경제 질서 등은 심각한 수준으로 붕괴되어 있다는 사실을 감
안하면 북한이탈주민들은 남한사회에서 상호의존성을 통한 연대성
을 형성하는 과정에서 동독이탈주민들보다 더 많은 어려움을 겪을
것이 분명하다. 따라서 남한에서 이뤄지는 북한이탈주민에 대한 지
원은 동독이탈주민에 대한 서독정부의 지원보다 양적으로나 질적으
로나 더 많이, 그리고 효율적으로 제공되어야 한다.

다. 훼손된 연대성의 회복 및 강화를 시사점

서독에 입국한 동독이탈주민들에 대해서 훼손된 연대성의 회복
및 강화하기 위한 조치를 별도로 시행한 바는 없다. 이는 동독정부
의 존재로 인해 서독정부가 그 이상의 지원은 현실적으로 제공할 수
없었기 때문이다.

이는 남북관계에서 역시 마찬가지다. 북한이탈주민들의 훼손된
연대성에 대해서 남한정부가 할 수 있는 조치는 매우 제한적일 수밖
에 없다. 하지만 북한정권에 의해서 침해되고 있는 북한주민의 기본
권, 북한주민의 생활환경 등을 고려했을 때 북한정권이 시행하는 조

치의 불법성이 동독정권의 그것보다 심각한 수준이라는 점을 고려했을 때는 북한이탈주민들에 대한 지원내용과 수준에는 개인이 북한에서 했던 경험 등을 반영할 필요가 있다.

3. 체제수렴기 북한지역 거주 북한주민지원제도에 대한 시사점

북한정권의 지배력이 군사분계선 이북지역에 미치고 있는 이상 북한정권의 승인 없이는 북한주민에 대한 지원을 할 수 없기에 통일 이전 북한지역에 거주하는 북한주민에 대한 지원을 하는 데는 분명히 한계가 있다. 하지만 동서독의 교류·협력 사업사례가 보여주듯이 남북한이 통일되기 위해서, 그리고 통일국가의 새로운 사회체제 하에서 남북한 주민 간의 연대성이 효율적이고 효과적으로 이뤄지기 위해서는 북한지역에 거주하는 북한주민들에 대해서 체제수렴기에 상당한 기간 동안 실질적으로 북한주민에 대한 지원으로서의 성격을 갖는 남북한 간의 교류·협력 사업이 최대한 활성화 되어야 한다.

가. 동질성을 통한 연대성의 형성 및 강화를 위한 시사점

현 시점에 남북한 주민들은 '민족'을 중심으로 동질성을 일부 공유하고 있으나 남한에서는 민족의 개념이 도전을 받고 있으며,[138] 독일의 사례는 같은 민족이라는 사실이 70년 이상 분단되어 다른 공간에서 살아온 두 집단을 통합하기에는 충분하지 않다는 것을 보여준다. 따라서 통일국가에서 남북한 주민 간의 동질성을 통한 연대성을 형성하기 위해서는 민족을 중심으로 연대성을 형성하기 위한 교

---

138) 이태진 외 5인, 「12시간의 통일 이야기」, 민음사, 2011, 77-80면 참조.

류, 접점을 늘림으로써 연대성을 형성할 수 있는 문화·예술적·체육적인 교류와 함께 북한정권에 의해서 제한을 받는 범위 내에서라도 통일국가의 기본원리를 중심으로 언내성을 형싱할 수 있는 지원이 제공되어야 한다.

나. 상호의존성을 통한 연대성의 형성 및 강화를 위한 시사점

독일이 갑작스럽게 통일이 될 수 있었던 것은 동서독 간에 다양한 영역에 대한 협정을 체결하고 그와 같은 협정을 이행하면서 교류·협력 사업을 진행하는 방식으로 상호의존성을 통한 연대성이 형성되었기 때문이다. 그런데 동서독 간 교류·협력 사업이 약 10년 이상 활발하게 진행되고, 동독주민들이 서독지역을 방문할 수도 있었음에도 불구하고 동독주민들은 새로운 체제에 적응하는데 어려움을 겪었다.

이는 상대지역을 방문하거나 특정 영역에서 교류를 하는 수준의 교류·협력을 통해서는 북한주민들이 남북한이 통일된 이후의 사회체제에서 경제활동을 하고 상호의존성을 통한 연대성을 형성하는데 어려움과 한계를 느낄 수밖에 없다는 것을 보여준다. 따라서 북한정권의 존재가 한계로 작용하는 범위 내에서라도 북한주민들이 통일국가 헌법의 기본원리를 기초로 하는 법제도의 적용을 받고, 그 안에서 상호의존성을 통한 연대성을 형성하는 경험을 하는 것을 목적으로 하는 지원이 제공되어야 한다.

다. 훼손된 연대성의 회복 및 강화를 시사점

남아프리카 공화국에서는 진실규명과 사면으로 사회적 갈등의 극복을 통한 연대성을 회복할 수 있는지 여부를 떠나서 상당한 시간에 거쳐 발생한 불법행위에 대해서는 진실규명을 할 충분한 자료가 축적되어 있을 수가 없었다. 남아프리카 공화국의 진실과 화해위원회가 진실규명과 사면을 최우선적인 목표로 삼았음에도 불구하고 사면을 할 수 있는 수준으로 진실이 규명된 사례가 많지 않았다는 점이 이를 분명하게 보여준다. 이처럼 근거자료의 부족으로 인해 과거청산을 충분히 하지 못하는 현상은 체제전환국인 폴란드와 체코공화국의 사례에서도 마찬가지로 나타났으며, 폴란드의 경우 과거청산에 대한 한계가 과거청산이 완전히 이뤄지지 못한 영역에서 과거를 청산한다는 것을 이유로 민주적 기본질서에 반하는 조치를 지지하는 세력이 집권하는 상황을 만드는 것을 정당화 하는 사유로 악용된 바 있다.

그러한 상황이 발생하는 것을 방지하기 위해서는 통일이 되기 전부터 북한정권의 불법행위 사례와 그에 대한 근거가 될 수 있는 자료들을 수집 및 정리하여야 한다. 그리고 통일 이후에 과거청산 절차를 진행하기 위해서는 통일 이전에 북한에서 남한으로 입국하는 북한정권의 주요 인사에 대해서도 체제경쟁적인 차원에서 제공되는 지원이 이뤄져서는 안 된다. 그러한 지원을 하는 것은 통일국가에서 과거청산을 하는데 걸림돌로 작용할 수 있기 때문이다.[139]

---

139) 캄보디아에서 이뤄지고 있는 크메르 루즈에 대한 과거청산 절차는 정부에 투항한 자들을 정부가 아무 처벌 없이 수용한 과거가 과거청산을 위한 재판을 하는데 있어서 장애로 작용하고 있다.; 외교통상부, 「캄보디아 개황」, 외교통상부, 2011, 31면; 조영희, "크메르루즈 재판을 중심으로 본 캄보디아 과거청산의 정치동학", 국제정치연구 제14제 제1호, 동아시아국제정치학회, 2011.06, 214면; 송인호, "크메르루즈 특별재판소 사례를 통해 본 통일 이후의 과거청산의 기본 방향에 대한 고찰", 인권과 정의 제442호, 대한변호사협회, 2014.06, 77면 등 참조.

4. 체제전환기 북한주민지원제도에 대한 시사점

제제전환기에 사회통합을 위해서 북한주민에 대한 지원이 필요할 지 여부, 그리고 필요가 인정된다면 지원이 제공되어야 하는 수준과 내용은 남북한이 통일되기까지 진행한 교류·협력 사업의 내용, 방법과 기간에 따라 달라지게 된다. 하지만 독일 사례에 비춰봤을 때 북한주민들이 새로운 체제에 적응하기 위한 지원은 필요할 가능성이 매우 높으며 통일국가에서는 궁극적으로 남북한 주민이라는 구분을 하지 않을 수 있을 정도의 연대성이 형성되어 있어야 한다.

가. 동질성을 통한 연대성의 보완 및 강화를 위한 시사점

폴란드와 체코공화국의 사례는 통일국가에서 교육은 분명한 방향성을 가지고 정부주도로 공교육제도와 평생교육과정을 통해 이뤄져야 할 필요가 있다는 것을 보여준다. 그리고 독일 사례는 남북한 주민들이 같은 민족이라는 사실만으로 동질성을 통한 연대성이 충분히 형성될 수 없다는 사실과 함께 남한의 법제도를 그대로 북한지역으로 확대 적용하는 것은 북한주민들이 새로운 체제에 적응하는데 도움이 되지 않을 것이고, 북한주민들이 새로운 체제에 적응하는데 상당한 수준의 지원이 제공되어야 할 필요가 있다는 것을 보여준다.

따라서 체제전환기에는 체제수렴기의 북한이탈주민지원제도의 경험을 바탕으로 북한주민들에게 필요하고, 그들이 수용할 수 있는 내용과 속도로 새로운 체제에 적응하는데 필요한 교육이 제공되어야 한다. 북한주민들에게 이와 같은 맞춤형 지원을 제공하기 위해서는 체제수렴기에 남한사회에 안정적으로 정착한 북한이탈주민들을 교육내용을 결정하고 교육을 실행하는 과정에 최대한 참여시켜야

하는데, 이는 남한주민들보다는 체제수렴기에 남한에 입국한 북한이
탈주민들이 북한주민들과 동질성을 통한 연대성을 더 강하게 형성
하고 있기 때문이다.

나. 상호의존성을 통한 연대성의 형성 및 강화를 위한 시사점

독일의 화폐통합과정과 몰수 토지 반환 절차가 동독주민과 구동
독지역의 경제에 미친 영향, 그리고 그 결과 통일 이후 독일에서 발
생한 동서독 주민 간의 갈등이 발생한 양상은 통일국가에서 남북한
주민 간의 상호의존성을 통한 연대성을 형성하고 강화하는데 있어
서 그 상호의존성이 형성되는 기초가 되는 통일국가의 사회질서와
사회체제를 어떻게 구성하는 지가 얼마나 중요한지를 보여준다. 따
라서 통일 이후 남북한 주민 간의 관계에서 상호의존성을 통한 연대
성을 효율적이고 효과적으로 형성하기 위해서는 통일국가의 구체적
인 사회질서와 사회체제에 대한 의사결정과정에서부터 남북한 주민
간의 사회통합에 대한 내용이 고려되어야 한다.

(1) 기본적 생활보장을 통한 연대성의 형성을 위한 시사점

폴란드와 체코공화국은 모두 '충격요법'을 통해서 경제영역의 체
제전환을 했음에도 불구하고 체제전환을 한지 약 30년이 지난 시점
에 폴란드에서는 극우파가 집권할 정도로 체제가 전환된 사회에 대
한 사회구성원들의 불만이 상승한 반면, 체코공화국은 매우 높은 사
회통합 수준을 유지하고 있다. 이와 같은 차이의 원인은 폴란드의
실업률은 2000년대 초반에 20%를 기록했고, 2014년 전까지 10% 아래
로 내려간 적이 없는 반면, 체코공화국의 실업률은 유럽연합보다 낮
은 수준으로 거의 4-5% 선에서 유지되었던 점에서 찾을 수 있다. 여

기에 더해서 폴란드의 사회복지 지출은 OECD의 최하위권이다 보니 체코공화국과 달리 폴란드 국민들은 기본적인 생계를 해결하기가 어려운 경우가 많았고, 그 결과 정치적으로 극우파가 집권을 하고 민주적 기본질서에 반하는 조치들이 시행하는 것이 가능하게 됐다.

폴란드와 체코공화국의 사례는 통일국가의 정부가 북한주민들에게 기본적인 생활을 보장해 주지 못하게 되면 통일국가에서 정치적으로 불안정한 상황과 심각한 수준의 갈등과 분열이 야기될 수 있다는 것을 보여준다. 따라서 체제전환기에는 북한주민들이 새로운 사회체제에 적응하는 과정에서 기본적인 의식주는 최대한 해결하는데 필요한 지원을 정부에서 제공할 필요가 있다.

(2) 경제영역에서 상호의존성을 통한 연대성의 형성을 위한 시사점

폴란드와 체코공화국은 체제전환 과정에서 중소규모의 공기업을 민영화하는데 과정에서 자국민에 대한 우선권을 부여했는데, 이는 생활기반이 없는 사회 구성원들에게 시장경제체제에서 사회구성원들이 생계를 꾸려가기 위한 기반을 마련해주기 위한 조치였다. 폴란드의 경우 한걸음 더 나아가 농업을 보호하기 위해서 외국인의 토지거래를 상당한 기간 동안 금지했는데 이는 폴란드 산업의 상당부분을 차지했던 농업분야를 보호하기 위함이었다. 이와 같은 조치들은 두 국가가 성공적으로 체제전환을 이룬 것으로 평가받을 수 있을 수준으로 경제를 성장시킬 수 있는 주요 요인들 중에 하나였다. 이와 같은 폴란드와 체코공화국의 조치들은 체제전환기에 북한기업들을 민영화하는 과정에서 북한주민들이 참여할 수 있는 경로를 마련해 줌으로써 북한주민들이 경제활동에 참여할 수 있는 기회를 제공해 줄 필요가 있다는 것을 보여준다.

그런데 체제전환 이후 일시적으로 침체기를 경험했던 폴란드와

체코공화국이 안정적으로 경제성장을 이룰 수 있는 이면에는 유럽
연합의 구조기금의 지원을 받은 영향이 컸으며, 독일정부와 유럽연
합의 지원을 받았음에도 불구하고 동독지역이 여전히 기금의 지원
대상이 되는 경제적인 수준을 유지하고 있다는 것은 체제전환기에
북한주민들이 경제영역에서 상호의존성을 통한 연대성을 형성하기
위해서는 상당한 수준의 지원이 필요하다는 것을 보여준다. 그리고
그와 같은 조치들에는 북한주민들의 직업훈련을 위한 지원, 독일이
동독주민들을 정부에서 특별채용을 했던 것과 같은 적극적 평등실
현조치 등도 포함되어야 할 것으로 판단된다.

(3) 정치영역에서 상호의존성을 통한 연대성의 형성을 위한 시사점

동독, 폴란드, 체코공화국에서는 형식적으로라도 선거가 이뤄졌
고, 사회구성원들 중 상당수는 정치체제의 전환을 지속적으로 요구
해 왔었다. 그럼에도 불구하고 폴란드에는 민주적 기본질서에 반하
는 조치를 시행하는 정권이 들어섰다. 이와 같은 현상은 동독 출신
들이 통일 이후에 단순히 정계에 참여하는 것을 넘어서 2005년에는
동독출신인 메르켈 총리가 당선이 된 독일의 사례와 극명하게 대조
가 된다.

체제전환 과정에서 두 국가의 가장 큰 차이는 독일은 통일 이후
에 동독지역에서 민주주의적 가치를 담은 정치교육과정을 도입하고,
동독지역에 남아있는 이데올로기적인 요소들을 철저하게 제거해 나
간 반면 폴란드는 일부 인사에 대한 과거청산 이외에는 정부적인 차
원에서 별다른 조치를 취하지 못했다는 데 있다.

북한의 경우 제대로 된 선거가 이뤄지지 않고 있다. 따라서 북한
주민들은 체제전환기 초기에 민주주의적 가치를 이해하지 못할 것
이 분명하다. 따라서 북한주민들은 선거에 대한 이해 부족으로 인해

새로운 정치체제 안에서 자신들의 의견을 제기할 기회를 제대로 활용하지 못하게 될 확률도 매우 높다.

따라서 체제전환기에는 북한주민들에 대한 민주시민교육을 적극적으로 제공하되 그 교육은 독일과 같이 남한의 내용을 그대로 확장하는 것이 아니라 북한주민들이 습득할 수 있는 내용과 방법으로 제공되어야 하며, 그 외에도 새로운 체제를 구성하는데 있어서도 북한주민들이 새로운 체제에 대한 이해부족으로 인해 이등국민으로 전락해 버리지 않을 수 있도록 지원이 제공되어야 한다.

다. 훼손된 연대성의 회복 및 강화를 시사점

과거청산에 있어서 남아프리카 공화국, 체제전환국들과 달리 비교적 성공적이었던 독일의 경우 과거청산의 출발점에서부터 위 국가들과 차이가 있었다. 동서독은 동독주민들의 요구로 통일조약 자체에 불법행위에 대한 처벌에 대한 내용을 포함시키면서 그 정당성을 인정받을 수 있었다. 그리고 과거청산을 하는 절차에 있어서도 가해자들이 재판을 받고 변호를 받을 권리를 보장함으로써 그 절차적 정당성도 담보됐다. 다만 소멸시효 등의 법리적인 차원에서 문제가 제기됐지만 이는 새로운 법률을 제정함으로써 해결했는데, 이는 독일에서 형식적인 법이론 보다 동독주민들의 요구에 더 무게를 둔 결정이라 할 수 있다.

이와 같은 과거청산 사례들은 체제전환기에 북한정권에 대한 과거청산을 진행하는 과정에서 법이론적으로 소멸시효는 물론 행위시법에 의하면 정당한 행위를 사후적으로 처벌할 수 있는지 여부 등이 쟁점화 될 수밖에 없고, 그에 대한 정당성을 부여되기 위해서는 과거청산 절차와 내용을 결정하는 과정에서 북한주민의 의사를 적극적으로 반영해야만 한다는 것을 보여준다.

제4장
통일국가의 사회통합을 위한
북한주민지원제도

제1절 개요

통일국가가 사회적으로 안정되기 위해서는 남북한 주민들이 동질성과 상호의존성을 통한 연대성을 형성함으로써 통합되어야 한다. 하지만 현 시점에 남북한 주민 간의 이질성은 매우 심각한 수준이고, 그 이질성이 유지된 상황에서 남북한이 통일될 경우 통일국가는 극심한 혼란, 갈등과 분열에 빠질 가능성이 매우 높다. 따라서 통일국가에서 사회적 안정을 위해 그와 같은 이질성을 해소할 수 있는 조치들이 체제수렴기에서부터 시행되어야 한다.

그 이질성은 대한민국 헌법 제3조와 제4조의 내용과 현재 남한정부의 공식적인 통일방안인 민족공동체 통일방안이 상정하고 있는 통일 방법에 따라 대한민국 헌법의 기본원리들이 유지되는 방향으로 해소되어야 한다. 하지만 북한헌법과 법률의 내용, 그리고 북한의 법현실을 고려했을 때 통일국가의 헌법에서 대한민국 헌법의 기본원리들이 유지될 경우 북한주민들은 새로운 사회체제에 적응하는 과정에 어려움을 겪을 것이 분명하다. 그 어려움들은 통일국가에서 심각한 혼란, 갈등과 분열의 원인으로 작용할 수 있기에 체제수렴기와 체제전환기에서는 그와 같은 상황을 예방하기 위해서 북한주민들이 새로운 사회체제에 적응하는데 필요한 지원이 제공되어야 한다.

북한주민들은 대한민국 헌법상 대한민국 국민으로서의 법적지위를 갖기에 북한주민들에 대한 지원은 대한민국 헌법의 가치가 유지되는 통일국가에서의 체제전환기는 물론이고 체제수렴기에도 정당화 될 수 있다. 다만 그 지원방법, 내용, 수준과 목적은 북한주민의 거주지역, 북한정권의 영향력이 북한주민에게 미치고 있는지 여부

등에 따라 달라질 수밖에 없다. 이와 같은 현실을 고려했을 때 북한
에 대한 지원의 방법과 내용은 ① 체제수렴기에 남한지역에서 북한
이탈주민지원제도, ② 체제수렴기에 북한지역에 거주하는 북한주민
지원제도와 ③ 체제전환기에 북한주민지원제도로 구분할 수 있다.

제2절 남한지역에서 북한이탈주민지원제도

1. 개요

북한지역을 이탈하여 남한에 입국한 북한주민과 남한주민은 남한사회 안에서 연대성을 형성하게 된다. 그런데 남한의 인구는 5천만 명에 이르는 반면 2020년 3월까지 남한에 입국한 북한이탈주민의 수는 약 33,658명에 불과하다.[1] 남한 전체 인구의 0.1%도 되지 않는 북한주민들의 성향과 특징에 남한주민들이 모두 동질성을 통한 연대성을 형성하는 것은 현실적으로 불가능하며, 북한주민들이 남한에 입국한 것은 남한의 사회체제에 적응해서 살겠다는 의지를 표현한 것이기에 북한이탈주민에게 제공되는 지원은 동질성과 상호의존성의 측면에서 모두 북한주민들이 남한의 사회체제에 잘 적응하는 것이 목적으로 설정되어야 한다.[2] 따라서 체제수렴기의 남한사회에서는 북한이탈주민들에게 '남한사회에 형성되어 있는 연대성에 대한 연대성을 형성하는데 필요한' 지원을 제공해야 한다.

2. 북한이탈주민지원제도의 역사

남한에서 북한이탈주민에 대한 지원은 1960년대에 처음 이뤄졌다.[3] 하지만 북한이탈주민들에게 지원을 제공하기 위해 제정된 법

---

1) 통일부 홈페이지 자료 참조.
2) 윤인진, "북한이주민의 사회적응 실태와 정착지원방안", 아세아연구 제50권 제2호, 고려대학교 아세아문제연구소, 2007.06, 108면 참조.
3) 길준규, 앞의 글, 263면; 이덕연, "북한이탈주민 보호 및 정착지원에 관한

률의 내용은 북한이탈주민에 대한 지원이 1990년대 중반까지만 해도 주된 목적이 북한주민에 대한 지원이 아니라 체제수렴에서 승리하는 것이었다는 것을 보여준다.

북한이탈주민지원에 대한 지원을 제공하기 위해 제정된 첫 법률은 1962년에 제정된「국가유공자 및 월남귀순자 특별보호법(이하 "귀순자보호법"이라 한다.)」이며,「귀순자보호법」을 제정하기 전까지 남한에 입국한 256명의 북한이탈주민들은 정부에서 어떠한 지원도 받지 못하고 있었다.[4] 그리고 1962년에 제정된「귀순자보호법」은 제2조에서 그 적용 대상을 '애국지사와 그 유족, 4·19의거상이자, 4·19의거사망자의 유족, 재일학도의용군 참가자, 반공포로상이자, 공상공무원과 순직공무원의 유족과 월남귀순자'로 정하고 있었고, 제3조제8항에서 월남귀순자를 '북한군 소속 군인, 북한 정부 소속 간부 중에서 북한에 항거하여 귀순하려는 자와 일반 북한주민 중 중대한 기밀을 가지고 귀순한 자'로 정하고 있었다. 이처럼 북한이탈주민을 월남귀순자로 칭하면서 애국지사와 그 유족, 4·19 사건의 피해자, 재일학도의용군 참가자 등과 같은 선상에 둔 것은 당시에 정치적인 이유로 북한이탈주민에 대한 지원을 한 것임을 보여준다.[5]

「귀순자보호법」이후 북한이탈주민들에 대한 지원의 근거로 작용한 법률은 1979년에 제정된「월남귀순용사특별보상법」이다.「월남귀순용사특별보상법」은 제1조에서 '조국의 평화적 통일이 달성될 때까지 북한괴뢰집단에 항거하여 귀순한 동포의 안주를 돕는 한편, 자유롭게 생업에 종사할 수 있도록 하기 위하여 필요한 보상과 원호에

법률상 탈북민의 법적 지위—현황과 개선방안", 법학논총 제20권 제2호, 조선대학교 법학연구원, 2013, 301면 등 참조.
4) 정영화, "북한이주민의 조기정착을 위한 법정책론", 공법연구 제24집 제4호, 한국공법학회, 1996, 478면 참조.
5) 정영화, 위의 글, 479면; 길준규, 앞의 글, 263면 참조.

관한 사항을 규정하는 것'을 목적으로 한다고 명시하고 있었는데, 이
는 1972년 헌법 개정을 통해 전문에 평화적인 통일에 대한 내용을 포
함한 것과 궤를 같이 한 것이다. 그럼에도 불구하고 「월남귀순용사
특별보상법」은 여전히 북한을 반국가단체로 전제하면서 북한이탈주
민들이 전향한 것에 대한 보상의 의미로 지원하는 내용이 포함되어
있었다. 다만 「귀순자보호법」에서 귀순자를 '중대한 기밀을 가지고
귀순한 자'로 정하고 있던 내용이 「월남귀순용사특별보상법」에서 삭제
되었는데, 이는 지원의 체제경쟁적인 성격이 희석되었음을 보여준다.

「귀순자보호법」과 「월남귀순용사특별보상법」에서 북한을 이탈하
여 귀순하는 이들에 대해 '용사'와 같이 군사적인 측면이 강조된 표
현을 사용한 것과 달리 냉전이 종료되고 남북기본합의서를 체결한
이후인 1993년에 제정된 「귀순북한동포보호법」에서는 북한이탈주민
에 대해 북한'동포'라는 표현을 사용됐는데, 이는 북한이탈주민에 대
한 지원의 성격이 달라졌음을 보여준다.[6] 기존 법률들과 「귀순북한
동포보호법」의 가장 큰 차이점은 기존 법률에서 국가보훈처 등 군
관련 정부부처가 북한이탈주민에 대한 지원 등을 담당한 것과 달리
보건사회부가 주관부처로 정해져 있었다는 데 있다. 이처럼 주관부
처가 군에서 보건영역으로 편입된 것은 그 지원이 체제경쟁적인 차
원에서 이뤄지던 것에서 사회보장적인 성격을 갖는 것으로 바뀌었
다는 것을 보여준다. 그럼에도 불구하고 제4조에서 정하고 있던 보
로금에 대한 내용과 제5조에서 북한군 소속 군인이었던 자에 대해
국가이익에 현저히 이바지한 경우 북한에서의 계급보다 상위의 계
급에 임용할 수 있다는 내용은 북한이탈주민에 대한 지원의 체제경
쟁적인 요소가 완전히 사라진 것은 아니었다는 것을 보여준다.

---

6) 정병호, "탈북 이주민들의 환상과 부적응: 남한사회의 인식혼란과 그 영향
을 중심으로", 비교문화연구 제10집 1호, 서울대학교 비교문화연구소, 2004,
40면 참조.

북한이탈주민에 대한 지원의 근거로 적용되어 온 법률들의 내용
은 이처럼 정치적인 영향을 많이 받아왔다.[7] 하지만 고난의 행군 이
후 남한에 입국한 북한이탈주민들은 대부분 생존이 목표였고,[8] 그
숫자가 급격하게 증가함에 따라 북한이탈주민에 대한 지원 내용과
방법을 수정할 필요가 있어짐에 따라 1997년에 「북한이탈주민지원
법」이 제정됐다.

3. 현행 북한이탈주민지원제도

가. 개요

1997년에 「귀순북한동포보호법」이 폐지되고 「북한이탈주민지원
법」이 제정된 것은 북한의 '고난의 행군' 시기가 시작되면서 급속하
게 증가한 북한이탈주민들을 수용하는 과정에서 그들이 남한사회의
구성원으로서 안정적으로 정착하기 위해서는 이전보다 체계화된 지
원이 제공될 필요가 발생했기 때문이었다.

나. 동질성을 통한 연대성 형성을 위한 법제도적 지원의 내용

「북한이탈주민지원법」은 제1조에서 그 목적을 '군사분계선 이북
지역의 주민이 정치, 경제, 사회, 문화 등 모든 생활 영역에서 신속히
적응·정착하는 데 필요한 보호 및 지원에 관한 사항을 규정'하는 것

---

7) 길준규, 앞의 글, 263면 참조.
8) 김성경, "북한이탈주민의 월경과 북·중 경계지역: '감각'되는 '장소'와 북한
이탈여성의 '젠더'화된 장소 감각", 한국사회학 제47집 제1호, 한국사회학
회, 2013.02, 222면; 윤인진, 앞의 글, 114-115면 등 참조.

으로 정하고 있다. 그리고 제4조 제3항에서는 '보호대상자는 대한민국의 자유민주적 법질서에 적응하여 건강하고 문화적인 생활을 할 수 있도록 노력해야 한다'고 정하고 있을 뿐 법률, 시행령과 시행규칙 어디에서도 북한이탈주민이 문화적인 측면에서 남한사회에 적응하는데 필요한 지원에 대한 근거가 마련되어있지 않다. 그뿐 아니라 「북한이탈주민지원법」은 민족성에 대한 내용도 전혀 포함하지 않고 있으며, 교육에 대한 지원내용 중 동질성을 통한 연대성의 형성과 관련된 내용도 제15조 상의 사회적응교육과 제15조의2 상의 적응교육에 대한 지원에 그치고 있다. 이처럼 「북한이탈주민지원법」에 남한사회의 민족성과 사회문화 등에 대한 동질성을 통한 연대성을 형성하기 위한 지원내용이 부족한 것은 남한정부 역시 독일과 마찬가지로 남북한 주민은 같은 민족이라는 것을 이유로 이미 동질성을 형성하고 있을 것으로 전제하고 있기 때문인 것으로 판단된다.

(1) 남한사회와 동질성을 형성하기 위한 교육

「북한이탈주민지원법」은 제15조에서 북한이탈주민이 남한사회에 적응하는데 필요한 기본교육을 실시해야 한다고 정하고 있다. 실제로 북한이탈주민정착지원사무소(이하 '하나원'이라 한다.)에서는 북한이탈주민들에게 우리 사회 구성원이 되기 위해 정서안정, 문화적 이질감 해소와 사회, 경제적으로 자립할 동기를 부여하는 것을 목표로 하는 사회적응 교육이 이뤄진다.

그 구체적인 내용 중에서 동질성을 통한 연대성을 형성하는데 필요한 교육은 심리검사와 상담·건강검진과 진료로 이뤄지는 정서안정 및 건강증진에 관한 교육이 총 48시간, 자유민주적 기본질서와 시장경제, 역사, 문화, 생활법률과 시장구매, 도시체험 등의 활동으로 구성된 우리 사회의 이해증진을 위한 일반 교육이 122시간 동안 이뤄진다.

이 외에도 하나원에서는 19세 이하 아동과 청소년을 대상으로 맞춤형 교육을 실시하면서 유치반 1개, 초등반 2개, 청소년반 3개를 운영하고 있으며 유치·초등반 아동들의 경우 하나원 인근의 초등학교와 병설유치원에서 통합수업을 받고 있다. 그러한 통합수업 이후에는 기초학습, 한국어교육, 정보화교육과 공동체 활동에 대한 수업이 이뤄진다. 이와 같은 교육은 북한이탈주민들을 남한의 사회체제, 사회문화, 남한에서 형성된 언어 등에 적응시키는 것을 목표로 한다.

(2) 공교육을 받을 유인을 제공하기 위한 지원

「북한이탈주민지원법」은 제24조에서 북한이탈주민의 나이, 수학능력 등을 고려하여 교육에 필요한 지원을 할 수 있고, 초·중·고등학교 교육에 필요한 경비를 지원해 줄 수 있다고 정하고 있으며, 이들의 교육을 위한 전문 인력을 확보하고 그들에 대한 관리, 지원과 지도를 위해 노력해야 한다고 정하고 있다. 하지만 「북한이탈주민지원법」 제13조에서 북한이나 외국에서 이수한 학교 교육의 과정에 상응하는 학력을 인정해줄 수 있다고 정하고 있는 것에서 알 수 있듯이 이러한 지원은 동질성을 통해 연대성을 형성하는 것이 아니라 공교육제도를 통해 학력을 인정받고, 그 학력을 바탕으로 상급학교에 진학하거나 사회생활을 하는데 활용할 수 있게 하는 것을 목적으로 한다. 따라서 현행 북한이탈주민지원제도 하에서는 공교육제도를 통해서 북한이탈주민들이 동질성을 통한 연대성을 형성하는데 필요한 지원이 제공되지 못하고 있는 것으로 판단된다.

(3) 북한이탈주민에 대한 맞춤 교육을 시행하기 위한 지원

「북한이탈주민지원법」은 2018년에 제24조의3을 신설해서 지방자치단체가 북한이탈주민과 그의 자녀의 정착지원을 위해서는 학교에 수의의 방법으로 대부하거나 사용·수익할 수 있도록 했다. 이는 2016년 4월 현재 북한이탈주민 중 탈북청소년 초중고 학생의 수가 2,660명에 이르고 그 수가 해마다 증가하는 추세에 있음에도 불구하고 탈북청소년을 위한 교육시설은 특성화학교 1개 및 대안교육시설 8개에 불과한 실정을 고려해서 탈북청소년을 위한 학교의 설립·운영을 적극 지원하기 위해 추가된 내용이다. 이러한 지원은 북한이탈주민들과 남한주민들 간에 존재하는 이질감으로 인해 북한이탈주민들의 자녀가 남한주민들을 대상으로 이뤄지는 공교육제도에 적응하는데 어려움을 겪을 수밖에 없는 현실을 감안하여 북한이탈주민들이 남한의 사회체제와 남한사회에 원활하게 적응하기 위한 맞춤형 교육을 시행하기 위해 제공되는 지원이다.

(4) 심리·정서적 안정을 위한 지원

「북한이탈주민지원법」은 법률 제정당시 제15조에서 "대한민국에 정착하는데 필요한 교육을 실시할 수 있다."라고 정하고 있었다. 이러한 내용은 2010년에 법률 개정을 통해 내용을 더 구체화 되면서 제15조 제1항에는 기본교육을 실시해야만 한다는 내용이, 제2항에서는 기본교육 외에 보호대상자에게 주거지에서 별도의 적응교육을 추가로 실시할 수 있다는 내용이 추가됐다. 그리고 제15조의2가 신설되면서 지역적응센터를 지정·운영하고 북한이탈주민의 심리상담, 생활정보제공, 사회서비스 등에 대한 안내를 할 수 있다는 내용이 추가됐다. 이와 같은 법률의 내용에 근거하여 2019년 9월 현재 16개 시·도에 총 25개의 적응지원센터가 설립되어 있다.[9]

---

9) 통일부,「2019 북한이탈주민 정착지원 실무편람」, 통일부, 2019, 158-159면 참조.

이러한 내용은 남한정부가 2010년에야 비로소 북한이탈주민들이 남한사회의 사회체제 등에 적응을 못하는 것에 대한 지원이 이뤄질 필요가 존재한다는 사실을 인지했다는 것을 보여준다. 그런데 지역적응센터에 부여된 역할이 너무 많은 반면 지역적응센터들 중 전담 인력 부족으로 그 지원이 제대로 이뤄지고 있지는 못하다.[10]

다. 상호의존성을 통한 연대성 형성을 위한 법제도적 지원의 내용

「북한이탈주민지원법」은 북한이탈주민에 대한 지원을 하는데 있어서 상호의존성을 통한 연대성을 형성하는데 중점을 두고 있다. 「북한이탈주민지원법」이 개정되는 과정에서 추가된 지원내용이 북한주민들에 대한 지원금의 지급 방식, 직업훈련, 취업, 진로 등에 초점이 맞춰져 있다는 사실이 이를 보여준다.

(1) 기본적 생활의 보장을 위한 지원

(가) 주거지마련을 위한 지원

남한에 입국한 북한이탈주민에게는 세대구성에 따라 예산의 범위에서 전용면적 85㎡이하의 주택이 무상으로 제공되거나 임대에 필요한 지원이 이뤄지고 있다. 주택이 아니라 주거지원금을 지원 하는 경우에는 하나원에서 배출 될 때는 임대주택 보증금만 지급되고 그에 대한 잔액은 보호기간이 종료된 이후에 지급된다.

이와 관련하여 「북한이탈주민지원법」은 남한에 거처가 없는 북한이탈주민들에게 제공하는 주거지원에 대한 내용을 제20조에서 정하

---

10) 최성일 외 1인, 「북한이탈주민 지역적응센터 운영실태 및 발전방안 연구」, (재)경기도가족여성연구원, 2012.06, 57-60면 참조.

면서 주거지원을 받는 보호대상자는 전입신고를 한날부터 계약을 함부로 해지하거나 소유권, 전세권 또는 임차권을 양도하거나 저당권을 설정할 수 없고, 그 등기신청은 통일부장관이 보호대상자를 대리해서 진행하며, 북한이탈주민들에 대하여 필요에 따라 가정과 같은 주거 여건과 보호를 제공하는 공동생활시설을 이용하게 할 수 있다고 정하고 있다. 그리고 주거지원에 대한 이러한 내용은 제25조의 내용에 따라 「국민기초생활 보장법」과 「주거급여법」을 준용하고 있다. 이처럼 북한이탈주민의 주거지에 대한 매매, 전세권 또는 임차권 계약을 해지할 권리와 저당권을 설정할 권리를 제한하는 것은 남한사회에 익숙하지 않은 북한이탈주민들이 주거지와 관련된 계약을 자금을 마련하는 등의 목적으로 활용하여 주거 기반을 상실할 것을 대비한 것으로 법률이 제정될 때부터 그 내용이 그대로 유지되고 있다.

(나) 생계를 위한 지원

생계를 꾸려나가는데 어려움을 겪는 북한이탈주민들에게는 생계를 해결해주기 위한 지원이 이뤄지는데 보호결정을 받은 이후 최초 전입일 기준으로 근로무능력자로 구성된 가구는 5년, 근로능력자가 있는 가구는 3년 동안 「국민기초생활보장법」에 따라 이들의 소득 인정액이 최저 생계비에 미달하는 경우 생계급여가 지원된다. 다만 하나원을 수료하고 남한사회에 배출된 후 6개월까지는 「국민기초생활 보장법」 제9조 제4항에서 정하고 있는 조건부과가 면제되고 그 이후로는 자활사업 참여에 대한 의무가 부여된다. 이는 북한이탈주민들이 하나원 과정을 마치고 사회에 배출된 직후에 현실적으로 일자리를 찾을 수 없다는 점을 감안한 것이다. 북한이탈주민이 남한사회에 배출된 지 6개월이 경과한 이후에는 조건부 수급권자로 편성되고 자활사업에 참여하는 것을 조건으로 해 현금이 지급된다. 이는 북한이탈주민지원법 시행 초기에 무조건적으로 지원금을 지급하자, 북한이탈주민들이 자본주의 사회에 적응을 하지 못하여 이를 단기간 안에 모두 탕진하거나 사기를 당하는 부작용이 일어서 이들이 스스로도 노력을 할 때야 비로소 정부에서 지원을 하는 인센티브제도를 도입한 것이다.

〈표 7〉 북한이탈주민 지원현황[11)   [단위: 만원]

구 분		기준		금액
기본금	초기지급금, 분할지급금 (분할지급금은 분기별로 3회 지급)	1인 (초기-400, 분할-300)		700
		2인 (초기-500, 분할-700)		1200
		3인 (초기-600, 분할-1000)		1600
		4인 (초기-700, 분할-1,300)		200
		5인 (초기-800, 분할-1,600)		2400
		6인 (초기-900, 분할-1,900)		2800
		7인 (초기-1,000, 분할-2,200)		3200
주거 지원금		1인		1300
		2-4인		1700
		5인 이상		2000
지방 거주 장려금	「가」지역: 서울, 인천, 경기 「나」지역: 인천 외 광역시 「다」지역: 위 지역 외 지역	1인	「나」지역	130
			「다」지역	260
		2-4인	「나」지역	170
			「다」지역	340
		5인 이상	「나」지역	200
			「다」지역	400
정착 장려금 ('13.4.30. 이후 사회 진출자)	직업훈련 장려금	500시간 미만		미지급
		500시간		120
		500시간-740시간		120시간당 20
	추가 장려금	1년 과정, 우선선정직종		200
	자격취득 장려금	1회에 한정		200
	취업 장려금	6개월	(수도권) 200	(지방) 250

11) 2014년 11월 29일 이후 입국자부터 미래행복통장 제도 적용으로 직업훈련 장려금과 자격취득 장려금 지원제도는 폐지 됐고, 가산금은 사회진출 1년 이후 4년간 분기별 분할 지급된다. 통일부, 「2017 통일백서」, 통일부, 2017, 168-169면 참조.

구 분		기준		금액
		1년차	(수도권) 200	(지방) 550
		2년차	(수도권) 550	(지방) 650
		3년차	(수도권) 650	(지방) 750
	정착장려금 총액(최고액) 수도권 2,210만원, 지방 2,510만원			
가산금	연령가산금	만 60세 이상		720
	장애 가산금	장애등급	1급	1,540
			2-3급	1,080
			4-5급	360
	장기치료 가산금	중증질환으로 3개월 이상 입원 시 최대 9개월 지급		1개월에 80지급 (최대 9개월)
	한부모 가정 아동보호 가산금	보호결정당시 만 13세 미만 아동이 있는 한부모 가정		360(세대당)

2015년 11월부터는 북한이탈주민들이 지원을 받거나 노동을 통해 수령한 임금을 저축해서 남한사회에서 생활기반을 마련할 수 있도록 하기 위해서 근로소득을 저축한 북한이탈주민에 대해 정부에서 저축금액 만큼 1대1 비율로 지원하는 미래행복통장 제도가 운영되고 있다. 이와 같은 미래행복통장 제도를 통한 지원은 근로소득의 30%에 해당하는 금액으로 최대 50만원에 대해서 최대 4년까지 제공될 수 있다. 정부는 2016년에 약 400명 정도가 미래행복통장에 가입할 것으로 예상하고 11억9천만 원의 예산을 편성했지만 당시 가입자는 192명에 불과했고 집행률도 목표치의 31%에 불과할 정도로 북한이탈 주민들이 미래행복통장 제도는 실효성을 거두지 못하고 있다. 2018년 8월까지 미래행복통장 가입자는 860명으로 증가했으나 그 중 11.9%에 해당하는 102명이 중도 해지한 것은 이 제도가 큰 실효성을

거두지는 못하고 있다는 것을 보여준다.[12]

(2) 경제영역에서 상호의존성을 통한 연대성을 형성하기 위한 지원

북한이탈주민들은 대부분 적성을 파악하거나 경제활동을 할 영역을 선택하는 경험을 해 본 적이 없는 바, 그들은 별도의 직업훈련 없이 남한사회에 배출될 경우 경제활동에 참여하는 과정에서 심각한 수준의 어려움을 겪을 수 있다. 따라서 하나원에서는 이와 같은 상황을 고려해서 진로지도, 적성검사, 직종설명회, 직업훈련기관방문, 직종별 직업훈련 등을 실시한다. 하나원에서의 적응교육 등의 과정을 마친 후에는 지역적응센터가 북한이탈주민에 대한 직업 관련 교육 및 지원을 담당하며, 그 과정에서는 통일부가 주무부처의 역할을 하지만 고용노동부, 행정안전부, 여성가족부에서도 직업훈련 과정을 제공하고 있다.

북한이탈주민들이 남한사회에서 경제활동을 하기 위해서는 이와 같은 교육훈련과 함께 경제활동을 할 수 있는 기회가 제공되어야 하는데, 이는 그러한 기회가 제공되지 않을 경우 남한사회에 동질성과 상호의존성을 통한 연대성을 형성하지 못하고 있는 북한이탈주민들은 남한주민들에 비해서 경쟁력에서 열위에 있을 수밖에 없기 때문이다. 이에 따라 정부는 맞춤형 직업훈련-취업연계 프로그램을 추진하고 있고, 2019년 현재 고용노동부 산하에 65개 종합고용지원센터를 설치 및 운영하고 있다.[13]

---

12) 약정기간인 2년을 채우지 못할 경우 북한이탈주민들은 본인저축액만 수령하게 된다. 중도해지자의 25.5%는 3개월도 계약을 유지하지 못했다.
13) 통일부, 앞의 책, 85면 참조.

(가) 북한이탈주민의 경쟁력 제고를 위한 지원

1) 대학 진학을 위한 지원

북한이탈주민들은 대학진학을 희망할 경우 북한이탈주민 특별전형을 통해 남한주민들과의 경쟁 없이 대학에 진학할 수 있으며, 그들 중에 초·중·고등학교에 25세 미만에 입학 또는 편입한 사람에 한하여 입학금, 수업료, 학교운영지원비와 기숙사 사용료 등이 면제되고, 만 35세 미만의 북한이탈주민이 「평생교육법」에 따라 학력이 인정되는 산업대학, 전문대학, 방송대학, 사이버대학, 기술대학 등의 대학에 진학할 경우 그에 대한 지원도 이뤄지고 있다. 이처럼 대학과 관련된 지원에 연령제한이 설정된 것은 남한사회에서 일정 연령 이상의 졸업자들은 경제활동이나 사회생활을 하는 과정에서 학력을 활용하는데 현실적 제약이 있기 때문이다. 이는 이러한 북한이탈주민에 대한 지원이 남한사회의 현실을 고려해서 북한이탈주민들에 대한 지원이 그들이 남한의 사회체제에 정착하는데 더 효과적이고 효율적으로 활용될 수 있도록 하기 위함이다.

더 구체적으로 북한이탈주민들이 국공립대학에 진학하는 경우에는 입학금, 수업료와 기성회비가 면제되고, 사립대학에 진학하는 경우에는 입학금, 수업료와 기성회비 등이 반액 보조된다. 대학생활에 대한 지원기간은 최초로 입학 또는 편입학한 날부터 6년의 범위 내에서 8학기로 정해져 있고, 국내에서 4년제 대학 이상을 졸업하여 학위를 취득한 자 또는 평균학업성적이 100점 만점 중 2회 이상 70점 미만인 경우에는 지원이 이뤄지지 않는다. 이는 북한이탈주민들에게 인센티브 제도를 적용한 것으로 북한이탈주민들이 스스로 성과를 내기 위한 노력을 할 유인을 제공하고 지원에 해당한다.

이러한 지원은 북한이탈주민들이 남한사회에서 특정 직종에 종사하거나 취업하기 위해서 요구되는 능력과 학력수준을 갖출 수 있는 환경을 조성해 주는 것을 목표로 한다. 그리고 국가가 북한이탈주민들에게 이와 같은 지원을 제공하는 것은 북한이탈주민들에게 이와 같은 고등교육을 받는데 필요한 지원과 기회를 부여하지 않는 다면 북한이탈주민들이 당장의 생계를 해결하기 위해서 자기계발을 하는데 시간과 자원을 투자하지 않을 것이 가능성이 매우 높을 것이라고 판단했기 때문인 것으로 판단된다.

2) 경제활동에 필요한 능력을 갖추기 위한 훈련 지원

「북한이탈주민지원법」은 북한이탈주민들이 자신의 의사에 따라서 경제활동을 하는데 필요한 기술과 능력을 갖출 수 있도록 하기 위해 제16조 제1항에서 직업훈련을 지원할 근거를 마련하고 있다. 그런데 경제활동을 하는데 필요한 수준의 기술과 능력을 갖추기 위해서는 일정기간 이상의 훈련을 받아야 하는 바, 제16조 제2항에서는 직업훈련기간을 3개월 이상이 되도록 노력해야 한다고 정하고 있다. 이러한 지원내용에 따라 직업훈련을 받는 북한이탈주민들에게는 훈련비 전액과 함께 훈련기간 중에는 노동부에서 월 20만의 훈련수당이 별도로 지원된다. 이와 같은 금전적인 지원은 북한이탈주민이 직업훈련을 받을 추가적인 유인을 부여하는 것을 목적으로 한다.

(나) 경제활동을 할 기회를 제공하기 위한 지원

사회적 시장경제질서 하에서는 정부가 사기업들이 북한이탈주민들을 고용할 것을 요구하거나 강제할 수는 없는 바, 「북한이탈주민지원법」은 사업주들이 북한이탈주민을 고용할 유인을 제공하는 방식으로 북한이탈주민들이 경제활동을 할 기회를 부여하기 위한 지원을 제공하고 있다. 그 구체적인 지원내용으로는 제17조에서 취업보호에 대한 내용을 정하면서 제3항에서 "취업보호대상자 임금의 2분의 1의 범위에서 고용지원금을 지급할 수 있다."고 정하고 있는 내용과 제5항에서 북한이탈주민 고용에 있어서 모범이 되는 사업주에 대해서 생산품 우선 구매 등의 지원을 할 수 있도록 하는 내용, 그리고 제17조의4에서 정하고 있는 세제혜택의 내용이 있다. 이와 같은 취업보호는 최초로 취업한 이후 4년까지 유지된다.

「북한이탈주민지원법」은 북한이탈주민의 경제활동을 위한 지원을 공적영역에서도 시행하고 있는데, 이는 제18조 제1항에서는 북한에서의 경력이나 자격을 고려했을 때 공무원으로 채용하는 것이 필요하다고 인정하는 자는 국가공무원이나 지방공무원으로 특별임용할 수 있도록 정하면서 제2항에서는 북한에서 군인이었던 자의 특별임용 가능성도 열어놓고 있는데서 드러난다. 이뿐 아니라 동법 제18조의2에서는 북한이탈주민 고용률을 중앙행정기관·지방자치단체 및 공공기관의 평가에서 반영할 수 있다고 정함으로써 공공영역에서 북한이탈주민을 최대한 적극적으로 채용할 유인을 제공하고 있다. 행정안전부는 2009년에 북한이탈주민 공무원 임용확대 시행지침(행정안전부 예규 제282호(2009.11.10)을 마련했으며, 시행지침에서는 집중 거주지 관할 자치단체 등에 공무원으로 채용하고, 민간단체들과 연계하여 연결망을 구성하고, 북한에서의 전공분야와 자격증 소지자를 특별채용하는 것을 기본방향으로 정하고 있다. 이와 같은 채용은 남북한 주민 간의 문화적 차이를 극복하고 재사회화를 지원하는 선도그룹을 육성하는 것으로 목적으로 한다.

〈표 8〉 북한이탈주민 취업지원 내용[14]

제도(시행기관)	2014.11.28.까지 입국자	2014.11.29.부터 입국자
취업성공패키지 (고용노동부)	·무료 직업훈련 제공(취업성공패키지: 거주지보호기간 5년 이내에는 1유형, 이후에는 소득에 따라 다른 유형으로 참여 가능) ·훈련기간 중 훈련비·훈련수당 지급, 취업 시 취업축하금 지급	

---

14) 통일부, 위의 책, 85면 참조.

제도(시행기관)	2014.11.28.까지 입국자	2014.11.29.부터 입국자
취업보호담당관 (고용노동부)	·전국 65개 고용센터에 취업보호담당관을 지정 ·취업알선 및 직업지도 등 지원	
정착 장려금 (통일부) — 취업 장려금	·거주지보호기간(5년) 중 6개월 이상 동일한 업체에서 근무한 자에게 최장 3년까지 취업장려금 지급(수도권 최대 1,650만원, 지방 최대 1,950만원)	
정착 장려금 (통일부) — 직업 훈련 장려금	·거주지보호기간 중 총 500시간 이상의 직업훈련과정을 수료한 자에게 1회에 한하여 직업훈련장려금 지급	해당 없음
정착 장려금 (통일부) — 자격 취득 장려금	·거주지보호기간 중 일정한 자격을 취득한 경우 1회에 한하여 자격취득장려금 200만원 지급	해당 없음
고용지원금 (통일부)	·북한이탈주민 고용기업에 지급, 임금의 1/2을 기본 3년(최대 4년) 동안 월 50만원 한도에서 지원 ·고용센터에 신청, 통일부(하나원)에서 지급	해당 없음
자산형성제도 '미래행복통장' (남북하나재단)	해당 없음	·근로소득 중 저축액에 대해 정부가 동일한 금액을 매칭하여 지원 -(지원요건) 거주지보호기간 내에 있고, 최초 거주지 전입 후 6개월이 지난 후에 3개월 이상 취업 중일 것 등 -(적립목적) 주택구입비(임대비), 교육비, 창업자금 등 -(지원기간) 2년(1년 단위로 2회까지 연장 가능)
학력·자격 인정 (통일부)	·관계법령에 따라 북한에서 취득한 학력·자격에 상응하는 국내 학력·자격을 인정	

(3) 정치영역에서 상호의존성을 통한 연대성을 형성하기 위한 지원

「북한이탈주민지원법」은 제1조에서 법률의 목적을 정하면서 북한주민이 신속히 적응·정착하기 위한 지원을 하는 영역에 정치를 포함시키고 있지만 「북한이탈주민지원법」에서는 정치영역에서 북한이탈주민에 대한 지원의 내용을 정하고 있지 않다. 이는 현실적으로 남한 전체인구의 0.1%도 되지 않는 북한이탈주민들을 적극적으로 정치적 의사결정에 참여시킬 유인이 많지 않기 때문인 것으로 판단된다.

라. 훼손된 연대성의 회복을 위한 법제도적 지원의 내용

「북한이탈주민지원법」은 북한정권의 불법행위로 인해 기본권과 자유가 침해당한 북한이탈주민에 대한 지원내용은 정하고 있지 않다. 「북한인권법」이 제정되어 있기는 하지만 그 내용은 남한에 입국한 북한주민이 아니라 북한에 거주하는 북한주민에 대한 지원만 포함하고 있다. 「북한이탈주민지원법」은 보로금의 지급에 대한 내용을 정하고 있어서 북한정권의 주요 구성원이었던 자들이 오히려 남한에 입국해서 더 많은 지원을 받을 가능성이 열려있다. 대한민국 헌법 상 북한과 북한주민의 헌법 및 법적지위를 고려했을 때 이러한 내용은 개정될 필요가 있다.

4. 현행 북한이탈주민지원제도의 쟁점과 해결방안

북한이탈주민지원제도는 「북한이탈주민지원법」에 근거하여 시행되고 있으며, 통일 이전까지는 「북한이탈주민지원법」이 남한사회에 입국하는 북한이탈주민에 대한 지원내용을 결정하는데 있어서 기본법적인 역할을 해야 한다. 따라서 사회통합을 위해서 북한주민들에게 이뤄져야 하는 지원 내용을 검토하기에 앞서 현행 법률상의 쟁점들을 검토하고 그 쟁점에 대한 해결방안이 제시되어야 한다.

가. 「북한이탈주민지원법」의 형식상 쟁점과 해결방안

「북한이탈주민지원법」의 개정 과정은 현실적인 필요가 발생함에 따라 그에 맞춰서 이뤄져왔다.[15) 하지만 그 과정에서 북한지원제도 전반에 대한 검토가 이뤄지지 못함에 따라 현행 「북한이탈주민지원법」은 지금의 구조와 내용만으로는 북한이탈주민에 대한 구체적인 지원 내용들의 목적이 분명하게 드러나지 않는다는 한계를 갖는다.

그러한 한계는 ① 동질성을 통한 연대성을 형성하는데 필요한 지원인 제15조의 사회적응교육, 제22조의2의 전문상담사제도, 제24조의2의 북한이탈주민 예비학교 설립에 대한 내용, ② 기본적인 생활과 주거지 및 정착초기에 이뤄지는 제19조의 가족관계 등록 창설의 특례, 제20조의 주거지원, 제21조의 정착금 등의 지급, 제21조의2의 정착자산 형성의 지원, 제22조의 거주지 보호, 제25조의 의료급여, 제26조의 생활보호, ③ 경제영역에서 상호의존성을 통한 연대성을 형성하기 위한 제13조의 학력 인정, 제14조의 자격 인정, 제16조의 직업훈련, 제17조의 취업보호, 제17조의3의 영농 정착지원, 제17조의4의 세제혜택, 제18조의 특별임용 등의 내용이 구분되지 않고 혼재되어 있을 뿐 아니라, 제13조 내지 제18조까지는 지원에 대한 내용을 정하다가 제18조의2 내지 제19조의3까지는 북한이탈주민들에 대한 특례를 정하고, 다시 제20조부터 지원에 대한 내용을 정하는 등 법률의 내용

---

15) 장소영, "북한이탈주민의 정착지원에 관한 법제도", 통일법제 인프라 확충을 위한 쟁점과 과제 학술대회 자료집, 서울대학교 헌법·통일법센터, 2015. 09, 111면 참조.

이 체계적으로 구성되어 있지 못하다는데서 분명하게 드러난다.

이와 같은 한계를 극복하기 위해서는 법률에 '장'을 만들고, 제1장 총장에서는 목적, 기본원칙, 적용대상, 보호결정의 기준, 보호의 기준 등의 내용을 정하고, 제2장에서 북한이탈주민에 대한 심사절차에 대한 내용을, 제3장에서는 정착지원시설에 대한 내용을, 제4장에서는 동질성을 통한 연대성을 형성하기 위한 지원에 대한 내용을, 제5장에서는 상호의존성을 통한 연대성을 형성하기 위한 지원에 대한 내용을 기본적인 생활과 관련된 주거지 및 정착초기에 이뤄지는 지원에 대한 내용, 경제영역에서 상호의존성을 통한 연대성을 형성하기 위한 지원, 정치영역에서 상호의존성을 통한 연대성을 형성하기 위한 지원 순서로 정하고, 제6장에서 그 외 처벌, 행정적인 사항과 예외에 대한 내용을 정하는 방향으로 법률을 개정해야 한다.

나. 「북한이탈주민지원법」에 따른 지원관련 쟁점과 해결방안

북한이탈주민에 대한 지원내용 중 지원대상과 남한에 입국하는 과정에서 경험해야 하는 조사과정 등에 대하여 개정이 필요하다는 비판이 제기되고 있다. 그리고 그 비판을 반영한 개정안은 국회 소관위원회에 제18대 국회에서 제20대까지 계속해서 제출되고 있다.

(1) 「북한이탈주민지원법」 상의 지원 대상에 대한 쟁점과 해결방안

「북한이탈주민지원법」은 북한이탈주민을 '북한지역에 주소, 직계가족, 배우자, 직장 등을 두고 있는 사람으로서 북한을 벗어난 후 외국 국적을 취득하지 아니한 사람'으로 정의하면서 보호대상자로 결정된 자들에 한해서 모든 지원을 제공하고 있는 바, 이에 해당하지 않는 자들에 대한 지원 가능성과 그 지원이 정당화 될 수 있는 수준이 문제된다.

(가) 무국적자인 북한이탈주민에 대한 지원 가능성

북한이탈주민들이 제3국에 머무는 기간이 점차 길어지면서 이들이 제3국에 체류하는 동안 출산함으로 인해 국적 자체를 취득한 경우가 없는 무국적 청소년들은 최소 2만 명에서 최대 10만 명까지 있는 것으로 추산되는 바, 그들에 대해서도 보호결정을 할 수 있는지가 문제된다.[16] 제19대 국회에서 북한이탈주민의 자녀로서 제3국에서 태어난 무국적 청소년들도 보호결정을 받을 수 있도록 「북한이탈주민지원법」을 개정하는 것을 내용으로 하는 개정안만 4개가 제출된 것은 그와 같은 사례가 현실에서 많이 발생하고 있다는 것을 보여준다.

이와 같은 무국적 청소년들에 대해서는 보호결정을 받을 수 있는 근거가 마련되어야 한다.[17] 다만 그러한 경우 보호결정은 부모와 같이 입국을 한 경우 유전자 검사 등을 통해 실제로 북한이탈주민의 자녀인지를 판별하는 등의 절차를 거쳐서 엄격하게 이뤄져야만 한다. 이는 「북한이탈주민지원법」상의 지원은 원칙적으로 북한의 공민권을 가졌던 자들이 대한민국 헌법상 보호를 받지 못한 것에 대한 사회보상적인 성격을 가지는데, 북한의 공민권을 가졌던 적이 없었던 자에 대해서 보호결정을 하고 법률상의 지원을 하는 것은 그에 대한 예외에 해당하기 때문이다.

따라서 본인이 무국적 청소년이라고 주장하는 이들이 가족 없이

---

16) 이규창, "무국적 탈북자의 보호를 위한 법제도적 대응 방안 모색", 통일정책연구 제21권 제1호, 통일연구원, 2012, 219-221면; 한재헌, "무국적 탈북자의 인권과 권리를 가질 권리", 통일과 법률 제22호, 법무부, 2015.05, 117-120면 등 참조.

17) 류지성, "북한이탈주민지원법의 주요 논점에 관한 연구", 서울법학 제25권 제3호, 서울시립대학교 법학연구소, 2017.11, 148면; 이규창, 위의 글, 226-228면; 한재헌, 위의 글, 134-135면 등 참조.

보호신청을 하는 자들에 대해서는 「북한이탈주민지원법」에 근거하여 보호결정을 하거나 지원을 하는 등의 조치가 이뤄질 수는 없다. 이는 이미 북한에 거주하고 있던 중국화교들이 자신의 신분을 속이고 북한이탈주민지원법에 의한 보호결정도 받고 지원을 받은 사례들이 발견되고 있는 상황에서 분명한 증거가 없이 보호결정과 지원을 하게 되면 북한이탈주민지원법은 악용될 가능성이 더 높아지기 때문이다.

(나) 보호대상자의 개념과 보호범위

「북한이탈주민지원법」은 제2조에서 북한이탈주민을 '이북지역에 주소, 직계가족, 배우자, 직장 등을 두고 있는 사람으로서 북한을 벗어난 후 외국 국적을 취득하지 아니한 사람'이라고 정의하면서 보호대상자란 '법에 따라 보호 및 지원을 받는 북한이탈주민'으로 정하고 있다. 그리고 제3조에서는 '이 법은 대한민국의 보호를 받으려는 의사를 표시한 북한이탈주민에 대하여 적용한다'라고 정하고 있다. 이러한 내용은 북한이탈주민들이 보호의사를 표시만 하면 보호 및 지원이 원칙적으로 제공되는 것으로 해석된다.

하지만 이러한 내용은 북한이탈주민들을 보호대상자로 할 수 있는 것을 전제로 하고 있는 제8조, 그리고 보호결정 거부에 대한 내용을 정하고 있는 제9조와 모순된다. 그런데 제9조 제3항은 보호대상자로 결정되지 않은 사람에게도 보호 및 지원을 제공할 수 있다고 정하면서 지원 가능한 내용을 나열하고 있는 바, 이와 같은 현행 법률의 내용은 보호대상자로 결정되는 것이 갖는 의미를 모호하게 만든다.

북한주민들은 대한민국 국민으로서의 법적지위를 갖는 바, 「북한이탈주민지원법」은 보호대상자의 개념과 보호결정에 대한 내용을 폐기하고 입국과정에서 북한이탈주민임이 확인된 자에 대해서는 보호 및 지원을 제공하는 것을 원칙으로 하되, 제9조상의 보호대상자

로 결정하지 않는 기준에 해당하는 자에 대해서는 예외적으로 제공
되지 않는 지원내용을 정하는 방향으로 법률을 개정해야 한다. 이는
이와 같은 법률의 개정은 북한주민이 대한민국 국민으로서의 법적
지위를 갖는다는 것을 분명히 할 뿐 아니라, 원칙과 예외의 형태로
지원범위를 정함으로써 법률내용의 구성도 더 체계적으로 만들기
때문이다.

(다) 보호결정을 받지 못한 자에 대한 지원

「북한이탈주민지원법」은 34개의 조문으로 구성되어 있고 제8조에
서는 보호결정 절차에 대해서, 제9조와 동법 시행령 제16조에서는
보호결정을 거부할 사유와 그 예외에 대해서 상세하게 정하고 있다.
이와 같은 내용에 근거해서 2003년부터 2016년 8월까지 약 169명이
보호결정을 받지 못했다. 그 사유로는 국내 입국 후 1년이 지나서 보
호신청한 사람이 74.5%, 체류국에 10년 이상 생활근거지를 두고 있는
사람이 9.7%, 보호대상자로 정하는 것이 부적당하다고 대통령령으로
정하는 사람이 7.1%, 항공기 납치·마약거래·테러·집단살해 등 국제
형사범죄자가 5.1%, 살인 등 중대한 비정치적 범죄자가 3.6%를 차지
했다.[18]

〈표 9〉 연도별 비보호결정자[19]

2003	2004	2005	2006	2007	2008	2009
3	1	1	2	2	1	4
2010	2011	2012	2013	2014	2015	2016.08
11	32	30	29	29	35	16

18) 통일부 자료
19) 통일부 자료

북한체제의 유지에 적극적으로 가담했던 자, 김일성 일가의 가족, 위장탈출한 자의 경우 이들은 남한에 대하여 반국가단체의 주요 구성원이었던 자들이기에 이들에게 사회보상적인 차원에서 이뤄지는 지원을 하지 않는 것 역시 정당화 될 수 있다. 그리고 남한에 입국하는 북한이탈주민의 숫자 대비 비보호결정자의 숫자에 비춰봤을 때 비보호결정이 내려지는 비율이 높지 않은 것은 보호결정의 거부는 예외적으로만 이뤄진다는 것을 보여주고, 보호결정이 거부되는 경우에도 일부 지원은 제공되는 바,[20] 보호결정을 받지 못한 자들에 대한 지원이 제한되는 것은 정당화 될 수 있다.

다만 제9조 제1항 제5호에서 '국내 입국 후 1년이 지나서 보호신청한 사람'에 대해서는 국가인권위원회에서 중국 국적자로 입국하여 남한의 북한이탈주민 관련 제도와 지원 내용을 알지 못하다가 입국 후 1년이 경과하여 보호신청을 하는 경우가 있는 바, 1년의 기간이 충분하다고 보기 어렵기 때문에 이 내용을 개정해야 한다는 의견이 제기된다. 그러나 북한이탈주민들이 남한에 입국하기까지는 외부 정보가 유입된 영향이 크고,[21] 북한이탈주민들 간에 정보를 공유하는 공동체가 남한에 형성되어 있으며,[22] 북한이탈주민들의 탈북과정에 전문브로커가 등장하거나 국내에 먼저 입국한 북한이탈주민들이 가족탈북을 유도할 정도로 북한을 이탈하는 과정이 체계화되고 있는 점을 감안하면 북한이탈주민들이 남한에 입국 후 1년이 경과할 때까지 북한이탈주민지원제도에 대한 내용을 접하지 못했을 가능성은 매우 낮다.[23] 따라서 이와 같은 내용이 과도한 제한이라고 할 수

---

20) 류지성, 앞의 글, 144면 참조.
21) 치안정책연구소, 「해외체류 탈북자의 보호대책에 관한 연구」, 치안정책연구소, 2009, 25면 참조.
22) 김영순, "인천 논현동 북한이탈주민 공동체의 경계 짓기와 경계 넘기", 로컬리티 인문학 제12호, 부산대학교 한국민족문화연구소, 2014.01, 143-146면 참조.

는 없고 현행 법제도를 유지하는 것이 타당하다.

(2) 보호대상자로 결정되지 않은 자들에 대한 지원범위

「북한이탈주민지원법」은 제9조 제3항에서 보호대상자로 결정되지 않은 자들에 대한 지원에 대한 내용을 정하고 있다. 하지만 그들에 대한 지원내용과 그들을 지원에서 배제하는 내용은 분명한 기준을 제시하지 못하고 있다는 한계를 갖는다. 보호대상자로 결정되지 않은 자들에게도 지원을 제공하는 것은 그들이 남한사회에 적응하는데 겪는 어려움을 최소한의 수준에서는 해결해 줄 필요가 있기 때문이라는 것을 감안하면 동질성을 통한 연대성을 형성하고 기본적 생활을 하는데 필요한 지원은 원칙적으로 제공하되, 상호의존성을 통한 연대성을 형성하는데 필요한 지원 중에 직접적인 금전적인 지원과 그들에 대한 지원이 추가적인 예산을 소요로 하는 지원에서만 배제해야 한다.

그런데 보호대상자로 결정되지 않는 자들은 제15조의 사회적응교육, 제17조의 취업보호, 제18조의 특별임용, 제20조의 주거지원과 제21조의 정착금의 지급, 제22조의 전문상담사제도의 운영, 제24조의 교육지원, 제25조의 의료급여, 제26조의 생활보호, 제26조의3의 생업지원, 제26조의4 상의 자금의 대여 등에서 제외되는데, 사회적응교육·전문상담사제도의 운영·의료급여 동질성을 통한 연대성을 형성하거나 기본적 생활을 위해 필요한 지원에 해당하기에 보호대상자로 결정되지 않은 자들에 대해서도 지원이 제공될 필요가 있다. 반면에 그들에게 인정되는 지원 내용은 제11조의 정착지원시설에서의 보호, 제13조의 학력인정, 제14조의 자격인정, 제16조의 직업훈련, 제

---

23) 치안정책연구소, 앞의 책, 30-32면 참조.

17조의3의 영농 정착지원, 제19조의 가족관계 등록 창설의 특례, 제19
조의2의 이혼의 특례, 제22조의 거주지 보호, 제26조의2의 국민연금
에 대한 특례 등이 있는데 영농 정착지원의 경우 영농 자금 지원이
제공됨에도 불구하고 지원이 인정되고 있다. 이는 남한에서 농업에
종사하는 인구가 줄어들고 있는 현실을 반영한 것으로 판단된다. 반
면에 거주지 보호는 제공하면서 보호대상자들에 대해서는 거주지
보호를 받으면서 제공되는 사회적응교육을 그들에게 제공하지 않는
것은 남한사회에 적응하는데 필요한 지원의 절반만 제공해 주는 것
과 같은 결과를 야기한다.

　이는 북한이탈주민지원제도의 내용 중에 북한이탈주민들이 아닌
남한사회의 필요에 의해서 결정되는 내용들이 있음을 보여준다. 북
한이탈주민지원제도의 목적은 북한이탈주민들이 남한사회에 적응
하는데 필요한 지원을 제공하는 것이기에 이와 같은 지원내용은 북
한이탈주민들의 필요를 더 반영하는 형태로 조정되어야 한다.

(3) 정착지원시설에서의 심사절차

　북한이탈주민들은 입국과정에서 정착지원시설을 거치면서 북한
이탈주민인지 여부에 대한 확인과 지원 대상으로서의 적격성에 대
한 심사가 이뤄지는데 그 절차의 기간, 시행기관 등이 쟁점이 된다.

(가) 심사 권한에 대하여

　국정원이 심사의 주체가 되는 것에 대하여 그 과정에서 인권침해
적인 행태가 벌어질 수 있다는 이유로 인권보호관이나 통일부가 심
사의 권한을 가져야 한다는 견해가 제기되며 그 내용을 반영한 법률
안이 국회 소관위원회에 제출된 바 있다.[24] 그러나 통일부 주도로
보호결정 절차 등을 주관하는 것에는 몇 가지 문제점이 존재하는

바, 현행 법률의 내용이 유지되는 것이 타당하다.

첫째, 전문성에 대한 점이다. 통일부 공무원들은 순환보직을 하게 되는데 북한이탈주민들을 지속적으로 내면하지 않은 통일부 공무원들이 북한이탈주민들의 특성, 이들의 몸짓 등을 보고 거짓말을 하는지 등을 판별해 내는 것은 불가능하다. 현재 국정원에서 담당하는 심문 등에서는 북한이탈주민들이 북한에서 자신이 살아왔던 인생 등을 검증함으로써 거짓말을 하는지, 간첩이 아닐지 등을 판별해 내는데 통일부에 그러한 전문성을 가진 인원이 존재하지 않는 바, 이는 안보에 중대한 위협으로 작용할 수 있다.

둘째, 통일부 공무원들이 북한이탈주민을 조사할 수 있는 권한의 법적 근거가 문제가 된다. 통일부 공무원은 경찰도, 검찰도 아닌데 실질적인 수사권과 같은 권한을 통일부 공무원에게 부과하는 것은 적법절차의 원칙에 위배된다.

셋째, 북한이탈주민에 대한 심사를 하는 과정에서는 신체검사를 하고 강제력을 행사할 수 있어야 하는데 이러한 권한을 통일부 소속 공무원에 부여하는 것의 법적 근거가 없기에 통일부가 심사절차의 권한을 가질 수는 없다.

(나) 보호기간의 축소에 대한 점

현행 「북한이탈주민지원법」은 정착지원시설 내에서 보호하는 기간을 1년 이내로 정하고 있고 동법 시행령 제12조 제2항은 보호결정을 위해 필요한 조사는 보호신청자가 입국한 날로부터 90일 이내에

---

24) 제20대 국회 2016년 9월 13일 제안, 북한이탈주민의 보호 및 정착지원에 관한 법률 일부개정법률안(나경원의원 등 10인); 제20대 국회 2017년 6월 29일 제안, 북한이탈주민의 보호 및 정착지원에 관한 법률 일부개정법률안(이인영의원 등 12인); 제20대 국회 2017년 8월 30일 제안, 북한이탈주민의 보호 및 정착지원에 관한 법률 일부개정법률안(박주민의원 등 10인) 등 참조.

이뤄져야 한다고 정하고 있는데 이는 반헌법적이고 인권침해적이기 때문에 그 기간을 단축해야 한다는 주장이 제기된다.[25]

하지만 현행 법률의 내용은 그대로 유지되는 것이 타당하다. 이는 현행 법률의 내용은 보호기간을 최대 1년으로 정해 놓고 있을 뿐 1년을 반드시 보호하고 있어야 한다는 의미가 아니며,[26] 북한이탈주민보호센터에서는 같은 내용의 심문을 반복적으로 하면서 앞뒤가 맞지 않는 진술이 있는지 등을 검토하면서 북한이탈주민의 출신성분 등을 분별하게 된다. 그 과정에서 북한을 이탈한 의도에 의구심이 드는 경우에는 추가적인 조사 등을 하는 등 철저하게 할 필요가 있으며, 정착지원시설에서는 심문절차뿐 아니라 북한이탈주민들이 남한사회에 적응하는데 필요한 기초교육도 진행되기 때문에 보호기간을 최대 1년으로 설정한 것이 과도한 것이라 할 수 없다. 보호기간을 단축하는 것은 오히려 북한이탈주민을 조사하는 주체가 되는 자들이 위와 같은 사실을 짧은 시간 안에 확인해야 함으로 인해 압박을 느껴 강압적이고 불법적인 조사를 하는 등의 부작용을 야기할 가능성이 매우 높기에 현재 수준을 유지해야 한다.

(다) 임시보호시설 및 정착지원시설에 입소한 자에게 권리고지

형사소송법에서 정하고 있는 것과 마찬가지로 피조사자가 심사를 받는 과정에서 피조사자가 일체의 진술을 하지 아니하거나 개개의 질문에 대하여 진술을 하지 아니할 수 있으며, 진술을 하지 아니하더라도 불이익을 받지 않아야 한다는 주장이 제기된다.[27]

---

25) 대한변호사협회, "북한이탈주민의 국내정착과정에서의 인권문제—합동신문을 중심으로", 「2013년 인권보고서」, 대한변호사협회, 2013, 428-429면, 431-432면 참조.
26) 「북한이탈주민지원법」이 제정되었을 당시에는 1년으로 정해져 있던 내용을 정착지원시설의 보호기간이 3개월인 점을 감안하여 2007년에 법률을 개정하여 "1년 이내"로 조정한 것이다.

하지만 임시보호시설과 정착지원시설에서의 심문 절차는 남한에 입국하려는 자가 북한주민인지 여부와 함께 남한에 반국가적인 목적을 갖고 입국하는지 여부를 분별하기 위한 절차이지 그들의 유무죄를 판별하는 절차가 아니다. 따라서 형사소송법상 심사 절차와 북한이탈주민의 입국과정에서의 심사절차의 법적성격이 같다고 할 수 없다. 그리고 지금까지 북한이탈주민에 대한 보호결정 절차에서 본인이 북한주민이라고 주장하는 자들이 추후에 재북화교나 북한적 중국동포로 밝혀진 사례들이 상당수 발견된 적이 있으며, 북한이탈주민지원제도는 잘 훈련된 남파간첩이 입국할 수 있는 경로로 악용될 수도 있다. 이와 같은 상황에서 보호신청을 한 자들에게 진술거부권이 인정되면 이는 국가안보에 위협으로 작용하는 자들이 침투하게 되거나 지원대상이 아닌 자들에게까지 지원을 제공하는 결과를 야기할 수 있다. 따라서 현재 임시보호시설에서 이뤄지는 심사절차는 그대로 유지되어야 한다.

(4) 통일과정을 대비한 규정

현재 대한민국 헌법에는 통일 이전 서독 기본법 제146조와 제23조와 같은 규정이 없어서 제4조에서 평화통일을 해야 한다는 당위적인 내용은 있지만 구체적인 방안이 마련되지 않았다는 비판이 제기된다.[28] 통일이 어떠한 과정과 형식을 통해서 이뤄져야 하는 지에 대해서 견해가 대립하는 바,[29] 개정되는 헌법에서는 통일 방법에 대한

---

27) 대한변호사협회, 앞의 글, 426-428면 참조.
28) 정만희, "통일헌법을 위한 단계적 헌법개정", 동아법학 제66권, 동아대학교 법학연구소, 2015.02, 232-233면 참조.
29) 김귀옥, "남북 사회문화공동체 형성을 위한 대안과 통일방안 모색", 한국사회과학 제22권 제3·4호, 서울대학교 사회과학연구원, 2000, 93-109면; 최양근, "한반도 및 동북아 평화에 기여하는 통일방안 고찰 : 단계적 연방제통일방

내용이 추가될 필요가 있다.

이와 마찬가지로 현행「북한이탈주민지원법」은 통일되는 과정에서 북한이탈주민에 대한 지원을 어떻게 개정해 나갈 것인지에 대한 규정이 존재하지 않는다는 한계가 있다. 따라서「북한이탈주민지원법」에는 통일이 갑작스럽게 이뤄질 경우, 그리고 통일이 된 이후 북한이탈주민지원제도의 효력에 대한 내용이 추가되어야 한다.

5. 사회통합을 위해 필요한 북한주민에 대한 지원

동질성과 상호의존성을 통한 연대성은 이론적으로는 구분될 수 있으나 현실에서 그 연대성이 독립적으로 형성되는 것은 아니며, 사회구성원의 동질성과 상호의존성은 오히려 상호 간에 영향을 주고받는다. 그럼에도 불구하고 지금까지 북한이탈주민에 대한 지원은 상호의존성을 통한 연대성을 형성하는데 집중되어 왔다는 한계를 갖는다.[30] 따라서 남북한주민을 사회적으로 통합하기 위해서는 북한이탈주민에 대한 지원을 하는데 있어서 동질성을 통한 연대성과 상호의존성을 통한 연대성을 형성하는 것을 목적으로 하는 지원을 병행해야 한다.[31]

안을 중심으로", 2013년 하계 한국평화연구학회 학술회의 발표문, 한국평화연구학회, 2013.06, 482-492면; 이병수, "통일방안에 대한 비판적 고찰과 관점의 전환", 통일인문학 제61집, 건국대학교 인문학연구원, 2015.03, 76-83면 등 참조.

30) 서유경, "현행 북한이탈주민 지원정책의 두 가지 근본문제와 다문화주의적 사회통합 해법", 대한정치학회보 제21권 제2호, 대한정치학회, 2013.10, 317-319면 참조.

31) 손윤석, "북한이탈주민의 보호 및 정착지원에 관한 법률에 대한 고찰—국내법적 논의를 중심으로", 법학논고 제55집, 경북대학교 법학연구원, 2016.08, 104-106면 참조.

가. 동질성을 통한 연대성 형성을 위한 과제와 지원내용

현행 법제도 하에서 북한이탈주민들이 남한사회에서 동질성을 통한 연대성을 형성하는 것을 목적으로 하는 지원은 주로 남북하나 재단의 민간공모사업을 통해서 진행되고 있다. 하지만 현재 공모사업을 통해서 이뤄지는 지원은 그 금액이 적을 뿐 아니라 그 절차와 내용과 지원되는 내용의 효율 및 효과에 대한 평가를 하는데도 한계가 있으며, 결정적으로 매년 사업을 공모하는 것은 지원이 장기적인 차원에서 이뤄질 수가 없게 만들고 있다. 따라서 민간공모사업의 차원에서 이뤄지는 지원이 아닌 국가적인 차원에서 이뤄지는 지원내용이 보충되어야 한다.

(1) 교육을 통해 동질성을 형성하기 위한 과제와 지원내용

동질성을 통한 연대성을 형성하기 위한 국가의 직접적인 개입은 제한적으로 이뤄져야 하며 남한사회에서 남한주민과 북한이탈주민 간의 동질성을 형성하기 위한 지원은 교육영역에 집중되어야 한다. 그런데 현행 법제도 하에서 교육에 대한 지원은 상호의존성을 통해 연대성을 형성하는데 초점이 맞춰져 왔는바, 동질성을 통한 연대성을 형성하기 위한 교육과정과 내용이 집중적으로 보충되어야 한다.[32]

(가) 교육 시기

현행 북한이탈주민지원제도에서 북한주민에 대한 교육은 하나원에서 집중적으로 이뤄지며 교육과 함께 현장방문이 같이 병행된다. 하지만 북한이탈주민들은 하나원에서 보호를 받는 동안에는 제한되

---

[32] 유병선, "북한이탈주민 민주시민교육의 내용과 문제점", 한국민주시민교육학회보 제13-1호, 한국민주시민교육학회, 2012.12, 95면 참조.

고 통제된 상황에서 남한사회를 접하고, 그런 상황에서는 남한의 사
회체제 안에서 생활하는 것에 대한 본격적인 경험이 이뤄질 수가 없
다. 따라서 북한이탈주민들이 남한사회와 남한주민들에 대한 동질
성을 형성하는데 필요한 교육은 북한이탈주민들의 주거지가 결정된
이후에도 이뤄져야 한다.[33)]

(나) 교육의 진행방법

동질성을 형성하기 위한 교육은 북한이탈주민들의 연령대에 따
라 다른 방법으로 이뤄져야 하는데, 초·중·고등학생들의 경우 공교
육제도의 틀 안에서 남한주민들과 같이 생활하면서 정규교과과정에
서 자연스럽게 동질성을 형성하는데 필요한 교육을 받아야 한다. 하
지만 해당 연령대의 북한이탈주민들도 남한주민들이 압도적 다수인
교육환경에 적응하지 못하거나 남한에 입국하기 전에 한 경험으로
인해 공교육제도 안에서 다양한 형태의 어려움을 겪을 가능성이 매
우 높다. 따라서 학생인 북한이탈주민들의 경우 적응과정의 일환으
로 북한이탈주민들에 맞춤형 교육을 진행하는 교육기관을 활성화
시켜서 적응과정에서의 시행착오를 최소화해야 한다.[34)]

하지만 이들보다 연령대가 높은 북한이탈주민들은 사회생활을
해야 하고, 주거지에 따라서는 북한이탈주민들이 많지 않아서 물리
적으로 오프라인에서 교육을 진행하는 것이 불가능한 상황에 처한
자들이 많을 수밖에 없다. 따라서 이들에 대해서는 평생교육의 일환
으로 북한이탈주민들이 온라인으로 교육을 받고, 교육 내용에 대한

---

33) 김창근, "북한이탈주민의 남한사회 적응과 통일교육", 윤리연구 제80호, 한
    국윤리학회, 2011, 163-164면; 유시은 외 4인, 「탈북대학생 중도탈락 원인 및
    대안」, 북한이탈주민지원재단, 2013, 102면 등 참조.
34) 길준규, 앞의 글, 268면; 정용상, "북한이탈주민의 사회통합을 위한 법정책
    적 방향", 동아법학 제61권, 동아대학교 법학연구소, 2013.11, 37-39면; 유시
    은 외 4인, 위의 책, 104-107면 등 참조.

점검 혹은 평가를 하는 형태로 교육과정을 진행하면서,[35][36] 교육을 이수한 내용과 그 수준에 따라서 남한에서 생활하는데 필요한 지원 또는 혜택을 추가적으로 제공하는 방식의 교육체계가 동질성을 통한 연대성을 형성하는데 효율적이고 효과적일 것으로 판단된다. 이는 온라인으로 교육을 진행하는 것은 시간과 장소의 제약을 해결해 주고, 추가적인 지원 또는 혜택을 부여하는 것은 북한이탈주민들이 교육을 받을 유인을 제공하기 때문이다.

이와 같은 교육과정은 자신이 수강할 과목을 직접 선택함으로써 북한이탈주민들은 자신의 필요에 따라 선택을 하는 경험을 할 수 있을 뿐 아니라 그 과정에서 북한주민에게 필요한 정보화 교육이 이뤄질 수 있다는 장점을 갖는다.[37] 다만 온라인으로 교육이 이뤄질 경우 부정한 방법으로 교육과정을 이수하는 등의 방법으로 부당이득을 취하려는 시도가 있을 수 있는 바, 그러한 경우에 대한 처벌규정도 관련 법률에 마련되어야 한다.

(다) 교사 및 강사의 자격부여

현재 북한이탈주민들에 맞춤형 교육을 진행하는 교육기관이나 학교들 중에서 미인가 대안학교들의 경우에는 교육이 자원봉사자들이나 교육에 전문성이 없는 교사들이 필요에 따라 교육을 진행되는

---

35) 북한이탈주민들에게는 온라인 배움터 대상자들에 대한 지원이 이뤄지고 있으나 이는 기존에 존재하는 취업 등에 대한 온라인 학습비를 지원하는 것으로 동질성을 통한 연대성을 형성하는 것과는 관련이 없다. 그리고 2018년에는 북한이탈주민 포털이 만들어졌는바, 이와 같은 교육은 해당 포털에서 진행되는 것이 효율적일 것이다.; 북한이탈주민 포털 주소: http:// hanaportal.unikorea.go.kr

36) 유시은 외 4인, 앞의 책, 107-111면 참조.

37) 이경화 외 1인, "북한이탈주민을 위한 정보화 교육프로그램 개발 연구", 아시아교육연구 제6권 제2호, 서울대학교 교육연구소, 2005, 173-174면 참조.

경우가 있다. 그런데 이와 같은 교육기관과 학교의 운영방식의 그 규모가 작을 때는 문제가 없을 수도 있지만 그 숫자가 늘어나고 규모가 커질수록 교육수준과 내용의 차원에서 많은 문제를 야기할 수도 있다.

따라서 북한이탈주민들을 위한 교육기관이나 학교들에서도 궁극적으로는 교사 자격을 부여받은 자들이 교사로 근무하면서 교육을 제공하도록 해야 하며, 정부는 그러한 자격을 부여받은 교사들이 근무하는데 필요한 지원을 해당 교육기관과 학교에 제공해야 한다. 북한이탈주민에 대한 교육이 효율적이고 효과적으로 이뤄지기 위해서는 해당 교육기관과 학교에 근무하는 교사들이 북한이탈주민에 대한 이해가 있어야 하는 바, 대학교 교직이수 과정이나 방학 때 이뤄지는 교사 연수과정에서 북한이탈주민 교육과 관련 과정을 만들고, 그 과정을 수료한 자들에게만 그 학교들에서 근무할 자격을 부여하는 것이 양질의 교육이 지속적으로 이뤄지는 것을 담보할 수 있을 것이다. 그리고 사회생활을 하는 북한이탈주민들에게 제공되는 교육의 경우, 교육내용과 강사에 대한 관련정부부처의 검토를 거친 이후에 동영상 제작을 진행하는 방식으로 교육내용과 수준에 대한 통제가 이뤄져야 한다. 이는 그 교육내용과 수준이 북한이탈주민들에게 적합하게 구성되어야 하기 때문이다.

(라) 교육 내용

북한이탈주민들이 동질성을 통한 연대성을 형성하는 것을 목적으로 하는 교육은 남한의 사회체제와 남한에서 형성된 민족성과 관련된 역사, 언어, 민족문화에 대한 내용으로 구성되어야 한다.[38] 이는 북한이탈주민들에 대한 교육과정에는 남북한 주민 간의 동질성

---

38) 김은배 외 1인, "북한이탈 청소년의 남한사회 적응 문제와 정책적 함의", 청소년학연구 제10권 제4호, 한국청소년학회, 2003.12, 176-178면 참조.

236 사회통합을 위한 북한주민지원제도

을 통한 연대성은 같은 민족이라는 지점에서 형성되어 있다는 점과 북한이탈주민들이 남한의 사회체제에 대한 이해수준을 높여야 할 필요가 반영되어야 하기 때문이다. 다만 교육이 효율석이고 효과적으로 이뤄지기 위해서는 그 내용이 전달되는 과정에서 '사회적 시장경제질서'나 '민주적 기본질서'와 같은 표현을 사용하는 것은 지양하고, 교육과정은 그러한 원리가 북한이탈주민들이 이해할 수 있는 방식으로 구성되어야 한다.39)

(2) 사회체제에 대한 동질성 형성을 위한 지원내용

북한이탈주민들 중 상당수는 남한사회에서 경제활동을 하는데 어려움을 겪고 있으며, 북한이탈주민들이 고용주에게 부당한 대우를 받는 사례들이 꾸준히 발생하고 있다. 이러한 현상은 북한이탈주민들이 남한의 사회체제에 대한 이해가 부족하고, 그에 따라 사회체제를 기준으로 하는 동질성을 형성하고 있지 못하고 있기 때문에 발생한다.40) 따라서 북한이탈주민들이 남한사회에 대한 동질성을 통한 연대성을 형성함으로써 소속감을 갖고 안정적으로 정착하기 위해서는 북한이탈주민들이 남한의 사회체제에 대한 이해도를 제고하기 위한 교육이 이뤄져야 한다.

사회체제에 대한 동질성을 형성하는 것은 지식적으로 사회체제에 대한 정보를 많이 아는 것을 넘어서 그 안에서 어떻게 생활해야 하는지, 그리고 그 안에서 본인이 내리는 결정이 어떤 결과를 야기할 수 있는지를 이해하는 것을 의미한다. 따라서 북한이탈주민들이 남한의 사회체제에 동질성을 형성하기 위해서는 교육을 제공함과

---

39) 윤준영, "북한이탈주민의 법의식 변화를 위한 법교육에 관한 연구, 연세법학" 제25권 제0호, 연세법학회, 2015, 206면 참조.
40) 서유경, 앞의 글, 316-317면 참조.

동시에 그 사회체제를 경험할 수 있는 기회를 제공하는 지원이 같이 이뤄져야 한다.[41]

북한이탈주민들이 이처럼 남한의 사회체제에 적응하고 동질성을 형성하게 하기 위해서는 단순히 그들이 이용할 수 있는 법제도를 넘어서 북한이탈주민들이 남한사회에 정착하는 과정에서 개인의 경제생활을 지속적으로 관리해 줄 전문상담가들과 지속적인 상담을 받을 수 있는 기회를 제공해줘야 한다.[42] 그 첫 번째 이유는 사회체제에 대한 일반적인 지식을 갖고, 경험을 하는 것만으로는 그 안에서 본인이 내리는 의사결정이 어떤 의미를 갖고, 그 의사결정이 어떤 영향을 갖는지를 이해하는데 한계가 있기 때문이다. 따라서 북한이탈주민들이 자신의 영역에서의 경제활동과 그 영향을 이해하고 적절한 의사결정을 내리기 위해서는 개인의 구체적인 상황에 맞춘 조언이 제공되어야 한다.

두 번째 이유는 지역적응센터에서 자원봉사자들을 일대일로 연결해주고는 있지만 자원봉사자들에 따라서 관계를 형성하는 수준의 차이가 너무 크고, 자원봉사자들이 해줄 수 있는 역할이 제한되어 있음으로 인해 북한이탈주민들에 제공되는 유의미한 도움은 많지 않기 때문이다. 따라서 자원봉사자들을 일대일로 배정하는 것보다는 북한이탈주민지원제도와 경제적인 부분에서의 상담을 해줄 수

---

41) 유병선, 앞의 글, 95-96면; 김희경, "북한이탈주민과 남한주민의 교류 경험에 관한 질적 연구", 한국심리학회지: 상담 및 심리치료 제28권 제2호, 한국심리학회, 2016.05, 555-557면; 문승일 외 2인, "북한이탈주민의 여가활동과 사회적응과의 관계에 대한 실증적 연구", 관광연구저널 제29권 제3호, 한국관광연구학회, 2015.03, 25-26면 등 참조.

42) 강동완 외 1명, "북한이탈주민 지역적응센터 역할 및 개선방안: 지역적응센터와 전문상담사 간의 협업사례를 중심으로", 정치정보연구 제20권 제2호, 한국정치정보학회, 2017.06, 13-16면; 전연숙, "북한이탈주민 정착지원 실무자의 교육 실태 및 요구", 여성연구논총 제16집, 성신여자대학교 한국여성연구소, 2015.02, 58-63면 등 참조.

있는 전문가를 지역 혹은 직장별로 배치해서 정기적인 경제활동이
나 재무상태 등에 대한 상담을 분기 혹은 반기에 한 번씩 정기적으
로 받는 것은 물론이고 본인이 희망하는 경우에는 연락을 해서 상담
을 받을 수 있는 체계를 만들어야 한다.[43)]

다만 이러한 지원이 효율적이고 효과적으로 이뤄지기 위해서는
북한이탈주민과 접점이 발생하는 전문가의 자질과 능력 등이 중요
하기 때문에 그러한 역할을 하는 인원에 대한 교육 철저하게 이뤄져
야 하며,[44)] 이들이 북한이탈주민들의 재정적인 상태에 대한 조언을
해주는 데도 그 한계가 설정되어야 한다. 이는 북한이탈주민들과의
관계에서 신뢰가 형성되는 시간이 필요하지만, 신뢰가 형성되는 이
후에 북한이탈주민들은 많은 것을 공유하는 경향이 있기 때문에 이
러한 북한이탈주민들의 성향을 악용하는 사례들이 발생할 위험이
존재하기 때문이다. 따라서 이와 같은 전문상담가들에 대해서는 비
밀유지의무, 북한이탈주민들과 직접적인 금전거래를 하지 않을 의무
를 부여하면서 특정 금융 서비스나 금융기관을 알선할 수 없도록 제
한하고, 이와 같은 의무와 제한을 위반할 경우에는 처벌하는 내용이
법률에 마련되어야 한다.

(3) 민족성을 통해 동질성 형성을 위한 지원내용

민족성에 대한 인식이 남한사회에서 약화되고 있다는 주장이 제
기된다.[45)] 하지만 남한사회와 주민들의 민족성이 약화된 것으로 보

---

43) 임정빈, "북한이탈주민 정착을 위한 지역사회 지원체계 및 이해관계자 분
   석", 한국정책연구 제12권 제2호, 경인행정학회, 2012.06, 263-266면 참조.
44) 노인숙 외1인, "북한이탈주민 전문상담사의 심리적 소진의 원인 탐색", 정
   신간호학회지 제21권 제4호, 한국간호학회, 2012.12, 308면; 고혜진 외 4인,
   "고령 북한이탈주민 사회보장제도 활용의 제약요인 및 접근성 제고 방향",
   한국사회정책 제25권 제1호, 한국사회정책학회 2018, 187-189면 등 참조.

이는 것은 남한에서의 민족의식과 민족성이 남한의 사회체제와 세계화의 흐름에 영향을 받아 변형되었기 때문이지 민족성 자체가 상실되었기 때문은 아니다.[46] 이는 대중매체에서 민족주의 프레임을 사용한다는 점,[47] 한국의 다문화정책에도 민족주의적 요소가 반영되어 있다는 점,[48] 다른 국가를 국가 간의 관계로 이해하지 않고 민족 간의 관계로 이해하는 경향이 있다는 점,[49] 민족의 전통문화를 현대적으로 하려는 시도들이 지속적으로 이뤄지고 있다는 점에서 분명하게 드러난다.[50]

이러한 민족의식은 남한의 다양한 법제도들에도 반영되어 있다. 그 대표적인 예로는 직접적으로 민족문화의 창달을 위한 지원을 내용으로 하는 법제도, 재외동포를 지원하는 것을 목적으로 하는 법제도, 특정영역에서 귀화를 할 때 혈통에 따라서 기준을 달리하는 정책 등을 들 수 있다.[51] 이와 같은 법제도와 정책들은 민족성이 남한

---

45) 이태진 외 5인, 앞의 책, 77-80면 참조.

46) 양은경, "민족의 역이주와 위계적 민족성의 담론 구성" 한국방송학보 제24-5호, 한국방송학회, 2010.09, 231면 참조.

47) 류재형, "한국형 블록버스터 영화의 한국 민족주의적 특성", 한국언론정보학보 통권 제59호, 한국언론정보학회, 2012.08, 121-125면; 하은빈 외 1인, "G20 관련 뉴스에 투영된 한국 민족주의 프레임 연구-5대 중앙 일간지 보도를 중심으로", 한국언론학보 제56권 제6호, 한국언론학회, 2012.12, 78-83면 등 참조.

48) 이진석, "한국의 다문화정책과 민족주의", 민족사상 제8권 제3호, 한국민족사상학회, 2014.10, 219-226면 참조.

49) 박의경, "한국민족주의의 전개—그 예외성과 특수성을 중심으로", 민주주의와 인권 제15권 제3호, 전남대학교 5.18연구소, 2015.12, 187-189면 참조.

50) 최석만, "한류: 한국 전통문화의 재해석", 동양사회사상 제15집, 동양사회사상학회, 2007, 13-22면; 정수희, "전통문화콘텐츠의 현대적 활용", 문화콘텐츠연구 제2호, 건국대학교 글로컬문화전략연구소, 2012.12, 87-90면 등 참조.

51) 남한에서 민족의식은 대한민국 헌법의 전문과 제9조, 「국어기본법」이 민족문화의 발전에 이바지함을 목적으로 한다고 정하고 있는 점, 그 외에도 「공예문화산업 진흥법」, 「고도 보존 및 육성에 관한 특별법」, 「매장문화재

사회에서 여전히 동질성을 통한 연대성을 형성할 기준으로 존재한
다는 것을 보여준다.

　남한사회에서 북한이탈주민들이 민족성을 통한 동질성을 형성하
기 위해서는 북한이탈주민들이 남한사회와 주민에 대한 이해도를
제고시키는 것도 중요하지만, 북한과 북한이탈주민들에 대한 남한주
민들의 이해도를 제고시키는 것 역시 매우 중요하다. 이는 남한주민
들이 북한과 북한이탈주민들에 대한 이해도가 높아질 경우, 그들이
북한이탈주민들을 직접 접했을 때 이질성을 덜 느낄 것이고, 그에
따라 남북한 주민 간의 접점이 생겼을 때 그 관계에서 동질성이 더
잘 형성될 수 있기 때문이다.[52] 이를 위해서 체제수렴기 남한에서는
「방송법」상 공공채널 혹은 공영방송에서 남한주민들이 북한과 북한
이탈주민들에 대한 정보를 자주 접할 수 있도록 전략적인 지원을 하
는 것이 이와 같은 목적을 가장 효율적이고 효과적으로 달성할 수
있는 방법일 것으로 판단된다.[53]

보호 및 조사에 관한 법률」, 「무형문화재 보전 및 진흥에 관한 법률」, 「문
화기본법」, 「문화재보호법」 등 문화와 관련된 법률들이 모두 민족에 대한
내용을 포함하고 있는데서 드러난다. 그리고 「고려인동포 합법적 체류자
격 취득 및 정착 지원을 위한 특별법」, 「재외동포의 출입국과 법적 지위에
관한 법률」 등은 민족성을 국가적인 차원에서 인정하지 않으면 제정될 수
가 없었던 법률들이다.

52) 양계민 외 1인, "북한이탈주민과의 접촉이 남한 사람들의 신뢰와 수용에
미치는 영향", 한국심리학회지: 문화 및 사회문제 제11권 제1호, 한국심리
학회, 2005.02, 110면; 김성이, "북한관련 언론보도 내용이 청소년 통일관에
미친 영향 조사", 청소년학연구 제2권, 한국청소년학회, 1994.12, 117면-118
면 참조.

53) 김희상 외 1인, "미디어 접촉에 따른 북한이탈주민 수용성의 변화", 사회과
학연구 제25권 제1호, 서강대학교 사회과학연구소, 2017, 28-31면, 34-36면;
이준웅, "통일을 위한 방송의 역할—북한관련 정보추구와 통일에 대한 해
석적 프레임이 통일정책에 대한 여론에 미치는 영향", 방송연구 통권 제51
호, 한국방송학회, 2000, 243-244면; 이우영, 앞의 책, 77-91면 등 참조.

(4) 남한주민과 북한이탈주민 간의 교류의 확대

남북한 주민들이 동질성을 통한 연대성을 형성하기 위해서는 남북한 주민들 간에 직접 만날 수 있는 장이 최대한 많이 마련되어야 한다.[54] 이는 정보를 지식적으로 접하는 것보다 직접 만남을 통해서 상호 간에 동질성을 확인하는 것이 연대성을 형성하는데 더 효율적이고 효과적이기 때문이다.

현 법제도에서는 이를 위해서 남북하나재단을 중심으로 민간공모사업, 착한봉사단, 어울림한마당 등을 통해서 남한주민과 북한이탈주민 간의 교류가 진행되고 있는데 2018년 공모사업의 경우 22개 단체에 각 1천 1백만 원에서 1천 3백만 원을 지원하는데 그쳤다. 그리고 그 사업의 세부 내용은 ① 북한이탈주민의 남한사회 적응력 강화사업, ② 북한이탈주민의 안정된 정착을 지원하는 사업, ③ 의료·복지·비보호 결정자 등 취약 계층 대상 사업, ④ 우리 사회의 북한이탈주민 포용력 강화사업, ⑤ 남북 주민 상호 인식제고 및 소통·인식제고 및 개선 사업 등을 범위로 정하고 있다.

이와 같은 방식으로 사업을 시행하는 것은 지원 금액이 너무 적고, 사업의 종류가 너무 다양해서 사업의 효과가 휘발성이 강할 수밖에 없는데, 이러한 점은 사업의 효율성 및 효과에 대한 평가를 힘들게 만든다. 동질성이 형성되는데 상당한 수준의 시간이 소요된다는 점을 감안하면, 이러한 사업들을 더 효율적이고 효과적으로 진행하기 위해서 예산을 증액하고 장기적인 목표를 가지고 더 적은 수의 단체들에게 지원을 집중해야 한다.[55]

---

54) 김희경, 앞의 글, 549-558면 참조.
55) 2017년과 2018년에 모두 지원 대상으로 선정된 단체들이 북한인권정보센터, 여성문화인권센터, 탈북민자립지원센터, 통일미래연대, 한국탈북민정착지원협의회, NAUH 등 6개 단체에 불과하다는 것은 매년 공모사업을 통

나. 상호의존성을 통한 연대성 형성을 위한 지원내용

지금까지 북한이탈주민에 대한 지원은 주로 상호의존성을 통한 연대성 형성을 목적으로 제공되어왔다. 그리고 남한에서 북한주민에게 제공되는 지원항목은 현재수준으로도 충분한 것으로 판단된다. 다만 구체적인 지원 내용들의 경우 북한이탈주민들이 남한사회에서 상호의존성을 통한 연대성을 형성하는데 적절한 것인지 여부를 검토해야 한다.

(1) 기본적 생활의 보장을 위한 지원내용

현행 북한이탈주민지원제도 하에서 북한이탈주민들에게는 생계를 해결하기 위한 다양한 지원이 이뤄지고 있다. 북한이탈주민들은 그 지원 수준과 사회보장수준에 만족하지 못하고 있지만,[56] 북한이탈주민에 대한 지원이 무제한적으로 이뤄질 수 있는 것도 아니며, 북한이탈주민의 수가 급격하게 증가할 수도 있다는 점을 감안하면 생계를 위한 직접적인 물질적 지원을 늘리는 것은 남한주민의 기본

해서 22개 민간공모사업을 새로 공모하고 진행하는 것이 사업의 연속성을 갖지 못하고 있다는 것을 보여준다. 그리고 그나마도 이 단체들 중에서 2017년과 2018년에 같은 사업을 지속적으로 진행하는 것으로 보이는 것은 북한인권정보센터, 한국탈북민정착지원협의회 뿐이다. 그리고 민간공모사업의 선정된 단체들 중에서는 정치적인 편향성이 있는 것으로 인해 비판을 받은 단체도 있고, 지원 내용의 차원에서는 축구로 하나되는 협회라는 이름의 단체가 남북통합 아동청소년 수영교실을 진행하는 사업이 포함되어 있는 등 사업을 진행할 능력이 있는지에 대한 의구심이 생기는 사례도 존재한다. 이러한 점을 고려했을 때 현재 지원사업이 진행되는 방향과 내용을 수정할 필요가 있는 것은 분명하다.

56) 김영일 외 4인, "북한주민의 사회보장 경험에 관한 질적 사례연구", 한국사회복지행정학 제16권 제4호, 한국사회복지행정학회, 2014, 152-154면 참조.

권을 침해하는 결과를 야기하거나 남한정부의 부담으로 작용할 수 있다. 북한이탈주민지원제도가 상호의존성을 통한 연대성을 형성하기 위한 지원 중심으로 이루어진 덕분에 북한이탈주민의 생계를 해결해주기 위한 지원의 내용과 방법은 많이 발전해 왔으며, 현재 제공되고 있는 수준이 적정한 것으로 판단된다. 이는 북한이탈주민들에게 주거지를 제공하기 위해서 이뤄지는 지원 역시 마찬가지다.

다만 현행 법제도의 내용 중에서 북한이탈주민들이 지방에 거주하기로 결정할 경우 제공되는 지방거주 장려금에 대한 내용은 수정 및 보완되어야 할 요소들이 있다. 지방거주 장려금은 북한이탈주민들의 약 70% 정도가 가족 혹은 지인의 수도권 거주, 자녀교육, 취업 등으로 인해 수도권지역에 거주하는 것을 선호하는 현상을 완화하기 위해서 북한이탈주민에 대하여 수도권 외 지역에 거주할 유인을 제공하기 위하여 장려금을 지급하는 제도인데, 현 법제도의 내용 하에서는 북한이탈주민들이 지방거주 장려금을 수령할 수 있는 요건을 충족시키는 2년 후에는 거주지를 수도권으로 옮길 유인이 충분히 있다. 이는 장려금이 세대주에게 1회에 한해 지급되기에 장려금을 수령한 이후에는 북한이탈주민들이 사회적 인프라가 집중되어 있는 수도권으로 이주할 가능성이 매우 높기 때문이다.

북한이탈주민들이 정착할 지역을 결정하는 과정에서 그들의 의사를 그대로 반영하는 것은 불가능할 뿐 아니라 바람직하지도 않다. 이는 북한이탈주민들이 남한의 환경, 지역별 특성에 대한 지식이 전혀 없을 뿐 아니라 남북한 주민들이 자유롭게 연락을 할 수가 없었던 상태로 70년이 지난 상황에서 북한이탈주민의 의사를 무조건적으로 반영하는 것은 오히려 북한이탈주민의 실질적인 이익에 반할 가능성이 높기 때문이다. 이를 고려했을 때 남한에 입국한 이후 북한이탈주민들의 주거지역은 그들이 가진 기술, 희망하는 직종 등을 종합적으로 고려하여 북한이탈주민이 생계를 해결하고 취업하는데 어려움을 최소화 할 수 있는 방향으로 협의하여 결정해야 한다.[57] 이는 북한이탈주민의 주거지역에 대한 의사결정은 북한이탈주민의 세부적인 적성에 대한 상담 등과 함께 병행하여 이뤄져야 한다는 것을 의미한다.

이처럼 주거지를 결정한 이후에 제공하는 지원의 경우, 지금과 같이 거주한 지 2년이 지난 것이 확인된 경우에 장려금을 추가적으로 지급하는 등 금전적인 보상만을 제공할 것이 아니라 그 지역에서 교육을 받을 기회와 취업 등을 통해서 경제활동을 할 기회를 더 적극적으로 지원해야 한다. 이를 위해서는 지역적응센터에서 해당 지역에 거주하는 북한이탈주민들을 대상으로 적합한 기업 등의 근무지를 연결하는 등의 지원이 제공되어야 한다.[58]

이처럼 지방거주 장려금과 함께 해당 지역에서의 경제활동을 할 기반을 마련해주기 위한 지원이 병행되어야 하는 것은 경제활동을 하면서 생계를 해결할 수 있는 그 지역에서의 상호의존성이 형성되어야 지방에 거주하는 북한이탈주민들이 그 지역에 안정적으로 정착할 것이기 때문이다.[59] 이를 위해서는 북한이탈주민들에 대한 지원과정에서 거주하는 지역의 산업, 지역에 있는 교육 관련 인프라 등을 최대한으로 활용해야 한다.

---

57) 이은주, "북한이탈여성들의 직업교육 경험과 취업전략에 관한 질적 연구: 서울시 거주자들을 중심으로", 한국과학예술포럼 제27호, 한국전시산업융합연구원, 2017.01, 181면 참조.

58) 이지경, "북한이탈주민 정착문제의 개선방안", 한국민주시민교육학회보 제13권 제1호, 한국민주시민교육학회, 2012.02, 118-119면 참조.

59) 장려금의 지급 방식 역시 2년 후에 1회 지급을 하는 것이 아니라 2년, 4년이 지난 후에 총 2회 지급하는 방안, 보호기간 동안에 연 1회 지급하되 오래 거주했던 자들에 대한 장려금을 증액하는 방안 등을 고려해 볼 필요가 있다.

(2) 경제영역에서 상호의존성을 위한 지원내용

「북한이탈주민지원법」이 제정된 이후 북한이탈주민들은 대부분 생계와 경제적인 이유로 남한에 입국했고, 경제적인 차원에서의 필요가 가장 크다. 하지만 북한이탈주민들은 남한의 경제체제에 적응하는 것을 굉장히 힘들어한다. 이는 북한이탈주민들의 근속기간이 매우 짧다는 것에서 알 수 있다. 따라서 북한이탈주민들이 경제체제에 상호의존성을 통한 연대성을 형성하기 위한 지원은 북한이탈주민지원제도에서 매우 중요한 위치를 차지하며, 이를 위해서는 북한이탈주민들의 경쟁력을 향상시키고 경제활동을 할 기회를 확대하는 방향으로 지원이 제공되어야 한다.

〈표 10〉 북한이탈주민의 직장 평균 근속기간[60]

4개월 미만	4–7개월	7개월–1년	1년–2년	2년–3년	3년 이상	무응답
17.1%	15.6%	10.6%	18.4%	10.6%	20.6%	7.1%

(가) 경쟁력 제고를 위한 법제도적 지원내용

북한이탈주민의 경쟁력을 제고하기 위해 대학 학비의 전부 또는 일부에 대한 지원이 제공되고 있지만 북한이탈주민들 중 상당수는 남한 대학에서의 학업에 적응을 하지 못함으로 인해 졸업하는 비율이 매우 낮고,[61] 이는 북한이탈주민에 대한 지원을 제공하는 것이 북한이탈주민들이 남한 사회에서 경쟁력을 갖추는데 도움이 되지 못하고 있다는 것을 보여준다. 이 외에도 학력과는 무관하게 북한이탈주민들에게 취업 관련 훈련이 제공되고 있는데, 북한이탈주민들이 취득한 자격증과 이들이 남한사회에 배출된 이후 채용되는 분야의

---

60) 남북하나재단, 앞의 책, 290면 참조.
61) 홍정욱 의원실, 앞의 책, 50면 등 참조.

연관성이 발견되지 않아 취업지원 교육의 효용성이 떨어지고 있다는 한계가 존재하는 바, 취업지원 교육의 효용성을 높이기 위한 조치가 이뤄져야 한다.[62]

대학에 진학하는 북한이탈주민들에 대한 지원에서 개선되어야 할 첫 번째 사항은 그 지원이 학비에 대해서만 이뤄지고 대학생활을 하는데 필요한 실비 등에 대한 지원은 이뤄지지 못하고 있다는 것이다. 남한에 입국한 북한이탈주민들의 현실에 비춰봤을 때 경제활동을 위해 학력과 함께 직접적으로 취업에 필요한 능력을 갖추기 위한 훈련을 체계적으로 받을 수 있는 전문대학에 진학하는 것에 대한 수요가 훨씬 많을 뿐 아니라 북한이탈주민들이 더 수월하게 적응할 가능성이 높음에도 불구하고,[63] 북한이탈주민들 중 상당수는 이와 같은 금전적 부담으로 인해 실습비용이 많이 소요되는 전문대학에 많이 진학하지 못하고 있다. 따라서 북한이탈주민들에 대한 대학교육과 관련된 지원은 학비 대한 지원뿐 아니라 졸업을 하기까지 필요한 물자에 대한 지원도 이뤄져야 대학교나 전문대학에 진학한 북한이탈주민들이 남한사회에서 경쟁력을 갖추기 위한 노력을 하는데 집중할 수 있을 것이다.[64]

북한이탈주민에 대한 취업 또는 경제활동을 위한 지원은 법률에서 정하고 있는 것보다 훨씬 다양한 형태로 이뤄지고 있다. 그 구체적인 지원 내용으로는 취업과 창업을 위한 온라인 배움터 학습비 지원, 취업 아카데미, 통일형 예비사회적기업 지정, 공공기관 취업 특강, 푸드트럭 영업지원, 청년리더십 프로그램, 사기업과 함께 하는 취업바우처 지원, 영농정착지원, 스피치 교육 등이 있다. 이처럼 다양한 지원이 희망자들이 지원하는 형태로 진행되는 것은 오히려 북

---

62) 이은주, 앞의 글, 182-183면 참조.
63) 백영옥, 앞의 책, 75면 참조.
64) 김은배 외 1인, 앞의 글, 166-167면; 유시은 외 4인, 앞의 책, 112면 등 참조.

한이탈주민들이 자신의 적성과 능력에 따라서 진로를 결정하는데 혼란을 가중시킬 수 있고, 오히려 너무 다양한 경험을 함으로 인해 경제활동에 필요한 능력을 갖추지는 못하게 되는 결과가 발생할 수 있다. 실제로 북한이탈주민들에 대한 고용지원금이 지원되는 기업들은 그 재정지원이 끊기면 고용을 중단하는 경우가 상당수 존재하는데, 이는 북한이탈주민들이 남한 사회에서 자체적인 경쟁력을 갖추지 못한 상태로 취업을 하게 된다는 것을 보여준다.[65]

따라서 이와 같은 지원은 공개적으로 신청을 통해서 시행하기보다는 북한이탈주민들에 대해서 전문적으로 적성에 따른 진로상담을 해줄 수 있는 전문가를 배정하고, 그 전문가와 북한이탈주민들이 지속적으로 소통하고 상담을 받음으로써 자신의 진로를 선택한 이후에 적절한 지원 프로그램에 배정하는 것이 지원의 효과와 효율성을 높일 수 있다. 이와 같은 진로 결정을 위한 상담 체계는 대학교에 재학 중인 북한이탈주민들의 교육과정에서도 마찬가지로 적용되어야 한다.[66] 그리고 대학교에서 이뤄지는 이러한 지원은 북한이탈주민들이 재학생으로 있는 각 대학 상담센터에 북한이탈주민인 학생들에 대한 전문적인 상담을 제공할 수 있는 인원을 배치하고, 정부는 그 인원에 대해서 대학교들에 지원을 제공하는 것이 효율적이고 효과적일 것이다.

(나) 경제활동을 할 기회를 제공하기 위한 법제도적 지원내용

북한이탈주민들에게 경제활동을 할 기회를 제공하기 위한 법제

65) 박성재 외 1인, "북한이탈주민 고용보조금제도 효과성 평가", 노동정책연구 제12권 제1호, 한국노동연구원, 2012, 136면; 전주용 외 1인, "재정지원 일자리사업의 정책효과성 추정" 노동경제논집 제40권 제1호, 한국노동경제학회, 2017.03, 115-116면 등 참조.
66) 유시은 외 4인, 앞의 책, 108-110면 참조.

도적 지원의 가장 큰 과제는 '북한이탈주민들이 취업한 이후에 경제활동을 계속할 수 있는, 기업이 필요한 능력을 갖추도록 지원하는 것'이다. 이는 기업들에 대한 고용지원금 등이 무제한적으로 제공되어서도 안 되고, 북한이탈주민들이 경제영역에서 상호의존성을 형성하려면 자신이 활동하는 영역에서는 경쟁력을 갖춰야하기 때문이다. 그런데 지금까지 북한이탈주민의 경제활동과 관련된 지원은 '취업하기 위한 교육'을 제공하고, 채용이 된 이후에는 기업에 '채용을 유지하기 위한 자금 지원'의 형태로 이뤄졌으며 이러한 지원의 결과, 고용지원금 활용자가 증가하면서 부정수급 건수가 발생하는 등의 부작용도 상당한 수준으로 발생하고 있다.[67] 그런데 북한이탈주민들에게 가장 필요한 것은 취업을 하기 위한 요령을 익히는 것이 아니라 '직장에서 자신의 역할을 다 할 수 있는 역량'을 갖추는 것이다. 하지만 북한이탈주민들이 취업한 이후에 해당 직장에 필요한 역량을 갖출 수 있는데 필요한 교육은 제공되지 못하고 있다.

따라서 북한이탈주민들에게는 취업 또는 창업 이후에도 일하는데 필요한 영역에 대한 교육이 제공되어야 한다.[68] 현행 북한이탈주민지원제도에도 그와 같은 목적을 가진 지원들이 제공되고는 있지만, 그 지원은 대부분 자신의 사업이나 가게를 운영하는 자들을 대상으로 하고 있다는 점에서 한계를 갖는다. 남한에서 태어나 남한에서 성장한 자들의 경우에도 자신의 사업체를 운영해서 생계를 해결하기가 쉽지 않다는 것을 감안하면, 남한의 경제체제에 대한 이해가 부족한 북한이탈주민들이 사업으로 성공하는 것은 더 어려울 것인바, 이러한 지원은 현실적으로 실효성을 갖지 못할 가능성이 높다.

이와 같은 북한이탈주민들의 현실을 고려했을 때, 북한이탈주민

---

67) 박성재 외 3인, 「북한이탈주민의 직업변동 및 취업지원제도 평가」, 한국
   노동연구원, 2011, 121면 참조.
68) 김영일 외 4인, 앞의 글, 152-153면 참조.

들이 취업한 기업이나 사업체에서 지속적으로 근무하는데 필요함에
도 불구하고 북한이탈주민들이 갖추지 못한 능력을 함양할 수 있는
교육과정이 제공되어야 한다. 이를 위해서는 북한이탈주민들이 근
무했던 기업과 경제활동을 했던 북한이탈주민들에 대한 질적 연구
를 통해서 ① 북한이탈주민들이 성공적으로 정착한 사례들의 성공원
인, ② 실패한 사례들의 실패원인, ③ 특정 배경을 가진 북한이탈주민
들이 잘 적응했던 경제분야 등을 도출하는 연구가 선행되고, 그 연
구를 통해 북한이탈주민들의 배경에 따라 적응을 잘하는 직종과 각
직종별로 북한이탈주민들에게 필요한 교육지원 내용을 도출하고 그
결과에 따른 지원이 이뤄지는 체계가 구성되어야 한다.

(3) 정치영역에서 상호의존성을 위한 지원내용

남한 전체 인구의 0.1%도 되지 않는 북한이탈주민들에게 남한사
회 전반에 영향을 미치는 법제도의 개정과정에 북한이탈주민들이
참여할 수 있는 특례를 마련하는 것은 정당화 될 수 없다. 하지만 북
한이탈주민들이 직접 이해관계를 갖는 영역에서는 북한이탈주민들
이 의사를 표현할 수 있는 창구를 마련해줘야 한다. 이는 북한이탈
주민들이 의사를 해당 법제도에 대한 의사결정 과정에 참여함으로
써 그 법제도의 내용에 북한이탈주민들의 현실적인 필요 등을 더 잘
반영할 수 있을 것이기 때문이다.

따라서 「북한이탈주민지원법」과 같이 북한이탈주민들의 이해관
계가 직접 관련된 영역에서는 법률에 '법률을 개정하는 과정에서 북
한이탈주민들의 의견을 청취할 수 있다.'는 내용을 추가함으로써 필
요한 경우 공청회 또는 국회에서 북한이탈주민들이 의사를 표시할
수 있는 기회를 제공해야 한다.[69]

다. 훼손된 연대성의 회복을 위한 지원내용

현행 법률체계 하에서 북한정권의 일원으로써 체제불법행위의 가해자였던 북한이탈주민들은 「북한이탈주민지원법」상의 보로금에 대한 내용으로 인해 다른 북한이탈주민들보다 더 많은 보상금을 수령할 확률이 매우 높다.[70] 이러한 보로금 제도는 폐지되어야 한다. 이는 보로금 제도는 북한에 대한 정보를 취득하기가 어려울 때 북한이탈주민에 대한 지원이 이뤄지기 시작하던 초기에 체제경쟁 차원에서 제공되던 지원인데, 인터넷과 정보체계가 발달된 현 시점에는 북한이탈주민들을 통하지 않고도 중요한 정보들을 취득할 경로가 많아졌기 때문이다. 그리고 북한이탈주민들 중에서 생계가 아니라 정치적인 이유 등으로 북한을 이탈한 자들의 경우, 자신이 갖고 있는 정보와 경험을 남한정부에 공유 및 제공하는 것은 사실 보상의 대상이 아니라 자신의 진의를 입증하기 위해 당연히 거쳐야 하는 절차라는 점을 감안하면 보로금이 지급되어야 할 필요성이 인정될 수 없다.

북한정권의 불법행위의 피해자인 북한이탈주민들의 경우, 이미 북한이탈주민지원제도에 의해 지원을 받는 내용이 있기에 그와 유사한 지원을 추가적으로 제공하는 것은 타당하지 않다. 그러나 직접적인 피해를 입은 자들에 대해서는 추가적인 심리 및 정서적 지원이 반드시 이뤄져야 한다.[71]

그러한 지원 대상자들은 상태와 현황을 하나원에서 파악을 한 이

---

69) 제20대 국회 2017년 7월 4일 제안, 북한이탈주민의 보호 및 정착지원에 관한 법률 일부개정법률안(최경환의원 등 11인) 참조.

70) 제21조(정착금 등의 지급) ② 통일부장관은 보호대상자가 제공한 정보나 가지고 온 장비(재화를 포함한다)의 활용 가치에 따라 등급을 정하여 보로금(報勞金)을 지급할 수 있다.

71) 조영아 외 3인, "북한이탈주민의 우울 예측 요인: 3년 추적 연구", 한국심리학회지: 상담 및 심리치료 제17권 제2호, 한국심리학회, 2005, 472-480면 참조.

후, 그에 대한 정보를 비공개로 관리하면서 그들에 대한 상담을 전담으로 하는 인원들에 의해 장기적인 차원에서 지원이 이뤄져야 한다. 이와 같은 방식의 지원은 당장 북한이탈주민들이 남한사회에 적응하는데 도움이 되는 것은 물론이고, 통일국가에서 과거청산이 이뤄지는 경우 북한이탈주민에 대한 접근을 어떻게 해야 할지에 대한 경험을 축적할 수 있다는 측면에서 중요한 의미를 갖는다.

제3절 교류·협력을 통한 북한주민지원제도

1. 개요

체제수렴기에 북한지역에 거주하고 있는 북한주민에 대해서 남한정부가 제공할 수 있는 지원은 북한정권의 존재로 인해 제한될 수밖에 없다. 따라서 북한지역에 거주하는 북한주민에 대한 지원은 북한정권의 정책에 영향을 받을 수밖에 없다는 한계를 갖는다. 이와 같은 한계로 인해 정치영역에서의 연대성을 형성하거나 훼손되고 있는 북한주민의 연대성을 회복하기 위한 지원은 북한정권이 수용하지 않을 것이 분명하기에 제공될 수가 없다.

하지만 북한주민은 대한민국 헌법상 대한민국 국민으로서의 법적지위를 갖는바, 남한정부는 북한주민들이 북한정권의 존재로 인해 기본권을 제한받는 범위 내에서 최대한 대한민국 헌법 제10조와 제34조에서 정하고 있는 인간의 존엄과 가치, 그리고 인간다운 생활 권리를 보장해 주기 위한 노력을 기울여야 한다.

2. 북한지역 내 북한주민에 대한 지원내용의 변화

북한지역 내 북한주민에 대한 지원을 주된 목적으로 정하고 있는 법률은 없다. 하지만 정부차원에서 북한에 대한 '인도주의적 지원'이라는 명목 하에 가장 지원을 많이 했던 2006년 한 해에만 2,000억 원 규모의 무상지원이 이뤄졌고 지금까지 북한에 쌀이 무상으로 2,288억 원, 그리고 차관의 형태로는 8,728억 원의 규모로 이뤄졌으며, 비료 역시 총 7,872억 원어치가 지원된 반면 북한정권에서 상호주의에

입각해서 남한에 제공한 것이 없다는 것은 남북한의 교류·협력 사업
이 실질적으로 북한에 대한 남한정부의 지원의 차원에서 이뤄지고
있다는 사실을 보여준다.

　이와 같은 북한에 대한 지원은 지금까지 북한주민에 대한 인도주
의적 동포애를 전달하고 중장기적으로 민족공동체 회복에 기여하기
위해서 이뤄지는 것을 목표로 한다는 측면만 강조되어왔다.[72] 그러
한 지원은 1995년에 수해로 인하여 북한이 국제사회에 지원을 요청
한 것을 계기로 시작됐으며 1995년에서 2015년까지 대북지원 총액은
3조 2,825억 원에 달했는데 그 지원은 ① 이재민의 구호와 피해복구를
지원하는 사업, ② 식량난 해소를 위한 농업개발지원에 관한 사업,
③ 보건위생 상태의 개선 및 영양결핍 아동과 노약자 등을 지원하는
사업, ④ 자연재해 예방차원에서 산림복구 및 환경보전 노력을 지원
하는 사업, ⑤ 기타 대북지원사업의 특성을 고려하여 통일부장관이
인정하는 사업으로 분류할 수 있다.

　북한주민에 대한 인도주의적 지원은 항상 남북 간의 정치적 상황
에 의해 크게 좌우되어 왔는데, 이는 북한에 대한 지원이 규범적으
로 대한민국 국민인 북한주민들에게 통일이 되어가는 과정에서 가
능한 범위 내에서 헌법상의 보호를 제공한다는 차원이 아닌 구호의
차원에서 이뤄졌기 때문이다. 이와 같은 대북지원은 크게 지원 초기,
지원의 중흥기, 전환기와 침체기로 분류할 수 있다.[73]

---

72) 이는 정부 홈페이지에서 공식적으로 밝히고 있는 내용이다.
　　(참조: http://www.index.go.kr/potal/main/EachDtlPageDetail.do?idx_cd=2784)
73) 이종무, "대북지원의 전개과정 및 주요 지형의 변화: 대북지원 규모·북한
　　수원기구·대북지원 담론", KDI 북한경제리뷰, 2012.02, 41-45면 참조.

가. 대북지원 초기(1995년-1998년)

북한에 대한 지원은 1995년 여름 북한이 대홍수에 의한 피해로 북한의 유엔대표부가 유엔인도지원국(UNDHA)에 긴급 구호를 요청하면서 시작됐다. 당시 북한은 수해와 극심한 식량난에 시달리고 있었다. 당시 북한주민에 대한 남한정부의 식량지원은 1995년 6월 17일 북경에서 남북회담을 통해서 결정됐고 남한정부는 15만 톤을 무상지원하기로 했다. 하지만 그 지원 과정에서 북한정권이 북한의 청진항에 들어간 남한의 씨아펙스호에 인공기를 강제로 게양하게 하고, 삼선비너스호의 선원이 몰래 사진촬영을 하다가 발각되면서 배와 선원들이 전원 억류되는 등 남북한 간의 갈등이 일어났다. 이에 따라 남북관계는 악화됐고 남한정부는 북한에 대한 지원을 중단했다.

이 시기에 남한정부의 지원은 통일이 되는 과정 또는 민족공동체의 형성을 목적으로 한 것이 아니라 국제사회의 구호의 일환으로 이뤄졌다. 이에 따라 남북한이 1991년 12월 13일에 남북기본합의서를 체결했음에도 불구하고 이 시기에 남한정부는 북한주민에 대한 지원이라는 인식을 하지 못했던 것으로 보인다. 이는 1972년에 동서독이 '독일연방공화국과 독일민주공화국간의 기본관계에 관한 조약'을 체결하기 전부터 다양한 형태로 교역과 교류 및 협력을 해왔던 것과 극명하게 대조된다.

〈표 11〉 연도별 대북지원 현황(1995년-1998년)[74]　[단위: 억 원]

정부		1995	1996	1997	1998
정부	차관	0	0	0	0
	무상	1,854	24	240	154
민간 무상지원		2	12	182	275
총액		1,856	36	422	429

나. 대북지원의 중흥기(1998년-2005년)

북한은 고난의 행군 시기를 거치면서 단순한 외부의 지원만으로
는 내부적인 식량난 문제를 해결할 수 없겠다고 인식했고, 이에 따
라 유엔개발계획과 1998년 5월에 제네바에서 농업 복구 및 환경보호
계획(AREP: Agricultural Recovery and Environmental Protection)을 위한 회
의를 처음으로 개최했다. 이처럼 북한에 식량을 일방적으로 지원하
는 것을 넘어서 북한에서 농업을 개발하기 위한 지원이 이뤄진 것은
북한에 대한 지원이 긴급구호에서 개발구호로 전환된 것을 보여준
다.[75] 하지만 북한에 대한 지원을 하겠다고 나서는 국가들이 많지
않았을 뿐 아니라 북한 또한 소극적인 입장을 취하면서 지원이 원활
하게 이뤄지지 못했다.

남한정부는 이러한 상황에서 북한에 대한 지원을 멈추지 않았다.
그러한 흐름 속에서 2000년 6월 15일에 남북정상회담이 열렸고, 대규
모 비료와 식량에 대한 지원이 이뤄졌으며, 2000년에는 개성공단이
착공하여 2005년에 업체들이 본격적으로 입주하기 시작했다. 이 기
간 중에는 미국과 북한의 관계가 갈등이 심했음에도 불구하고 남북
간의 교류·협력이 양적으로도, 질적으로도 활발하게 이뤄졌다.

〈표 12〉 연도별 대북지원 현황(1999년-2004년)[76] [단위: 억 원]

		1999	2000	2001	2002	2003	2004
정부	차관	0	1,057	0	1,510	1,510	1,359
	무상	339	978	975	1,140	1,097	1,313
민간 무상지원		223	387	782	576	766	1,558
총액		562	2,422	1,757	3,226	3,373	4,230

---

74) 통일부 자료: http://www.index.go.kr/potal/main/EachDtlPageDetail.do?idx_cd=2784.
75) 이종무, 앞의 글, 42면 참조.
76) 통일부 자료: http://www.index.go.kr/potal/main/EachDtlPageDetail.do?idx_cd=2784.

다. 대북지원의 전환기(2005년-2008년)

2003년 1월에 북한이 NPT에서 탈퇴를 선언한 이후 2005년 2월 10일에 북한정권이 핵보유를 선언하고, 2006년 7월 5일에 미사일 발사 실험과 10월 9일에 지하 핵실험을 함과 동시에 북한정권이 평양주재 유엔기구와 국제 NGO 사무소 대표들에게 인도적 지원사업의 종료, 평양사무소의 폐쇄와 파견 직원들의 철수를 일방적으로 요구하면서 북한에 대한 지원은 전반적으로 감소할 수밖에 없었다. 북한정권이 예측가능성이 결여되고 국제사회에 비판을 받을 결정들을 계속함에 따라 민간 영역에서 이뤄지는 지원이 줄어들었을 뿐 아니라 남한정부도 2008년부터 지원을 줄여나갈 수밖에 없었다. 이 시기에는 남한정부의 대북지원이 북한이 국제사회에서 강경한 입장을 유지할 수 있는 원인으로 꼽히며 이에 대한 비판여론이 국제사회에서 형성되었고, 남한정부는 그런 여론을 의식해서라도 대북지원을 줄여나갈 수밖에 없었다.

〈표 13〉 연도별 대북지원 현황(2005년-2008년)[77]   [단위: 억 원]

		2005	2006	2007	2008
정부	차관	1,787	0	1,505	0
	무상	1,360	2,273	1,983	438
민간 무상지원		779	709	909	725
총액		3,926	2,982	4,397	1,163

라. 대북지원의 침체기(2008년-현재)

2009년에 북한의 인공위성 로켓 발사, 2010년 3월 26일에 천안함 침몰 사건, 12월 8일에 북한의 연평도 포격과 같은 사건들이 연달아

---

77) 통일부 자료: http://www.index.go.kr/potal/main/EachDtlPageDetail.do?idx_cd=2784.

일어나면서 남북 간의 갈등이 고조됐다. 남한정부는 천안함 침몰 사건 이후 5월 24일에 개성공단과 금강산을 제외한 방북의 전면적 불허, 남북 교역 중단, 대북 신규 투자 금지, 북한 선박의 우리 해역 운항 불허, 대북 지원사업의 원칙적 보류 및 인도주의적 지원의 차단을 내용으로 하는 '5·24조치'를 발표하기도 했다. 이와 함께 남한정부가 북한이 핵을 포기하는 것을 대북지원의 조건으로 내걸면서 남북한 간의 교류는 개성공단을 제외하고 대부분이 실질적으로 중단됐으며, 2016년에는 그나마 남북 간의 교류 및 협력의 창구로 작동하던 개성공단 마저 폐쇄됐다.

〈표 14〉 연도별 대북지원 현황(2009년-2017년)[78]   [단위: 억 원]

정부		2009	2010	2011	2012	2013	2014	2015	2016	2017
정부	차관	0	0	0	0	0	0	0	0	0
정부	무상	264	204	65	23	133	141	140	1	0
민간 무상지원		377	200	131	118	51	54	114	28	11
총액		671	404	196	141	183	195	254	29	11

3. 북한지역 내 북한주민 지원 관련 법령

남북합의서는 북한지역에 거주하는 북한주민에 대한 지원의 대한 기초가 된다. 그럼에도 불구하고 헌법재판소와 대법원은 남북기본합의서는 '남북관계를 나라와 나라 사이의 관계가 아닌 통일을 지향하는 과정에서 잠정적으로 형성되는 특수관계임을 전제로 하여 이루어진 합의문서'로 이는 한민족공동체 내부의 특수관계를 바탕으로 한 당국 간의 합의로서 남북 당국의 성의 있는 이행을 상호 약속

---

78) 통일부 자료: http://www.index.go.kr/potal/main/EachDtlPageDetail.do?idx_cd=2784.

하는 일종의 공동성명 또는 신사협정에 준하는 성격을 가진다고 판
단하여 그 규범성을 인정하지 않고 있다.[79] 이에 따라 남북기본합의
서가 체결된 이후 현재까지 합의서, 공동보도문, 공동발표문 등의 형
식으로 이뤄진 총 245건의 남북 간의 합의에 대한 내용은 모두 그 규
범성을 인정받지 못하고 있다.

이 외에도 북한주민에 대한 지원 근거로 볼 수 있는 법률에는
1990년 8월 1일에 남북한 간의 인적, 물적 교류와 협력이 원활하게
이뤄지도록 하기 위해서 교류와 협력에 대한 승인 및 신고절차 등
필요한 사항을 정하기 위해 제정된「남북교류협력에 관한 법률」, 남
북 간의 교류·협력을 증진시킴으로써 평화적 통일을 촉진하기 위해
남북협력기금을 설치하기 위한 근거 법률로 1990년 10월 1일에 제정
된「남북협력기금법」, 2006년에 남북관계가 급속하게 발전하면서 제
정된「남북교류협력에 관한 법률」과「남북교류협력에 관한 법률」이
정하고 있지 않지만 법적 기초가 마련되어야 할 필요가 있는 사항을
규정하기 위해 같은 해에 제정된「남북관계 발전에 관한 법률」, 북한
개성지역에 개성공업지구를 설립함에 따라 해당 지구에 대해서 남
한정부가 개성공업지구의 개발, 개성공업지구 입주기업의 자금과 기
업경영환경, 개성지역의 환경, 전기 등의 에너지 등에 대한 지원을
제공하고 개성공업지구에 출입하는 남한주민들을 보호하기 위해 필
요한 조치들의 법적 근거를 마련하기 위해 2007년에 제정된「개성공
업지구 지원에 관한 법률」, 민간차원의 이산가족 교류를 지원하기
위한 근거로 2009년 9월에 제정된「남북 이산가족 생사확인 및 교류
촉진에 관한 법률」등이 있다.

그리고 대한민국 헌법과 국적법의 해석상 대한민국 국민인 북한
주민에 대하여 남한정부가 북한정권으로 인하여 대한민국 헌법상

---

79) 대법원 1999. 7. 23. 선고, 98두14525 판결; 헌재 1997. 1. 16. 92헌바6 등, 판례
집 9-1, 1; 헌재 2000. 7. 20. 98헌바63, 판례집 12-2, 52.

권리, 자유와 보호를 제공하고 있지 못한 바, 북한정권의 변화 등을 통해 북한주민의 실질적인 인권 보호와 인권증진을 통해 북한주민의 연대성을 회복하기 위해 「북한인권법」이 2016년에 제정되었다. 「북한인권법」은 남한정부가 사실의 영역에서 제공하지 못한 보호와 지원을 규범적인 측면에서나마 자국민에 대하여 자유권적 기본권과 생존권적 기본권을 보호하고 보장하고자 제정한 법률로서의 성격을 갖는다.

4. 현행 법제도상의 과제와 해결방안

북한지역에 거주하고 있는 북한주민과의 관계에서 연대성을 형성하기 위한 지원은 통일이 되는 시점에 남북한 주민의 이질감을 최소화 하고 남북한 주민을 효율적이고 효과적으로 통합하기 위해 지속적으로 추진되어야 한다. 이는 통일국가에서의 사회통합을 위해서는 그와 같은 지원을 하는데 있어서 현행 법제도의 내용과 관련된 과제, 그리고 사회통합적인 측면에서 구체적인 지원내용에 있어서의 과제와 그에 대한 해결방안을 강구해야만 한다는 것을 의미한다.

가. 남북합의서

헌법재판소는 남북 간에 체결된 남북합의서가 조약이 아니라 남북당국의 성의 있는 이행을 상호 약속하는 일종의 공동성명 또는 신사협정에 준하는 성격을 가짐에 불과하다는 입장을 취하고 있으며,[80] 대법원 역시 명시적으로 신사협정이라는 표현을 사용하지는

---

80) 헌재 1997. 1. 16. 92헌바6 등, 판례집 9-1, 1.

않았지만 남북합의서에 법적 구속력이 있는 것은 아니라는 전제하에 판결을 내린 바 있다.[81] 그런데 이처럼 헌법재판소와 대법원이 남북합의서의 규범력을 인정하지 않는 것은 남북관계가 안정적으로 발전할 수 없는 결정적인 요인으로 작용하고 있다. 따라서 남북합의서의 규범력을 인정받을 수 있는 방안이 강구되어야 한다.

하지만 북한정권이 지금까지 예측가능성이 결여된 행보를 자주 보여 왔다는 점을 감안하면 헌법재판소와 대법원이 남북합의서의 규범성을 인정할 수 없는 것은 자연스럽고 당연하다. 이는 남한정부만 남북합의서의 규범성을 인정할 경우, 북한정권은 남북합의서의 내용을 위반하는 상황에서도 남한정부는 이를 준수해야 하는 모순적인 상황이 발생할 수 있기 때문이다.

이와 같은 불확실성 속에서도 남북합의서의 규범성을 확보하기 위해서는 「남북관계 발전에 관한 법률」에서 "남북한 간에 이뤄진 모든 합의는 상호주의에 입각하여 시행한다."는 원칙을 명시해야한다. 이는 상호주의 원칙이 법률에서 남북관계 발전을 위한 원칙으로 수립이 되면, 남북합의서의 규범력을 인정하더라도 북한이 그 내용을 위반할 경우 남한정부도 그에 상응하는 조치로 남북합의서에서 합의한 조치를 이행하지 않는 것이 정당화 될 수 있기 때문이다. 다만 여기에서 상호주의는 남북한 간에 교환되는 가치가 동질, 동량, 동가여야 한다는 것이 아니라 남한이 북한에 대해서 특정한 조치를 시행하면 북한도 그에 대한 반대급부로서 관련 조치를 시행해야 한다는 것으로 해석되어야 한다. 이는 남한이 북한에, 그리고 북한이 남한에 제공할 수 있는 것은 그 성격이 다를 수밖에 없는 바, 그 교류·협력 사업의 질, 양과 가격으로 그 가치를 측정하는 것이 불가능하기 때문이다.

---

81) 대법원 1999. 7. 23. 선고, 98두14525 판결.

나. 남북 교류·협력법제의 체계화

남북 교류·협력 사업에 적용되는 「남북교류협력에 관한 법률」, 「남북협력기금법」, 「남북관계 발전에 관한 법률」과 「남북 이산가족 생사확인 및 교류 촉진에 관한 법률」들은 모두 남북 간의 교류·협력 이 활성화되는 시기에 당장의 필요에 의해서 제정된 법률들이라는 특징이 있다. 이에 따라 각 법률들은 모두 남북 간의 교류·협력 사업 에 적용되는 법률들임에도 불구하고 각 영역에 필요한 사항들만을 정하고 있는데, 이로 인해 남한이 추구하는 남북 교류·협력의 원칙 과 그 방향성이 분명하게 드러나지 못한다는 한계가 존재하고 각 법 률들이 상호간에 연계되어 있지 않다는 한계가 있다. 이는 「남북교 류협력에 관한 법률」은 위 법률들 중에 남북합의서와 관련된 내용에 서 「남북관계 발전에 관한 법률」을 2번 준용하고 있고, 「남북협력기 금법」은 「남북관계 발전에 관한 법률」을 3회 준용하는 것 외에 나머 지 법률들은 상호 간에 준용하는 조문이 전혀 없는 데서 분명하게 드러난다.

이와 같은 한계를 극복하기 위해서는 서로 긴밀하게 관련된 법률 을 통합함으로써 하나의 법률에서 남한이 추구하고자 하는 교류·협 력에 대한 원칙과 그 체계가 분명하게 드러날 수 있는 법률체계를 마련해야 한다. 「남북관계 발전에 관한 법률」은 남북 간의 교류·협 력 사업을 하는 기초와 기본원칙에 대해 정하고 있고, 「남북교류협 력에 관한 법률」은 실제로 교류·협력사업이 진행될 경우 현실에서 준수되어야 할 원칙들에 대해, 「남북 이산가족 생사확인 및 교류 촉 진에 관한 법률」은 그와 같은 교류·협력사업 중에 하나로 남북 이산 가족의 생사확인과 교류에 대한 내용을 정하고 있으며, 「남북협력기 금법」은 전반적인 교류·협력사업에 사용되는 자금에 대한 내용을 정 하고 있다. 따라서 이와 같은 내용을 반영하여 4개의 법률을 하나의 법률로 통합하여 남북 교류·협력체계가 하나의 법률에서 분명하게 드러날 수 있도록 하든지, 「남북관계 발전에 관한 법률」을 남북관계에 대한 기본원칙을 정하는 기본법적인 성격을 갖는 법률로 유지시킨 상태에서 나머지 3개 법률의 내용과 편제를 조정하여 통합하는 방식으로 법제를 개편할 수 있다.

두 가지 방안 중에는 「남북관계 발전에 관한 법률」을 기본법적인 성격을 갖는 법률로 유지시키는 것이 더 바람직할 것으로 판단된다. 이는 「남북관계 발전에 관한 법률」에서 정하고 있는 내용은 교류·협력 사업뿐 아니라 북한이탈주민의 보호결정 과정, 대한민국 헌법상의 북한의 법적지위 등 남북관계의 다른 영역에도 적용되는 원칙들을 정하고 있기 때문이다. 세 법률을 하나의 법률로 통합할 경우 그 내용은 제1장 총칙, 제2장 남북 교류·협력의 체계, 제3장 남북한 출입절차, 제4장 경제분야 교류·협력, 제5장 문화예술분야 교류·협력, 제6장 이산가족 생사확인과 교류, 제7장 남북교류협력기금, 제8장 기타 등으로 구성하면서 모든 남북 교류·협력 사업은 「남북관계 발전에 관한 법률」에서 정하고 있는 원칙 하에서 시행된다는 내용을 포함시켜야 한다. 그 외에 구체적인 사업을 지원하기 위한 법률들은 「남북관계 발전에 관한 법률」과 세 법률을 통합하여 제정된 법률의 내용을 기초로 해서 사업에 필요한 구체적인 내용들만 정하는 형태로 남북 교류·협력 법제를 체계화시킴으로써 남북 교류·협력체계를 효율적이고 효과적으로 운영할 수 있는 기초를 마련해야 한다.

다. 교류·협력 사업의 안정성을 담보할 내용의 부재

지금까지 남북 간의 교류·협력 사업은 정치적인 변화에 따라 부침이 심했다. 남북한 간의 교류·협력 사업이 중단되지 않고 지속적으로 이뤄지지 않는 이상 남북한 주민 간의 연대성이 형성될 수가 없기에 정치적인 변화로 인해 교류·협력 사업의 안정성이 위협받는 것을 방지할 수 있는 근거가 각 법률에 마련되어야 한다.[82] 예를 들면 개성공업지구의 폐쇄에 대한 일방적인 의사결정과 같은 일이 반복되지 않기 위해서는 개성공단에 대한 의사결정과정의 안정성을 담보할 수 있도록 '정부가 개성공업지구에 대한 중요한 사안을 결정하기 위해서는 「남북교류협력에 관한 법률」상의 남북교류협력 추진협의회의 의결절차를 반드시 거쳐야 하며, 그 결과에 대해서 개성공업지구 입주기업들에게 사전에 통지해야 한다.'와 같은 내용이 「개성공업지구 지원에 관한 법률」에 추가된다면 이는 그 의사결정의 절차적인 정당성과 입주기업들 사업의 안정성을 담보할 수 있을 것이다.

라. 교류·협력 사업이 활성화 될 경우를 대비한 내용의 부재

지금까지 남북 간의 교류·협력 사업은 매우 제한적으로만 이뤄졌고, 정치적인 상황으로 인해 완전히 중단되기도 했다. 이에 따라 남북 간의 교류·협력 사업에 적용되는 법률들은 대부분 1980년대에 동서독 간에 이뤄진 규모의 교류·협력 사업에 준하는 규모의 교류·협력 사업이 이뤄질 경우를 대비한 규정들을 전혀 갖추지 못하고 있다. 하지만 남북관계가 언제, 어떻게 변할지 모르는 바, 그러한 상황을 대비한 내용들이 관련 법률들에 삽입될 필요가 있다.

예를 들면 「남북교류협력에 관한 법률」은 제4조와 제5조에서 교류·협력 사업 추진협의회를 설치하면서 교류·협력의 구체적인 사업영역에 대한 전문가를 포함시킬 것을 요구하지 않고 있는데, 남북 간의 교류·협력 사업규모가 확대되면 현재 법률에서 정하고 있는 구성으로는 교류·협력 사업이 효율적이고 효과적으로 이뤄지기 힘든

---

82) 임강택 외 1인, 「개성공단 운영실태와 발전방안: 개성공단 운영 11년(2005-2015)의 교훈」, 통일연구원, 2017, 163-164면 참조.

바, 사업영역에 따라 전문가를 포함시켜야 한다는 요건이 추가될 필요가 있다. 마찬가지로 「남북 이산가족 생사확인 및 교류 촉진에 관한 법률」의 경우에도 이산가족들 간 서신·전화·통신을 통해 교류하는데 필요한 인프라에 대한 투자에 대한 근거와 방문·재회·재결합과 관련해서는 이산가족인 남북한 주민이 상대 지역을 방문할 상황을 대비하여 그에 대한 지원내용이 추가되어야 한다.

5. 사회통합을 위해 필요한 북한주민에 대한 지원

북한지역에 거주하는 북한주민에 대한 지원을 하는데 있어서 준수되어야 할 첫 번째 원칙은 대한민국 헌법상 반국가단체로서 이중적 지위를 갖는 북한정권과 대한민국 국민으로서의 법적지위를 갖는 북한주민에 대한 접근법은 달라야 한다는 것이다. 두 번째로 연대성이 형성되기까지는 상당한 시간이 걸리는 바, 북한지역에 거주하는 북한주민에 대한 지원은 일정 수준 이상으로 지속적으로 이뤄져야 한다.

가. 동질성을 통한 연대성 형성을 위한 과제와 지원내용

북한지역에 거주하는 북한주민에 대한 지원의 주된 목표는 동질성을 통한 연대성을 형성하는데 있어야 한다. 이는 남북한이 분단된 상황에서 현실적으로 남북한 주민 간의 상호의존성을 형성하는 것은 북한정권의 의사결정에 따라 달라질 수 있지만 민족성을 강조하는 북한정권의 특성상 동질성을 통한 연대성을 형성하기 위한 지원은 지속적으로 이뤄질 수 있을 것이기 때문이다.

(1) 사회체제에 대한 동질성 형성을 위한 과제와 지원내용

북한지역에 거주하는 북한주민들에 대해 정치영역에서 동질성을 형성하는 것은 불가능하지만 경제영역에서의 동질성을 통한 연대성을 형성하는 것은 충분히 가능하다. 이는 북한정권이 시장경제체제를 도입할 의사를 갖고 있기 때문이다.[83] 다만 북한정권은 북한이 모든 상황을 통제하면서 제한적으로만 시장경제체제를 도입하려고 하는 바, 이러한 상황에서 북한주민들이 시장경제체제를 이해하고 그 제도에 적응하고 그 안에서 상호의존성을 통한 연대성을 형성하는 데는 한계가 있을 수밖에 없다.[84] 이는 북한사회에 장마당을 통해서 어느 정도의 시장질서가 형성되어 있고 돈이 많은 돈주들이 북한에 있는 것은 사실이지만 장마당 수준에서 시장원리가 작동되는 것과 국가적인 단위에서 사회 전체가 시장경제체제로 운영되는 것에는 분명히 차이가 있기 때문이다.[85]

따라서 남한정부는 북한주민들과의 경제체제에 대한 동질성을 형성하기 위해 북한정권이 허용하는 범위 내에서 개성공업지구를 넘어서 가능하면 최대한 많은 영역에서 경제적인 교류·협력을 진행해야만 한다. 이는 시장경제질서의 특성상 그 교류·협력 규모가 증

---

83) 배국열, "김정은 시대 경제개방 정책 평가: 경제개발구를 중심으로", 북한학보 제39집 제2호, 북한학회, 2014.12, 84-101면; 이무철, "북한 주민들의 경제관과 개혁·개방 의식: 북한이탈주민 면접 조사를 통한 추론", 북한연구학회보 제10권 제1호, 북한연구학회, 2006.12, 206-209면 등 참조.

84) 북한의 이러한 의도는 개성공단에서 간식으로 제공하던 초코파이와 라면이 장마당을 통해 북한전역에 전달되고자 그 조차도 개성시내로 반출하는 것을 금지하고, 과자와 식용유로 간식을 대체할 것을 요구한데서 분명하게 드러난다. 임강택 외 1인, 앞의 책, 32면 참조.

85) 이종태, 「햇볕 장마당 법치」, 개마고원, 2017.12, 98-105면; 태영호, 앞의 책, 523-526면; 최순미, "북한이탈주민의 대한민국 시장경제에 대한 태도", 북한연구학회 하계학술발표논문집, 북한연구학회, 2016, 338면 등 참조.

가할수록 시장경제체제에 대한 북한주민들의 접점이 증가할 수밖에 없고, 그에 따라 경제체제에 대한 북한주민들의 인식도 달라질 수밖에 없기 때문이다. 이와 같은 경제적인 교류·협력 사업이 확대 및 확장되고, 그로 인해 북한의 사회체제에도 변화가 발생하기 시작하면서 시장경제질서에 대한 북한주민들의 인식이 달라질 때야 비로소 남북한 주민 간에 사회체제에 대하여 동질성을 통한 연대성이 형성될 수 있을 것으로 판단된다.[86]

이처럼 사회체제에 대한 동질성을 통한 연대성을 형성하기 위해서는 개성공단과 금강산관광지구와 같은 남북경협지구를 적극적으로 확대 및 확장하는 것이 가장 효율적이고 효과적이다. 이는 경협지구 안에서도 북한주민들이 원칙적으로는 북한법의 적용을 받겠지만, 남북경협지구에서 이뤄지는 조치들은 해당 지구로 제한되기 때문에 북한정권이 이를 수용할 가능성이 높고, 그 안에서 북한주민들은 시장경제질서의 요소들을 접할 것이기 때문이다. 그리고 개성공업지구 부동산 규정이 북한의 부동산법제에 영향을 미친 것과 같이 남북경협지구가 확대 및 확장될수록 남북경협지구에 적용되는 법제도의 내용이 북한의 법제도에 영향을 미침으로써 남북한 법제도 간의 간극이 줄어들 가능성도 매우 높고,[87] 북한의 법제도와 법현실이 그에 맞춰서 변화 한다면 경협지구의 확대 및 확장은 북한주민들이 통일국가에서 새로운 체제에 적응하는데도 도움이 될 것이다.

(2) 민족성을 통해 동질성 형성을 위한 과제와 지원내용

북한정권에 의해 북한지역에 형성되어 있는 민족성은 사회주의

---

86) 김영규, "개성공업지구 부동산 규정이 북한 부동산법제에 미친 영향", 국토연구 제90권, 국토연구원, 2016.09, 30-34면 참조.
87) 김영규, 위의 글, 29-34면 참조.

적인 이념이 강하게 반영되어 있는 반면, 남한에서 형성되어 있는 민족성은 과거에 혈통을 중심의 민족성에서 사회적인 요소가 강화되는 방향으로 변하고 있다.[88] 체제수렴기에 민족성에 대한 남북한 주민들의 이와 같은 차이를 극복하기 위해서는 민족성 또는 민족문화에서 남북한 주민들이 공유하는 요소들을 중심으로 한 요소들을 확인하면서 상호 간의 차이를 틀림이 아닌 다름으로 받아들이는데 기여할 수 있는 형태의 교류·협력 사업이 이뤄져야 하며, 남북한의 경제수준 등을 고려했을 때 그 과정에서 남한정부가 자금, 전반적인 인프라, 인적자원 등 다양한 측면에서 지원을 제공해야 한다.

이를 위한 문화적인 교류·협력 사업은 「남북교류협력에 관한 법률」에서 해당 소위원회를 설치하도록 하고, 남북한 주민이 공유하고 있는 요소와 이질적인 요소가 결부된 방식의 문화 교류·협력 사업을 지속적으로 시행하는 방식으로 이뤄지는 것이 관련 사업을 효율적이고 효과적으로 시행 수 있을 것으로 판단된다. 다만 그러한 경우에도, 북한에서 형성된 문화 중에는 북한의 주체사상이나 사회주의적인 요소가 강하게 반영된 것들이 상당수 존재하는 바, 그와 같은 문화는 교류·협력 사업에서 배제해야 한다. 이는 남한의 헌법적 가치에 반하는 문화에 해당하며, 남한주민들이 북한주민들의 문화와 북한정권을 분리해서 인식할 수 없게 만듦으로써 동질성을 통한 연대성을 형성하지 못하게 만들 가능성이 매우 높기 때문이다.

---

88) 김갑식, "북한 민족주의의 전개와 발전: 민족공조론을 중심으로", 통일문제연구 18권1호, 평화문제연구소, 2006.05, 168-170면; 김광운, "북한 민족주의 역사학의 궤적과 환경", 한국사연구 152, 한국사연구회, 2011.03, 297-303면 등 참조.

나. 상호의존성을 통한 연대성 형성을 위한 과제와 지원내용

북한정권은 남한의 지원을 받더라도 남북한 주민 간의 상호의존성을 통한 연대성이 형성되지 않는 방법을 강구할 가능성이 매우 높다.[89] 이는 남북한 주민 간의 상호의존성이 발생하는 것은 북한정권의 체제안정에 부정적인 영향을 미칠 가능성이 높기 때문이다.[90] 그럼에도 불구하고 북한주민들도 대한민국 헌법상 대한민국 국민으로서의 법적지위를 갖는 바, 북한주민의 기본적인 생활을 보장해주고 북한주민들이 제한적인 시장경제질서 속에서라도 경제활동을 할 수 있는 기회를 제공하기 위한 지원은 지속적으로 이뤄져야만 한다.

(1) 기본적 생활의 보장

지금까지 북한에 대한 지원은 일괄적으로 '북한정권에 대한 지원'으로 접근되었고, 그로 인해 남북한의 교류·협력 사업은 남한 집권 여당의 정치적인 성향에 따라서 극단적으로 변해 왔다. 그런데 그와 같은 변화는 정치적인 차원에서 남북관계의 안정성뿐 아니라 통일과정에서 남북한 주민이 연대성을 형성함으로써 통일국가에서 사회적으로 통합되는데도 부정적인 영향을 미친다. 이는 일관된 방향성이 유지되는 왕권국가와 같은 체제만을 접해본 북한주민들의 입장에서는 남한정부의 지원이 극단적으로 변하는 것은 남한주민들이 북한주민들을 정치적으로 이용하는 것으로 받아들일 가능성도 있기

---

89) 박종철, "김정은 지도체제 초기국면과 북중관계―체제안정과 개혁개방의 딜레마(2008년-2012년)", 대한정치학회보 제20권 제3호, 대한정치학회보, 2013, 66-67면 참조.
90) 김진수, "남북한경제관계 확대와 정치적 분쟁의 인과성 분석", 유라시아연구 제12권 제1호, 아시아유럽미래학회, 2015.03, 80-81면 참조.

때문이다.

따라서 남북 간의 교류·협력 사업을 하는데 있어서 남북한 간의 정치적인 변화와는 무관하게 유지되는 최소한의 지원 수준이 설정되어야 한다. 그리고 그 지원 수준은 북한주민의 기본적인 생계에 필요한지 여부를 기준으로 판단해야 하는데, 이는 기본적인 생활을 위한 지원은 북한주민들이 인간다운 생활을 할 권리 및 생존권과 직결되어 있기 때문이다.

(가) 생계해결을 위한 지원 내용

북한주민의 기본적인 생계 해결을 위한 지원을 하는 것은 국제사회와 국제연합(UN)에서 '인도주의적 지원'이라고 표현되는 지원에 해당하며, 인도주의적 지원은 북한에 대한 제재를 내용으로 하는 유엔안보리회의 결의안에서도 금지하지 않고 있다.[91] 이는 국제사회에서도 북한정권과 북한주민을 구분하면서 북한정권에 대한 제재 수위가 계속해서 높아지는 상황에서도 북한주민의 인권은 보장되어야 한다는데 합의가 있다는 것을 보여준다. 따라서 남한정부가 북한

---

91) S/RES/2397(2017)

25. Reaffirms that the measures imposed by resolutions … and this resolution are not intended to have adverse humanitarian consequences for the civilian population of the DPRK or to affect negatively or restrict those activities, including economic activities and cooperation, food aid and humanitarian assistance, that are not prohibited by resolutions … and this resolution, and the work of international and non-governmental organizations carrying out assistance and relief activities in the DPRK for the benefit of the civilian population of the DPRK, stresses the DPRK's primary responsibility and need to fully provide for the livelihood needs of people in the DPRK, and decides that the Committee may, on a case-by-case basis, exempt any activity from the measures imposed by these resolutions if the committee determines that such an exemption is necessary to facilitate the work of such organizations in the DPRK or for any other purpose consistent with the objectives of these resolutions;

주민의 생계를 위한 지원을 지속적으로 하는 것은 대한민국 헌법 하에서는 물론이고 국제사회에서도 규범적으로 정당화 될 수 있다.

이처럼 남한정부가 북한주민의 생계를 위해서 지속적으로 지원하는 것이 정당화 되는 지원 내용은 식량, 의류와 의료용품 정도로 국한된다. 이는 그 외의 지원들은 북한정권의 내외부적인 변화에 따라서 북한주민이 아닌 북한정권에 대한 지원으로 이어질 수 있기 때문이다. 특히 금전적인 지원의 경우 북한정권이 임의적으로 사용할 수 있기 때문에 북한에 제공하는 것이 절대로 정당화 될 수 없다. 서독이 동서독 간의 교류를 함에 있어서도 금전적인 지원은 동독주민들에만 직접 제공하고, 동독정권에 대해서는 항상 금전이 아닌 물자를 제공하는 방식으로 지원했던 것도 금전으로 제공되는 지원은 악용될 소지가 있기 때문이었다.[92]

그리고 남한정부에서 북한주민의 생계를 위한 지원을 과정에서는 과거에 국제연합(UN)과 유엔세계식량계획(WFP)에서 지원하는 식량에 대한 분배내용에 대한 확인과 감시가 허용되었던 것과 마찬가지로 남한정부가 분배내용에 대한 확인과 감시를 할 수 있도록 하는 것이 원칙이어야 한다. 다만, 남한정부가 분배내용에 대한 확인 및 감시를 하는 것을 북한정권이 승인하지 않는다면 최소한 남한정부가 제공한 지원이 어느 지역에 어떤 비율로 분배가 되었는지에 대한 정보만큼은 남한정부에 제공되어야만 한다.

하지만 분배내용에 대한 확인 및 감시가 이뤄지지 않는다는 이유로 북한에 대한 식량지원을 중단한 일부 국가들과 달리 남한정부는 그러한 경우에도 북한주민의 기본적인 생계를 위한 식량과 의류의 지원은 계속해서 제공해야 한다. 이는 북한정권의 인사들도 대한민국 헌법상 대한민국 국민에 해당하기 때문이다. 따라서 징역생활을

---

92) 염돈재, 앞의 책, 126면 참조.

하는 자들에게도 생계를 해결하기 위한 식량이 제공되는 것과 마찬가지로 반국가단체의 구성원인 북한정권의 구성원들에게도 식량과 의류에 대한 지원은 이뤄져야 한다. 그리고 북한의 현실에 비춰봤을 때 전체적인 지원 수준이 높을수록 북한정권의 구성원들을 통해 북한주민들에게까지 배급이 이뤄지거나 장마당으로 유입되는 식량과 의류의 양이 많을 것이 분명한 바, 남한주민에 대한 기본권을 침해하지 않는 한도 내에서 북한주민들에게 필요한 최대한의 식량과 의류에 대한 지원은 지속적으로 이뤄져야 한다.

이처럼 남한정부가 분배내용에 대한 확인과 감시를 하는 것도 허용되지 않고, 남한정부가 제공한 지원에 대한 정보도 북한정권이 제공하지 않는다면, 남한정부는 북한주민에게 제공하는 지원내용에 남한정부가 제공한 지원임을 북한주민들이 인식할 수 있는 방법으로 지원을 제공해야 한다. 이는 북한주민들이 자신들에게 제공된 지원의 주체가 남한정부임을 인지하고 최소한 심리적·정서적으로 동질성을 통한 연대성을 형성할 수 있게 하기 위함이다.

(나) 주거환경에 대한 지원

북한의 주거환경은 매우 열악한 상황이며, 전기공급도 제대로 이뤄지지 못해서 북한정권의 주요 인사들도 전기사용에 제약을 받고 있다.[93] 이뿐 아니라 북한지역 전역에서 철도와 도로 등의 사회기반시설들이 일제 강점기의 것을 그대로 사용하고 있거나 매우 낙후된 상황이기 때문에 북한주민의 기본적인 생활수준 향상을 위해서는 주거지와 주거환경에 대한 지원이 제공될 필요가 있다.[94] 여기에서

---

93) 태영호, 앞의 책, 143-144면 참조.
94) 서사범, "북한철도의 실상", 대한토목학회지 제57권 제1호, 대한토목학회, 2009.01, 114-115면; 장인숙, "북한의 건설계 실상", 대한토목학회지 제46권 제7호, 대한토목학회, 1998.07, 60-62면 등 참조.

주거지는 단순히 집 건물을 의미하는 것이 아니라 전반적인 주거환경을 의미하는 바, 그 범위에는 환경, 북한의 도로, 하수시설, 철도 등 기본적인 생활 반경에 있는 사회기반시설이 포함되어야 한다.

기본적인 생계의 해결에 필요한 지원과 마찬가지로 주거환경 개선을 위해 제공하는 지원에서도 금전을 내용으로 하는 지원은 어떠한 경우에도 정당화 될 수 없다. 그리고 주거환경이나 주거지를 위해 지원을 제공하는 경우에는 남한을 통해서 물자가 북한지역으로 반입되는 바, 그 물자들이 지원 사업에 참여하는 남한기업들에 의해서 철저하게 통제되어야 한다. 이는 특정사업에서 지원하는 것을 목적으로 하는 사회기반시설의 성격에 따라서 그 지원과정에 군사적으로 악용될 수 있는 물자들이 포함될 수 있기 때문이다.

그리고 북한주민의 주거환경 개선을 위한 지원의 우선순위는 ① 주택과 상하수도와 같이 북한주민 개인의 주거환경을 직접 구성하는 사회기반시설, ② 환경과 같이 간접적으로 북한주민의 주거환경에 영향을 미치는 사회기반시설, ③ 북한주민의 주거지역 인근에 있는 도로 및 철도, ④ 북한 내 경제활동에 필요한 사회기반시설로 정해야 한다. 이는 북한주민에 대한 직접적인 지원이 북한정권이나 사회에 필요한 지원보다 언제나 우선되어야 하기 때문이다.

(2) 경제영역에서 상호의존성

남북관계가 경색국면에 들어섰음에도 불구하고 2016년에 개성공업지구의 운영이 완전히 중단되기 전까지 개성공업지구가 유지될 수 있었던 것은 북한정권의 입장에서도 개성공업지구가 북한에서 일자리를 창출해냄으로써 북한주민들이 경제활동을 할 수 있게 해줬기 때문이다.[95] 개성공업지구의 사례는 상호의존성이 확장될수록 정치영역에서의 이해관계와는 무관하게 남북 간의 교류·협력 사업이 유지될 가능성이 높다는 것을 보여준다. 따라서 남북관계에서 경제영역에서 상호의존성을 통한 연대성을 형성하기 위한 지원은 지속적으로 이뤄져야 한다. 다만 경제영역에서 교류·협력사업을 통해서 북한주민들에게 지원이 지속적으로 이뤄지기 위해서는 남한기업 사업의 수익성, 안정성, 편의성이 담보되어야 하는 바, 이를 담보하기 위한 조치가 마련되어야 한다.[96]

하지만 북한정권이 남한기업들이 북한지역에 자유롭게 진출하는 것을 용인할 가능성이 매우 낮고, 북한정권이 개성공업지구를 북한에 시장경제질서를 성공적으로 도입한 것으로 여기는 점을 감안하면 남북한이 분단된 상황에서 남한기업들이 북한지역에 진출할 수 있는 가장 현실적인 방안은 개성공업지구와 같은 경제특구로 진출하는 것이다. 이는 특히 북한정권 역시 개성공업지구를 긍정적으로 평가하고 있기 때문이다.[97] 이러한 점을 고려하면 남한정부는 북한정권과 협의를 통해 북한지역에 경협지구를 개발하고, 해당 지역에 남한기업들이 투자하기 위한 유인을 마련해야 한다.

이와 같은 경협지구 외에도 북한정권은 관광산업을 개발하는데도 많은 관심을 갖고 있는 바,[98] 남한정부는 북한정권과 협의해서 남한기업들이 북한의 관광특구 개발에도 참여할 수 있도록 지원을 제공해야 한다. 이는 북한의 관광산업을 남북한이 함께 개발하는 것이 북한주민의 상호의존성을 통한 연대성을 형성하는데 중요한 것은 관광산업은 관광지의 사회전반에 영향을 미치며 사회주의 국가의 경제개방과 외부자본유입을 촉진시킬 수 있기 때문이다.[99]

---

95) 임강택 외 1인, 앞의 책, 55-61면 참조.
96) 임강택, "남북한 경제협력 현황과 발전방행 모색", 전남대학교 세계한상문화연구단 국내학술회의, 전남대학교 세계한상문화연구단, 2000.09, 36면 참조.
97) 태영호, 앞의 책, 299면 참조.
98) 윤인주, "김정은 시대 북한의 관광산업 평가 및 전망", 북한연구학회보 제19권 제1호, 북한연구학회, 2015.06, 99-100면 참조.

다. 훼손된 연대성을 회복하기 위한 과제와 지원내용

현행「북한인권법」의 가장 큰 한계는 그 목적을 정하는 데 있어서 북한주민이 헌법적으로 대한민국 국민으로서의 지위를 가진다는 것을 밝히지 않고 있다는 것이다. 그리고 다른 법률들과 마찬가지로 북한인권법 역시 통일이 되는 과정에서 북한의 인권침해와 관련된 사항들에 대해 어떠한 원칙을 가지고 해결한다는 내용은 포함하고 있지 않기에 그 실질적인 효과가 제한된다는 한계를 갖는다.[100]

이와 같은 한계를 극복하기 위해서는 포괄적이고 추상적으로나마 인권침해적인 사안에 대해서는 북한주민의 의사를 반영하여 처리한다는 원칙을 명시해야 한다. 이는 현재 북한에서 자행되고 있는 북한주민의 기본권과 인권침해적인 북한정권의 행위들에 대한 청산이 남한 중심의 청산이 이뤄질 경우 이는 승리자의 판단으로 비춰질 수 있고, 과거청산 과정에서 피해자인 북한주민의 의사가 반영되어야만 하기 때문이다. 이 외에도 현행 북한인권법에는 지방자치단체의 책무, 북한인권재단 및 북한인권증진위원회 구성의 독립성과 전문성 확보, 북한인권기록 담당기관의 역할과 권한의 조정 등을 통해 실효성을 담보할 수 있는 내용이 북한정권을 과도하게 자극되지 않는 선에서 추가되어야만 한다.[101]

---

99) 이장춘,「통일과 관광정책」, 대왕사, 1998, 109면 참조.
100) 윤철홍, "한국의 북한인권법에 관한 소고", 법학논총 제36집, 숭실대학교 법학연구소, 2016.07, 243-245면 참조.
101) 윤철홍, 위의 글, 244-245면; 송인호, "현행 북한인권법의 개선방향에 대한 고찰", 동아법학 제79호, 동아대학교 법학연구소, 2018.05, 74면-87면 등 참조.

6. 소결

체제수렴기에 북한주민에 대한 지원은 남북한 간의 교류·협력 사업을 통해 이뤄질 수밖에 없다. 이는 북한지역에 거주하는 북한주민에 대한 지원을 지속적으로 제공하기 위해서는 남한정부와 북한정권과의 관계에 영향을 받을 수밖에 없으며, 북한정권의 의사결정에 따라 남한정부가 북한주민에 제공할 수 있는 지원이 달라질 수밖에 없다는 것을 의미한다. 따라서 북한주민에 대한 지원을 제공하는데 있어서 가장 중요한 것은 북한정권과 상호간에 신뢰를 구축함으로써 남북한 간의 교류·협력 사업을 확대 및 확장해 나가는 것이다. 그리고 이는 서독이 동독에 대해서 그러했듯이 남북 간의 교류·협력의 범위 내에서는 북한정권의 체제를 제한적으로나마 인정해 줄 필요가 있다는 것을 의미한다.

북한정권은 남한정부가 체제를 군사력으로 전복할 의사가 없고, 대한민국 헌법에서 명시하고 있듯이 평화적으로 통일을 달성하고자 한다는 신뢰가 있을 때야 비로소 남한정부가 시행하는 북한 노동자의 법정 노동조건을 보장하고 권익을 보호하는 조치에 개입하거나 훼방하지 않을 것이다. 이와 같은 현실에 비춰봤을 때 남한정부가 통일과정에서 북한지역에 거주하는 북한주민에 대한 지원을 확대 및 확장함으로써 남한의 헌법적 가치가 유지되는 통일국가에서 남북한 주민의 사회통합이라는 목적을 달성하기 위해서는, 남한정부와 북한정권 간의 신뢰가 구축될 수 있도록 남북한 간의 교류·협력 사업 범위가 지속적으로 확장 및 확대되어야만 한다.

제4절 체제전환기의 북한주민지원제도

1. 개요

대한민국 헌법은 남한의 헌법적 가치가 유지되는 통일을 전제로 한다. 그런데 동서독이 분단되어 있던 시기에 동서독 간의 교류·협력 사업이 활발하게 이뤄졌음에도 불구하고 서독 중심으로 통일된 독일사회에서 동독주민들이 새로운 사회체제에 적응하는데 많은 어려움을 경험했다는 사실은 북한주민들이 통일국가의 사회체제에 적응하는데도 마찬가지 어려움을 겪을 것이라는 것을 보여준다. 그리고 남북한의 현재 인구와 출산율 등에 비춰봤을 때 통일국가에서 남북한 인구비율은 지금과 같은 수준일 것이 분명한 바, 통일국가의 1/3에 해당하는 북한주민들이 새로운 사회체제에 적응하지 못하면 통일국가에서는 남북한 출신들 간의 갈등이 매우 심각한 수준으로 발생할 것이다. 따라서 통일국가에서도 일정 기간 동안 북한주민에 대한 지원이 이뤄져야 할 가능성이 매우 높다. 그런데 그와 같은 지원내용은 통일국가의 정치제도, 남북한 화폐의 교환비율 등과 같은 구체적인 사회체제의 내용에 따라서 달라질 수밖에 없다. 따라서 통일국가에서는 사회체제의 구체적인 내용을 결정하는 협의과정에서부터 남북한 주민 간의 사회통합의 측면을 고려해야 한다.

2. 체제전환기의 사회체제와 북한주민지원제도

통일이 되는 시점에 남북한이 사회적으로 어느 정도 수준으로 동질성 혹은 이질성을 갖고 있을지는 분명하지 않다. 하지만 현재 남

북한의 사회 인프라, 경제, 문화 수준 등을 고려했을 때 남북한 간의
이질감은 상당한 수준에 이를 것으로 판단된다. 그리고 독일의 사례
에 비춰봤을 때 남북한 간의 이질감이 상당한 수준인 상태에서 남북
한에 대한 통치체제를 완전히 통합하는 것이 수반하는 위험 또한 상
당할 것으로 보인다. 다만 통일 이후 남북한의 이질성의 정도에 따
라서 남북한 지역에 대한 통치체제를 분리해서 운영하는 것은 북한
주민에 대한 차별적인 성격을 가질 수 있는 바, 구체적인 북한주민
에 대한 지원제도에 대한 내용을 검토하기 이전에 북한주민에 대한
지원제도가 운영되는 통치체제에 대하여 살펴볼 필요가 있다.

가. 통일합의서와 통일국가의 헌법

통일이 되는 과정에서 통일합의서를 반드시 체결해야 하는 것은
아니다. 그러나 통일은 남북한이 하나의 국가공동체로 통합되는 것
이며, 통일 이후 사회통합을 위해서는 통일국가를 형성하는 과정에
남북한 주민의 의사가 모두 반영될 필요가 있으며 통일합의서는 남
북한 주민의 의사를 반영할 수 있는 가장 효율적이고 효과적인 수단
이다. 통일합의서를 체결할 경우, 통일합의서는 조약으로서의 성격
을 갖지만 통일국가의 기본적 국가형태 등 헌법사항을 포함하는 바,
통일합의서는 실질적으로 헌법의 성격을 갖는다.[102] 따라서 통일합
의서를 체결하는 절차와 그 내용은 통일국가를 달성하는 목표의 성
패를 좌우할 것이다.[103]

통일합의서는 그 내용과 형식을 어떻게 정해야 하는지에 대해서
는 정해진 바가 없다. 하지만 통일이 단순히 남북한을 결합하는 것
이 아니라 남북한을 하나의 국가공동체로 통합하는 것을 의미한다

---

102) 이효원, 「통일헌법의 이해」, 박영사, 2016, 74면 참조.
103) 이효원, 위의 책, 68-69면 참조.

면 통일 이후에 그 통합의 절차와 내용으로 인한 사회적 갈등과 분열을 최소화해야 할 뿐 아니라, 규범적으로도 민주적 정당성을 취득하는 절차가 필요하다.

따라서 통일과 같이 국가안위에 중대한 사안의 경우에는 남북한 주민의 의사가 직접 반영될 수 있는 국민투표가 반드시 이뤄져야 한다.104) 다만 통일합의서를 체결하는 것에 대한 국민투표에서 통일합의서를 체결하지 않는 방향으로 결정이 날 경우, 남북한 사회는 모두 극심한 혼란에 빠지게 될 가능성이 매우 높은 바, 국민투표에 부치는 통일합의서의 내용은 신중하게 결정되어야 하고 협의과정은 남북한 주민들 모두에게 투명하게 공개되어야 한다.

통일국가의 헌법을 대한민국 헌법의 적용을 북한지역으로 확대하는 형태로 마련하면서 필요한 범위 내에서 그 내용을 개정할지, 또는 남북한이 합의하는 내용으로 새로운 헌법을 제정할지 여부는 체제전환기에 남북한이 합의하는 바에 결정하는 것이 가장 타당하다.105) 다만 통일국가의 헌법은 대한민국 헌법과 마찬가지로 정치적으로는 민주적 기본질서, 경제적으로는 사회적 시장경제질서가 유지되고 더 구체적으로는 국민주권주의, 기본권존중주의, 권력분립주의, 법치주의, 사회복지국가주의, 문화국가주의, 국제평화주의를 기본원리로 해야 한다.106) 이는 그렇지 않을 경우 통일국가 인구의 2/3에 해당하는 남한주민들이 통일에 동의하지 않거나, 그로 인해 통일국가에서 상당한 수준의 갈등이 발생할 수 있기 때문이다. 이와 더불어 체제전환기에 북한주민에 대한 지원의 근거가 되는 내용 역시 헌법에 포함되어야 한다.107)

---

104) 이효원, 위의 책, 89면 참조.
105) 이효원, 위의 책, 136-143면 참조.
106) 이효원, 위의 책, 132-136면 참조.
107) 이효원, 위의 책, 139면 참조.

나. 통일국가의 법제도와 사회체제

(1) 남북한지역의 분리 관리 가능성

남북한이 통일 된 직후에는 남북한 사회의 이질감을 고려하여 남북한 지역을 한시적으로 분리해서 북한지역을 남한지역과 구분하여 별도의 지역으로 관리, 운영해야 한다는 견해가 제시되며 그 주장은 북한지역과 북한주민이 처한 현실을 고려했을 때 남한의 법률체계에 곧바로 편입되도록 할 경우 많은 부작용이 발생할 수 있으며, 북한지역을 분리해서 관리할 경우에는 체제전환을 안정적으로 지원하면서 북한지역을 지원하는 규범적 근거를 마련할 수 있다는 점을 근거로 한다.[108]

특정지역을 분리해서 관리하는 목적, 그리고 그 관리과정에서 도입되는 조치가 정당화 될 수 있다면 특정지역을 분리해서 관리하는 것 역시 정당화 될 수 있다. 따라서 통일국가에서 북한지역을 분리 관리하는 것은 통일국가의 사회적 안정과 남북한 주민의 기본권 보호라는 차원에서 정당화 될 수 있다. 구체적으로 북한지역에서 인정될 수 있는 특례로는 북한지역에 대한 투자 및 개발관련 금융제도,[109] 북한주민에 대한 사회보장제도,[110] 북한주민에 대한 특례 등

---

108) 이효원, "통일과정에서 북한지역 관리를 위한 법제도", 저스티스 통권 제166호, 한국법학원, 2018.06, 42-43면; 이철수 외 16인, 「통일 이후 북한지역 사회보장제도—과도기 이중체제」, 한국보건사회연구원, 2016, 21-25면; 안예홍 외 1인, 「통일이후 남북한 경제통합방식에 대한 연구」, 금융경제연구 제291호, 한국은행, 2007, 14면; 임수호 외 4인, 「통일 후 남북한경제 한시분리운영방안: 경제적 필요성과 법적 타당성」, 대외경제정책연구원, 2016, 53-54면, 84-99면; 김석진 외 1인, 「통일 이후 사회보장제도 분리 운영방안: 경제적 및 법적 분석」, 통일연구원, 2015, 55-70면 등 참조.
109) 김영찬 외 3인, 「통일 후 남북한경제 한시분리운영방안: 통화·금융·재정분야」, 대외경제정책연구원, 2016, 117-180면 참조.

을 들 수 있으며 북한을 특별관리지역으로 지정하는 것은 북한지역
에 대한 특례를 통해 지원이 제공되거나 북한주민의 기본권을 일부
제한하는 수준이 남북한 주민의 기본권을 침해하는 수준에만 이르
지 않는다면 정당화 될 수 있다.

(2) 북한법률의 적용가능 범위

북한주민들은 약 70년간 북한정권 하에 살아왔고, 북한이탈주민
들은 그 영향으로 남한사회에 적응하는 과정에서 이질감과 어려움
을 느끼고 있다. 이와 같은 현상은 대한민국 헌법의 기본원리가 유
지되는 통일국가의 새로운 체제를 곧바로 북한지역에 적용할 경우
북한주민들이 적응하는 과정에서 반복될 확률이 매우 높고, 북한주
민의 숫자를 감안하면 이는 심각한 사회문제를 야기할 것이다. 따라
서 체제전환기에는 북한주민들이 새로운 체제로 원활하게 적응할
수 있고 과도기적 조치로 다른 분단국들의 사례와 마찬가지로 북한
법률의 효력을 인정해 줄 필요가 있을 가능성이 매우 높다.[111]

(가) 북한법률의 적용가능성

1987년 제2차 개정을 통해 전면 개정된 북한 형법에서 '조선민주

---

110) 김진수 외 2인, 「통일 후 남북한경제 한시분리운영방안: 노동 및 사회복
지 분야」, 대외경제정책연구원, 2016.12, 120-128면; 김석진 외 1인, 위의 책,
73-109면 등 참조.
111) 정재황 외 1인, "대한민국 통일과도기의 법적 논점", 공법연구 제46집 제2
호, 한국공법학회, 2017.12, 447-448면; 이은정, "독일통일과 여성·한반도 통
일준비를 위한 시사점", 이화젠더법학 제8권 제1호, 이화여자대학교 젠더
법학연구소, 2016.06, 76-84면; 김근식, "한반도 통일과정의 정치동학: 독일·
예멘 사례의 시사점", OUGHTOPIA 제25권 제3호, 경희대학교 인류사회재
건연구원, 2010.12, 263면 등 참조.

주의 인민공화국 형사정책의 기본'편이 삭제되고, 북한 민사소송법
상의 직권탐지주의 역시 1994년 개정에서 재판소와 소송당사자의 적
극적 협력에 의하여 수행하도록 규정하여 완화되었으며, 외국인투자
를 유치하기 위하여 이러한 외국인투자 관련 법률들을 지속적으로
개정하는 등 북한의 법률들은 전반적으로 이데올로기적인 성격이
희석되고, 체계화 되어가고 있다.

　　하지만 ① 북한법률에는 기본적으로 사회주의, 주체사상, 선군정
치와 같은 이데올로기적인 요소가 포함되어 있고, ② 북한에서는 법
률에 대해서 정치가 우위에 있으며, ③ 법률 간의 분류 및 체계화가
이뤄지지 않았다. 이뿐 아니라 북한에서는 주체사상이 여전히 법을
연구 및 해석하는 지침으로 작용하고 있고,[112] 북한에서는 법률에
대해 정치가 우위에 있기 때문에 북한사회에서 법률이 갖는 의미는
법치주의국가와 완전히 다르다.[113] 따라서 통일과정에서 체제전환기
에 북한법률의 효력을 모두 인정할 수는 없으며, 특히 주체사상을
기초로 한 북한법률의 해석 방법과 북한법률의 이데올로기적인 요
소들은 모두 폐기되어야만 한다.

　　다만 체제수렴기에 개정된 북한법률의 체계와 내용이 통일국가
헌법의 기본원리에 부합하는 범위 내에서는 과도기적인 조치로서
북한법률의 효력이 인정될 현실적인 필요는 있다.[114] 이는 체제전환
이 갑작스럽게 이뤄질 경우에는 북한주민들이 새로운 체제에 적응
하는데 소요되는 시간이 길어지고, 그에 따라 남북한 주민 간에 발
생하는 갈등과 분열의 수준이 강해질 가능성이 매우 높기 때문이다.

---

112) 최은석, "북한의 법제 동향과 체제전환 관점에서 본 북한법제의 개혁방
　　향", 통일문제연구 제19권 제2호, 평화문제연구소, 2007.11, 267-271면 참조.
113) 윤대규, "북한사회에서 법의 성격", 북한법연구 제6호, 북한법연구회, 2003,
　　21-30면 참조.
114) 최은석, 앞의 글, 275-301면 참조.

(나) 북한법률의 효력 인정 방법

북한법률의 효력은 통일국가의 헌법에서 정하거나, 헌법이 위임하여 관련 법률을 제정하여 효력을 인정하는 방법과 통일합의서에 관련 내용을 포함시키는 방법을 통해 인정할 수 있다.[115] 그런데 체제전환기에 합의된 헌법의 내용이 언제 개정될지가 분명하지 않은 바, 통일국가의 헌법에 관련 내용을 포함시키기보다는 통일합의서에 구체적으로 과도기에 효력이 인정되어야 할 북한법률의 내용과 효력을 인정할 기간을 명기하는 방법으로 그 효력을 인정하는 것이 가장 타당할 것으로 판단된다. 이는 통일합의서는 남북한 주민들이 그 내용에 합의한 것이기 때문에 체제전환기에 과도기적인 조치로 효력이 인정되는 북한법률들을 결정하는 절차적 정당성을 확보할 수 있는 방법이기 때문이다.

통일합의서에서 정하는 이와 같은 내용은 통일국가에서 새로운 법률의 제정을 통해 그 안에서 내용을 구체화시켜야 하며,[116] 통일국가의 헌법에는 부칙에서 북한법의 잠정적용에 대한 근거를 마련함으로써 통일국가에서의 법적안정성을 담보해야 한다.[117]

(다) 북한법률의 적용지역

북한법률은 북한지역에 한해서만 그 효력이 인정되어야 한다. 이는 통일국가의 헌법이 대한민국 헌법의 기본원리를 기초로 하는 바, 그 기본원리를 근거로 제정된 남한법률의 효력을 부인할 필요가 없을 뿐 아니라 북한법률의 효력을 남한지역에서 인정하는 것은 남한 주민들의 반발을 살 가능성이 높기 때문이다. 다만 북한주민들이 남한지역으로 이주했을 경우에 북한법률의 효력이 인정되는지 여부가

---

115) 정재황 외 1인, 앞의 글, 448면 참조.
116) 정재황 외 1인, 위의 글, 448명 참조.
117) 이효원, 앞의 책, 140면 참조.

문제가 될 수 있으나, 북한주민이 남한지역으로 이주했다는 이유로 북한법률의 효력을 남한지역에도 인정하는 것은 심각한 수준의 혼란을 야기할 수 있다. 따라서 북한법률의 효력은 체제전환기에 제한된 기간 동안 북한지역에서만 적용되는 것을 원칙으로 해야만 한다.

(3) 통일국가의 의회

현재 남한에서는 의회가 단원제를 유지하고 있지만 통일국가에서도 단원제가 유지되어야만 하는 것은 아니다. 통일국가에서는 의회제도를 결정하는데 있어서 각 제도의 장단점을 고려하여 단원제, 양원제, 이원정부제 등 어떤 형태의 의회제도도 선택할 수 있다.[118]

이에 대해 남한에서는 해방 이후 대부분 기간 동안 의회가 단원제로 운영됐고 그에 따라 남한주민들이 단원제에 더 익숙하기 때문에 통일국가에서도 의회는 단원제를 유지해야 한다는 견해도 존재하지만,[119] 남한주민들이 더 익숙하다는 사실만을 이유로 기존의 법제도가 유지되어야 하는 것은 아니다. 그리고 남북한 인구에 비춰봤을 때 단원제를 채택했을 경우 북한주민들이 과소 대표될 수 있는 바, 지역별로 의석을 배정하는 상원과 인구비례로 의석을 배정하는 하원으로 구성된 양원제를 채택하는 것이 사회통합적인 측면에서 더 바람직하다.[120]

---

118) 김우진, "한반도 통일국가의 양원제 의회에 관한 연구", 서울대학교 석사학위논문, 서울대학교 대학원, 2009, 40-41면 참조.
119) 최용기, "통일헌법상의 입법부", 헌법학연구 제2권, 한국헌법학회, 1996, 280-281면 참조.
120) 김철수, "통일헌법의 제정방향", 고시계 통권 제490호, 고시계사, 1997.12, 108면; 최진욱, "통일시대를 대비한 새로운 권력구조의 모색", 한국정치학회보 제29집 제3호, 한국정치학회, 1996.01, 289면; 변해철, "남북한 통합과 통치구조 문제", 공법연구 제21집, 한국공법학회, 1993, 83면; 도회근, "통일

(4) 화폐 통합의 문제

통일 이후 구동독지역의 경제를 붕괴시킨 가장 결정적인 원인은 화폐를 1대1의 비율로 통합한 것이었다. 독일의 화폐통합의 가장 큰 문제점은 그 통합이 경제적인 요소들을 고려하지 않고 정치적으로 이뤄졌다는데 있다.[121] 그에 대해서는 화폐통합을 1대1로 한 것이 결정적으로 동독주민들이 통일을 지지하는 요소로 작용했기에 그와 같이 통합을 하지 않았을 경우에는 통일이 되지 않았을 것이라는 주장도 제기된다.[122]

남북한 통일 이후에도 화폐통합의 문제는 쟁점화 될 가능성이 매우 높다. 그리고 독일 사례는 통일 이후 북한지역의 개발, 북한 기업이 생산 물건의 판매 등을 위해서 화폐통합에 적용되는 비율은 정치적인 결정이 아니라 경제적인 요소를 고려하여 결정되어 한다는 것을 보여준다. 하지만 통일이 된 이후에 화폐통합의 방식이 경제적으로, 또 사회 구성원들 간에 심리적으로 어떠한 영향을 미칠지가 분명하지 않기에 그에 대한 의사결정은 북한을 특별지구로 운영하는 틀 안에서 결정이 되어야 한다.

이처럼 화폐통합의 방식을 결정하는데 다양한 요소를 고려해야 할 필요가 있고 화폐를 한시적으로 병용하는 것은 헌법에 위반한다고 볼 수 없는 바,[123] 북한을 특별관리지구로 운영하는 기간 중에는 사회주의 국가인 중국과 쿠바에서 한 때 그랬던 것처럼 통일국가에

헌법의 권력구조—의회제도를 중심으로", 공법연구 제40집 제2호, 한국공법학회, 2011.12, 45-47면; 박정원, "통일헌법의 골격구상", 공법연구 제27집 제1호, 한국공법학회, 1998, 329면 등 참조.
121) 김호균, 앞의 책, 149-150면 참조.
122) 김호균, 위의 책, 101면 참조.
123) 김완기, "남북 경제통합에 관한 법제도적 연구", 서울대학교 법학대학원 박사학위논문, 2016, 301-310면 참조.

서도 남북한의 화폐를 병용해야 할 필요가 있다.[124] 다만 중국과 쿠바의 사례에 비춰봤을 때 그와 같이 화폐를 병용할 경우, 남북한 주민 간의 계급화가 이뤄지고 암시장이 대규모로 형성될 가능성이 있기에 화폐를 병용하는 기간은 최대한 짧게 설정해야 한다.

(5) 통일국가의 공교육제도

(가) 교육과정

남북한이 모두 12년의 교육과정을 운영하고 있는 바, 통일국가에서도 12년을 그대로 유지함으로써 혼란을 최소화해야 한다. 그리고 의무교육의 경우 통일국가 전체에는 원칙적으로 현재 남한과 같이 중학교까지로 정해도 무리가 없을 것이나, 통일 이후에도 북한지역에 거주하는 북한주민들에 대해서는 고등학교과정까지 정부가 의무교육과 같은 수준의 지원을 제공해야 한다. 이는 통일국가에서 남한의 헌법적 가치가 유지되는 것을 감안하면, 최대한 많은 북한주민들이 공교육제도 하에서 교육을 받는 과정에서 새로운 체제에 대한 이해 및 적응능력을 갖출 수 있는 기회를 제공할 필요가 있기 때문이다.

북한에서는 영재교육과 수재교육을 시행하면서 탁월한 성과를 내고 있는 특수학교와 교육과정들이 존재하는데,[125] 그 학교들과 교육과정은 북한정권의 이념적인 색체를 배제한 상태로 최대한 유지시켜야 한다. 이는 첫 번째로 북한주민들이 분단된 국가에서 자신들의 삶의 양식이 통일국가에서도 존중받는다는 보여줌으로써 그들이 통일국가에 소속감을 갖게 형성할 수 있도록 하기 위함이며, 두 번째로 북한이 경쟁력을 갖는 영역에서는 통일국가도 마찬가지 수준의 경쟁

---

124) 김영찬 외 3인, 앞의 책, 84-111면 참조.
125) 전경남, "북한의 영재교육", 한국학연구 제48집, 고려대학교 한국학연구소, 2014.03, 251-259면 참조.

력을 유지하는 것이 통일국가의 이익에 부합하기 때문이다.

(나) 교육내용

북한에서 이뤄지는 교육 내용 중 주체사상과 사회주의 이념이 반영되어 있는 이데올로기적인 요소들은 모두 제거되어야 한다. 하지만 북한에서 이뤄지던 교육내용들 중에서 이데올로기적인 성격을 갖고 있지 않았던 교과목들은 통일 직후에 최소한 북한지역에서만큼은 유지, 계승 및 발전되어야 하며 궁극적으로는 그러한 교과목들의 내용을 남한에서 이뤄졌던 공교육제도와 조화를 이룰 수 있는 방향으로 교육내용을 통합해 나가야 한다.126) 이는 통일국가에서의 교육과 교육을 통해 형성되는 동질성을 통한 연대성은 단기간에 형성되는 것이 아니고, 통일이 되기 전에 북한주민들 간에 형성된 동질성을 최대한 존중해 줄 필요가 있기 때문이다.

그리고 통일직후에는 원칙적으로 국가에서 교과목별로 교과서들에 대한 세부적인 기준을 마련해 주되, 다양한 전문가들이 그 기준을 충족시키는 범위 내에서 다양한 내용으로 구성된 교과서를 편찬할 수 있게 해야 한다. 이는 통일국가에서 국정교과서를 통해 교육을 시행하기보다는 현재 남한에서 시행하고 있는 검정교과서에 대한 제도를 그대로 적용해야 한다는 것을 의미한다. 이는 남북한 주민들 간에 이질감이 상당한 수준으로 존재하는 상황에서는 학교 구성에 따라서 남북한 주민들이 거부감을 갖지 않을 교과서를 교사들이 선택할 수 있게 해줘야하기 때문이다.

마지막으로 독일의 사례에 비춰봤을 때 통일국가의 교육과정에는 상당한 기간 동안 남북한 주민들이 상호 간의 공통점과 차이점을 인지하고 그것을 수용할 수 있도록 하는 사회통합을 목적으로 하는

---

126) 한만길 외 8인, 「통일에 대비하는 교육통합 방안 연구」, 한국교육개발원, 2012.12, 168-169면 참조.

교과목이 의무로 개설되어 진행되어야만 한다. 그리고 이러한 사회
통합을 위한 교육은 학생들이 남북한을 구분 짓지 않고 남북한에서
형성된 사회문화, 민족문화, 민족성, 민족의식을 모두 포용할 수 있
도록 하는 것을 궁극적인 목표로 설정하고 그에 맞는 교육을 진행해
야 한다.

(다) 교원

통일국가의 교육과정과 교육내용은 국가의 관련 부서를 중심으
로 이뤄지기 때문에 그 의사결정 과정에 심각한 문제는 발생하지 않
을 수 있다. 그런데 공교육제도에서는 그렇게 마련된 교육체계와 내
용을 학생들에게 누가 어떻게 전달할지를 결정하는 교사를 어떻게
채용하고 교육할 것인지가 문제된다. 이는 남한의 교사들의 경우 재
교육을 통해서 통일국가에서 추구되어야 할 가치, 북한출신 사회구
성원들을 대하는 방법 등을 익히고 교육과정에 반영하도록 하면 되
지만,[127] 북한교원들은 북한사회의 사상적 통제체계에서 선전가의
역할을 갖고 있을 뿐 아니라 북한지역에서는 평양을 제외한 대부분
지역의 교육체계가 붕괴되어 있는 상황이기 때문에 북한정권의 지
배 하에서 교사를 했던 이들이 교사로서 필요한 역량을 갖췄는지가
문제될 수 있기 때문이다.[128]

그럼에도 불구하고 통일국가에서 북한 출신 교사들은 제한적으
로라도 반드시 임용해야 한다. 이는 통일국가에서 모든 교사들이 남
한출신이 될 경우, 북한주민들은 통일국가에서 남한주민들이 자신들
에게 특정한 교육내용과 가치를 강제하는 것으로 받아들일 수 있기
때문이다. 특히 사회통합 교육의 경우, 남북한 교사가 함께 진행하

---

127) 김신희, "통일 후 북한교원 통합을 통한 남북한 마음통합—북한교원 재임
　　용을 중심으로", 윤리연구 제105권, 한국윤리학회, 2015, 305면 참조.
128) 김신희, 위의 글, 298면, 301면; 김정원 외 3인, 앞의 글, 79-82면 등 참조.

는 것이 가장 바람직할 것이기에 통일국가에서 교사로 근무하는 북한주민은 반드시 필요하다.129) 따라서 통일직후에는 북한정권 하에서 교사로 근무했던 자들에 대한 재교육을 통한 재임용 절차가 진행되어야 한다.130)

(6) 몰수토지의 처리 방법

북한정권이 국가를 수립한 이후에 몰수한 토지 중 친일반민족행위로 인해 취득한 토지를 몰수한 것은 헌법적 가치에 부합하는 것으로 해당 토지는 정부의 소유가 된다. 하지만 그 외의 토지들 중 북한정권이 5정보 이상의 조선인 소유 토지를 일괄적으로 몰수한 것은 반헌법적인 결정에 해당하는 바, 그에 대해서는 원칙적으로는 원상회복 또는 반환하는 것을 원칙으로 해야 한다.

하지만 남북한은 6·25전쟁을 겪었기에 그 과정에서 일제 강점기의 토지 문서가 유실되지 않고 지금까지 존재할 가능성도 희박할 뿐 아니라,131) 설사 그 문서가 존재한다 하더라도 북한정권이 들어선 이후에 북한지역의 토지제도를 완전히 바꿔버렸기 때문에 그 문서에 해당하는 토지가 특정되기가 실질적으로 불가능할 확률이 매우 높다.132) 이는 개성공업지구를 계획하던 시기에 북한에 부동산 등기제도가 존재하지 않음으로 인해 입주기업이 들어설 토지를 구획하

---

129) 김신희, 위의 글, 300면 참조

130) 김신희, 위의 글, 301-303면 참조.

131) 김병기, "통일 후 북한지역 토지소유문제 해결을 위한 몰수재산처리법제의 이론과 실제", 토지공법연구 제65집, 한국토지공법학회, 2014.05, 60면 참조.

132) 제성호, "통일 후 바람직한 토지정책방향―특히 북한토지의 처리와 관련해서", 법학논문집 제29집 제2호, 중앙대학교 법학연구원, 2005.12, 172-173면 참조.

는데 많은 어려움이 존재했다는 점이 잘 보여준다. 이러한 점들을 감안하면 불법적으로 몰수된 토지를 원상회복 또는 보상조치를 하는 것은 현실적으로 불가능할 가능성이 매우 높다.

따라서 토지가 특정 가능할 경우에는 그에 대한 원상회복 하는 것을 상정할 수는 있지만, 그 경우에도 대상이 되는 토지를 둘러싼 이해관계에 대한 이익을 형량 해야 한다. 예를 들어 소유권이 특정 가능한 토지에 북한주민이 거주하고 있을 경우, 북한주민이 그 토지 위에 상당한 기간 동안 거주함으로 인해 해당 토지에 대한 이용권이 자신에게 있었다고 믿었던 이익과 남북한 간의 자유로운 교류가 전혀 이뤄지지 않은 70년의 세월 동안 통일이 되어 본인의 조상이 소유했던 토지를 70년이 넘는 세월을 지나서 취득할 수 있을 것이라고 예상했던 기대이익을 비교해야 한다. 독일의 경우, 몰수토지의 처리를 원상회복을 원칙으로 한 결과 토지에 대한 권리관계에 대한 위와 같은 다툼으로 인해 동독지역의 개발이 늦춰졌는데, 통일국가에서도 마찬가지 현상이 발생할 확률이 매우 높다.[133]

이러한 점을 고려했을 때 몰수토지의 반환에 대한 점에 대해서는 원칙적으로 통일국가가 토지에 대한 소유권을 취득하되, 그와 관련된 권리관계에서 있어서 사회통합을 위해 ① 해당 토지에 20년이 넘게 거주하며 실질적인 소유권을 갖는 자로서의 지위를 갖는 북한주민이 있는 경우 그에 대한 소유권을 인정하고, ② 그와 같은 북한주민이 없지만 해당 지역에 대한 국토개발계획이 수립되어 시행될 예정인 경우에는 개발계획이 우선되며, ③ 그러한 북한주민도 없고 개발계획도 수립되지도 않은 경우 해당 토지가 친일반민족행위로 취득한 것이 아님이 입증되고 그 소유권도 명확하게 인정될 때에 한해서만 예외적으로 원상회복을 해야 한다.[134] 그리고 쟁점의 대상이

---

133) 제성호, 위의 글, 167면 참조.
134) 제성호, 위의 글, 173-174면 참조.

된 토지가 친일반민족행위로 취득한 것이 아님이 입증되고 그 소유
권도 명확하게 인정되지만 국가의 국토개발계획이 수립되어 있어
원상회복이 불가능한 경우에는 그에 대한 보상이 이뤄져야 한다.

다. 북한주민에 대한 법적용

(1) 북한주민의 거주·이전의 제한 가능성

통일 이후 동독의 경제가 붕괴됨으로 인해 동독주민들 중 특별한
기술이나 전문성을 가진 이들 중 상당수는 서독지역으로 이주했다.
그에 따라 동독지역은 노동생산성이 낮은 사람들의 비율이 높아졌
는데, 이는 구동독지역의 경제에 부정적인 영향을 끼쳤다. 이러한
현상에 근거하여 통일 이후에는 북한주민의 거주·이전의 자유를 제
한해야 하며, 거주·이전의 자유는 헌법상 핵심적인 기본권은 아니기
때문에 전면적으로 제한하는 것이 아닌 이상 그것이 국가적 필요에
의해서 정당화 될 수 있다는 견해가 제시된다.[135]

하지만 거주·이전의 자유를 법제도적으로 제한한 남아프리카 공
화국의 사례에 비춰봤을 때, 북한주민의 거주·이전의 자유는 어떠한
경우에도 국가에 의해서 제한되어서는 안 된다. 남아프리카 공화국
의 경우 인종별로 거주할 수 있는 지역을 지정했으며, 그 지역을 지
나다닐 수 있기 위해서는 허가를 받도록 하는 pass law를 제정했는데
그와 같은 법제도는 지금까지도 가장 심각한 수준의 인종차별이었
던 것으로 평가를 받고 있으며 그에 대해서 백인이 아닌 자들은 격
렬하게 저항했다.[136] 통일국가에서 거주·이전의 자유를 제한하는 것

---

135) 이러한 주장은 법학이 아니라 경제, 정책학 연구에서 주로 제시된다.; 이
상림 외 3인, 「남북한 통합시 인구이동 전망과 대응과제」, 한국보건사회
연구원, 2012, 안예홍 외 1인, 앞의 책, 127-128면 등 참조.

은 마찬가지 현상을 발생시킬 가능성이 매우 높으며 이는 남북한 주
민 간의 사회통합에 부정적으로 작용할 것이 분명하다.

　이러한 점을 고려했을 때 북한주민의 거주·이전의 자유를 법제도
적으로 제한하는 것은 정당화 될 수 없다.[137] 북한주민이 대거 남한
지역으로 이주함으로 남북한 주민들 간에 심각한 수준의 사회적 갈
등과 분열이 발생하는 것을 예방하는 조치는 북한주민들이 북한지
역에 머물 유인들을 북한주민지원제도를 통해서 제공하는 방식으로
추진되어야 할 것이지,[138] 북한주민의 거주·이전의 자유를 법제도적
으로 침해하는 방식으로 추진될 성격의 것은 아니다.

　다만 남북한이 본격적으로 통일에 대한 논의를 시작하는 체제수
렴기 후반과 체제전환기 초기부터는 북한주민들이 「북한이탈주민지
원법」의 내용에 따라 남한국적을 취득하는 것은 금지할 필요가 있
다. 이는 그와 같은 제한을 하지 않을 경우 그 시기에 북한주민들이
대거 남한지역으로 이주하고 남한국적을 취득함으로써 극심한 사회
적 혼란을 야기할 수 있기 때문이다. 따라서 남북한 정부가 통일에
대한 협의를 진행하는 시기에는 체제전환기에 새로운 체제에 적응
하는 과정에서 북한주민에 대한 지원이 제공될 것임을 분명히 함으
로써 북한주민들이 남한국적을 취득하려는 시도를 최소화하면서 남
한국적을 더 이상 부여하지 않기로 하는 결정에 대한 불만을 최소화
해야 한다.

---

136) Kevin Hopkins, "Assessing the World's Response to Apartheid: A Historical Account
　　of International Law and Its Part in the South African Transformation", University of
　　Miami International and Comparative law Review, 2001, pp.246-250 참조.
137) 임수호 외 4인, 앞의 책, 41-42면 참조.
138) 최은석, 「통일 후 북한지역 주민의 남북한 경계선 이탈과 거주이전의 자
　　유 및 제한에 따른 법적 문제」, 남북법제연구보고서, 2011, 46-47면 참조.

(2) 통일 이전 북한주민의 식별방법

통일 이후 북한주민을 지원하기 위해서는 북한주민을 어떻게 식별할 것인지가 문제가 된다. 이는 통일 직후 북한주민에 대한 주민등록을 하는 것과 관련된 문제인데, 북한이탈주민지원제도를 악용하려는 중국인들이 있다는 점을 감안하면 통일 이후에도 북한주민에 대한 지원을 받기 위해 통일 이전에 북한주민이 아니었음에도 불구하고 통일국가의 정부를 기망하기 위한 시도가 있을 가능성이 높다. 따라서 현재 남북한의 주민등록제도가 상이한 바, 통일국가에서 주민등록제도를 어떻게 운영할 것인지가 문제가 된다.

현재 남한의 주민등록제도가 잘 정비되어 있고 그 내용이 대부분 전산화가 되어 있다는 점을 감안하면 통일국가에서 주민등록제도의 경우 남한의 주민등록제도에 통일 이전에 북한주민이었던 자들을 등록시키는 방식으로 제도를 통합하는 것이 가장 효율적이고 효과적일 것이다.[139] 반면에 북한의 공민등록제도와 요해제도의 경우 북한정권을 유지하기 위해 도입된 제도로 정당화 될 수 없을 뿐 아니라,[140] 북한의 경우 유엔인구기금(UNFPA)의 지원을 받아서 인구주택총조사를 해야 할 정도로 자체적으로 북한공민권자를 파악하기 힘든 상황에 처해 있는 바, 통일국가에서 북한정권에서 조사하여 등록한 공민권자들의 주민등록만 인정할 경우 북한의 인구주택 총조사 과정에서 누락된 자들이 발생할 가능성이 높다. 따라서 통일 이후 북한주민들에 대한 주민등록은 ① 북한정권에 공민권자로 등록되어 있는 것으로 확인된 자, ② 공민권자의 친인척으로 확인된 자, ③ 공민권자 4인 이상이 증인으로 북한주민으로 확인한 자들에 대해서 승

---

139) 이재우, 「북한의 신분·공민·주민등록제도에 관한 연구」, 사법정책연구원, 2017, 37-43면, 185면 참조.
140) 이재우, 위의 책, 189면 참조.

인하고 북한주민이 아닌 자가 거짓으로 등록한 경우에는 강력하게
처벌하는 내용을 법률에서 정해야 한다.

(3) 북한주민 지원제도의 자금마련의 문제

통일 이후 북한주민에 대한 지원을 하는 데는 상당한 비용이 소
요될 것이 분명하다. 그런데 그에 대한 재원이 세금에서 충당된다면,
그 지원 수준에 따라서 남한주민의 재산권에 대한 침해로 작용할 위
험이 있다. 따라서 남한주민들이 통일 이후에 느낄 수 있는 상대적
박탈감과 남한주민의 재산권에 대한 제한을 최소화하고, 그 제한이
침해의 수준에 이르지 않게 하면서 사회통합의 시기를 앞당기기 위
해서는 북한주민에 대한 지원에 사용되는 자금 중 최대한 많은 부분
을 세금이 아닌 다른 재원을 통해 마련할 현실적인 필요가 있을 것
이다.

(가) 정부 차원에서 기금의 마련

이와 같은 점을 고려했을 때 독일과 마찬가지로 통일 이후 북한
지역을 개발하고 북한주민을 지원하기 위한 별도의 기금이 마련되
어야 한다.[141] 이는 90년대 중후반에 논의가 이뤄지던 '통일기금'과
같이 포괄적인 형태로 형성되는 것보다는 '북한지역 발전기금'이나
'북한지역 재건기금'과 같이 그 목적이 분명하게 드러나고 사용처가
제한이 되는 형태로 마련함으로써 예산을 사용하는 과정에서 발생
하는 논란을 최소화 해야 한다.

그리고 북한지역을 개발하고 사회통합을 위해 북한주민에 대한

---

141) 염명배 외1인, "독일과 우리나라의 통일비용 및 통일재원 비교 연구", 재
　　정학연구 제4권 제2호, 한국재정학회, 2011, 189-193면; 정용길, 앞의 글,
　　12-14면 등 참조.

지원을 하는데 상당한 수준의 자금이 소요될 것으로 예상되는 바, 그에 대한 준비는 통일이 되기 전부터 이뤄져야 한다. 남북한 간의 교류·협력 사업이 실질적으로 북한지역의 개발과 북한주민을 위한 지원의 성격이 강하다는 점을 고려했을 때 이를 위해서 새로운 법제도를 마련하기보다는 「남북학력기금법」을 근거로 통일 이전에 마련된 기금을 그러한 용도로 사용하는 해는 것이 효율적이고 효과적일 것이다. 남북협력기금을 이와 같이 활용하기 위해서는 「남북협력기금법」의 법률 개정을 통해 북한지역 개발과 북한주민에 대한 지원의 근거로 적용될 수 있는 내용이 삽입되어야 한다.

(나) 국내기업의 투자

통일국가에서 단기적으로는 북한주민의 생계를 해결해주기 위해 사회보장제도를 활용할 수도 있을 것이나, 장기적으로는 북한주민들이 스스로 생계를 해결하고 경제활동을 할 수 있는 일자리가 창출되어야 한다. 독일과 체제전환국 사례들은 일자리를 창출하는 것은 궁극적으로 민간기업을 통해 해결되어야 한다는 것을 보여준다. 하지만 남북한이 통일된 이후에는 독일의 경우와 마찬가지로 투자대비 이익이 담보되지 않는 북한지역에 대한 투자를 할 외국자본이 나타날 가능성이 높지 않으며, 외국자본이 투자를 할 경우 북한지역에서 발생한 수익을 장기적으로 과도한 수준으로 국외로 유출할 가능성이 높기 때문에 통일국가에서는 국내기업이 투자를 할 유인을 제공하는 방식으로 북한지역을 개발하고 북한주민에 대한 지원을 제공해야 한다.

국내기업이 북한지역과 북한주민의 일자리 창출하는 것의 가장 큰 장점은 북한지역 또는 북한주민 지원에 사용되는 세금이나 정부 예산을 줄일 수 있다는 데 있다. 다만 그와 같은 기업의 투자를 이끌어 내는 과정은 정치적인 의사결정이 아닌 투자를 이끌어 낼만한 유인을 제공하는 방법으로 진행되어야 한다.[142] 이는 경제적인 문제를 정치적으로 처리했을 때 나타나는 부작용은 독일의 화폐통합의 사례에서 잘 드러났기 때문이다.

(다) 국제사회의 지원

동독지역과 폴란드, 체코공화국은 모두 유럽연합 기금의 지원을 받았다는 공통점을 갖는다. 체제전환 과정에서 북한지역에도 이와 같은 국제사회의 지원이 필요할 가능성이 매우 높지만, 유럽과 달리 동아시아지역에는 북한지역을 개발하는데 지원받을 수 있는 기금이 존재하지 않는다는 한계가 존재한다. 따라서 체제전환기에 통일국가의 정부는 국제사회에서 북한지역의 개발을 위해서 그 필요에 따라 공적개발원조(Official Development Assistance), 세계 식량 계획(World Food Program) 등 국제사회에서 개발도상국들에 지원을 제공하는 국제기구들의 지원을 받기 위한 노력을 기울여야 한다.

3. 체제전환기에 북한주민지원제도 관련 쟁점

남북한 사회와 남북한 주민 간의 이질감의 수준에 비춰봤을 때 통일국가에서는 남북한 주민 간의 이질감과 남북한 사회의 차이가 국가적인 차원에서 사회통합을 위해 북한주민에 대한 지원이 이뤄질 필요가 있을 가능성이 매우 높다. 그러한 경우 통일 이후에 북한주민에 대한 지원에 대한 내용을 어떠한 형식으로 정할 것인지가 문제된다.

---

142) 김창권, "독일 통일 이후 구동독 지역의 경제성장 요인 분석과 통일 한국에의 적용: 미시경제학적 접근을 통한 체제전환기업의 성과 분석을 중심으로", 경상논총 제22권 제3호, 한독경상학회, 2004.12, 157-158면 참조.

가. 북한이탈주민과 북한주민 구분의 필요성

체제전환기에는 통일 이전에 남한에 입국하여 지원을 받은 북한주민과 북한의 공민권을 소지한 상태로 공식적으로 북한 정부의 지원과 보호를 받는 북한주민이 공존하게 된다. 따라서 체제수렴기에 대한민국 국적과 주민등록번호를 부여받은 이들과 계속해서 북한지역에서 거주한 북한주민 간의 관계가 문제가 되는데, 체제수렴기에 대한민국 국적을 취득한 자들은 체제전환기에는 남한주민으로서의 법적지위를 가지며 체제전환기에 새로 마련되는 북한주민에 대한 지원을 위한 법제도의 적용대상이 되지 않는다. 이는 체제수렴기에 남한에 입국한 북한이탈주민들은 이미 북한이탈주민지원법에 근거하여 지원을 받은 바, 그들이 통일 이후에도 북한주민으로서 지원을 하는 것은 이중지원에 해당하기 때문이다. 따라서 체제전환기에는 통일 이전에 남한에 입국한 북한이탈주민과 통일이 될 때까지 북한 공민권을 유지한 북한주민을 구분할 필요가 있다.

나. 체제수렴기에 남한에 입국한 북한이탈주민에 대한 지원 여부

「북한이탈주민지원법」은 그 효력이 통일 이후에도 일정 기간 동안 유지되어야 한다. 이는 그 효력을 인정하지 않을 경우 남한사회에 충분히 적응할만한 기간과 지원이 허락되지 않은 북한이탈주민들, 그중에서 특히 남한에 입국한 지 얼마 지나지 않은 자들은 남한에 늦게 입국했다는 이유만으로 새로운 법제도에 적응할 기회도 부여받지 못하고 북한주민에 대해 이뤄지는 지원도 받지 못하는 상황에 처할 것이며, 그와 같은 상황에 처한 북한이탈주민들은 남한사회와 통일국가에 적응하지 못하고 극심한 생계곤란을 겪을 가능성이 매우 높기 때문이다. 따라서 「북한이탈주민지원법」은 통일이 되기 직전에 입국한 북한이탈주민들에게까지 적용이 되고, 그들에게 적용이 필요한 기간 동안에는 그 효력이 계속 유지되어야 한다.

다. 북한주민지원제도의 법적근거의 입법 방법

통일이 되기 이전에 북한이탈주민에 대해 적용되는 북한주민지원법이 분단이 된 상황에서는 북한지역에서만 거주했던 북한주민에게 적용되지 않는 바, 사회통합을 위해 체제수렴기에 북한지역에 거주했던 북한주민들에 대한 지원을 제공하기 위한 규범적 근거가 마련되어야 한다. 이는 북한주민에 대한 지원에 대한 직접적인 내용을 어떠한 형태로 입법할지에 대한 문제다.

(1) 통일합의서에 명시하는 방안

통일합의서의 성격에 비춰봤을 때 통일 이후 사회통합을 위한 조치를 시행하는 것의 근거가 될 수 있는 내용은 반드시 포함되어야 한다. 그러나 그 내용을 정하는 방법에 있어서 구체적으로 북한주민에 대한 지원의 내용을 포함시키는 것이 바람직할지에 대해서는 이견이 존재할 가능성이 매우 높다. 이는 그와 같은 내용이 포함되지 않을 경우 통일 이후에 북한주민에 대한 지원을 하지 않는 방향으로 의사결정을 내릴 수도 있지만, 그에 대한 내용이 명시될 경우 남한주민들이 역차별을 받을 것을 우려하여 통일합의서의 체결에 반대할 가능성도 있기 때문이다.

남한의 인구가 북한의 2배라는 점을 감안하면 북한주민에 대한 지원에 대한 구체적인 내용이 명시될 경우에는 통일합의서가 부결될 가능성이 매우 높다. 이뿐 아니라 통일 이후 동독주민들에게 필요한 지원내용을 동서독 모두 제대로 파악하지 못한 것과 마찬가지로 체제전환기에 북한주민에게 실제로 필요한 지원과 필요할 것으로 예상되는 지원에는 차이가 있을 가능성이 매우 높다. 따라서 통일합의서에는 북한주민에 대한 지원을 할 수 있는 근거는 마련하되, 구체적인 지원내용이 포함되어서는 안 된다.

(2) 통일헌법에 포함시키는 방안

통일국가 헌법의 내용은 한번 정하면 다시 개정할 때까지 상당한 시간이 걸릴 수도 있다는 점을 고려하여 신중하게 결정되어야 한다. 이는 현행 헌법이 개정에 대한 필요성이 지속적으로 제기되고 있음에도 불구하고 헌법 개정을 하지 못하고 있다는 점이 잘 보여준다.

이러한 헌법 개정의 특징을 감안하면 북한주민에 대한 지원은 제한된 기간 동안에만 이뤄져야 한다는 점에서 그에 대한 직접적인 내용이 헌법에 포함되어서는 안 된다. 여기에 더해서 만약 북한주민에 대한 지원내용이 헌법에 포함이 될 경우, 이는 남북한 주민의 구분을 국가적인 차원에서 하는 것으로 하나의 국가공동체를 형성해 나가면서 통일국가에서는 남북한 주민 social cohesion적인 측면에서의 사회통합을 추구해야 한다는 점에서도 바람직한 방법이라고 할 수는 없다.

따라서 통일헌법에 북한주민에 대한 지원에 대한 내용이 직접적이고 구체적으로 정해져서는 안 된다. 이는 통일헌법이 상당한 기간 동안 효력이 유지될 경우 남북한 주민이 분단됐던 사실 계속해서 상기시킬 수 있기 때문이다. 다만 통일이 된 이후에도 일정기간 동안에는 북한주민에 대한 지원이 이뤄질 필요가 있고, 남북한이 분단된 상태로 70년이 넘게 지낸 점을 감안하면 사회통합을 위한 조치가 상당한 기간 동안 이뤄질 필요가 있다는 점을 감안하면 통일국가에서 북한주민지원제도의 근거로 적용될 수 있는 내용은 통일헌법에 포함되어야 한다.

(3) 특별법을 제정하는 방안

통일 이후에 북한주민에 대한 구체적인 지원내용을 모두 하나의 법률에 포함시키는 것은 바람직하지 않다. 이는 통일 이후 북한주민과 관련한 변수는 통일 이전에 북한이탈주민과 관련된 변수보다 훨씬 많고 복잡하기에 구체적인 지원내용이 포함된 특별법을 제정할 경우 그 역시도 「북한이탈주민지원법」과 마찬가지로 수차례 개정을 통해 체계가 망가질 가능성이 높기 때문이다.

북한주민에 대한 지원에 소요되는 예산, 남한주민들이 불만을 가질 가능성 등을 고려했을 때 북한주민에 대한 지원은 통일국가에서 매우 예민한 주제로 떠오를 수 있는 바, 이에 대한 기본적인 원칙을 분명히 할 필요가 있다. 따라서 북한주민에 대한 지원에 대해서 특별법이 제정되어 북한주민에 대한 지원을 하는 기본적인 원칙을 정할 필요는 있다. 그리고 지원에 대한 구체적인 내용들은 지원의 내용과 관련된 개별 법률에서 정하도록 함으로써 기본법적인 기능을 할 수 있게 해야 한다.

(4) 관련 법률에 내용을 삽입하는 방안

북한주민에 대한 지원의 기본법적인 역할을 할 법률은 제정될 필요가 있으나 북한주민에 대한 구체적인 지원 내용은 관련 법률들에 삽입되어야 한다. 이는 현실에서 관련 업무를 하는 공무원들이 북한주민 관련 업무만을 진행하는 것이 아니며, 북한주민과 관련된 법제도도 본인의 업무의 맥락 속에서 이해할 것이기 때문이다. 따라서 현장에서 북한주민에게 적용되는 특례들에 대한 구체적인 내용은 해당 업무를 하는 공무원이 주로 다루는 법률에 특례의 형식으로 포함시키는 것이 북한주민에 대한 지원이 효율적이고, 효과적으로 이뤄질 수 있게 할 것이다. 다만 그러한 경우에도 기본법적인 역할을 하는 특별법에서 구체적으로 준용하는 법률을 명시함으로써 특례의 근거를 분명히 해야 한다.

(5) 소결

통일합의서와 통일헌법에 북한주민에 대한 지원의 근거가 될 수 있는 내용은 반드시 포함되어야 한다. 하지만 그 구체적인 내용은 남북한 주민 간의 정서적 통합을 위해 '북한주민에 대한 지원'으로 명시되지 않고 사회통합을 위한 지원이 이뤄질 수 있는 근거를 마련하는 수준으로 정하는 것이 사회통합적인 차원에서 바람직하다. 그리고 북한주민에 대한 지원의 기본원칙은 기본법적 역할을 할 수 있는 특별법에 포함시키되 구체적인 내용들은 관련 법률에서 정하는 것이 북한주민지원제도가 효율적이고 효과적으로 운영될 수 있게 할 것으로 판단된다.

4. 동질성을 통한 연대성 형성을 위한 법제도적 지원내용

독일과 마찬가지로 남북한이 통일된 이후에도 남북한 주민 간의 이질성과 그로 인해 갈등이 발생할 가능성이 매우 높다. 이는 남북한 간의 교류·협력 사업이 아무리 활성화 된다하더라도 완전히 다른 공교육제도를 통해 교육을 받고, 완전히 다른 사회체제 하에서 성장한 남북한 주민 간의 이질성을 있을 수밖에 없기 때문이다. 따라서 통일국가에서는 남북한 주민 간의 동질성을 통한 연대성을 형성하기 위한 지원이 제공되어야 한다.

가. 공교육제도에서 북한주민에 대한 지원내용

공교육제도 내에서 북한에 대한 지원을 제공할 수 있는 근거는 특별법에 마련되어야 하지만 그 구체적인 지원내용과 지원결정에 대한 기준은 현행 법률 중 「교육기본법」, 「유아교육법」, 「고등교육법」과 같은 역할을 하는 법률들에서 특례로 정하고 해당 법률에 위임된 내용이 있다는 점이 특별법에 명시되는 방식으로 법제화 되어야 한다. 이는 교육과 관련된 현실은 언제든지 변할 수 있고, 그러한 변화가 발생할 경우 북한주민에 대한 지원은 그 변화의 틀 안에서 수정해야 하기 때문이다.

통일국가의 공교육제도에서 북한주민에 대한 지원 중 가장 중요한 과제는 북한주민들이 교육받을 유인을 제공하는데 있다. 이는 북한에서의 교육은 일을 하면서 교육을 받는 방식으로 이뤄지기 때문에 북한주민들이 처한 경제적 상황에 비춰봤을 때 북한주민들은 교육을 중심으로 이뤄지는 공교육제도 하에서 교육을 받기보다 당장 생계를 해결할 수 있는 경제활동을 하려는 의사를 가지는 북한주민들이 많이 발생할 가능성이 높기 때문이다.

그리고 북한정권 하에서 교사였던 이들은 교육을 하는 전문성을 갖추지 못하고 있는 경우가 많을 것으로 예상되고,[143) 북한의 학교들도 시설들이 매우 열악한 상태에 처해 있는바 그 교사들에 대해서도 재교육이 이뤄질 필요가 있다.[144) 이는 교원에 대한 재교육과 교

---

143) 김신희, 앞의 글, 298면, 301면; 김정원 외 3인, 앞의 글, 79-82면 등 참조.
144) 이교덕 외 4인, 앞의 책, 139면 참조.

육시설에 대한 지원이 없다면 북한주민들이 공교육제도 하에서 교육을 받더라도 북한지역에서 이뤄지는 교육의 질과 수준이 매우 낮을 가능성이 높기 때문이다. 따라서 북한주민들이 양질의 교육을 받을 수 있도록 교원과 학교 시설에 대한 지원도 이뤄져야 한다.

(1) 학생들에 대한 지원

통일 이후에는 북한지역에 거주하는 북한주민들에게 생계를 해결하기 위한 지원을 남한주민들과 구분해서 제공해야 한다. 이는 통일 직후에 북한주민들이 경제활동을 통해서 생계를 해결할 수 있을지 여부가 불투명하기 때문이다. 그와 같은 생계를 위한 지원을 함에 있어서 공교육제도 하에서 교육을 받고 있는 학생이 있는 가정에는 생계를 해결하기 위한 지원 수준을 높일 필요가 있는데, 이는 가족의 생계가 해결되지 않을 경우 교육을 받아야 할 연령의 사회 구성원이 경제활동을 하도록 떠밀릴 수 있기 때문이다. 이러한 지원은 보호자들이 해당 연령대의 가족 구성원을 학교로 보낼 유인을 제공함으로써 학생들이 공부에 집중할 수 있는 환경을 조성해 주기 위한 지원으로써의 의미를 갖는다.

그리고 통일직후 일정기간 동안 북한지역에서 학교에 다니는 학생들에게는 학업에 필요한 책이나 기본적인 학용품들이 무상으로 지원되어야 한다. 이는 남한에서 실습에 사용하는데 필요한 재료를 구매하는 비용에 대한 부담으로 인해 북한이탈주민들이 대학 등에 잘 진학하지 않는다는 점에 비춰봤을 때, 통일 직후 북한지역의 경제상황에 따라서는 마찬가지 현상이 발생할 가능성이 높기 때문이다.

(2) 교원들에 대한 지원

북한정권의 지배 하에서 교사로 근무했던 이들에 대한 재교육은 단기간 동안 이뤄지는 것으로는 부족할 수 있다. 따라서 통일되는 과정에서는 북한지역의 교사들의 전문성과 능력을 파악하는 작업이 반드시 이뤄져야 하고, 통일직후에는 북한지역의 교사들에 대한 재교육 프로그램이 신속하게 이뤄져야 한다. 그런데 그들도 통일직후에 생계를 해결하기 위해 경제활동을 해야 하는 바, 그들에 대한 재교육은 전업학생들에게 교육을 하는 것과 같이 시행하기보다는 일과시간 후 또는 주말에 온라인으로 교육을 받고 그에 대한 평가를 할 수 있는 교육을 제공하고, 방학에 교사 연수에서 재교육을 진행하는 것이 효율적이고 효과적일 것이다.

다만 그러한 재교육을 하는데 있어서도 재교육만으로 교사직을 수행할 능력을 갖춘 자와 그렇지 못한 자들을 구분해서, 능력이 많이 부족한 자들의 경우에는 최소 2년 정도 교육대학교나 사범대학교에서 이뤄지는 교육과정을 전업으로 이수한 뒤에 교직에 근무할 수 있도록 해야 한다. 그리고 그 과정에서 교육에 소요되는 비용은 일정 수준 이상의 성과를 내는 자들에 대해서 국가가 장학금의 명목으로 지원하도록 함으로써 전업으로 재교육과정에 임하는 자들의 부담을 덜어줄 필요가 있다. 이는 그러한 지원을 제공하는 것이 통일 이후 북한주민들이 스스로 성취를 이루기 위한 유인을 제공할 수 있기 때문이다.

(3) 교육의 수준과 질을 담보하기 위한 대한 지원

북한지역에서 교직에 있었던 북한주민에 대한 재교육이 이뤄지는 기간 동안에도 북한에서 이뤄지는 교육 수준과 질은 높은 수준으로 유지해야 하는데, 이는 교육의 수준과 질이 북한주민인 학생들의 역량을 개발하는데 큰 영향을 줄 것이기 때문이다. 따라서 통일직후에는 북한지역에 있는 학교들에 통일이 되기 전에 남한에서 교직에 근무했던 자들을 북한지역에 배치할 필요가 있다.

그런데 독일의 사례에 비춰봤을 때 남한주민들 중 북한지역으로 이주하는 것에 대한 거부감을 갖고 있는 자들이 상당수 존재할 수 있는 바, 능력 있는 교사들이 북한지역 학교에서 가르칠 유인이 제공되어야 한다. 그러한 지원은 수당의 형식의 금전적인 보상, 일정 기간 이상 근무하면 다음 근무지를 본인이 선택하도록 하는 보상, 북한지역에서 근무하는 동안 주거지를 마련해주고 일정기간 이상 북한에서 거주하며 근무할 경우 거주하던 주택 등의 소유권을 제공하는 보상 등의 형태로 이뤄질 수 있을 것이다. 그와 같은 지원을 통해 북한지역에서 근무하게 되는 교사들은 반드시 북한주민과 지역에 대한 교육이 사전에 이뤄질 필요가 있는데, 이는 남북한 주민 간의 이질감으로 인해서 남한출신 교사가 학교에서 수업을 진행하는 과정에서 갈등이 발생할 수 있기 때문이다.

(4) 학교시설에 대한 지원

북한지역의 대부분 학교시설은 북한에 학교를 지어주고 있는 NGO들이 있을 정도로 매우 열악한 상황이다. 따라서 통일이 되는 과정은 물론, 통일 이후에도 북한지역의 학교시설을 개선하는 사업이 지속적으로 이뤄져야 한다. 그리고 새로 마련되는 학교시설들의 경우 최소한 남한에서 새로 만들어진 학교시설들과 같은 수준으로 만들어져야 하고, 학교시설을 마련하는 기간을 최대한 단축할 수 있는 방법이 적용되어야 한다. 이는 북한지역의 학교시설이 남한지역에 있는 학교들보다 열악할 경우 자녀들의 교육환경으로 인해 남한주민들은 북한지역으로 이동하지 않고, 북한주민들은 남한으로 이주하는 흐름이 발생할 수 있기 때문이다.

(5) 비용의 마련

교원들에 대한 교육과 남한주민들 중 북한지역 학교들에서 근무할 유인을 제공하기 위한 지원에 소요되는 비용은 국가의 예산에서 지출되어야 한다. 하지만 통일직후에는 북한지역의 개발, 사회보장제도의 통합 등으로 인해 국가 예산에서 요구되는 지출이 크게 증가될 것이 분명한 바, 구동독지역의 개발에 사용된 비용 중 상당 부분이 유럽연합기금에서 지원을 통해 충당되었듯이 통일국가에서도 가능한 영역에서는 국제기구나 NGO등의 지원으로 그 비용을 충당할 필요가 있다.

이와 같은 점을 고려했을 때 북한학생들의 학업에 필요한 책이나 학용품을 마련하고, 통일국가에서는 학교시설들을 보수하거나 건물을 신축하는데 사용되는 비용은 가능하면 국제기구나 NGO의 지원을 받을 수 있기 위한 노력이 이뤄져야 한다. 이는 특히 북한지역과 주민에 대한 지원에 소요되는 비용이 과도할 경우 남한주민들에 대한 세금이 증가할 수밖에 없고, 그러한 현상이 발생하면 이는 남한 주민들의 불만으로 이어져 사회적인 갈등과 분열을 야기할 가능성이 매우 높기 때문이다.

나. 공교육제도 수학연령에 해당하지 않는 북한주민에 대한 지원

공교육제도가 통일 이후 모든 연령대의 북한주민들에게 적용될 수는 없다. 그런데 통일 이후 독일의 사례의 비춰보면 통일직후 남북한 주민 간의 이질성은 통일 시점에 이미 성인인 남북한 주민들 간에 더 심각하게 문제가 될 확률이 매우 높다. 따라서 통일국가에서 남북한 주민 간에 동질성을 통한 연대성을 형성하는데 있어서 가장 중요한 과제는 통일국가에서 통일 시점에 이미 성인인 남북한 주민들이 동질성을 통해 연대성을 형성하는데 있을 가능성이 매우 높다.

하지만 남북한이 분단된 상황에서 고등학교를 졸업한 연령대의 북한 주민들은 통일이 되는 시점에 경제활동을 하고 있을 것이고, 이에 따라 별도의 지원을 제공하는데는 현실적인 한계가 있을 것이다. 이를 극복하기 위해서는 직장생활을 하면서 교육을 받을 수 있는 경로를 마련해 줘야 하며, 그 지원에 대한 구체적인 내용은 현행 법률들 중 「평생교육법」에 북한주민에 대한 특례로 삽입되는 형태로 법제화되어야 한다.

(1) 직장을 통한 교육의 제공

경제활동을 하는 연령대의 사회구성원들에게 가장 중요한 것은 경제활동을 통해 생계를 해결하는 것이다. 따라서 동질성을 통한 연대성을 형성하기 위한 지원을 하는 것을 이유로 생계를 해결하는 것을 방해해서는 안 되는 바, 동질성을 통한 연대성을 형성하는데 필요한 지원은 직장에서 통일국가의 사회체제와 남북한 주민들이 공유하는 가치와 특징들을 민주시민교육을 통해 통일국가의 헌법적 가치를 체득할 수 있도록 만들어진 지원체계를 통해 제공되어야 한다.

이러한 점을 고려했을 때 통일직후에 북한주민들에게 경제활동을 할 수 있는 기회를 확장해 주고, 그에 대한 잠정적 우대조치를 도입하는 것은 상호의존성을 통한 연대성뿐 아니라 동질성을 통해 연대성을 형성하는데 기여할 것이다. 이는 경제활동을 통해서 통일국가의 체제를 직접 경험할 수 있게 되기 때문이다. 그리고 통일 이후 일정 기간 동안에는 남북한 주민들 모두에게 직장을 통해서 동질성을 형성하기 위한 교육이 제공되어야 한다. 이러한 교육이 북한주민들뿐 아니라 남한주민들에게도 같은 내용으로, 같은 장소에서 이뤄져야 하는 것은 교육을 분리해서 하는 것 자체가 남북한 주민을 구분하는 것에 해당하고 그러한 구분이 남북한 주민이 상대를 다른 존재로 인식하는데 영향을 줄 것이기 때문이다.

(2) 온라인 교육을 통한 사회통합 교육의 제공

교육은 직장에서 이뤄지는 것이 가장 바람직할 것이나, 일정 규모 이상의 기업이 아니라면 구성원들에게 그러한 지원을 제공할 수 없는 것이 현실이다. 그리고 만약 북한주민들에게 그러한 교육을 제공하는 것이 의무화 된다면 기업들은 북한주민을 채용하지 않을 가능성이 매우 높다. 따라서 그와 같은 상황을 대비해서 북한주민들이 온라인에서 자신에게 필요한 강의를 수강할 수 있는 체계가 마련되어야 한다. 다만 새로운 체제에 적응하는 과정에서 교육을 받는 것 자체가 부담으로 느껴질 수 있기에 온라인으로 교육을 수강할 유인을 제공하기 위해서 강의를 수강하고 일정 수준 이상의 평가를 받은 자들에 대해서는 북한주민들에게 기본적으로 제공되는 지원에 더해서 추가적인 지원을 제공하는 등 교육을 받을 유인을 제공해야 한다.

다. 공영방송을 통한 정보의 제공

이와 같은 직접적인 지원 외에도 통일국가에서는 공영방송 등을 통해서 남북한 주민들이 서로에 대한 이해수준을 증진시킬 수 있는 프로그램들이 기획 및 제작되어야 한다. 그 구체적인 내용들을 구성하는데 있어서 직접적으로 남한 또는 북한이라는 표현은 사용하지 않도록 하되, 통일 이전에 남한과 북한에서 형성된 문화나 지역적인 특징을 균형적으로 다룸으로써 남북한 주민들이 통일국가의 구성원으로써 소속감을 가짐과 동시에 상대에 대한 이해수준도 높일 수 있도록 해야 한다.

이에 대한 근거는 특별법에서 '사회·문화·방송·언론을 통한 지원이 가능함'을 명시하고 현행 법률들 중에서 「방송법」과 같은 성격을 갖는 법률의 내용에 공영방송은 사회통합에 기여할 수 있는 프로그램을 제작해야 함을 명시하고, 그러한 프로그램들의 예시에 '남북한 주민 상호 간에 이해를 증진하는데 기여할 수 있는 프로그램'을 포함시키는 방법으로 법제화되는 것이 가장 바람직할 것이다.

5. 상호의존성을 통한 연대성 형성을 위한 법제도적 지원내용

가. 개요

통일국가에서 상호의존성을 통한 연대성을 형성하기 위해서는 남북한 주민들 간에 일정 수준 이상의 접점이 발생해야 한다. 그런데 북한정권의 경제체제와 북한지역에서 이뤄지고 있는 교육의 수준, 북한이탈주민들이 남한사회에 적응하는 과정에서 겪는 어려움과 그로 인한 부작용, 남한사회의 교육제도와 취업시장에서의 변화 등을 종합적으로 고려했을 때 북한주민들이 남한사회에 입국해서 안정적으로 정착할 수 있는 가능성은 매우 낮다. 따라서 북한주민들이 통일국가의 사회체제에 안정적으로 정착하고 기본적인 생계만을 해결하는 것 이상의 생활을 할 수 있는 경제활동이 가능한 환경을 조성해 줌으로써 북한주민들이 북한지역에 계속 거주할 유인을 제공해야 한다.

나. 기본적 생활의 보장을 위한 법제도적 지원

통일이 언제, 어떻게 이뤄질지 알 수 없는 바, 통일이 된 시점에 북한주민들의 생활수준은 예측할 수가 없다. 하지만 체제를 유지하기 위한 북한정권의 내부통제가 완화될 가능성은 매우 낮을 것으로 보이는 바, 북한주민들 중 상당수는 기본적 생활을 할 수 있는 기반이 마련되어있지 못할 가능성이 매우 높다. 그러한 상황에서 통일국가에서 북한지역에 대한 개발을 진행하게 될 경우, 부동산에 대한 소유권이 인정되지 않음으로 인해 주거지를 소유하고 못하고 있을 뿐 아니라 실질적으로 자급자족하고 있는 북한주민들의 최소한의 생활기반을 마련해주기 위한 지원이 이뤄져야 한다.

기본적 생활의 보장을 위한 법제도적 지원의 내용은 특별법에 근거를 마련하고 통일국가에서 「국민기초생활 보장법」, 「서민의 금융생활 지원에 관한 법률」, 「주거기본법」, 「국민건강보호법」과 같은 목적을 가진 법률의 내용에 특례가 삽입되는 형태로 법제화 될 수 있다. 하지만 북한주민의 기본적 생활은 북한지역의 개발과 직접 관련되어 있는 바, 기본적 생활보장을 위한 법제도의 경우 북한지역개발을 위해 특별법을 제정하고 그 내용에 북한주민의 기본적 생활 보장을 위한 내용을 삽입하는 방법도 고려할 수 있다.

생각건대 두 방법 중에 한 가지를 택하기 보다는 북한지역 개발과 관련된 내용은 해당 특별법에, 그 외에 관련 법률이 제정되어 있는 경우에는 그 내용에 특례를 삽입하는 방식으로 법제화하는 것이 타당할 것으로 판단된다. 이는 기본적 생활의 보장을 위해 제공하는 지원 중에는 북한지역의 개발과 관련된 사항과 그렇지 않은 사항이 있기 때문이다.

(1) 생계해결을 위한 지원

북한은 식량난과 국제사회의 경제제재로 인해 법률에서 정하고 있는 사회보장제도의 상당부분을 실제로 실행하고 있지 못한 것으로 보인다. 그런데 통일 후에 독일정부가 동독지역에 일정기간 동안 동독의 제도를 유지한 것은 동독주민들에게 유리한 점이 있었기 때문인데, 북한의 사회보장제도의 상황을 감안하면 통일 이후 북한지역에서 북한의 사회보장제도를 유지하는 것은 불가능할 것으로 보인다.

하지만 북한주민들 중 사회보장제도를 통해 생계를 해야 할 자들이 굉장히 많을 것이라는 점을 고려하면, 남북한 주민들에게 모두 같은 수준의 지원을 할 경우 통일국가의 사회보장제도가 재정적으로 위험해질 수 있는바, 사회보장제도를 안정적으로 유지하면서도 북한주민의 기본적인 생계를 해결할 수 있는 방법을 강구해야 한다.

㈎ 사회보험

체제전환기의 북한지역에는 남한의 사회보험제도와 같은 제도를 도입하되, 그 재정은 일정기간 동안 남북한지역에서 분리되어 운영되어야 한다. 그리고 이러한 제도들 역시 직장에서 일부 비용을 분담하는 사회보험들의 경우 사용자와 근로자가 분담하는 비용을 결정하는데 있어서 사용자의 부담비율을 높임으로써 근로자가 분담하는 비용을 낮추는 방법으로 북한주민의 부담을 줄일 수 있을 것이다. 하지만 이와 같은 방식으로 북한주민들의 사회보험 문제를 해결할 경우 사용자에게 부여되는 부담이 과도할 수 있는 바, 북한지역에 투자하는 기업 등이 북한주민의 사회보험에 대한 부담을 감당하는 대신 투자를 하는데 있어서 세금, 토지이용 및 소유권 등의 영역에서 다른 혜택을 부여할 필요가 있다.

(나) 공공부조

통일 이후 공공부조에 해당하는 사회보장제도들의 경우 기초생활을 보장해주는 것을 목표로 하는 제도들의 경우 해당 법률과 제도의 적용 대상인 ① 북한지역에 거주하는 주민들과 ② 남한에 계속해서 거주하는 남한주민에 대한 지원을 분리 운영할 필요가 있다.[145] 이러한 조치를 시행하게 되면 북한주민들은 거주지역과 무관하게 같은 수준의 공공부조를 수령하게 되고, 남한주민들은 거주지역에 따라 다른 금액을 수령하게 된다. 이와 같은 조치를 통해 북한주민들이 남북한지역 어느 곳에 살아도 같은 수준의 지원만 이뤄진다면 북한주민들은 생활에 필요한 비용이 적은 북한지역에 머물 가능성이 높을 것이다.

하지만 이와 같은 지원 역시 지원의 규모나 방식에 따라 평등권에 위반될 가능성이 있다. 이는 평등권을 위반하지 않기 위해서는 같은 것은 같게, 다른 것은 다르게 취급해야 하는데 '다름'을 판단하는 기준을 출신지역으로 삼는 것은 평등권을 위반할 수 있기 때문이다. 이러한 문제를 해결하기 위해 남한지역에 거주하는 북한주민과 북한지역에 거주하는 자들에게 이뤄지는 지원은 북한지역의 물가 수준을 고려했을 때 아주 기초적인 생존을 위해 필요한 정도를 상회하는 수준으로, 남한지역에서 남한주민에게 이뤄지는 수준은 기초적인 생존권을 유지할 수 있는 수준으로 유지해야 한다.[146] 이러한 경우에도 남북한 주민이 다르게 대우받는 것은 분명하나 남한주민에게 제공되는 지원금의 총액이 북한주민에 대해 제공되는 그것보다 많을 것인 바, 이와 같은 기준에 의해서 지원하는 것이 평등의 원칙에 반하는 것이라고 하기도 힘들고, 이는 현재 대한민국 헌법 제37조

---

145) 김복기, "남북한 통일과 최저생활보장 시론—초기의 법적 문제를 중심으로" 사회보장법학 제6권 제2호, 한국사회보장법학회, 2017.12, 58-60면 참조.
146) 최은석, 앞의 책, 46면 참조.

제2항 상의 국가의 질서유지와 공공복리를 위한 제한으로 정당화 될 수 있다.

(2) 북한주민의 주거지에 대한 법제도적 지원

북한정권이 통일되기 전에 북한주민들에게 부동산을 소유할 권리를 완전하게 보장하지 않는 이상 통일이 되는 시점에 북한주민들 중 대부분은 부동산을 소유하지 못하고, 그들이 거주하는 주택에 대해서만 이용권을 갖고 있을 확률이 매우 높다. 이는 북한정권은 원칙적으로 토지와 부동산의 대부분이 국가의 소유로 정하고 있기 때문이다. 따라서 북한지역을 개발하는 과정에서 북한주민들의 주택 및 부동산 소유의 문제를 해결하지 않는다면 북한주민들은 최악의 경우 길거리로 내몰릴 수도 있다. 따라서 북한주민의 기본적 생활을 보장해주기 위해서는 주거지를 안정시켜줘야만 한다.

(가) 북한주민의 주거목적 부동산 거래제한 조치

그런데 체제전환기에 북한지역에서의 부동산 거래를 전면적으로 허용할 경우 북한주민들은 자신들에게 주거목적으로 소유권이 주어진 부동산을 매도할 가능성이 있다. 이는 몰수토지에 대해서 원칙적으로 원상회복을 하지 않는다는 점을 고려하면 투기를 목적으로 하는 이들이 부동산에 대하여 소유권이 주어진 북한주민에 대하여 부동산을 매도할 것으로 요구할 가능성이 매우 높기 때문이다. 그리고 남한에서 북한이탈주민지원법이 처음 시행되는 시점에 북한이탈주민들이 자신에게 주어진 지원금을 일망타진 하는 등의 사례가 문제가 됐던 것처럼, 체제전환기 북한지역에서는 북한주민이 소유하게 된 부동산과 관련하여 비슷한 문제가 발생할 가능성이 매우 높기에 제한된 기간 동안에는 북한주민의 주거목적 부동산의 거래를 제한할 필요가 있다.

(나) 북한주민의 주거지 보장

북한주민의 주거지의 경우 원칙적으로 통일직후에는 정해진 기간 동안에는 북한지역에 머무는 북한주민에 대해서는 통일이 되기 이전까지 거주하던 지역에 거주할 수 있도록 하는 것을 내용으로 하는 잠정적인 조치가 도입되어야 한다. 그리고 그 조치는 몰수토지에 대한 처리가 완료되는 시점까지 지속되어야 하는데, 그 처리가 완료된 이후에는 북한주민의 주거지 문제를 어떻게 해결할 것인지가 문제된다.

1) 거주 기간이 20년을 초과할 경우

이와 같은 지원은 해당 주민이 그 시점에 거주하는 지역에 20년이 넘게 거주한 것이 입증되는 경우 민법 제245조 상의 점유취득시효의 규정을 준용하여 주거지에 해당하는 지역에 대한 소유권을 부여하는 것이 타당하다. 이에 대하여 민법 제245조 상의 점유취득시효는 점유자가 점유 개시 당시 소유권 취득의 원인이 될 수 있는 법률행위 기타 법률요건 없이 그와 같은 법률요건이 없다는 사실을 잘 알면서 다른 사람 소유의 부동산을 무단으로 점유한 경우, 자주점유의 추정이 깨어지는 바 북한주민의 경우 부동산을 소유할 수 없다는 사실을 알면서 점유한 것이기에 점유취득시효에 대한 규정이 적용될 수 없다는 비판이 제기될 수 있다.[147]

하지만 북한주민들은 부동산의 소유가 전면적으로 부정되는 반헌법적인 체제하에 있었으며, 그에 따라 자신이 부동산을 소유한다는 의사로 점유한다는 인식을 하는 것 자체가 원시적으로 불가능했기 때문에 남한에서의 점유취득시효에 대한 법리가 그대로 적용되

---

147) 대법원 2017. 9. 7. 선고 2017다228342 판결.

는 것은 정당하지 않다. 그리고 북한은 주택에 대한 이용권을 주민들에게 부여함으로써 북한주민의 주거지 문제를 해결하고 있는데, 북한제도의 특성상 북한주민들은 이와 같은 이용권을 남한주민이 소유권을 인식하는 것과 같이 인식했을 가능성이 높은바, 점유취득시효의 법리를 북한주민에게 적용하는 것이 반헌법적이거나 위법하다고 할 수 없다. 따라서 북한주민이 소유의 의사로 부동산을 점유했을 것이라는 기대가능성 자체가 없는 상황에서는 부동산 점유취득시효의 규정이 북한주민에 대한 지원의 차원에서 예외적으로 적용될 수 있다고 해석하는 것이 타당하다.

2) 거주 기간이 20년 미만일 경우

통일이 되는 시점에 북한주민이 거주하고 있는 부동산에 거주한 기간이 20년 이상임을 입증하지 못한 때에는 북한주민의 주거지 문제를 어떻게 해결해야 할지가 문제가 된다. 북한주민의 경우 특히 거주·이전의 자유가 보장되지 않고 있을 뿐 아니라, 북한정권에서 정치적인 이유로 북한주민의 주거지를 임의로 조정하는 경우가 많은 바, 그와 같은 북한정권의 반헌법적인 행위로 인해 피해를 입은 자들이 한 부동산에서 20년 넘게 거주하지 않았다는 이유로 주거지를 마련해주는데 있어서 불이익을 주는 것은 정당하지 않기 때문이다.

따라서 한 부동산에 거주한 기간이 20년 미만일 경우에는 구체적으로 북한주민이 해당 부동산으로 이주하게 된 사유를 검토하여 그것이 북한정권의 반국가적이고, 반헌법적인 의사결정에 의한 것이라면 점유취득시효가 아닌 사회보상을 근거로 소유권을 취득하도록 해야 한다. 이는 남한의 헌법적 가치와 법제도가 북한지역으로 확장된다는 점을 감안하면 북한정권 지배 하에서 취득한 것도 통일국가에서는 원시취득에 해당하기 때문이다.

그리고 그 외 사유로 이주를 한 경우에는 주거지를 마련하는 것은 인간이 생존하는데 필요한 가장 기본적인 요소이기 때문에 그 사유를 고려하여 본인이 반국가단체의 구성원으로서 활동을 통해 거주하게 된 것이 아닌 이상「공공주택 특별법」을 근거로 하는 공공임대주택을 건설하고 이에 대한 임대를 제공하는 형태로 주거지를 마련해 줘야 한다. 다만 그러할 경우에도, 현실적으로 주택이 완공될 때까지는 통일 이전에 거주하던 주거지에 대한 이용권을 그대로 인정해 줘야 한다.

다. 경제영역에서 북한주민에 대한 법제도적 지원

통일국가에서 사회통합과 관련된 가장 크고 중요한 과제는 경제영역에서 북한주민들의 상호의존성을 통한 연대성을 형성하는 것이다. 이는 북한주민들이 시장경제질서를 장마당을 통해서 일부 접하고는 있지만 그 경험은 매우 제한적일 수밖에 없고, 그러한 상황에서 통일국가에 사회적 시장경제질서가 도입되면 북한주민들이 새로운 경제체제 하에서 자립할 수 있을 가능성이 매우 낮기 때문이다. 따라서 통일국가에서 사회통합을 위해서는 북한주민들이 새로운 경제체제에 적응하고, 그 안에서 스스로 생계를 해결하는 것은 물론이고 가능하면 자신의 힘으로 그 이상의 생활을 영위할 수 있도록 하는 것을 목표로 지원이 제공될 필요가 있다.

경제영역에서 제공되는 지원의 경우 기본적 생활의 보장을 위한 지원과 마찬가지로 그 지원의 근거가 모두 특별법에 마련되고 그 구체적인 내용 중 일부는 관련 법률에 삽입되는 반면 다른 지원은 북한지역 개발을 위해 제정되는 특별법에 삽입되어야 한다. 이는 북한에 투자하는 기업, 북한 부동산의 처리 등과 관련된 내용은 모두 북한지역을 어떻게 개발할 것인지와 관련되어 있기 때문이다.

(1) 심리, 진로 및 적성 상담센터의 운영을 통한 지원

북한사회에서는 개인의 적성 등을 고려한 진로선택을 한다기보다 개인의 성분에 따라 진로가 결정되기 때문에 북한주민들은 자신의 진로를 스스로 결정하는데 익숙하지 않을 가능성이 매우 높다. 따라서 통일 이후 북한지역에는 이와 같은 북한주민들을 전담으로 상담하는 센터를 운영해야 한다. 그리고 그와 같은 상담센터에서는 북한들이 자신의 적성을 찾기 위한 상담뿐 아니라 통일국가에서 느끼게 되는 심리적 불안 등에 대한 상담을 병행함으로써 북한주민들이 새로운 법질서에 적응하는 과정을 지원하는 역할을 부여하는 것이 상담센터를 효율적으로 운영할 수 있게 해줄 것이다. 또한 이와 같은 심리, 진로 및 적성 상담센터의 경우 취업과 능력개발을 위한 교육과정과 연계하여 상담을 받은 북한주민이 자신이 생각하는 방향으로 진로를 찾아나갈 수 있기 위한 지원이 이뤄지도록 할 필요가 있다.

(2) 북한주민의 능력 및 기술 개발을 위한 법제도적 지원

(가) 대학진학 관련 잠정적 우대조치

체제전환기에 북한주민에 대한 잠정적 우대조치는 북한지역에 대한 개발이라는 차원에서도 접근이 이뤄질 필요가 있는데, 북한주민에게 적용되는 대학 진학에 대한 잠정적 우대조치의 경우 남북한 지역에 위치한 대학에 대해서 잠정적 우대조치를 다른 방향으로 적용해야 한다. 예를 들어 남한의 경우 각 대학별로 북한주민을 지금과 같이 정원외 할당제나 가산점을 부여하는 시혜조치형 모델을 통해서 잠정적 우대조치를 적용하되, 북한지역에 있는 대학교에 대해서는 정원 중 일정 비율을 북한주민에게 할당해 놓는 방법을 상정할 수 있다.

이러한 지원은 북한대학에 진학하고자 하는 남한주민에 대한 과도한 차별에 해당할 수 있다는 점이 문제가 될 수 있다. 그러나 현시점에서 남한에서도 대학의 숫자를 줄여나가고 있을 정도로 남한에 이미 대학정원이 충분히 있다는 점, 그리고 통일 이후 국가적인 차원에서의 사회통합과 국토의 균형발전이라는 목표를 달성할 필요가 있다는 점 등을 고려했을 때 이와 같이 법제도를 구분하여 운영하는 것은 비교형량을 해봤을 때 정당화 될 수 있을 것으로 판단된다.

(나) 북한지역 내 일자리와의 연계

체제전환기에 북한에서는 북한주민들이 생계를 해결하고 사회생활을 하기 위한 능력을 갖추도록 하는 것이 매우 중요한 과제로 등장할 가능성이 높다. 남한지역에서의 일자리는 현시점에서도 실질적으로 포화상태에 가깝다는 점을 감안하면, 북한주민들이 자신들의 생계를 해결하기 위한 가장 중요한 과제는 북한지역에서 북한주민의 일자리를 창출하는 것이 될 것이다. 따라서 북한이탈주민들이 경제활동을 하는데 필요한 능력과 기술은 북한지역에 진출하는 기업에 따라 달라질 수밖에 없으나, 통일 이후 북한에 어떠한 기업들이 진출할 지에 대한 내용은 통일이 되는 시점에서도 분명하게 파악이 되지 않을 수밖에 없다.

따라서 통일 이후 북한주민의 능력 및 기술 개발을 위한 법제도적 지원은 현재 남한에서 「평생교육법」과 같은 법률을 제정하는 형태로 진행되는 것보다는 북한에 투자를 하는 기업들에게 북한주민들에게 관련 교육을 제공할 의무를 부과하고, 그에 대한 급부로 기업들이 북한에 투자를 할 다른 유인과 혜택을 부과하는 형태로 이뤄져야 한다. 이와 같은 지원제도는 북한주민들이 일자리를 찾을 수 있는 기회를 보장해 줄 뿐 아니라, 기업들의 경우에도 북한주민들에 대한 교육을 시행하는 비용은 들지만 투자를 하는 비용과 세금 등 기업경영에 관련된 비용을 줄일 수 있는 유인을 제공함으로써 북한지역에 대한 투자가 이뤄질 수 있도록 한다는 장점을 갖는다.

(3) 북한주민의 경제활동을 위한 법제도적 지원

(가) 취업 관련 잠정적 우대조치

교육에 대한 잠정적 우대조치와 마찬가지로 취업과 관련된 잠정적 우대조치 역시 남북한 지역에 대해서 상이한 원칙을 적용해야 한다. 특히 공적 영역에서 취업의 경우 남한주민이 북한지역의 행정을 모두 담당할 경우 이는 북한주민의 정서에 맞는 방법으로 행정이 이뤄지지 못할 가능성이 높은 바, 북한지역에서의 공무원은 북한주민들을 일정 비율 이상으로 선발해야 한다. 다만 북한주민들로만 북한지역에서 공무원을 채용할 경우 통일직후에는 그들이 남한의 헌법과 법률체계에 익숙하지 않아 북한지역에서 이뤄지는 행정작용에 문제가 발생할 가능성이 있는 바, 남한주민들 중 일부를 파견하는 형태로 행정을 운영할 필요가 있다.

사기업 취업의 경우 사회적 시장경제질서에의 적응 관련 법제도와 같은 맥락에서 북한지역에서 이뤄지는 채용의 경우 북한주민을 일정 비율 이상으로 채용하는 할당제의 형태로 잠정적 우대조치를 적용해야 한다. 다만 그와 같은 경우 북한주민들의 노동생산성을 담보하기 위해서는 그들에 대한 교육이 이뤄져야 하고, 그렇지 않을 경우에는 북한주민들이 노동생산성이 낮을 수 있다는 점을 감안하여 그에 상응하는 혜택을 북한지역에 진출하는 기업들에게 제공할 필요가 있다.

(나) 북한지역 개발, 투자와의 연계

통일 이후 북한지역의 개발은 정부가 전략적으로 육성하기 위한 사업군을 선정하고 그와 같은 사업군에 해당하는 기업들을 유치하는 방향으로 진행될 가능성이 높다. 그리고 체제전환국가들의 사례에 비춰봤을 때 북한의 경제상황이 지금과 같이 유지된다면 북한지역의 경제개발사업은 FDI와 남한기업들의 투자가 매우 중요한 역할을 하게 될 것이 분명하다.

북한에 대한 투자는 정부의 적극적인 투자유치활동을 통해 이뤄져야 한다. 따라서 북한지역에서 북한주민의 취업과 관련된 조치들은 이와 같은 북한지역에 대한 개발과 투자와 연계되어야 한다. 이와 같이 북한지역에 대한 개발과 투자를 북한주민의 취업과 연계하는 방법으로는 북한주민의 교육과 채용을 요건으로 북한지역에 해당 기업이 투자를 하는 지역의 부동산 임대료, 법인세 등을 낮춰주는 방안, 북한지역에서 사용하는 부지를 일정기간 사용할 경우 해당 토지의 소유권을 제공하는 방안 등이 있을 수 있다.

(4) 국유재산, 국영기업, 협동농장의 처리

북한정권이 소유한 국유재산은 재산의 특징에 따라 국가소유로 할 것과 매각 대상으로 할 것을 분류해서 처리해야 한다.[148] 이는 북한정권의 국유재산 중에는 행정, 군사적인 차원에서 국가가 소유해야 하는 재산도 있지만, 사적재산권을 극히 제한적으로만 인정하는 북한정권의 특성상 통일국가의 정부가 소유하기에 적합하지 않은 재산도 있기 때문이다.

---

148) 나용주, "통일 후 북한 국유재산 관리 방안에 관한 연구: 사회주의체제 전환국가의 사례분석과 북한 국유재산 전담기구 설치를 중심으로", 서울대학교 행정대학원 박사학위 논문, 2017.06, 146면 참조.

민영화하는 과정에서는 국영기업들을 단순히 규모가 아니라 사업의 특징을 반영하여 외국자본이나 남한의 투자자에게 매각할 기업과 북한주민들에게 소유권을 지급할 기업으로 분류해야 한다. 이는 북한정권이 소유한 재산 중에는 북한의 사회체제나 북한의 교육제도에 비춰봤을 때 북한주민들 중에서 시장경제체제 하에서 특정 산업이나 일정 규모 이상의 기업을 제대로 경영할 수 있는 능력을 가진 자들이 많지 않을 것이기 때문이다.

북한의 국영기업들은 경영의 전문성이 필요하지 않은 분야 혹은 규모의 국영기업들은 북한주민들에게 매각하는 것을 원칙으로 하고, 그 외의 기업들은 외국자본이나 남한의 투자자들에게 매각하는 방식으로 민영화를 진행해야 한다.[149] 이처럼 특정 기업들에 대해서는 북한 출신 주민들에게 우선권을 부여해야 하는 것은 북한주민들이 스스로 생계를 해결할 수 있는 수단이 필요하기 때문이다.

이를 고려했을 때 협동농장의 경우에는 북한주민들로 구성된 협동조합의 형태로 사유화함으로써 북한주민들이 통일 이전에 스스로 생계를 해결하던 방식으로 가능하면 유지할 수 있게 해줘야 하는 바, 협동농장의 특징을 반영하여 조합형태로 전환하거나 분리가 가능한 경우에는 개인들에게 농장을 분리해서 소유권을 배분해야 한다.[150]

다만 북한주민들을 대상으로 공개입찰을 하는 기업소들의 경우 북한정권 하에서 일정수준 이상의 자산을 가진 자들이 인수하게 되어 북한정권 통치 하에 존재했던 빈부격차가 통일국가에서도 북한주민들 간에 그대로 유지될 가능성이 매우 높다. 따라서 북한주민들

---

149) 송강, "통일 후 북한 기업 사유화에 관한 상사법적 검토—우리나라 귀속기업체 및 구동독 기업의 처리과정에 대한 역사적 고찰을 중심으로", 법과기업연구 제6권 제2호, 서강대학교 법학연구소, 2016.8,75-77면 참조.
150) 김영윤, 「북한 협동농장 개편 방향에 관한 연구—사회주의 국가의 협동농장 개편 경험이 북한에 주는 시사점」, 통일연구원, 2002, 20-21면 참조.

에게 매각하는 우선권을 부여하는데 있어서도 단순히 매각비용을 기준으로 대상자를 선정할 것이 아니라 그 자산에 체제불법적인 요소와 같은 불법성이 존재하는지 여부, 기업을 인수하려는 자가 기업을 운영할 능력을 갖췄거나 운영에 필요한 교육을 이수할 의사가 있는지 여부, 기업을 인수할 경제적 필요가 있는지 여부 등을 종합적으로 고려해야 한다. 그리고 그 과정에서는 정부차원에서 마이크로펀딩의 방식으로 저이자 또는 무이자 대출을 제공함으로써 당장 현금을 갖고 있지 않은 자들도 자신의 사업체를 소유할 수 있는 기회를 부여해야 한다.

라. 정치영역에서 북한주민에 대한 법제도적 지원

통일국가의 의회에서 상하원의 북한지역 대표자들은 모두 일반 북한주민들의 대표성을 가져야 한다. 그런데 북한에서 높은 수준의 교육은 대부분 북한정권의 반국가적이고 반헌법적인 행위에 참여하는 자들에게만 허용되는바, 북한주민들 중에는 북한정권의 의사결정 과정에 참여했거나 최소한 적극적으로 협조한 자가 통일국가에서 의회에 진출할 가능성이 매우 높다. 이는 일제치하에서 해방된 직후 남한사회에서 정부의 주요 요직과 공권력을 친일파들이 장악했던 것과 유사한 상황이 체제전환기에도 발생할 수 있다는 것을 의미한다. 이와 같은 경우가 아니더라도 통일국가에서 북한주민들을 대표해서 의회에 진출하는 자가 북한주민을 대표할 자격이 결여되어 있는 경우가 있는 바, 그러한 현상이 발생하는 것을 방지하고 대표성을 갖는 자가 진출할 수 있도록 지원하기 위해서 필요한 조치들이 문제가 된다.

이는 특히 현재의 인구비율이 유지된다면 양원제가 도입된다 하더라도 하원에서는 의석의 2/3가 남한주민들에게 배정되게 되는 바,

북한주민들의 대표성이 없는 자가 북한지역에 배정된 의석을 차지하게 되면 의회에서 북한주민들의 의사가 왜곡되게 반영된다는 점에서 문제가 된다.

(1) 북한지역에서의 피선거권 제한

해방 이후 친일파들이 남한정부의 주요보직을 모두 차지했던 것과 같은 현상이 통일국가에서 발생하는 것을 방지하기 위해서는 북한주민들 중에서 북한정권의 구성원으로서 주요사항에 대한 의사결정에 참여한 자, 그와 관련된 활동을 주도한 자 그리고 적극적으로 참여하며 동조하면서 북한주민들에 피해를 입힌 자들에 대해서는 입후보 자격을 제한해야 한다. 이는 그들이 북한주민들을 대표해서 의회에 진출하게 되면, 이는 그들에 의해서 기본권을 침해받고 피해를 받은 북한주민들이 정치영역에서 연대성을 형성하는 것을 가로막을 것이기 때문이다. 다만 그와 같은 제한사유가 너무 넓게 설정될 경우 이는 피선거권을 침해 또는 박탈하게 될 수가 없는 바 그 사유를 불법행위에 대한 청산에 대한 내용보다는 넓지만 공무원으로서의 지위를 유지할 수 있는 기준보다는 좁게 설정해야 한다.

그리고 양원제 하에서도 민주적 기본질서에 대한 이해도가 더 높은 남한주민들이 의회에 진출하기 위해서 북한지역으로 주민등록을 이전하고 상원의원 선거에 입후보하여 당선될 수 있다. 그런데 그와 같은 상황이 발생하는 것은 남북한 주민의 의사가 통일국가의 입법과정에서 동등하게 반영되기 위해서 양원제를 채택하는 취지를 희석시키는 것이다. 따라서 통일직후 상당한 기간 동안에는 북한지역에서 이뤄지는 상하원선거에는 통일 이전에 북한주민이었던 자들만이 입후보할 수 있도록 유예기간을 설정해야 한다.

(2) 비례대표에 북한출신 주민의 배정을 통한 지원

이 외에도 통일국가의 의회에서 하원에 비례대표제를 도입할 경우, 북한출신 주민들이 정치영역에서 의사결정과정에 참여할 수 있는 기회는 현재 남한에서 여성에 대한 배정을 하듯이 북한주민을 비례대표 순번에 배정할 것을 법률에서 정하는 방법으로 북한주민에 대한 지원을 할 필요가 있다. 이는 그와 같은 조치가 없다면 남한주민들이 하원의 2/3를 차지하게 되어서 이론적으로는 특정 안건을 남한주민들만의 의사로 하원에서 통과시킬 수 있게 되기 때문이다. 이처럼 북한주민을 반드시 비례대표에 포함시킬 것을 내용으로 하는 경우, 비례대표에서 3인 중 1명을 반드시 북한주민으로 배정하도록 하는 것이 타당하며, 그 순번은 1, 4, 7, 10 등으로 3명 중 가장 앞의 번호를 북한주민에게 배정하는 방식으로 해야 한다. 이는 북한주민의 인구가 남한 주민의 절반이 조금 안 된다는 사실을 반영한 것이다.

6. 훼손된 연대성 회복을 위한 법제도적 지원내용

통일이 되는 시점과 통일이 되었을 때 북한지역의 상황에 따라서 북한주민들이 북한정권이 자신들의 기본권을 침해한 과거에 대한 청산을 요구하지 않을 수도 있다. 그러한 경우에는 사회통합을 위해서 북한정권에 대한 과거를 청산하지 않아야 한다. 이는 과거를 청산하는 것은 과거사를 정리하고 극복하는 것을 목적으로 하며, 과거에 대한 비판, 반성, 애도와 치유하는 것을 수반하는데,[151] 직접적인 피해자인 북한주민들이 과거에 대한 그와 같은 조치들을 원하지 않

---

151) 안병직, "과거청산, 어떻게 이해할 것인가?", 「세계의 과거사청산」, 푸른역사, 2005, 14면 참조.

는다면 과거를 청산해야 할 이유가 없기 때문이다.[152]

다만 만약 북한주민들이 과거를 청산할 것을 요구한다면 북한정권의 반헌법적 행위와 그로 인해 발생한 북한주민들의 피해에 대한 과거청산은 반드시 이뤄져야 한다. 그리고 북한주민들의 그러한 의사는 추정될 것이 아니라 통일이 되기 전에 남한정부와 북한정권이 통일합의서를 체결하는 과정에서 관련 내용이 합의서 포함되는 방식으로 명문화 되어야 한다. 이는 과거청산을 위한 규범적 근거가 마련되지 않는다면 과거청산절차의 정당성이 인정되지 못할 수도 있기 때문이다.

그리고 과거청산 절차의 결과를 남북한 주민들이 모두 수용하기 위해서는 과거청산 절차가 과거청산을 위한 특별법을 제정하고 그 내용에 근거해서 이뤄져야 하며, 과거청산절차와 청산방법은 피해자와 가해자들이 모두 통일국가에 사회적으로 통합될 수 있는지 여부를 고려해서 결정해야 한다. 이는 과거청산을 진행하는 것의 궁극적인 목적은 통일이 되기 전에 훼손된 연대성을 회복함으로써 과거와 화해하고 더 나은 미래를 만드는 것이기 때문이다.

이와 같은 훼손된 연대성 회복을 위한 법제도적 지원내용은 별도의 특별법을 제정함으로써 해당 법률에서 연대성을 회복하는데 필요한 절차와 조치에 대한 내용을 정하는 방식으로 법제화 되어야 한다.

가. 공소시효의 진행과 소급효금지의 문제

북한정권의 통치하에 이뤄졌던 체제불법행위와 관련된 구체적인 문제로는 공소시효와 소급처벌금지의 원칙이 문제가 된다. 이는 북

---

152) 김한균 외 15인, 「통일시대의 형사정책과 형사사법통합 연구(II)—통일시대의 과거·불법청산 및 사회통합 방안의 연구」, 한국형사정책연구원, 2016.12, 294면 참조.

한의 체제불법행위에 대한 공소시효를 인정할 경우 문제가 될 수 있
는 사안 중 상당수는 공소시효 완성을 이유로 처벌을 하는 것이 불
가능해질 수 있기 때문이다. 이와 관련하여 헌법재판소는 "형벌불소
급의 원칙은 '행위의 가벌성' 즉 형사소추가 '언제부터 어떠한 조건
하에서' 가능한가의 문제에 관한 것이고, '얼마동안' 가능한가의 문
제에 관한 것은 아니므로, 과거에 이미 행한 범죄에 대하여 공소시
효를 정지시키는 법률이라 하더라도 그 사유만으로 헌법 제12조 제1
항 및 제13조 제1항에 규정한 죄형법정주의의 파생원칙인 형벌불소
급의 원칙에 언제나 위배되는 것으로 단정할 수는 없다"고 정하면서
"공소시효가 아직 완성되지 않은 경우 위 법률조항은 단지 진행 중
인 공소시효를 연장하는 법률로서 이른바 부진정소급효를 갖게 되
나, 공소시효제도에 근거한 개인의 신뢰와 공시시효의 연장을 통하
여 달성하려는 공익을 비교형량하여 공익이 개인의 신뢰보호이익에
우선하는 경우에는 소급효를 갖는 법률도 헌법상 정당화될 수 있다"
는 입장을 취한 바 있다.[153]

북한정권에 의해 북한주민들에게 이뤄지고 있는 기본권 및 인권
침해적인 행위들은 그 피해를 입은 자들이 자신이 처한 상황에서 성
공적으로 벗어난 경우에도 몇 년 동안 당시 상황에 대한 악몽을 반
복해서 꾸게 될 정도로 심각한 상흔을 남긴다. 그나마 그렇게 상흔
이 심리적, 정신적인 영역에만 남겨지는 사람들도 있지만 그중에는
신체적으로 불구가 되거나 사망하는 사례들도 상당수 존재한다. 이
처럼 북한정권에 의해서 이뤄진 불법행위들은 매우 그 내용과 수준
이 매우 가혹하기에 그와 같은 행위의 주체인 자들을 처벌할 공익적
필요가 있는 것은 분명하다. 그리고 그 행위 주체들에게 보호할만한
신뢰가 있다고 보기도 어려운 바, 북한정권에 의해서 이뤄진 체제불

---

153) 헌재 1996. 2. 16. 96헌가2 등, 판례집 8-1, 51.

법행위들에 대해서는 공소시효를 정지하고 그에 대한 처벌을 통일 국가에서 하는 것은 정당화 될 수 있다.[154]

나. 적용 법률

과거청산 절차에서는 가해자를 처벌하는데 적용되는 법률과 피해자에 대한 보상내용을 결정하는데 적용되는 법률이 제정되어야 한다. 피해자에 대한 보상의 경우, 북한정권에 대한 과거청산에 부합하는 내용의 보상과 지원을 해야 하는 바, 피해자에 대한 보상과 지원의 기준과 내용을 담은 법률도 제정될 필요가 있다.

그런데 가해자를 처벌하는데 적용되는 법률을 정하는 것은 조금 더 복잡한 문제를 수반한다. 이는 북한의 형법을 적용할 경우 북한의 법률의 효력을 완전히 인정할 수 있는지가 문제되고, 남한의 국가보안법이나 형법을 적용할 경우 통일국가의 사회체제 등을 고려했을 때 패자에 대한 승자의 판단으로 간주될 수 있으며, 특별법을 제정하는 경우에는 북한정권이 구체적으로 어떠한 행위를 통해서 북한주민들에게 피해를 야기했는지를 예상할 수 없기 때문이다.

이와 같은 상황에서 남한의 법률들을 적용할 경우 처벌을 받게 되는 가해자들이 승복하지 않고 그에 대한 불만을 계속해서 가질 수 있다. 따라서 남한의 법률은 적용되어서는 안된다. 그리고 북한정권의 조치가 북한의 법률의 내용을 준수했음에도 불구하고 북한주민들에게 피해가 발생할 수 있는 바, 북한 법률의 내용에 따라 과거청산을 하는 것은 피해자들이 결과에 승복하지 못하는 상황을 야기할 수 있는바, 북한법률을 적용하는 것도 바람직하지 않다.

---

154) 김성천, "남북한 통일 이후의 과거청산—통일 전 북한의 범죄행위에 대한 통일 이후의 형사법적 처리", 중앙법학 제17집 제3호, 중앙법학회, 2015.09, 181-184면 참조.

과거청산 절차가 통일국가의 사회통합에 기여하기 위해서는 처벌에 대한 내용을 포함하는 특별법을 제정하고, 해당 법률에서 적용될 수 있는 남북한 법률, 관습법, 국제법 등의 내용을 정하고 그에 따라 처벌여부를 판단해야 한다. 그 특별법은 통일국가의 의회에서 제정되어야 하며, 통일국가의 의회에서는 북한주민들의 의사도 반영되는 바, 남북한 법률의 내용을 가해자에 대한 처벌과정에서 적용하는 것은 제정된 법률의 내용이 정하는 한도 내에서 정당화 될 수 있다.

다. 과거청산절차

통일국가에서 과거청산을 하는 데 있어서 가장 중요한 것은 과거청산절차와 그 내용이 가해자와 피해자들이 모두 그 결과에 수긍할 수 있는 방향으로 진행되어야 한다는 것이다. 따라서 청산을 진행하는 절차는 과거청산을 하는 과정에서 신중하게 결정되어야 한다. 이는 과거청산의 결과로 가해자에 대한 처벌 또는 피해자에 대한 보상 내용을 결정하는 과정에 가해자와 피해자가 모두 그 결정이 내려지는 과정에서 자신의 의사가 충분히 전달되었고, 그에 대한 정당한 결과가 나왔다고 받아들일 수 있어야 하기 때문이다.

이러한 점을 고려했을 때 과거청산절차는 청산절차를 전담하는 특별위원회를 설립하는 것이 과거청산이 가장 효과적이고 효율적으로 이뤄질 수 있게 할 것이다.[155] 더 구체적으로 과거청산 절차는 위원회 산하에 소위원회를 설치하고 각 위원회에서는 과거청산 대상 사건이나 개인에 대한 신청을 접수하고, 접수된 사건이 과거청산의 대상이 되는지 여부를 판단하기 위해서 조사를 진행한 이후, 청산의 대상이 되는 것으로 판단되는 경우에는 심의위원회에서 처벌 및 보

---

155) 이효원, "통일 이후 북한의 체제불법에 대한 극복방안", 서울대학교 법학 제51권 제4호, 서울대학교 법학연구소, 2010.12, 107면 참조.

상에 대한 내용을 결정하는 권한과 역할을 부여하는 방식으로 과거
청산이 이뤄질 수 있다.

그러한 과거청산절차에서 가장 중요한 것은 가해자와 피해자가
진술할 수 있어야 한다는 것인데, 그 진술과정에서 개인의 신상이
공개될 경우 가해자들은 처벌여부가 결정되지 않은 상황에서 낙인
이 찍힐 가능성이 높고 피해자들 역시 2차 피해를 입을 가능성이 매
우 높다. 따라서 개인의 동의가 있지 않은 이상 최종 결과가 확정될
때까지는 개인의 신상이 공개되지 않아야 한다. 그리고 위원회 산하
에 설치된 각 소위원회에는 북한주민들의 대표성을 가진 북한주민
이 판단과정에 참여할 수 있도록 하여 결론을 도출하는 과정에서 북
한주민들의 의사가 반영될 수 있도록 해야 한다.

라. 통일 이후 관련 법제도적 지원의 구체적 내용

(1) 가해자에 대한 처벌

북한정권에 대한 과거청산 과정에서 가해자에 대한 처벌은 매우
신중하게 이뤄져야 한다. 이는 청산의 범위에 따라서 북한주민의 대
다수가 처벌의 대상으로 분류될 가능성이 충분히 있는데, 북한정권
이 북한지역을 통제하고 있는 상황에서 북한주민들은 자신의 생존
을 위해서 정권에 협조하는 방법을 선택할 수밖에 없는 경우도 많았
을 것이기 때문이다. 따라서 가해자에 대한 처벌을 하는데 있어서는
이와 같은 현실적 한계를 고려하여 사회통합적 관점에서 불법행위
의 배경, 내용, 정도, 기간 등을 종합적으로 고려하여 처벌여부를 결
정해야 한다.

그리고 북한정권의 과거를 청산하는데 적용되는 구체적인 기준
도 마련될 필요가 있는데 그 첫 번째 기준은 북한정권의 조치가 법

치주의에 부합하는 것이었는지 여부가 되어야 한다.[156] 여기에서 법치주의는 북한 법률에 근거조항이 있는 것으로 정당화 될 수 있는 형식적 법치주의가 아니라 실질적 법치주의를 의미한다. 그런데 이러한 기준이 지나치게 엄격하게 적용될 경우에도 역시 처벌대상이 되는 북한주민의 수가 너무 많아질 수 있고, 통일되기 전에 북한정권의 사회체제를 고려했을 때 법치주의 원리가 엄격하게 준수되는 것을 기대하기 어렵기에 법치주의 원리에 따른 사회적 정의적인 관점에서 판단이 이뤄질 필요가 있다.

두 번째 기준은 대한민국 헌법 제10조에서 정하고 있는 인간의 존엄과 가치를 침해하는 행위인지 여부가 되어야 한다.[157] 이는 다른 구체적인 기본권들은 국가들이 사회체제에 따라 보장해 줄 수 있는 수준이 달라질 수 있지만 인간의 존엄과 가치는 '보편적인 인권'의 측면에서 인간에게 반드시 보장되어야 권리이기 때문이다.

세 번째로 북한이 유엔 회원국일 뿐만 아니라 국제사회에서 국가로서의 지위를 인정받고 있기에 국제사회에서 보편적인 원리로 수용된 국제법규들도 과거청산 과정에서 처벌을 하는 기준으로 적용될 수 있다.[158][159]

---

156) 이효원, 위의 글, 88면 참조.
157) 이효원, 위의 글, 88면 참조.
158) 특히 북한도 비준·가입하고 있는 4대 국제인권조약, 즉 시민적 및 정치적 권리에 관한 국제규약(International Covenant on Civil and Political Rights: ICCPR), 경제적, 사회적 및 문화적 권리에 관한 국제규약(International Covenant on Economic, Social and Cultural Rights: ICESCR), 여성에 대한 모든 형태의 차별철폐에 관한 협약(Convention on the Elimination of All Forms of Discrimiation against Women: CEDAW), 아동권리협약(Convention on the Rights of the Child)과 국제적인 반인도범죄(Crimes against Humanity)를 대표적으로 정의하고 있는 국제형사재판소에 관한 로마규정(Rome Statute of the International Criminal Court) 제7조 등의 내용에 따라 북한정권에 의해서 가행된 불법행위에 대한 판단을 하는 것이 가장 타당할 것으로 보인다.
159) 이효원, 앞의 글, 88-89면 참조.

구체적으로 처벌하는 과정에서는 사회통합을 위해서 북한정권에 소극적으로 협조한 것에 불과한 자들은 위법성이나 책임을 조각하고, 북한정권에서 상당한 수준의 권한을 갖고 의사결정을 하고 실제로 불법행위에 해당하는 행위들을 집행한 자들을 중심으로 처벌이 이뤄져야 한다. 그리고 처벌의 내용이 확정된 자에 대해서는 법률에 따라 처벌함과 동시에 통일 이후에 북한주민에 대하여 사회통합을 위해 이뤄지는 지원을 상당부분 제한해야 한다. 이는 북한주민에 대한 지원이 남북한이 분단된 상황으로 인해 발생한 피해에 대한 보상으로서의 성격을 갖는다는 점을 감안하면 단순히 북한정권의 구성원이었던 것을 넘어서 실질적 법치주의를 위반한 중대한 불법행위의 주체로서 행위한 자들에게 지원을 제공하는 것은 정당화 될 수 없기 때문이다.

(2) 피해자에 대한 보상

북한정권의 과거사를 청산하는데 있어서 가장 어려운 과제는 피해자에 대한 보상의 기준을 정하는 것이다. 이는 피해자들의 피해가 단순히 금전적, 물질적 지원을 통해서 해결될 수 있는 성격의 것이 아니기 때문이다. 따라서 피해자에 대한 보상에 있어서는 그들이 북한정권에 의해 입은 피해에 대해서 금전적, 물질적 보상을 제공하는 것은 물론이고 직업복권, 행정복권과 사법복권에 대한 조치도 이뤄질 필요가 있다.160) 그리고 북한주민에 대한 잠정적 우대조치를 적용하는 데 있어서 북한정권의 불법행위로 인한 피해를 입은 자들에 대해서 우선순위를 부여하는 내용을 관련 법률에 포함되어야 할 것이다. 이는 북한주민들 중에서도 더 큰 피해를 입은 자들에 대하여

---

160) 이효원, 위의 글, 109-110면 참조.

사회적으로 보상이 우선적으로 이뤄질 필요가 있기 때문이다.

마. 북한출신 공무원 채용의 문제

북한지역에서는 북한출신을 공무원으로 채용해야 할 필요성이 있는 것은 사실이지만 그러할 경우 북한정권의 통치하에서 북한정권의 업무를 수행하던 자에 대해서도 통일국가에서도 공무원의 지위를 인정해줄 수 있는지가 문제가 된다. 북한의 경우 모든 사업장들도 국가의 소유이기 때문에 어느 정도 수준까지 공무원의 범위를 인정할 수 있는지를 분명히 할 필요가 있으며, 그 경계는 '국가소유의 기관이 아닌 국가기관에서 정부의 행정작용을 실행하는 역할을 하는 기관에서 근무하던 자'로 한정하고 그 외 국가 소유 기업 등에서 근무한 자들의 경우 북한의 기업들을 민영화하는 과정에서 해당 기업의 직원으로서의 지위를 갖는 것으로 해석하는 것이 타당하다.

이와 같은 경우 북한정권이 불법행위를 시행하는데 관여했던 자들이 북한지역에서 계속 공무를 수행하는 것이 적절한지에 대한 문제가 제기될 수 있다. 이와 관련해서는 통일국가에서의 사회통합을 위해서 북한 공무원들의 구체적인 불법행위에 대한 신고를 불법행위에 대한 과거청산을 담당하는 기관에서 접수하고 그 내용을 검토하여 공무를 수행의 적절성 여부에 대한 심사를 할 필요가 있다. 그리고 신고 내용에 대한 심사결과 적절하지 않다고 간주되는 자의 경우 공무원으로서의 지위를 박탈하고, 공무를 수행하는데 이상이 없을 것으로 간주될 경우 그 지위를 최대한 인정해 주는 것이 통일국가에서 사회통합을 위해서 가장 바람직할 것이다. 하지만 공무수행 적합성에 대한 심사를 하는데 있어서 적용되는 기준은 과거청산의 대상이 되는지 여부를 결정하는 기준과 달라야 한다. 이는 청산해야 할 수준의 행위를 하지 않았더라도 공무를 수행하는데 결격사유가 존재하는 경우가 있을 수 있기 때문이다.

그리고 남북한의 법제도적 차이와 독일에서 통일 이후 구동독정부의 공무원이었던 자들의 업무처리로 인해 발생한 문제점들을 감안하면 재임용된 공무원들에 대해서 지속적인 재교육과 교육결과에 대한 평가가 이뤄질 필요가 있다.[161] 다만 그와 같은 교육과 평가는 이들을 걸러내기 위함이 아니라 그들이 통일국가의 헌법적 가치를 준수하면서 공무를 수행할 수 있는 능력을 함양하기 위한 것인 바, 그와 같은 목적에 부합하는 방향으로 진행되어야 한다.

바. 북한 사경제영역의 처리

북한에서는 '7·1 경제관리개선조치'나 시장 경제적 요소를 수용하는 '우리식 경제관리방법' 등을 통해 기업의 자율성이 상대적으로 확대되고 시장경제적인 요소가 제한적으로나마 도입되고 있다.[162] 이는 기존의 임금 체계가 일한 만큼 지급하는데 초점이 맞춰졌다면 이제는 번만큼 지급하는 개념으로 변하고 있는 점에서도 드러난다. 그 과정에서는 장마당이 실질적으로 공인되기도 했고, 기존에는 암시장에서 행해지던 거래가 합법화되기도 했다.

하지만 그 과정에서 북한의 사경제영역 또는 지하경제가 완전히 사라진 것은 아니다. 북한이 시장경제적인 요소를 도입하긴 했으나 공식적으로 경제체제를 전환하지 않음으로 인해 국가의 재정수입이 제한될 수밖에 없게 됐고, 그로 인해 북한정권은 사경제영역 또는 지하경제영역에 일부 의존하는 현상이 발생하고 있다. 그리고 북한 정권의 권력과 사경제영역 간의 불법적인 결탁이 이뤄지고 있다. 따라서 그로 인해 발생하는 문제들을 어떻게 처리할 지가 문제가 된다.

---

161) 양현모, 앞의 책, 267-268면 참조.
162) 이종태, 앞의 책, 94-105면 참조.

(1) '돈주'들의 재산처리 문제

장마당이 실질적으로 북한정권에서 공인되면서 금융자본가 역할을 하는 돈주들이 생기기 시작했다.[163] 경제적으로 어렵고, 국제사회의 압력이 가해지는 상황에서도 북한이 내부적으로 사업을 진행할 수 있는 배경에는 돈주들의 자본의 역할이 크게 작용하고 있다.[164] 돈주들은 자신들이 직접 북한주민들의 기본권 또는 자유를 침해하지 않기 때문에 통일국가에서 이들을 북한정권의 일원으로써 불법행위를 했다고 판단하여 처벌할 수는 없다. 하지만 돈주들의 재산은 반국가단체인 북한정권의 비호를 받아서 축적할 수 있었을 뿐 아니라 이들은 심지어 자신의 금전적 이익을 위해서 북한정권의 사업에 자금 출처로서의 역할을 했기에 그 재산은 적법하게 축적한 것이라 할 수는 없다.[165]

그럼에도 불구하고 돈주들은 현실적으로 북한정권의 지배하에 있었기에 그들의 행위는 자신의 행위가 죄가 되지 않는 것으로 오인한 사례에 해당하기에 형사처벌 할 수는 없다. 다만 돈주들의 재산 축적 과정 등에는 불법성이 분명히 존재하는바, 불법성이 인정되는 범위 내에서 그 재산을 몰수하는 등의 조치가 이뤄져야 한다. 그렇게 몰수된 재산은 북한주민 지원과 북한지역 개발에만 사용되어야 하며, 그 대한 내용은 과거청산을 위해 제정된 특별법과 북한지역 개발을 위해 제정된 특별법에 삽입되는 방식으로 법제화 되어야 한다.

---

163) 이종태, 위의 책, 109면 참조.
164) 이종태, 위의 책, 111-113면 참조.
165) 주성하, 「평양 자본주의 백과전서」, 복돋움, 2018, 91-93면 참조

(2) 북한정권 주요 인사의 재산처리 문제

북한정권과 그 주요 인사들은 마약 밀거래, 위조지폐의 발행, 가짜 의약품과 담배와 무기 밀거래 등을 통해서 상당한 수준의 수입을 올리고 있다. 이처럼 큰 규모로 진행되는 사업 외에도 북한에서는 돈주 등과 같이 북한 내에서 사업을 하는 자들이 북한관료들에게 뇌물을 제공하는 것이 당연시되고 있다.[166] 이와 같은 방법으로 축적한 재산들은 모두 불법성이 인정되며, 북한정권의 구조를 봤을 때 북한정권 내 주요 인사들의 재산은 대부분 이와 같은 불법적인 사업과 경로를 통해서 축적되었을 확률이 매우 높다. 따라서 북한정권 주요 인사들의 재산은 그 적법성이 명확하게 입증되는 부분 외에는 몰수조치를 취하여 북한주민 지원과 북한지역 개발에 사용되어야 한다.

(3) 불법적인 사업의 처리 문제

북한정권이 정부적인 차원에서 시행하는 불법적인 사업 이 외에도 마약거래, 인신매매, 매춘 등과 같은 불법적인 사업이 북한의 사경제 영역에서도 많이 진행되고 있다. 그런데 그와 같은 사업과 관련된 자들을 모두 처벌할 경우, 생계를 위해 해당 사업에 종사할 수밖에 없었던 자들을 처벌해야 하는 경우가 발생할 가능성이 매우 높다. 따라서 불법적인 사업영역에 종사했던 자들을 모두 처벌하는 것은 통일국가에서 심각한 수준의 갈등, 분열과 반발을 야기할 수 있다.

이러한 점을 고려했을 때 불법적인 사업에 종사했던 이들의 경우 통일 직후 일정 기간 동안 자진신고를 받고, 자진신고를 한 자들 중 생계를 위한 필요에 의해서 부득이하게 관련 사업에 참여한 북한주

---

166) 주성하, 위의 책, 100-113면 참조.

민들에 대해서는 새로운 체제에서 새로운 사업을 하는데 필요한 교육과 기초를 제공해 줄 필요가 있다. 다만 자진신고를 한 자들 중에서도 그 불법성이 큰 자들에 대해서는 새로운 사업을 시행하기 위한 지원은 제공하지 않아야 하며, 그 규모가 체제불법행위라고 판단되는 자들은 특별법에 의해서 처벌해야 한다.

제5장
결 론

남한사회에서는 통일을 해야 하는지 여부에 대해서 찬반양론이 대립된다. 통일에 대한 반대의견이 제기되는 것은 남한주민들 중 상당수가 통일국가에서의 삶이 통일이 되기 이전에 남한사회보다 불행하고 혼란스러울 것이라고 생각하기 때문이다. 남북한 주민들 간에 존재하는 이질감은 짧은 기간 안에 통일이 이뤄질 경우 남한주민들의 이와 같은 우려가 현실화 될 수 있다는 것을 분명하게 보여준다.

　하지만 대한민국 헌법은 제3조와 제4조에서 남북통일은 규범적인 측면에서 포기할 수 있는 것이 아니라는 것을 밝히고 있다. 따라서 통일국가에서는 물론이고 통일 과정에서도 남북한 주민 간의 이질감을 최소화하고 남북한 주민들이 사회적으로 통합되는데 필요한 조치들이 국가적인 차원에서 이뤄져야만 하는데, 대한민국 헌법 제4조는 남한의 헌법적 가치가 통일과정과 통일국가에서 유지되는 것을 전제하고 있는 바, 남북한 주민 간의 이질감과 북한주민들이 북한정권의 지배 하에서 처한 상황에 비춰봤을 때 이러한 조치들은 북한주민에 대한 지원을 중심으로 이뤄져야 한다.

　헌법 제3조에 따라 북한주민들은 대한민국 국민으로서의 법적 지위를 갖는바, 이와 같은 북한주민들에 대한 지원은 대한민국 국민의 기본권의 보장 및 보호로서 정당화 될 수 있다. 그럼에도 불구하고 지금까지 북한지역에 거주하고 있는 북한주민에 대한 지원은 규범적인 차원이 아니라 사실의 영역에서 인도주의적 차원에서 주로 이뤄져왔으며, 이로 인해 북한주민에 대한 지원은 지금까지 남북 간의 정치적인 변화에 의해서 결정되었고 그에 따라 그 지원내용과 수준은 정권에 따라서 매우 큰 편차를 보여 왔다. 북한주민에 대한 이처럼 일관성이 없는 지원은 지금까지 남북한 주민 간의 연대성을 형성하는데 실패했고, 그로 인해 남북한 주민 간의 이질성은 점점 심화되고 있다. 이와 같은 현실은 북한주민에 대한 지원이 대한민국 국민의 기본권의 보장 및 보호의 차원에서 일정수준에서는 지속적으로 제공되어야 하며, 이는 단순히 북한주민들의 현실적인 필요를 충족시켜주기 위해서가 아니라 통일국가에서의 안정적인 체제전환과 남북한 주민 간의 사회통합을 위해서 반드시 필요하다는 것을 보여준다.

통일국가에서 남북한 주민 간의 사회통합을 위해 체제수렴기에도 북한주민에 대한 지원이 이뤄져야 하는 것은 완전히 다른 사회체제에서 살아온 집단 간에 연대성이 형성되는 데는 상당한 시간이 소요되기 때문이다. 통일 이후 독일의 내적통일과정은 특히 심리적·정서적 성격이 강한 동질성을 통한 연대성이 형성되기까지는 오랜 시간이 필요하다는 것을 보여준다. 그리고 사회구성원들이 사회체제에서 상호의존성을 형성되는 과정은 동질성을 통한 연대성의 영향을 받는 바, 체제전환과정에서 남한과 완전히 다른 사회체제에서 지금까지 살아온 북한주민들이 남한의 헌법적 가치가 유지되는 통일국가에서 새로운 사회체제에 대한 동질성을 형성하고 그 안에서 상호의존성을 형성하기까지는 매우 오랜 시간이 소요될 것이 분명하다. 따라서 북한주민들이 통일국가에서 새로운 체제를 이해하고, 그에 적응하면서 남한주민들과 사회적으로 통합되기 위한 조치는 체제수렴기에 시작되어서 통일 이후에도 체제전환기에는 지속되어야 한다.

다만 북한주민에 대한 지원의 목적과 내용은 북한주민에게 북한정권의 지배하에 있는지 여부, 북한주민의 의사, 남한주민의 기본권 침해 가능성을 종합적으로 고려해서 결정되어야 한다. 이는 체제수렴기에는 북한주민들 중 남한정부에게 보호를 받을 의사가 없는 자에게까지 남한정부가 기본권을 보장 및 보호해 줘야 하는 것은 아니며, 북한정권의 존재가 남한정부의 지원에 현실적인 장애물로 작용하기 때문이다. 그리고 북한주민에 대한 지원이 대한민국 국민으로서의 법적지위를 갖는 남한주민의 기본권을 제한하는 것을 넘어서 침해하는 수준으로 이뤄지는 것 역시 정당화 될 수 없다. 따라서 북한주민에 대한 지원 내용, 수준, 기간 등이 규범적으로 정당화 될 수 있는 수준에는 분명한 한계가 존재할 수밖에 없다.

체제수렴기에 남북한 주민 간의 사회통합을 위한 조치는 북한을 이탈하여 남한에 입국해서 남한사회에 정착하는 북한이탈주민에 대한 지원에서 시작되어야 한다. 이는 북한이탈주민들이 남한사회에 적응하는 과정에서 지원이 필요하기 때문이기도 하지만, 남한사회에서 북한이탈주민에 대한 지원은 통일국가에서 시행될 북한주민지원제도의 기초를 형성하고 참고할 수 있는 중요한 경험이기 때문이다. 이러한 북한이탈주민에 대한 국가적인 차원에서의 지원은 1960년대에서부터 시작되었으며, 남한사회에서 북한이탈주민에 대한 지원은 현재「북한이탈주민의 보호 및 정착지원에 관한 법률」을 근거로 제공되고 있다.

하지만「북한이탈주민의 보호 및 정착지원에 관한 법률」은 북한이탈주민에 대한 지원을 제공하는 과정에서 시행착오를 거치면서 법률의 내용이 수차례 수정되어 왔고, 그로 인해 현행 법률은 그 체계와 내용에 있어서 분명한 한계를 드러내고 있다. 구체적인 지원내용의 경우 북한이탈주민에 대한 지원이 제공되는 과정에서 다양한 시행착오를 겪으면서 개선되어 왔지만, 그 지원방법에 있어서 한계는 여전히 존재한다. 이는 남한사회에서 남한주민과 북한이탈주민의 숫자를 고려했을 때 북한이탈주민에 대한 지원은 북한이탈주민이 남한사회에 지원하는 과정에서 발생하는 어려움과 필요를 해결해 주는데 적합한 방식으로 이뤄져야 함에도 불구하고 그 지원과정

에서 북한이탈주민의 현실과 필요가 충분히 반영되지 못했기 때문
이다.

이와 같은 한계를 극복하기 위해서는 북한이탈주민을 잘 이해하
는 각 분야의 전문가를 양성하고, 북한이탈주민에게 맞춘 교육제도
를 마련하는 것이 가장 시급한 과제에 해당한다. 그리고 북한이탈주
민의 상호의존성을 통한 연대성을 형성하는 과정에서 제공되는 지
원은 현재수준을 유지하되 그 구체적인 지원 내용과 방법에 있어서
북한이탈주민들이 남한사회에 적응하기 위해 스스로 노력하기 위한
유인이 제공되어야 한다.

체제수렴기에 북한지역에 거주하는 북한주민에 대한 지원의 경
우 북한정권의 존재가 한계로 작용할 수밖에 없지만 북한주민들도
국내법 영역에서는 대한민국 국민으로서의 법적 지위를 갖는다. 따
라서 북한주민의 기본권 보장 및 보호를 위해서는 국가적인 차원에
서 일정수준의 지원은 지속적으로 이뤄져야만 한다. 이는 체제수렴
기에 북한지역에 거주하는 북한주민에 대한 지원과정에서는 '북한정
권'과 '북한주민'을 구분해야 한다는 것을 의미하며, 이에 따라 북한
주민에게 지원을 제공하는 과정에서는 그 지원내용과 방법이 북한
주민에 대한 것인지 여부, 그 지원의 투명성을 제고할 수 있는지 여
부 등을 종합적으로 고려해야 한다.

이를 고려했을 때 북한지역에 거주하는 북한주민에 대한 지속적
인 지원은 그 자체만으로도 남북한 주민 간의 동질성을 통한 연대성
을 일정수준으로 유지 및 형성할 수 있을 것이며, 동질성을 통한 연
대성을 강화하기 위해서는 남북한 간의 문화적인 교류·협력 사업이
활성화 되어야 한다. 그리고 동독과 마찬가지로 북한 역시 정치영역
에서 북한주민들이 남한주민들과 동질성이나 상호의존성을 통한 연
대성을 형성하는 것을 원천적으로 차단할 것이 분명한 바, 사회체제
의 측면에서는 경제영역에서 북한주민들이 남한주민들과 동질성과

상호의존성을 형성 및 강화하기 위한 지원이 집중적으로 이뤄질 필요가 있다. 그중에서도 특히 북한주민의 기본적인 생활을 보장하기 위한 의식주에 대한 지원은 남북한의 정치적인 상황과 무관하게 북한주민에게 필요가 있고 남한주민의 기본권을 침해하지 않는 범위에서 남한정부가 지속적으로 제공해야 하는 제공에 해당한다. 그 외에도 북한주민들이 시장경제질서를 통해 동질성과 상호의존성을 통한 연대성을 형성할 수 있는 지원이 지속적으로 이뤄져야 하는 것은, 통일과정에서 북한주민들이 시장경제질서에 대한 이질성을 느끼지 않고 그 안에서 경제활동을 하는 경험이 많아질수록 북한주민들이 통일국가의 경제체제에 적응하는 과정에서 경험하는 시행착오가 줄어들 것이기 때문이다.

통일직후 독일사회와 독일의 내적통일 과정은 통일과정에서 북한주민에 대한 남한정부의 지원이 다양한 영역으로 확대 및 확장된다 하더라도 통일국가에서 남북한 주민 간의 이질성은 존재할 수밖에 없다는 것을 보여준다. 따라서 통일 이후에도 북한주민에 대한 지원은 일정기간동안 이뤄질 수밖에 없는데, 그 과정에서는 통일국가의 사회적 안정을 위해서 북한주민들이 남한지역으로 대거 남하하는 현상이 발생하는 것을 방지하기 위한 조치가 이뤄져야 한다.

하지만 북한주민들의 거주이전의 자유를 명시적으로 제한하는 것은 북한주민들의 기본권에 대한 분명한 침해에 해당하고, 그와 같은 법제도는 북한주민들의 불만을 고조시킴으로써 통일국가에서 심각한 수준의 갈등을 야기할 수 있다. 따라서 북한주민들에 대해서는 북한지역에 거주하는 범위 내에서 다양한 형태의 지원을 제공함으로써 북한주민들이 북한지역에 머무를 유인을 제공하는 방식으로 북한주민지원제도의 내용을 구성해야 한다. 그리고 통일국가에서는 북한주민지원제도 뿐 아니라 의회제도, 공교육제도, 몰수토지 반환, 화폐교환비율의 결정, 남북한의 법제도의 통합 등과 같은 통일국가의 사회체제를 결정하는 과정에서도 남북한 주민 간의 사회통합적인 측면에 대한 고려가 이뤄져야 하고, 북한주민들의 의사가 가능한 범위 내에서 최대한 반영되어야 한다.

체제전환기에 북한주민지원제도의 핵심은 북한주민에 대한 교육과 경제활동을 하는데 있어서 기회를 제공하는데 있다. 이는 북한주민들이 새로운 사회체제에 적응하기 위해서는 그 사회체제에 대한 이해수준을 높이고 그 안에서 경제활동을 할 수 있는 능력을 갖춰야 하는데 이는 교육을 통해서만 달성될 수 있는 목표이기 때문이다. 그리고 통일국가에서 이러한 목표를 달성할 수 있는 교육방법과 내용은 통일과정에서 남한에 입국한 북한이탈주민에 대해 제공되는 교육의 연장선이 이뤄지는 것이 효율적이고 효과적일 것인 바, 통일국가에서 북한주민에 대해 이뤄질 수 있는 교육의 수준 통일이 되는 시점에 남한사회에서 북한이탈주민에 대해 이뤄지던 교육의 수준과 질의 영향을 받을 수밖에 없기에 통일국가에 대한 교육을 위한 준비는 체제수렴기에서부터 시작된다고 할 수 있다. 그리고 경제활동을 하는 과정에서 북한주민에 대한 기회를 확대 및 확장하기 위한 조치가 이뤄져야 하는 것은 폴란드에서 극우파가 집권하는 과정이 보여주듯이 사회통합의 수준은 경제적인 요소에 의해서 크게 좌우되기 때문이다.

통일국가에서 남북한 주민 간의 사회통합 수준에는 이처럼 다양한 요소들이 영향을 미친다. 그리고 그 요소들은 상호 간에 영향을 주고받으며, 남북한 주민들 간에 연대성이 강하게 형성되어 있을수록 통일국가에서 사회적 갈등과 그로 인한 문제가 발생할 확률이 낮아질 것이기에 가능한 모든 영역에서 남북한 주민 간에 연대성을 형성하기 위한 조치는 다양한 영역에서 시행되어야 한다. 그리고 그 과정에서 소요되는 예산과 비용은 더 안정되고 평화롭고 사회적으로 통합된 통일국가를 형성하기 위한 투자에 해당하며, 사회통합을 위한 연대성이 형성되는 데는 상당한 기간이 소요된다는 점을 감안한다면 그에 대한 투자는 통일 이후에 집중되기 보다는 통일과정에서부터 분산되어서 이뤄지는 것이 효율적이고 효과적일 것이다. 이를 감안했을 때 통일국가에서의 사회통합을 위해서는 남북한이 분단되어 있는 체제수렴기에서부터 북한주민에 대한 다양한 형태의 지원이 지속적이고 안정적으로 제공되어야 한다.

참고문헌

1. 국내문헌

가. 단행본

계희열, 「헌법학」, 박영사, 1995

기광도, 「체제통합에 따른 사회변화와 범죄양상―독일통일과정을 중심으로」, 형사정책연구원, 1998

김면회 외 4인, 「중부 유럽 4개국의 경제산업구조 변화와 입지 경쟁력 분석」, 대외경제정책연구원, 2014

김병로 외 5인, 「북한주민 통일의식 2016」, 서울대학교 통일평화연구원, 2017

김석진 외 1인, 「통일 이후 사회보장제도 분리 운영방안: 경제적 및 법적 분석」, 통일연구원, 2015

김수암 외 5인, 「북한주민의 삶의 질: 실태와 인식」, 통일연구원, 2011

김영윤, 「북한 협동농장 개편 방향에 관한 연구―사회주의 국가의 협동농장 개편 경험이 북한에 주는 시사점」, 통일연구원, 2002

김영찬 외 3인, 「통일 후 남북한경제 한시분리운영방안: 통화·금융·재정분야」, 대외경제정책연구원, 2016

김윤영, 「북한이탈주민에 대한 보안경찰의 효율적인 지원방안에 대한 연구」, 치안정책연구소

김진수 외 2인, 「통일 후 남북한경제 한시분리운영방안: 노동 및 사회복지 분야」, 대외경제정책연구원, 2016.12

김창환, 「독일통일총서―통일교육 분야」, 통일부, 2016.11

김철민 외 6인, 「동유럽 체제전환 과정과 한국에 주는 의미」, 한국외국어대학교 지식출판원, 2014

김철수, 「독일통일의 정치와 헌법」, 박영사, 2004

김한균 외 15인, 「통일시대의 형사정책과 형사사법통합 연구(Ⅱ)―통일시대의 과거·불법청산 및 사회통합 방안의 연구」, 한국형사정책연구원, 2016.12

김호균, 「독일통일 총서―화폐통합 분야」, 통일부, 2016

남북하나재단, 「2016 북한이탈주민 사회통합조사」, 남북하나재단, 2017

박성재 외 3인,「북한이탈주민의 직업변동 및 취업지원제도 평가」, 한국노동
　　　연구원, 2011

박성조,「독일통일과 분단한국」, 경남대학교 극동문제연구소, 1991

박종철 외 2인,「북한이탈 주민의 사회적응에 관한 연구: 실태조사 및 개선방
　　　안」, 민족통일연구원, 1996

박헌주 외 3인,「사회적 보상체제 개선방향에 대한 정책제언: 중소기업부문
　　　을 중심으로」, 한국개발연구원, 2010

백영옥 외 1인,「북한이탈주민의 대학생활―진학 및 적응을 중심으로」, 북한
　　　이탈주민지원재단, 2011

법무부,「통일독일의 구동독체제불법청산 개관」, 법무부, 1995

손기웅,「통합정책과 분단국 통일: 독일사례」, 통일연구원 연구총서, 통일연
　　　구원, 2007

손기웅,「독일통일 쟁점과 과제」, 늘품 플러스, 2009

안예홍 외 1인,「통일이후 남북한 경제통합방식에 대한 연구」, 금융경제연구
　　　제291호, 한국은행, 2007

양현모,「통일한국의 정부조직체계 구축방안」, 한국행정연구원, 2014

에르빈 카 쇼이히, 우테 쇼이히,「독일통일의 배경」, 종로서적출판주식회사, 1992

염돈재,「독일통일의 과정과 교훈」, 평화문제연구소, 2010

오경섭,「북한시장의 형성과 발전―시장화 특성과 정치적 결과를 중심으로」,
　　　세종정책연구소, 2013

외교통상부,「캄보디아 개황」, 외교통상부, 2011

원윤희,「독일의 통일비용 재원조달과 정책적 시사점」, 통일부, 2015

유시은 외 4인,「탈북대학생 중도탈락 원인 및 대안」, 북한이탈주민지원재단, 2013

유욱 외 4인,「분단시기 서독의 정착지원 정책의 변화과정과 한반도에 주는
　　　시사점」, 북한이탈주민지원재단, 2011

윤명선·김병묵,「헌법체계론」, 법지사, 1996

이교덕 외 4인,「새터민의 증언으로 본 북한의 변화」, 통일연구원, 2007

이상림 외 3인,「남북한 통합시 인구이동 전망과 대응과제」, 한국보건사회연
　　　구원, 2012

이상준,「독일통일 총서―구동독지역 인프라 재건 분야」, 통일부, 2013

이우영,「통일과정에서 매스미디어의 역할」, 민족통일연구원, 1996

이장춘,「통일과 관광정책」, 대왕사, 1998

이장희,「통일 과정에서의 경제 통합에 관한 헌법적 검토」,헌법재판소 헌법
　　　재판연구원, 2015

이재우,「북한의 신분·공민·주민등록제도에 관한 연구」, 사법정책연구원, 2017

이정우 외 1인,「탈북이주자 사회정착지원 개선방안」, 한국보건사회연구원, 2006

이종태,「햇볕 장마당 법치」, 개마고원, 2017.12

이철수 외 16인,「통일 이후 북한지역 사회보장제도—과도기 이중체제」, 한국
　　　보건사회연구원, 2016

이태진 외 5인,「12시간의 통일 이야기」, 민음사, 2011

이효원,「남북교류협력의 규범체계」, 경인문화사, 2006

이효원,「통일헌법의 이해」, 박영사, 2016

임강택 외 1인,「개성공단 운영실태와 발전방안: 개성공단 운영 11년(2005-
　　　2015)의 교훈」, 통일연구원, 2017

임수호 외 4인,「통일 후 남북한경제 한시분리운영방안: 경제적 필요성과 법
　　　적 타당성」, 대외경제정책연구원, 2016

장준오 외 1명,「북한이탈주민 범죄실태 및 대책」, 한국형사정책연구원, 2010

정근식 외 10인,「2017 통일의식 조사」, 서울대학교 통일평화연구원, 2018

제성호,「남북한특수관계론」, 한울아카데미, 2007

조선민주주의인민공화국 사회과학원 법학연구소,「법학사전」, 평양 사회과
　　　학출판사, 1971

조용관,「북한이탈주민의 남한사회 적응을 통해 본 북한주민의 의식구조 이
　　　해」, 치안정책연구소, 2006

조정아 외3인,「김정은 시대 북한의 교육정책, 교육과정, 교과서」, 통일연구
　　　원 연구총서, 2015.12

존 로버트 앤더슨,「인지심리학과 그 응용」, 이화여자대학교출판문화원, 2000

주성하,「평양 자본주의 백과전서」, 북돋움, 2018

최성일 외 1인,「북한이탈주민 지역적응센터 운영실태 및 발전방안 연구」,
　　　(재)경기도가족여성연구원, 2012.06

최승안,「독일통일총서—과거청산분야」, 통일부, 2014

최은석,「통일 후 북한지역 주민의 남북한 경계선 이탈과 거주이전의 자유
　　　및 제한에 따른 법적 문제」, 남북법제연구보고서, 2011

최의철,「남북한 교류·협력 활성화 방안」, 통일연구원, 2000

최저임금위원회,「주요국가의 최저임금제도」, 최저임금위원회, 2017

치안정책연구소,「해외체류 탈북자의 보호대책에 관한 연구」, 치안정책연구
　　　소, 2009

태영호,「3층 서기실의 암호」, 기파랑, 2018

통계청,「2019 북한의 주요통계지표」, 통계청, 2019.12

통일부, 「2017 통일백서」, 통일부, 2017
통일부, 「2019 북한이탈주민 정착지원 실무편람」, 통일부, 2019.09
통일원, 「동서독 교류·협력 사례집」, 통일원, 1994
한동호 외 4인, 「북한인권백서 2018」, 통일연구원, 2018
한만길 외 2인, 「북한 교육의 현실과 변화—북한이탈주민의 증언을 통한 분석」, 한국교육개발원, 2001
한만길 외 8인, 「통일에 대비하는 교육통합 방안 연구」, 한국교육개발원, 2012.12
헬무트 슈미트, 「독일통일의 노정에서: Auf dem Weg zur deutschen Einheit」, 시와진실, 2007
홍성방, 「헌법요론」, 신영사, 1999
홍정욱 의원실, 「탈북대학생 설문조사 보고서」, 2010 국정감사 정책자료집 II, 2010
KAIST 문술미래전략대학원, 「카이스트, 통일을 말하다」, 김영사, 2018
OECD, 「한눈에 보는 사회 2016: OECD사회지표」, OECD Korea Policy Centre, 2016

나. 논문

강동완, "정책네트워크분석을 통한 대북지원정책 거버넌스 연구", 국제정치논고 제48집 1호, 한국국제정치학회, 2008.03
강동완 외 1명, "북한이탈주민 지역적응센터 역할 및 개선방안: 지역적응센터와 전문상담사 간의 협업사례를 중심으로", 정치정보연구 제20권 제2호, 한국정치정보학회, 2017.06
강수택, "체제변동 과정에서의 실업 경험과 노동관의 변화—통독 후 동독지역 시민을 중심으로", 경제와 사회 제39호, 비판사회학회 1998.09
강수택, "근대, 탈근대, 사회적 연대", 한국사회학 제38집 5호, 한국사회학회, 2004.10
강창구, "북한이탈주민(새터민)의 정착장애요인 분석을 통한 정착지원 방안", 통일문제연구 제22권 제1호, 평화문제연구소, 2010
고상두, "통일 이후 사회통합 수준에 대한 동서독 지역주민의 인식", 유럽연구 제28권 제2호, 한국유럽학회, 2010.08
고혜진 외 4인, "고령 북한이탈주민 사회보장제도 활용의 제약요인 및 접근성 제고 방향", 한국사회정책 제25권 제1호, 한국사회정책학회 2018
구춘권, "독일 통일 20년의 정치경제: 비판적 평가와 시사점", 21세기정치학회

보 제21집 제1호, 21세기정치학회, 2011.05

권성아, "헌법 개정에 따른 북한의 교육이념 변화", 교육과정연구 제21권 제2
호, 한국교육과정학회, 2003.06

권형진, "통일 후 사회통합 기반 구축을 위한 연구 및 경제정책의 방향: 통일
독일의 경험을 통한 비교사적 관점에서", 통일인문학 제66집, 건국대
학교 인문학연구원, 2016.06

금혜성 외 1인, "독일·영국·한국의 다문화 사회로의 이행과정 국제비교: 외국
인의 정치참여를 위한 제도와 정책적 배경을 중심으로", 다문화사회
연구 제3권 제2호, 숙명여자대학교 다문화통합연구소, 2010.08

길은배, "남북한 청소년의 이질성과 동질성 비교를 통한 남북 사회통합적 대
안 모색", 청소년학연구 제13권 제6호, 한국청소년학회, 2006.12

길준규, "북한이탈주민 정착지원제도의 법적 검토", 공법학연구 제10권 제4
호, 한국비교공법학회, 2009.11

김갑식, "북한 민족주의의 전개와 발전: 민족공조론을 중심으로", 통일문제연
구 18권1호, 평화문제연구소, 2006.05

김광운, "북한 민족주의 역사학의 궤적과 환경", 한국사연구 152, 한국사연구
회, 2011.03

김귀옥, "남북 사회문화공동체 형성을 위한 대안과 통일방안 모색", 한국사회
과학 제22권 제3·4호, 서울대학교 사회과학연구원, 2000

김근식, "사회주의 체제전환과 북한 변화", 통일과 평화 제1집 제2호, 서울대
학교 통일평화연구원, 2010

김근식, "한반도 통일과정의 정치동학: 독일·예멘 사례의 시사점", OUGHTOPIA
제25권 제3호, 경희대학교 인류사회재건연구원, 2010.12

김도균. "북한 법체계에서의 법개념론과 법치론에 관한 고찰", 서울대학교
법학 제46권 제1호, 서울대학교 법학연구소, 2005.03

김도협, "동독이주민에 대한 서독정부의 성공적 대응정책에 관한 일고", 세계
헌법연구 제18권 제2호, 세계헌법학회 한국학회, 2012.08

김동훈, "통일 독일의 교육통합", 인문과학연구 제15권, 덕성여자대학교 인문
과학연구소, 2011

김명재, "독일헌법상의 보호청구권", 법학논총 제19권, 전남대학교 법학연구
소, 2000.01

김병기, "통일 후 북한지역 토지소유문제 해결을 위한 몰수재산처리법제의
이론과 실제", 토지공법연구 제65집, 한국토지공법학회, 2014.05

김병욱 외 1인, "남북한과 통독 전 동서독의 이산가족교류 비교 연구", 현대

북한연구 제12권 제1호, 북한대학원대학교, 2009.04

김복기, "남북한 통일과 최저생활보장 시론─초기의 법적 문제를 중심으로" 사회보장법학 제6권 제2호, 한국사회보장법학회, 2017.12

김복래, "프랑스, 영국, 미국의 다문화주의에 대한 비교고찰: 삼국의 이민통합정책을 중심으로", 유럽연구 제27권 1호, 한국유럽학회, 2009

김상겸 외 1인, "국가의 전통·민족문화 계승의무와 전통사찰 보존에 관한 헌법적 연구", 토지공법연구 제43집 제2호, 한국토지공법학회, 2009.02

김성경, "북한이탈주민의 월경과 북·중 경계지역: '감각'되는 '장소'와 북한이탈여성의 '젠더'화된 장소 감각", 한국사회학 제47집 제1호, 한국사회학회, 2013.02

김성수, "헌법상 경제조항에 대한 개정론", 공법연구 제34집 제4호 제2권, 사단법인 한국공법학회, 2006.06

김성룡, "법 이론과 실무에 던지는 물음, '법학의 학문성'",형사소송 이론과 실무 제7권 제1호, 형사소송법학회, 2015

김성이, "북한관련 언론보도 내용이 청소년 통일관에 미친 영향 조사", 청소년학연구 제2권, 한국청소년학회, 1994.12

김성천, "남북한 통일 이후의 과거청산─통일 전 북한의 범죄행위에 대한 통일 이후의 형사법적 처리", 중앙법학 제17집 제3호, 중앙법학회, 2015.09

김성한 외 2인, "한반도 통일기반 조성을 위한 대북지원 방향", 국제관계연구 제23권 제1호, 고려대학교 일민국제관계연구원, 2018.06

김성훈 외 2인, "북한이탈주민 범죄의 실태와 원인에 대한 이론적 고찰", 통일과 평화 제7집 제1호, 서울대학교 통일평화연구소, 2015

김신희, "통일 후 북한교원 통합을 통한 남북한 마음통합─북한교원 재임용을 중심으로", 윤리연구 제105권, 한국윤리학회, 2015

김영규, "개성공업지구 부동산 규정이 북한 부동산법제에 미친 영향", 국토연구 제90권, 국토연구원, 2016.09

김영순, "인천 논현동 북한이탈주민 공동체의 경계 짓기와 경계 넘기", 로컬리티 인문학 제12호, 부산대학교 한국민족문화연구소, 2014.01

김영윤 외 1인, "사회적 시장경제질서와 독일통일: 남한 경제질서와 남북한 통합에 주는 시사점", 한국정책학회보 제10권 제3호, 한국정책학회, 2001.12

김영윤, "서독 정부의 동독이탈주민 정착지원", 제17회 한반도평화포럼 자료집, 한반도평화연구원, 2009.10

김영인, "정치참여의 시민교육 효과에 관한 연구: 법의식·관용·효능감 형성

에 미치는 효과를 중심으로", 서울대학교 대학원 박사학위논문, 2002

김영일 외 4인, "북한주민의 사회보장 경험에 관한 질적 사례연구", 한국사회
　　복지행정학 제16권 제4호, 한국사회복지행정학회, 2014

김완기, "남북 경제통합에 관한 법제도적 연구", 서울대학교 법학대학원 박사
　　학위논문, 2016

김우진, "한반도 통일국가의 양원제 의회에 관한 연구", 서울대학교 석사학위
　　논문, 서울대학교 대학원, 2009

김은배 외 1인, "북한이탈 청소년의 남한사회 적응 문제와 정책적 함의", 청
　　소년학연구 제10권 제4호, 한국청소년학회, 2003.12

김인숙 외 1인, "탈북대학생 학업중단 요인과 지원 방안: 위험요인과 보호요인
　　의 탐색", 다문화와 평화 9권 3호, 성결대학교 다문화평화연구소, 2015

김정원 외 3인, "남북한 교사의 역할 인식 프레임 비교", 교육사회연구 제26
　　권 제3호, 한국교육사회학회, 2016

김종보, "사회적 기본권의 구체적 권리성 여부", 법학연구 제49권 제1호, 부산
　　대학교 법학연구소, 2008.08

김주영, "법학의 과학성에 대한 시론", 서울대학교 법학 제50권 제1호, 서울대
　　학교 법학연구소, 2009.03

김지연 외 1인, "통합력(Sense of Coherence)과 자살생각, 사회적 지지의 연관성
　　연구", 보건과 사회과학 제36집, 한국보건사회학회, 2014.09

김진수, "남북한경제관계 확대와 정치적 분쟁의 인과성 분석", 유라시아연구
　　제12권 제1호, 아시아유럽미래학회, 2015.03

김창권, "독일 통일 이후 구동독지역 인구이동 및 인구변화와 한반도 통일에
　　주는 정책적 시사점", 경상논총 제28권 제1호, 한독경상학회, 2010.03

김창근, "북한이탈주민의 남한사회 적응과 통일교육", 윤리연구 제80호, 한국
　　윤리학회, 2011

김철수, "통일헌법의 제정방향", 고시계 통권 제490호, 고시계사, 1997. 12

김태수, "한국과 서독의 체제이탈주민정책 비교연구", 한국행정학회 학술발
　　표논문집, 한국행정학회, 2009.12

김홍영, "사회통합과 비정규직 노동법의 변화", 저스티스 제134권 제3호, 한국
　　법학원, 2013.02

김희경, "북한이탈주민의 외상 유형에 따른 복합 PTSD와 PTSD증상의 차이",
　　한국심리학회지: 일반 제31권 제4호, 한국심리학회, 2012.12

김희경, "북한이탈주민과 남한주민의 교류 경험에 관한 질적 연구", 한국심리
　　학회지: 상담 및 심리치료 제28권 제2호, 한국심리학회, 2016.05

김희상 외 1인, "미디어 접촉에 따른 북한이탈주민 수용성의 변화", 사회과학연구 제25권 제1호, 서강대학교 사회과학연구소, 2017

김희진 외 2인, "한국에 대한 북한이탈주민의 국가이미지 형성에 미치는 영향요인", 아태연구 제22권 제2호, 경희대학교 국제지역연구원, 2015.06

나용주, "통일 후 북한 국유재산 관리 방안에 관한 연구 : 사회주의체제 전환 국가의 사례분석과 북한 국유재산 전담기구 설치를 중심으로", 서울대학교 행정대학원 박사학위 논문, 2017.06

노용환, "한반도에서 독일식 사회보장제도 통합은 가능한가: 통일 환경과 정책 선택의 검토", 보건사회연구 제36권 제2호, 한국보건사회연구원, 2016

노인숙 외 1인, "북한이탈주민 전문상담사의 심리적 소진의 원인 탐색", 정신 간호학회지 제21권 제4호, 한국간호학회, 2012.12

대한변호사협회, "북한이탈주민의 국내정착과정에서의 인권문제―합동신문을 중심으로", 「2013년 인권보고서」, 대한변호사협회, 2013

도회근, "북한주민의 헌법상 지위에 관한 연구", 헌법학연구 제4집 제2호, 한국헌법학회, 1998

도회근, "통일헌법의 권력구조―의회제도를 중심으로", 공법연구 제40집 제2호, 한국공법학회, 2011.12

류시조, "한국 헌법상의 민족국가의 원리", 공법학연구 제5권 제1호, 한국비교공법학회, 2004.02

류시조, "다문화사회와 자유권적 기본권", 헌법학연구 제16권 제2호, 한국헌법학회, 2010.06

류재형, "한국형 블록버스터 영화의 한국 민족주의적 특성", 한국언론정보학보 통권 제59호, 한국언론정보학회, 2012.08

류지성, "북한이탈주민지원법의 주요 논점에 관한 연구", 서울법학 제25권 제3호, 서울시립대학교 법학연구소, 2017.11

류홍채, "남북합의서의 연혁적 분석과 한반도평화체제", 한국정치외교사논총 제38집 제2호, 한국정치외교사학회, 2017.02

문승일 외 2인, "북한이탈주민의 여가활동과 사회적응과의 관계에 대한 실증적 연구", 관광연구저널 제29권 제3호, 한국관광연구학회, 2015.03

문재완, "언론법과 사회통합", 저스티스 제134권 제2호, 한국법학원, 2013.02

문흥안, "북한 가족법제의 동향과 남북 가족법제 통합의 방향", 법조 64권 11호, 법조협회, 2015

민기채 외 1인, "주요 탈사회주의 체제전환국들의 경제사회적 성과 비교", 동유럽발칸연구 제40권 제2호, 한국외국어대학교 동유럽발칸연구소,

2016.04

민족통일연구원, "통일독일의 분야별 실태", 「독일통합과 체제전환」, 통일원, 1992.9

박성재 외 1인, "북한이탈주민 고용보조금제도 효과성 평가", 노동정책연구 제12권 제1호, 한국노동연구원, 2012

박영자, "분단 60년, 탈북자와 남북관계: 역사적 추이와 변화", 북한연구학회 보 제9권 제1호, 북한연구학회, 2005.03

박의경, "한국민족주의의 전개—그 예외성과 특수성을 중심으로", 민주주의 와 인권 제15권 제3호, 전남대학교 5.18연구소, 2015.12

박정원, "통일헌법의 골격구상", 공법연구 제27집 제1호, 한국공법학회, 1998

박종철, "김정은 지도체제 초기국면과 북중관계—체제안정과 개혁개방의 딜 레마(2008년-2012년)", 대한정치학회보 제20권 제3호, 대한정치학회보, 2013

박치현, "탈콧 파슨스(Talcott Parsons) 사회학에서 '사회(society)' 개념의 재구성", 서울대학교 박사학위논문, 2015

박현식, "사회보장기본권 확립을 위한 북한이탈주민보호 및 정착지원법 개 선 방안", 법학연구 제52집, 한국법학회, 2013.12

배국열, "김정은 시대 경제개방 정책 평가: 경제개발구를 중심으로", 북한학 보 제39집 제2호, 북한학회, 2014.12

베를린 마리안펠데, "동독탈주자 및 이주자를 위한 긴급구호소 방문", 남북한 화해협력 촉진을 위한 독일통일 사례 연구, 통일연구원, 2000

변해철, "남북한 통합과 통치구조 문제", 공법연구 제21집, 한국공법학회, 1993

서사범, "북한철도의 실상", 대한토목학회지 제57권 제1호, 대한토목학회, 2009.01

서유경, "현행 북한이탈주민 지원정책의 두 가지 근본문제와 다문화주의적 사회통합 해법", 대한정치학회보 제21권 제2호, 대한정치학회, 2013.10

성낙인, "통일헌법의 기본원리 소고", 서울대학교 법학 제53권 제1호, 서울대 학교 법학연구소, 2012.03

손윤석, "북한이탈주민의 보호 및 정착지원에 관한 법률에 대한 고찰", 법학 논고 제55집, 경북대학교 법학연구원, 2016.08

송강, "통일 후 북한 기업 사유화에 관한 상사법적 검토—우리나라 귀속기업 체 및 구동독 기업의 처리과정에 대한 역사적 고찰을 중심으로", 법 과기업연구 제6권 제2호, 서강대학교 법학연구소, 2016.08

송인호, "현행 북한인권법의 개선방향에 대한 고찰", 동아법학 제79호, 동아 대학교 법학연구소, 2018.05

쇼어렘어, "동서독 화해협력에서 본 NGOs의 역할", 「남북한 화해협력 촉진을 위한 독일통일 사례 연구」, 통일연구원, 2000

송은희 외 1인, "독일의 사회통합 인식 분석", 한국동북아논총 제67호, 한국동북아학회, 2013

송인호, "크메르루즈 특별재판소 사례를 통해 본 통일 이후의 과거청산의 기본 방향에 대한 고찰", 인권과 정의 제442호, 대한변호사협회, 2014.06

신우철, "근대 입헌주의 성립사 연구: 입헌주의의 서구적 원형과 독일적 변용", 법학논문집 제31집 제1호, 중앙대학교 법학연구소, 2007

신율, "통일 이후의 독일통일과 남북의 통일: 하버마스의 후기자본주의 사회통합 이론을 중심으로", 세계지역연구논총 제29집 제1호, 한국세계지역학회, 2011.04

안권순, "북한이탈 청소년의 남한사회 적응을 위한 지원방안 연구", 청소년학연구 제17권 제4호, 한국청소년학회, 2010.04

안병직, "과거청산, 어떻게 이해할 것인가?", 「세계의 과거사청산」, 푸른역사, 2005

안지호, "독일 통일 행정통합의 재고찰: 갤렌의 제도론을 중심으로", 행정논총 제49권 제4호, 서울대학교 한국행정연구소, 2011.12

안택식, "남북한 사회통합과 법적 과제", 한양법학 제21권 제1호, 한양법학회, 2012.02

양계민 외 1인, "북한이탈주민과의 접촉이 남한 사람들의 신뢰와 수용에 미치는 영향", 한국심리학회지: 문화 및 사회문제 제11권 제1호, 한국심리학회, 2005.02

양은경, "민족의 역이주와 위계적 민족성의 담론 구성" 한국방송학보 제24-5호, 한국방송학회, 2010.09

양정윤, "남북관계 발전을 위한 남부기본합의서의 법적 지위의 승격", 통일법연구 제2권, 헌법이론실무학회, 2016.10

엄태완, "남북주민 통합을 위한 정신건강전략", 통일정책연구 제14권 제1호, 통일연구원, 2005.06

엄태완, "이주민으로서의 북한이탈주민 경험 연구", 한국사회복지행정학 제18권 제1호, 한국사회복지행정학회, 2016.02

엄현숙, "2000년대 이후 교육법제 정비를 통한 북한 교육의 현황", 현대북한연구 제20권 제1호, 북한대학원대학교, 2017.4

염명배 외 1인, "독일과 우리나라의 통일비용 및 통일재원 비교 연구", 재정학연구 제4권 제2호, 한국재정학회, 2011

염유식 외 1인, "북한이탈주민의 사회연결망 형성과 유형에 대한 근거 이론

연구", 한국사회학 제45집 제2호, 한국사회학회, 2011.04

오일환, "통일을 전후한 독일의 정치교육에 관한 연구", 한국정치학회보 제29집 제2호, 한국정치학회, 1995.12

유병선, "북한이탈주민 민주시민교육의 내용과 문제점", 한국민주시민교육학회보 제13-1호, 한국민주시민교육학회, 2012.12

유욱, "서독의 법제도적 지원이 북한 이탈주민 지원에 주는 함의", 제17회 한반도평화포럼 자료집, 한반도평화연구원, 2009.10

윤대규, "북한사회에서 법의 성격", 북한법연구 제6호, 북한법연구회, 2003

윤덕희, "동유럽의 체제전환―유럽통합 관계에 대한 연구", 국가전략 제14권 제1호, 세종연구소, 2008

윤여상 외 1인, "북한인권기록보존소 설치·운영을 중심으로", 중앙법학 제8집 제1호, 중앙법학회, 2006.04

윤여상, "통일한국의 성공조건: 과거청산의 과제", 「과거청산과 통합」, 과거청산통합연구원, 2016.05

윤인주, "김정은 시대 북한의 관광산업 평가 및 전망", 북한연구학회보 제19권 제1호, 북한연구학회, 2015.06

윤인진, "북한이주민의 사회적응 실태와 정착지원방안", 아세아연구 제50권 제2호, 고려대학교 아세아문제연구소, 2007.06

윤준영, "북한이탈주민의 법의식 변화를 위한 법교육에 관한 연구", 연세법학 제25권 제0호, 연세법학회, 2015

윤철기, "남북한 사회통합의 현안과 통일교육의 새로운 방향 모색―남북한 상호이해교육의 필요성을 중심으로", 정치정보연구 제19권 제1호, 한국정치정보학회, 2016.02

윤철홍, "한국의 북한인권법에 관한 소고", 법학논총 제36집, 숭실대학교 법학연구소, 2016.07

이건묵, "동독주민과 북한주민의 인권침해 기록보존소에 대한 정치적 갈등 사례 비교와 시사점", 사회과학담론과 정책 제4권 제2호, 경북대학교 사회과학연구원, 2011.10

이경권, "의료영역에서의 사회통합을 위한 법의 역할", 저스티스 제134권 제3호, 한국법학원, 2013.02

이경화 외 1인, "북한이탈주민을 위한 정보화 교육프로그램 개발 연구", 아시아교육연구 제6권 제2호, 서울대학교 교육연구소, 2005

이규창, "무국적 탈북자의 보호를 위한 법제도적 대응 방안 모색", 통일정책연구 제21권 제1호, 통일연구원, 2012

이기범, "미국의 이민정책과 사회통합", 다문화사회연구 제2권 1호, 숙명여자
대학교 다문화통합연구소, 2009.2

이덕연, "북한이탈주민 보호 및 정착지원에 관한 법률상 탈북민의 법적 지위─
현황과 개선방안", 법학논총 제20권 제2호, 조선대학교 법학연구원, 2013

이달휴, "사회통합에서 본 사회보장법", 공법학연구 제11권 제2호, 한국비교
공법학회, 2010.5

이무철, "북한 주민들의 경제관과 개혁·개방 의식: 북한이탈주민 면접 조사
를 통한 추론", 북한연구학회보 제10권 제1호, 북한연구학회, 2006.12

이방식, "통일독일의 지방재정에 관한 연구", 한국지방재정논집 제4권 제1호,
한국지방재정학회, 1999.02

이병수, "통일방안에 대한 비판적 고찰과 관점의 전환", 통일인문학 제61집,
건국대학교 인문학연구원, 2015.03

이상훈, "헌법상 북한의 법적 지위에 대한 연구", 월간법제, 법제처, 2004.11

이성균, "남북한 통일대비 사회통합을 위한 직업교육의 역할 탐구", 한국콘텐
츠학회논문지 제16권 제7호, 한국콘텐츠학회, 2016.07

이성환, "대한민국 국민의 범위", 법학논총 제9집, 국민대학교 법학연구소,
1997.11

이선미, "북한이탈주민의 삶의 질에 영향을 미치는 변인", 디아스포라연구 제
9권 제1호, 전남대학교 세계한상문화연구단, 2015.06

이선주, "유럽의 이민자통합정책과 시민권의 재구성: 네덜란드와 영국 사례
를 중심으로", 한국사회정책 제21권 제3호, 한국사회정책학회, 2014.9

이성환, "사회권의 법적 성격", 법학논총 제22권 제2호, 국민대학교 법학연구
소, 2010.02

이소희 외 1인, "다문화 및 북한이탈주민 가정 자녀의 정신건강", 소아청소년
정신의학 제24권 제3호 대한소아청소년정신의학회, 2013.09

이승우, "국가보안법의 헌법적 조명", 인권과 정의 제225호, 대한변호사협회, 1995

이영란, "통일 이후 동독지역 주민의 상대적 박탈감─포커스인터뷰 분석을
중심으로", 한국사회학 제39집 제1호, 2005.02

이용갑, "공적 의료보장체계에서 사회적 배제와 사회적 포섭", 한국사회정책
제17권 제2호, 한국사회정책학회, 2010.08

이용을, "남북한 문화통합 가능성 모색에 관한 연구", 공공사회연구 5(1), 한
국공공사회학회, 2015.2

이우영, "대북 인도적 지원과 남북한 마음의 통합", 현대북한연구 제17권 제2
호, 북한대학원대학교, 2014.08

이은정, "독일통일과 여성-한반도 통일준비를 위한 시사점", 이화젠더법학 제
　　8권 제1호, 이화여자대학교 젠더법학연구소, 2016.06
이은주, "노인복지정책의 연대성효과-빈곤노인을 중심으로", 보건과 사회과
　　학 제38집, 한국보건사회학회, 2015.06
이은주, "북한이탈여성들의 직업교육 경험과 취업전략에 관한 질적 연구: 서
　　울시 거주자들을 중심으로", 한국과학예술포럼 제27호, 한국전시산
　　업융합연구원, 2017.01
이장희, "독일통일이 남북한통일에 주는 법적 의미", 국제법학회논총 제36권
　　제2호, 국제법학회, 1991
이재열 외 5인, "사회통합: 개념과 측정, 국제비교", 한국사회정책 제21권 제2
　　호, 한국사회정책학회, 2014.06
이종국, "1960년대 긴장완화 형성과 전개: 동방정책을 사례로", 한독사회과학
　　논총 제15권 제2호, 한독사회과학회, 2005.12
이종무, "대북지원의 전개과정 및 주요 지형의 변화: 대북지원 규모·북한 수
　　원기구·대북지원 담론", KDI 북한경제리뷰, 2012.02
이준웅, "통일을 위한 방송의 역할—북한관련 정보추구와 통일에 대한 해석
　　적 프레임이 통일정책에 대한 여론에 미치는 영향", 방송연구 통권
　　제51호, 한국방송학회, 2000
이지경, "북한이탈주민 정착문제의 개선방안", 한국민주시민교육학회보 제13
　　권 제1호, 한국민주시민교육학회, 2012.02
이진석, "한국의 다문화정책과 민족주의", 민족사상 제8권 제3호, 한국민족사
　　상학회, 2014.10
이한태, "경제헌법과 경제민주화의 헌법적 가치", 서울법학 제20권 제3호, 서
　　울시립대학교 법학연구소, 2012.02
이향규, "통일 후 교육제도 통합과 사회적 삼투현상: 독일과 한국", 통일문제
　　연구 제15권 제2호, 평화문제연구소, 2003.11
이현주, "북한의 집단정체성과 한반도 미래세대 사회통합정체성", 아태연구
　　제23권 제2호, 경희대학교 국제지역연구원, 2016.06
이효원, "북한법률의 국내법적 효력-개성공단에서의 적용 가능성과 범위, 한
　　계를 중심으로", 법조 제54권 제4호, 법조협회, 2005
이효원, "통일 이후 북한의 체제불법에 대한 극복방안", 서울대학교 법학 제
　　51권 제4호, 서울대학교 법학연구소, 2010.12
이효원, "통일헌법의 제정 방법과 국가조직", 서울대학교 법학 제55권 제3호,
　　서울대학교 법학연구소, 2014.09

이효원, "통일과정에서 북한지역 관리를 위한 법제도", 저스티스 통권 제166호, 한국법학원, 2018.06

임강택, "남북한 경제협력 현황과 발전방행 모색", 전남대학교 세계한상문화연구단 국내학술회의, 전남대학교 세계한상문화연구단, 2000.09

임도빈 외 2인, "북한 지방행정기관에 대한 연구: 지방인민위원회와 협동농장경여위원회를 중심으로", 행정논총 제53권 제4호, 서울대학교 행정대학원, 2015.02

임정빈, "북한이탈주민 정착을 위한 지역사회 지원체계 및 이해관계자 분석", 한국정책연구 제12권 제2호, 경인행정학회, 2012.06

장명봉, "남북한 기본관계 정립을 위한 법적 대응", 유엔가입과 통일의 공법문제, 한국공법학회, 1991

장소영, "북한이탈주민의 정착지원에 관한 법제도", 통일법제 인프라 확충을 위한 쟁점과 과제 학술대회 자료집, 서울대학교 헌법·통일법센터, 2015.09

장승혁, "사회연대원리의 기원과 발전―전통적인 사회이론가들의 사상을 중심으로", 사회보장법연구 제3권 제2호, 서울대 사회보장법연구회, 2014.12

장승혁, "사회보험법과 사회연대 원리", 사회보장법학 제6권 제1호, 한국사회보장법학회, 2017.6

장용석, "사회주의 체제전환국의 경제성장과 소득분배 구조―북한의 시장화와 소득분화에 대한 함의", 통일문제연구 제20권 제1호, 평화문제연구소, 2008

장용석 외3인, "사회통합의 다원적 가치와 영향요인에 관한 탐색적 연구―국가주의, 개인주의, 공동체주의, 세계시민주의를 중심으로", 한국사회학 제46집 제5호, 한국사회학회, 2012.10

장인숙, "북한의 건설계 실상", 대한토목학회지 제46권 제7호, 대한토목학회, 1998.07

장철준, "사회통합과 헌법재판의 역할", 저스티스 134권 제2호, 한국법학원, 2013.02

전경남, "북한의 영재교육", 한국학연구 제48집, 고려대학교 한국학연구소, 2014.03

전광석, "다문화사회와 사회적 기본권", 헌법학연구 제16권 제2호, 한국헌법학회, 2010.06

전광석, "사회통합과 사회보장법", 사회보장법학 제5권 제2호, 한국사회보장

법학회, 2016.12

전미영, "북한사회의 전통문화 인식", 한국민족문화 27, 부산대학교 한국민족
　　문화연구소, 2006.04

전상인, "통일과 남북한의 사회통합", 통일문제연구 제8권 1호, 평화문제연구
　　소, 1996.06

전상진, "통합은 사회 갈등과 문제의 해결책?—통합에 대한 사회학적 고찰",
　　한독사회과학논총 제16권 제2호, 한독사회과학회, 2006.12

전성우 외 2인, "한국통일의 사회통합적 전망과 과제", 한국사회학회 통독 10
　　주년 기념 한·독 특별심포지움 자료집, 한독사회학회, 1999.10

전연숙, "북한이탈주민 정착지원 실무자의 교육 실태 및 요구", 여성연구논총
　　제16집, 성신여자대학교 한국여성연구소, 2015.02

전주용 외 1인, "재정지원 일자리사업의 정책효과성 추정" 노동경제논집 제40
　　권 제1호, 한국노동경제학회, 2017.03

전태국, "통일독일에서의 내적 통일의 문제", 사회과학연구 39집, 강원대학교
　　사회과학연구원, 2000.12

전태국, "사회통합을 지향한 한국통일의 개념전략: 변화를 통한 접근", 한국
　　사회학 제41집 제6호, 한국사회학회, 2007.12

전춘명, "독일 통일 후 나타난 언어변화", 한신인문학연구 제4집, 한신대학교
　　출판부, 2003.12

전학선, "통일헌법과 사회·경제통합", 유럽헌법연구 제16호, 유럽헌법학회, 2014

정구진, "평화통일의 과정에서 북한법의 적용 가능성", 헌법과 통일법 제2호,
　　서울대학교 헌법통일법센터, 2013.02

정구진, "북한이탈주민의 보호 및 정착지원에 관한 법률 개정(안)에 대한 법
　　적 고찰", 헌법과 통일법 제7호, 서울대학교 헌법통일법센터, 2016.06

정동규, "통일 독일의 민족어 통합과정과 표준어 설정 연구", 어학연구 제32
　　권 제1호, 서울대 어학연구소, 1996.03

정동준, "북한주민의 남한 문화 경험이 통일의식에 미치는 영향", 통일과 평
　　화 제8집 제2호, 서울대학교 통일평화연구원, 2016

정만희, "통일헌법을 위한 단계적 헌법개정", 동아법학 제66권, 동아대학교
　　법학연구소, 2015.02

정병기 외 1인, "동서독의 표준화 체계와 표준 통일 과정: 남북한 표준 협력
　　에 대한 함의", 한국정치연구 제22집 제1호, 서울대학교 한국정치연
　　구소, 2013

정병호, "탈북 이주민들의 환상과 부적응: 남한사회의 인식혼란과 그 영향을

중심으로”, 비교문화연구 제10집 1호, 서울대학교 비교문화연구소, 2004

정수희, “전통문화콘텐츠의 현대적 활용”, 문화콘텐츠연구 제2호, 건국대학교 글로컬문화전략연구소, 2012.12

정영철, “북한의 민족주의와 문화변용: 김정은 시대 북한 문화의 변화”, 문화정책논총 제31집 제2호, 한국문화관광연구원, 2017.08

정영화, “북한이주민의 조기정착을 위한 법정책론”, 공법연구 제24집 제4호, 한국공법학회, 1996

정용길, “통일독일의 통일비용과 경제통합”, 유럽연구 제26권 제3호, 한국유럽학회, 2008

정용길, “독일 통일과정에서의 동서독관계와 남북관계에의 시사점”, 저스티스 제134권 제2호, 한국법학원, 2013.02

정용상, “북한이탈주민의 사회통합을 위한 법정책적 방향”, 동아법학 제61호, 동아대학교 법학연구소, 2013.11

정용상, “남북한 사회통합을 위한 법정책적 과제”, 법과 정책연구 제13권 제4호, 한국법정책학회, 2013.12

정재황 외 1인, “대한민국 통일과도기의 법적 논점”, 공법연구 제46집 제2호, 한국공법학회, 2017.12

정종섭, “우리 법학의 올바른 자리매김을 위하여—헌법학의 통합과학적 연구에로”, 법과 사회 제2권, 법과사회이론학회, 1990

정천구, “북핵문제의 성격과 한국 통일전략의 방향”, 통일전략 제10권 제3호, 한국통일전략학회, 2010.12

정하운, “남북한 통일 이후 사회통합과 민주시민교육의 방향”, 한국민주시민교육학회보 제13-2호, 한국민주시민교육학회, 2012.12

제성호, “분단과 통일에 관한 법적 쟁점”, 중앙법학 제6집 제2호, 중앙법학회, 2004

제성호, “통일 후 바람직한 토지정책방향—특히 북한토지의 처리와 관련해서”, 법학논문집 제29집 제2호, 중앙대학교 법학연구원, 2005.12

조관홍 외 1인, “독일의 내적통일에 있어서 가치 상충의 근본원인과 그 양상에 관한 연구”, 대동철학 제39집, 대동철학회, 2007.06

조영아 외 3인, “북한이탈주민의 우울 예측 요인: 3년 추적 연구”, 한국심리학회지: 상담 및 심리치료 제17권 제2호, 한국심리학회, 2005

조영희, “크메르루즈 재판을 중심으로 본 캄보디아 과거청산의 정치동학”, 국제정치연구 제14제 제1호, 동아시아국제정치학회, 2011.06

지광석 외 1인, “규제의 정당성에 대한 모색: 시장실패의 치유 vs. 거래비용의

최소화·경감", 한국행정학보 제44권 제2호, 한국행정학회, 2010.06

채정민 외 1인, "심리학적 관점에서의 남북한 문화이질성: 북한이탈주민의 심리적 적응을 중심으로", 한국심리학회지: 문화 및 사회문제 제10권 제2호, 한국심리학회, 2004.08

최경은, "통일 이후 동서독 독일어의 통합과정", 독일언어문학 제21집, 한국독일언어문학회, 2003.09

최명애 외 3인, "북한이탈주민의 건강지식, 건강증진행위 및 건강증진행위에 영향을 주는 요인", 대한간호학회지 제42권 제5호, 한국간호과학회, 2012.10

최석만, "한류: 한국 전통문화의 재해석", 동양사회사상 제15집, 동양사회사상학회, 2007

최선우 외 1인, "통일독일의 범죄문제에 관한 연구", 통일정책연구 제15권 제1호, 통일연구원, 2006.06

최순미, "북한이탈주민의 대한민국 시장경제에 대한 태도", 북한연구학회 하계학술발표논문집, 북한연구학회, 2016

최양근, "한반도 및 동북아 평화에 기여하는 통일방안 고찰: 단계적 연방제 통일방안을 중심으로", 2013년 하계 한국평화연구학회 학술회의 발표문, 한국평화연구학회, 2013.06

최용기, "통일헌법상의 입법부", 헌법학연구 제2권, 한국헌법학회, 1996

최은석, "북한의 법제 동향과 체제전환 관점에서 본 북한법제의 개혁방향", 통일문제연구 제19권 제2호, 평화문제연구소, 2007.11

최은석, "북한의 산업재산권제도와 남북한 산업재산권 법제통합", 통일문제연구 제23권 제1호, 평화문제연구소, 2011

최진욱, "통일시대를 대비한 새로운 권력구조의 모색", 한국정치학회보 제29집 제3호, 한국정치학회, 1996.01

페티 가이, "1949-1989 독일연방공화국과 독일민주공화국의 경제교류", 한독경상학회 창립 제25주년기념 국제학술대회 자료집, 한독경상학회, 2003.10

필립 쿠닉, "독일 통일에 있어서 법치주의원리의 역할", 공법연구 제39집 제2호, 사한국공법학회, 2010.12

하은빈 외 1인, "G20 관련 뉴스에 투영된 한국 민족주의 프레임 연구-5대 중앙 일간지 보도를 중심으로", 한국언론학보 제56권 제6호, 한국언론학회, 2012.12

한나 외 2인, "북한이탈 청년의 문화적응에 따른 군집유형별 문화적응 스트레스, 일상적 차별감, 남/북 공동체 지지 간 차이", 한국심리학회지:

사회 및 성격 제31권 제2호, 한국심리학회, 2017.05

한상운, "통일대비 남북한 해양환경법제의 통합 및 과제", 환경법연구 제38권 제3호, 한국환경법학회, 2016

한재헌, "무국적 탈북자의 인권과 권리를 가질 권리", 통일과 법률 제22호, 법무부, 2015.05

허전, "남북기본합의서와 헌법", 법학연구 제5권, 충북대학교 법학연구소, 1993

허준영, "서독의 동독이탈주민 통합정책", FES Information Series, 2011.06

허준영, "서독의 동독이탈주민통합정책의 함의", 한국행정학회 2011년도 공동 학술대회 자료집, 2011.06

허준영, "서독의 동독이탈주민 통합정책에 관한 연구", 한국행정학보 제46권 제1호, 한국행정학회, 2012.03

홍기준, "통일 후 남북한 사회통합: 새로운 이론구성을 위한 시론", 국제정치 논총 제39집 제3호, 한국국제정치학회, 2000.02

홍기준, "통일 후 남북한 사회통합", 국제정치논총 제39집 제3호, 한국국제정 치학회, 2002.02

홍성민, "사회보장법으로서 북한이탈주민지원법의 일고찰", 사회보장법학 제6권 제2호, 한국사회보장법학회, 2017.12

홍태영, "사회적인 것의 탄생과 뒤르카임의 신자유주의", 한국정치학회보 제36권 제4호, 한국정치학회, 2002.12

황준성, "독일통일 15년의 사회경제적 평가와 시사점" 경상논총 제25권 제4호, 한독경상학회, 2007.12

다. 헌법재판소 결정

헌재 1989. 1. 25. 88헌가7, 판례집 1, 1

헌재 1993. 7. 29. 89헌마31, 판례집 5-2, 87

헌재 1996. 2. 16. 96헌가2 등, 판례집 8-1, 51

헌재 1997. 1. 16. 92헌바6 등, 판례집 9-1, 1

헌재 1997. 7. 16. 95헌가6등, 판례집 9-2, 1

헌재 1998. 5. 28. 96헌가4 등, 판례집 10-1, 522

헌재 2000. 6. 1. 98헌마216, 판례집 12-1, 622

헌재 2000. 6. 29. 99헌마289, 판례집 12-1, 913

헌재 2000. 7. 20. 98헌바63, 판례집 12-2, 52

헌재 2000. 8. 31. 97헌가12, 판례집 12-2, 167
헌재 2003. 7. 24. 2001헌바96, 판례집 15-2상, 58
헌재 2006. 2. 23. 2004헌마675 등, 판례집 18-1상, 269
헌재 2007. 4. 26. 2005헌바51, 판례집 19-1, 444
헌재 2012. 3. 29. 2011헌바53, 판례집 24-1상, 538
헌재 2013. 7. 25. 2011헌바397 등, 판례집 25-2상, 122
헌재 2014. 1. 28. 2012헌마431 등, 판례집 26-1상, 155
헌재 2016. 10. 27. 2014헌마797, 판례집 28-2상, 763

라. 대법원 판결

대법원 1996. 11. 12. 선고 96누1221 판결
대법원 1999. 7. 23. 선고 98두14525 판결
대법원 2004. 11. 12. 선고 2004도4044 판결
대법원 2008. 4. 17. 선고 2003도758 판결
대법원 2017. 9. 7. 선고 2017다228342 판결

2. 외국문헌

가. 단행본

Aiken, N.T., 「Identity, Reconciliation and Transitional Justice-Overcoming Intractability in Divided Societies」, Routledge, 2013

Berkman, L.F., et al., 「Social Epidemology」, Oxford University Press, 2000

Czerniak, A., et al, 「The impact of Foreign Direct Investment—contribution to the Polish economy in the past quarter century」, Polityka insight report, 2017

Durkheim, E., 「The Division of Labor in Society」, Simon and Schuster, 2014

Fairbairn, B., et al., 「Co-operative Canada: Empowering Communities and Sustainable Businesses」, UBC Press, 2015

Federal Government Commissioner for the New Federal States, 「Annual Report of the Federal Government on the Status of German Unity in 2017」, Federal Government Commissioner for the New Federal States, 2017

Fennema, M., *et al.*, "Civic Community, Political Participation and Political Trust of Ethnic Groups", Multikulturelle Demokratien im Vergleich, VS Verlag für Sozialwissenschaften, 2001

Giddens, A., 「The Constitution of Society: Outline of the Theory of Structuration」, University of California Press, 1986

Goliaš, P., *et al.*, 「Country Report on the state and development of democracy in Slovakia: A failure to address problems and abuse of power opens the door to extremism」, Institute for Economic and Social Reforms, 2017

Green, A., *et al.*, 「Education, Equality and Social Cohesion」, Palgrave Macmillan, 2006

Habermas, J., 「Between Facts and Norms: Contributions to a Discourse Theory of Law and Democracy」, The MIT Press, 1996

Hauke, B., 「Solidarity: From Civic Friendship to a Global Legal Community」, The MIT Press, 2005

Jenson, J., 「Mapping Social Cohesion: the State of Canadian Research」, Canadian Policy Research Networks Inc., 1998

Lux, M., 「Housing Policy and Housing Finance in the Czech Republic During Transition」, Delft University Press, 2009

McCaghy, C.H., 「Deviant Behavior-Crime, Conflict and Interest Groups」, Routledge, 2016

Nozick, R., 「Anarchy, State, and Utopia」, New York : Basic, 1974

Parsons, T., 「On Institutions and Social Evolution」, The University of Chicago Press, 1982

Pitts, J., 「The New Politics of Youth Crime: Discipline or Solidarity?」, Palgrave Macmillan, 2001

Rae, D., *et al.*, 「Equalities」, Harvard University Press, 1981

Rawls, J., 「Theory of Justice」, Harvard University Press, 1999

Rawls, J., 「Justice as Fairness: A Restatement」, Harvard University Press, 2001

Šikulová, I., *et al,* 「The Slovak Experience with Transition to Market Economy」, Institute of Economic Research SAS, 2013

Smend, R., 「Verfassung und Verfassungsrecht」, Duncker & Humblot, 1928

Snow, D.A., *et al.*, 「The Blackwell Companion to Social Movements」, John Wiley & Sons, 2008

Stiglitz, J.E., 「The Price of Inequality」, Norton, 2013

Teitel, R.T., 「Transitional Justice」, Oxford University Press, 2000

Wilkinson, R.G., 「Unhealthy Societies: The Afflictions of Inequality」, Routledge, 1996

나. 논문

Anderson, C., et al., "Emotional Convergence Between People Over Time", Journal of Personality and Social Psychology Vol.84 No.5, 2003

Archer, M., "Social Integration and System Integration: Developing the Distinction", Sociology Vol. 30 No.4, Nov. 1996

Asmal, K., "Truth, Reconciliation and Justice: The South African Experience in Perspective", The Modern Law Review Vol.63 No.1, Jan. 2000

Banski, J., "Changes in agricultural land ownership in Poland in the period of the market economy", Agricultural Economics(AGRICECON) 57, 2011

Barro, R.J., "Inequality and Growth in a Panel of Countries", Journal of Economic Growth, Mar. 2000

Belka, M., "Lessons from Polish Transition", Lessons and Challenges in Transition Seminar, Sept. 22, 2009

Bell, R.G., et al., "Capital Privatization and the Management of Environmental Liability Issues in Poland", The Business Lawyer, American Bar Association, May 1993

Belvisi, F., "The Common Constitutional Traditions and the Integration of EU", dritto questioni pubbliche no.6, 2006

Bevan, A.A., et al., "The determinants of foreign direct investment into European transition economies", Journal of Comparative Economics 32, 2004

Bollen, K.A., et al., "Perceived Cohesion: A Conceptual and Empirical Examination", Social Forces Vol. 69 No.2, Dec. 1990

Brooks, N., "The Role of the Voluntary Sector in a Modern Welfare State", 「Between State and Market: Essays on Charities Law and Policy in Canada」, McGill-Queen's Press, 2001

Buford,W., et al., "Reparations in Southern Africa", Cahiers d'études africaines Vol. 44 Issues 1-2, 2004

Chan, J., et al., "Reconsidering Social Cohesion: Developing a Definition and Analytical Framework for Empirical Research", Social Indicators Research Vol.75 No.2, Jan. 2006

Coburn, D., "Income inequality, social cohesion and the health status of populations:

the role of neo-liberalism", social science and Medicine 51, 2000

Cuellar, R., "Social Cohesion and Democracy", International Institute for Democracy and Electoral Assistance, 2009

Dalgard, O.S., et al., "Immigration, Social Integration and Mental Health in Norway, with Focus on Gender Differences.", Clinical Practice and Epidemiology in Mental Health, Oct. 2007

Esser, H. "Does the new immigration require a new theory of intergenerational integration?", The International Migration Review Vol.38 No.3, Center for Migration Studies of New York, fall 2004

Farrington, J., et al., "Rural accessibility, social inclusion and social justice: towards conceptualisation", Journal of Transport Geography Vol.13 No.1, Mar.2005

Forrest, R., et al., "Social Cohesion, Social Capital and the Neighbourhood", Urban Studies Vol.38 No.12, Nov. 2001

Frait J., "Economic Transition in the Czech Republic: A Real Success?", 「The Euro-Asian World」, Palgrave Macmillan, 2000

Friedkin, N.E., "Social Cohesion", Annual Review of Sociology Vol. 30, Aug. 2004

Furrer, C., et al., "Sense of relatedness as a factor in children academic engagement and performance", Journal of Educational Psychology Vol.95 No.1, 2003

Gibson, J.L., "Truth, Justice, and Reconciliation: Judging the Fairness of Amnesty in South Africa", American Journal of Political Science Vol.46 No.3, Jul. 2002

Hirschfield, A., et al, "The effect of social cohesion on Levels of Recorded Crime in Disadvantaged Areas", Urban Studies Vol.34 No.8, 1997

Hopkins, K., "Assessing the World's Response to Apartheid: A Historical Account of International Law and Its Part in the South African Transformation", University of Miami International and Comparative law Review, 2001

Jansen, T., et al., "Social Cohesion and Integration: Learning Active Citizenship", British Journal of Sociology of Education Vol.27 No.2, Apr. 2006

Jenson, J., "Identifying the Links: Social Cohesion and Culture", Canadian Journal of Communication Vol. 27, 2002

Kawachi, I., et al., "Social Capital, Income Inequality, and Mortality", American Journal of Public Health Vol.87 No.9, Sept. 1997

Kennedy, B.P., et al, "Social Capital, Income Inequality and Firearm Violent Crime", Social Science Medicine Vol.47 Issue 1, Jul. 1998

Koyame-Marsh, R.O., "The Complexities of Economic Transition: Lessons from the

Czech Republic and Slovania", International Journal of Business and Social Science Vol.2 No.19, Centre for Promoting Ideas, Oct. 2011

Lareau, A., et al., "Moments of Social Inclusion and Exclusion racem class and cultural capital in family-school relationships", Sociology of Education Vol.72 No.1, Jan.1999

Lister, R., "From equality to social inclusion: New Labour and the welfare state", Critical Social Policy Vol.18 No.55, May 1998

Lockwood, D., "Some Relarks of 'The Social System'", The British Journal of Sociology Vol.7 No.2, Jun. 1956

Loury, G.C., "Is Equal Opportunity Enough?", The American Economic Review Vol. 71 No. 2, May 1981

Mann, B.A., "Privatization in the Czech Republic", The Business Lawyer, American Bar Association, May 1993

Mann, M., "The Social Cohesion of Liberal Democracy", American Sociological Review vol. 35 No.3, June 1970

Markus, A., et al., "Conceptualising Social Cohesion", 「Social cohesion in Australia」, Cambridge University Press, 2007

Mcconkey, R., et al, "The barriers to social inclusion as perceived by people with intellectual disabilities", Journal of Intellectual Disablities Vol.10 No.3, Sept.2006

Mora, M., "Social cohesion in the Czech Republic: blessing or a trap?", Country Focus vol.III Issue 10. September 2006

Mouzelis, N., "Social and system integration: Lockwood, Habermas, Giddens", sociology vol.31 No.1, Feb 1997

Nash, M., et al., "Civic and social Integration", International Social Work 49(3), May 2006

Obberg, L., et al., "Fair Inequality? Attitudes toward Pay Differentials: The United States in Comparative Perspective", American Sociological Review Vol. 71, June 2006

Oxoby, R. "Understanding Social Inclusion, Social Cohesion and Social Capital", International Journal of Social Economics Vol.36 Issue. 12, 2009

Richards, B., "National Identity and social cohesion: theory and evidence fo British social policy", Doctoral Thesis, London School of Economics, 2013

Reitz, J.G., et al., "Racial Inequality, Social Cohesion and Policy Issues in Canada", 「Belonging? Diversity, Recognition and Shared Citizenship in Canada」, 2008

Rondinelli, D.A., et al., "Privatization and Economic Restructuring in Poland: An

Assessment of Transition Policies", The American Journal of Economics and Sociology Vol. 55, No. 2, Apr, 1996

Schmdit, B., "Social cohesion as an aspect of the quality of societies: concept and measurement", euroreporting working paper no.14, Centre for Survey Research and Methodology, 2000

Selznik, P., "The Sociology of Law", Journal of legal Education 12, 1959

Silver, H., "Social Exclusion and Social Solidarity: Three Paradigms", International Labour Review Vol.133, 1994

South African Coalition for Transitional Justice, "Comments On The Draft Regulations Published By The Department Of Justice Dealing With Reparations For Apartheid Era Victims",The International Center for Transitional Justice, 2011

Snel, E., et al., "Transnational involvement and social integration", Global Networks 6, 2006

Stein, D.J., et al., "The impact of the Truth and Reconciliation Commission on psychological distress and forgiveness in South Africa", Soc Psychiatry Epidemiol., 2008

Teitel, R.G., "Transitional Justice Genealogy", Harvard Human Rights Journal Vol.16, 2003

Thijssen, P., "From mechanical to organic solidarity, and back: With Jonneth beyond Durkheim", European Journal of Social Theory Vol.15(4), Nov. 2012

Toit, A., "Experiments with Truth and Justice in South Africa: Stockenström, Gandhi and the TRC", Journal of Southern African Studies Vol.31 No.2, 2005

Vecernik, J., "Social Policies and Structures under Transition: Cohesion and tensions", Prague Economic Papers, 2004

Wilkinson, R.G., "Income Inequality, social cohesion and health: clarifying the theory-a reply to Muntaner and Lynch", International Journal of Health Services Vol.29 No.3, 1999

Wojgik, T.G., "The role of school-based civic education in Poland's Transformation", The Polish Review Vol. LV No.4, The Polish Institute of Arts and Sciences of America, Dec. 2010

찾아보기

사회통합을 위한 북한주민지원제도

2020년 7월 29일 초판 인쇄
2020년 8월 10일 초판 발행

지 은 이   정구진

발 행 인   한정희
발 행 처   경인문화사
편 집 부   한주연 김지선 박지현 유지혜
마 케 팅   전병관 하재일 유인순
출 판 신 고   제406-1973-000003호
주   소   파주시 회동길 445-1 경인빌딩 B동 4층
대 표 전 화   031-955-9300   팩 스   031-955-9310
홈 페 이 지   http://www.kyunginp.co.kr
이 메 일   kyungin@kyunginp.co.kr

ISBN 978-89-499-4900-0 93360
값 30,000원